50

CLÁSICOS
de la
Filosofía

Si este libro le ha interesado y desea que lo mantengamos
informado de nuestras publicaciones, puede escribirnos a
comunicacion@editorialsirio.com,
o bien registrarse en nuestra página web:
www.editorialsirio.com

Título original: 50 PHILOSOPHY CLASSICS,
publicado inicialmente por Nicholas Brealey Publishing, Londres y Boston, 2013
Traducido del inglés por Roc Filella Escolá
Diseño de portada: Editorial Sirio, S.A.

© de la edición original
Tom Butler-Bowdon, 2013

© de la presente edición
EDITORIAL SIRIO, S.A.

EDITORIAL SIRIO, S.A.	NIRVANA LIBROS S.A. DE C.V.	ED. SIRIO ARGENTINA
C/ Rosa de los Vientos, 64	Camino a Minas, 501	C/ Paracas 59
Pol. Ind. El Viso	Bodega nº 8,	1275- Capital Federal
29006-Málaga	Col. Lomas de Becerra	Buenos Aires
España	Del.: Alvaro Obregón	(Argentina)
	México D.F., 01280	

www.editorialsirio.com
sirio@editorialsirio.com

I.S.B.N.: 978-84-7808-954-3
Depósito Legal: MA-1824-2014

Impreso en los talleres gráficos de Romanya/Valls
Verdaguer 1, 08786-Capellades (Barcelona)

Impreso en España

TOM BUTLER-BOWDON

50
CLÁSICOS
de la
Filosofía

editorial irio

Introducción

La filosofía es el más sublime y a la vez más trivial empeño humano. Trabaja
en las más diminutas rendijas y saca a la luz los paisajes más vastos. «No da
de comer», como se ha dicho, pero nos puede infundir coraje en el alma; y por
repugnantes que sus modales, sus indecisiones y sus desplantes, su talante
quisquilloso y dialéctico le puedan parecer al hombre común, nadie puede vivir sin
los penetrantes rayos de luz que arroja sobre las diversas perspectivas del mundo.

WILLIAM JAMES, *Pragmatismo*

La palabra «filosofía» procede del griego *filo* (amor) y *sofia* (sabiduría). Como disciplina y como actitud personal, la filosofía trata del deseo de pensar, existir, obrar y ver mejor, para llegar a la verdad de las cosas.

El *Oxford English Dictionary* define la filosofía como «el uso de la razón y la argumentación en la búsqueda de la verdad y el conocimiento de la realidad, en especial de las causas y la naturaleza de las cosas y de los principios que rigen la existencia, la materia del universo, la percepción de los fenómenos físicos y la conducta humana». En otras palabras, la filosofía es un razonamiento de alto nivel para determinar qué es verdad o real, dadas las limitaciones del pensamiento y los sentidos humanos, y las consecuencias de estas limitaciones en nuestro modo de obrar.

La filosofía tiene múltiples ramas, pero tal vez su característica más destacada es que se centra en lo que realmente podemos saber. Su cuestionamiento permanente de todo lo que se da por supuesto ha molestado a muchos, incluso a sus propios profesionales —«Los filósofos levantan una polvareda y luego se quejan de que no ven», dijo George Berkeley—; sin embargo, en estos tiempos, con los extremismos y las incertidumbres al parecer cada vez mayores, el empeño de la filosofía por establecer qué se puede saber adquiere mucha mayor importancia. De hecho, como Nassim Nicholas Taleb señala en *El cisne negro*, lo desconocido es lo que cambia el mundo, tanto el personal como el público.

Quizá la mayor división existente en el campo de la filosofía sea entre quienes piensan que toda la información nos ha de llegar de los sentidos (la visión empírica y materialista) y quienes piensan que se puede llegar a la verdad mediante el razonamiento abstracto (racionalistas e idealistas). El primer grupo tiene un largo linaje, desde el escéptico Sexto Empírico, del siglo II, hasta el inglés Francis Bacon y el pensador escocés de la Ilustración David Hume, pasando por los «positivistas lógicos» del siglo XX, entre ellos A. J. Ayer y el filósofo de la ciencia Karl Popper. En el segundo grupo se encuentran Platón (con su teoría de las «Formas» metafísicas que afianzan el mundo), Descartes (y su famosa división entre mente y materia) y Kant (que resucitó la idea de «ley moral» en la filosofía moderna). El propósito de este libro no es decirle al lector quién «tiene razón», sino exponer algunas de las ideas y teorías más destacadas para ayudarle a tomar su propia decisión.

Como señala William James en *Pragmatismo*, a los filósofos les gusta pensar que construyen sistemas imparciales y precisos para explicar el obrar humano y el universo, cuando en realidad las filosofías son manifestaciones de preferencias y perspectivas personales. La filosofía la hacen los filósofos, personas imperfectas que dan su versión de la verdad. Sin embargo, esto es lo que la hace interesante, y este libro, además de explicar algunas de las teorías filosóficas fundamentales, también intenta dar una idea de los individuos que las concibieron. ¿Su pensamiento no fue más que la proyección de su propia mente, o acertaron en algo universal?

He escrito otros libros sobre los textos clásicos de la psicología, la espiritualidad y el desarrollo personal, por lo que la pregunta que más me interesa es qué aporta la filosofía que no ofrezcan estas otras disciplinas. Al fin y al cabo, y dada la metodología experimental que usa, muchos piensan que la psicología es una disciplina que inspira más confianza cuando se trata de cuestiones humanas. Sin embargo, como Wittgenstein observa en *Investigaciones filosóficas*, el método científico a veces puede ocultar una falta de profundidad conceptual. ¿Qué es la realidad? ¿Qué significa ser humano? ¿Qué sentido tiene la vida? La filosofía es la única auténtica «metadisciplina», proclama Nietzsche, constituida para considerar la totalidad de las cosas. Se podría decir que la teología y la espiritualidad están diseñadas para tales cuestiones, pero carecen de la neutralidad necesaria para que una auténtica disciplina se abra a todos los que se acercan a ella.

Esto no quiere decir que la filosofía sea «científica». Bertrand Russell señala que a la ciencia le corresponde conocer más los hechos, mientras que la tarea de la filosofía es establecer concepciones y leyes válidas con las que poder ver la ciencia. No es la ciencia la que envuelve a la filosofía (como piensa el físico Stephen Hawking), sino que esta puede ayudar a situar los datos en bruto y las teorías científicas en un contexto más amplio. La ciencia en definitiva es un proyecto muy humano, y si de lo que se trata es de que nuestras teorías encajen con la naturaleza, de lo primero que nos hemos de ocupar es de la naturaleza *humana*. Para saber qué es lo que estamos observando, debemos ser conscientes de la lente a cuyo través lo vemos, es decir, conscientes de cómo vemos el mundo. Sabemos, por ejemplo, que la antigua idea newtoniana sobre el universo, con su objetivo puesto en la materia, ya no explica la realidad extraña y fluida a la que apunta la física cuántica. La filosofía cuenta con todo lo necesario para ocuparse de estas incertidumbres, porque se centra en la objetividad y en la propia conciencia. David Bohm, el físico de partículas del siglo XX, tuvo que recurrir a la filosofía para explicar el movimiento de los electrones que observaba en el microscopio. No era posible construir el mundo en los términos de una mente que observa la materia, concluyó; al contrario, la conciencia es un elemento, como mínimo, tan importante en el funcionamiento del universo como la propia materia. En este libro, me ocupo de estos y otros apasionantes asuntos con mayor profundidad.

El *Oxford English Dictionary*, además de con el significado antes señalado, define la filosofía como una «norma de vida personal».

Todos tenemos una filosofía que determina todo lo que hacemos. Nuestra principal actitud ante el mundo, por lo general, es lo más importante e interesante que hay en nosotros, y expresa «nuestra idea más o menos reservada de lo que la vida, honesta y profundamente, significa», como escribe William James en *Pragmatismo*. Lejos de ser un reducto de profesores eminentes, nuestra filosofía es práctica; casi no podríamos desenvolvernos sin ella. Como dice G. K. Chesterton:

> *Para la propietaria que considera a un posible inquilino es importante conocer sus ingresos, pero es aún más importante conocer su filosofía [...] para el general que debe combatir a un enemigo es importante conocer su número, pero es aún más importante conocer su filosofía [...] la cuestión no es si la teoría del cosmos afecta a la realidad, sino si, a la larga, hay alguna otra cosa que la afecte.*

Evidentemente, hay una diferencia entre la filosofía personal y la filosofía como disciplina. Este libro pretende tender un puente entre ambas. No trata de lo que dice o significa una determinada filosofía aislada, sino de lo que puede significar para mí o para el lector: si puede mejorar nuestra calidad de vida, orientar nuestras acciones o arrojar luz sobre el lugar que ocupamos en el universo.

Sean las recetas de Aristóteles o Epicuro para una vida plena y feliz o el esquema platónico de la sociedad ideal, las ideas de estos antiguos pensadores mantienen toda su fuerza, aunque solo sea porque en dos mil años los humanos no hemos cambiado mucho. La filosofía resurge constantemente porque las grandes preguntas nunca se disipan, y ofrece las oportunas ideas para abordarlas. El esplendor de la filosofía reside en que, pese a su falta de objetividad, sigue poseyendo el poder de arrojar sobre el mundo «penetrantes rayos de luz» que nos permiten ver las cosas de forma distinta.

La filosofía no solo ofrece un marco en el que considerar todos los demás conocimientos, sino que, a un nivel más personal y fascinante, nos aporta maneras de pensar, ser, actuar y ver, nuevas y, a veces, liberadoras.

PENSAR
Los límites de nuestro conocimiento, el sentido del yo

La filosofía se ocupa ante todo de cómo pensamos y, dada la propensión humana a equivocarse, esto significa cuestionar las bases de nuestro conocimiento. Descartes puso todo su empeño en demostrar la facilidad con que los datos que llegan de los sentidos pueden confundir a la mente humana, y a partir de ahí se preguntó cómo se puede decir que algo realmente existe. Pero desde su posición de duda extrema hizo su descubrimiento: es evidente que, si tenía la capacidad de que el pensamiento le engañase, tenía que haber un «yo» que experimentara ese engaño. Decía:

> *Llegué a conocer a partir de todo ello que yo era una sustancia cuya esencia o naturaleza no reside sino en el pensar y que tal sustancia, para existir, no tiene necesidad de lugar alguno ni depende de cosa alguna material.*

Aunque constantemente caigamos en el engaño de que lo que percibimos es real, no podemos dudar de que percibimos. Somos, primero y ante todo, «cosas pensantes». La conciencia es nuestra esencia, y de lo que más conscientes somos es de nosotros mismos: lo que en este momento pensamos, lo que hacemos, lo que haremos a continuación, lo que sabemos. En palabras de Descartes: «Pienso, luego existo».

David Hume y John Locke pensaban que el único conocimiento en que podemos confiar es el que se deriva directamente de los sentidos, y Hume dio un paso más para sugerir que los seres humanos no somos más que un haz de pensamientos, impresiones y sentimientos, que en cualquier momento producen la sensación de ser un «yo», aunque esa identidad carezca de base sólida. Lejos de poseer un alma inmortal, nos parecemos más a un banquete en continuo movimiento de experiencias y percepciones, y, por consiguiente, la certeza y el conocimiento siguen siendo imprecisos. El filósofo contemporáneo Julian Baggini defiende la teoría del haz de Hume y recurre a la neurociencia para demostrar que nuestro sentido del yo no se puede localizar en ninguna parte particular del cerebro ni del sistema nervioso. Al contrario, hay muchas partes que se unen para crear el sentimiento de un yo autónomo y de libre albedrío. Tal vez sea una gran «trampa del ego» o una ilusión, pero hace que la vida sea razonable.

La filosofía se asocia con la búsqueda del conocimiento de uno mismo, pero también Iris Murdoch cuestiona la idea de que hay en nosotros cierto núcleo eterno, y que nuestra misión sea desvelarlo. Dice en *La soberanía del bien*:

> El «autoconocimiento», en el sentido de una comprensión minuciosa de la maquinaria de uno mismo, me parece que normalmente es, salvo a un nivel bastante simple, una ilusión [...] El yo es difícil de ver exactamente como las demás cosas. Y cuando se alcanza una visión clara, el yo se convierte en consecuencia en un objeto menor y menos interesante.

Por otro lado, asegura Murdoch, esta falta de autosolidez no debería hacer que cejáramos en nuestros esfuerzos por mejorarnos. Es natural y correcto que nos afanemos en ser perfectos, aunque nos acosen los defectos de la percepción y la falta de ánimo.

En sus *Ensayos*, Michel de Montaigne hace una minuciosa disección del yo aplicada a sus propios prejuicios y debilidades, y llega a la conclusión de que el yo es un misterio: el conocimiento humano es limitado en tal grado que apenas sabemos nada de nosotros mismos, y mucho menos del mundo en general. Estamos pensando continuamente, pero, más que los seres racionales que nos suponemos, somos una masa de prejuicios, excentricidades y vanidades.

La falibilidad humana es una vena rica y provechosa, y algunas obras recientes reflexionan de modo especial en esta área. Daniel Kahneman recibió el Premio Nobel por su trabajo sobre las preferencias y los errores que cometemos en el pensamiento cotidiano. En *Pensar rápido, pensar despacio*, sostiene que somos una «máquina para saltar a conclusiones», montada más para mantenerse viva y reaccionar a los peligros que para percibir con precisión. Nassim Nicholas Taleb también aborda este tema, y señala que pensamos que entendemos el mundo más de lo que realmente lo comprendemos; a menudo atribuimos erróneamente significados a los sucesos después de que se han producido, creando así una historia, y sobrevaloramos los hechos, las estadísticas y las categorías, lo que nos hace sentir cómodos porque podemos prever el futuro. El impacto que nos producen sucesos inesperados demuestra lo ilusorio de ese sentimiento de que lo tenemos todo controlado. Pero si asumiéramos una imagen más exacta de lo que podemos conseguir en un determinado marco temporal, no intentaríamos la mitad de las cosas que nos proponemos. Visto así, el error no es un defecto de la condición humana, sino parte de su gloria final. De hecho, como observa Kahneman, centrarse en nuestros errores «no denigra la inteligencia humana, como la atención a las enfermedades en las obras médicas no niega la buena salud. La mayoría de las personas estamos sanas la mayor parte del tiempo, y la mayoría de nuestros juicios y acciones son adecuados la mayor parte del tiempo».

Con este mismo tono positivo, incluso el archiempírico Karl Popper (*La lógica de la investigación científica*), que también desconfía de los sentidos y propone un criterio extremadamente difícil para la aceptación de cualquier verdad científica, defiende que es función y privilegio de lo humano teorizar sobre las leyes que puedan gobernar el universo. Es posible que estemos determinados fisiológicamente para interpretar mal las cosas en la mayoría de las ocasiones; no obstante, nuestra capacidad de pensar de modo vagamente lógico –para razonar, por utilizar un término más antiguo– nos hace únicos en el mundo animal.

SER
Oportunidades para la felicidad y una vida
significativa, el libre albedrío y la autonomía

Desde la antigüedad, los filósofos han propuesto que la felicidad se consigue alejándose del yo, sea entregándonos a causas o trabajos que nos sean importantes, o aflojando las ataduras del ego mediante el aprecio de la naturaleza, el amor o la práctica espiritual.

Para Epicuro, la virtud proporciona una vida agradable y feliz, porque hacer lo correcto de modo natural nos sosiega la mente. En vez de angustiarnos por las consecuencias de nuestros malos actos, estamos liberados para disfrutar de una vida sencilla de amigos, filosofía, naturaleza y pequeñas comodidades.

Aristóteles piensa que la felicidad procede de la manifestación de lo que racionalmente hemos decidido que es bueno para nosotros a largo plazo, por ejemplo el servicio a la comunidad. Todo lo que hay en la naturaleza está construido teniendo en cuenta una finalidad o un propósito, y lo exclusivo de los humanos es la capacidad de actuar de acuerdo con nuestra razón y las virtudes previamente seleccionadas. La persona feliz es la que se mantiene estable mediante el cultivo de la virtud, la que hace irrelevantes los caprichos de la fortuna. «La actividad acorde con la virtud controla la felicidad», dice Aristóteles. La felicidad, por consiguiente, no es el placer, sino la consecuencia de una vida con sentido, y el sentido suele nacer del esfuerzo y la autodisciplina.

Bertrand Russell afirma casi lo mismo en *La conquista de la felicidad*. El esfuerzo, más incluso que el propio éxito, dice, es un ingrediente esencial de la felicidad; la persona capaz de alcanzar todos los caprichos sin esfuerzo siente que la satisfacción de sus deseos no es la felicidad. Centrarse en el yo es una de las causas de la infelicidad, y la alegría procede de dirigir nuestros intereses hacia fuera, arrojándonos a la vida.

Voltaire parodia la afirmación de Leibniz de que vivimos en «el mejor de todos los mundos posibles», pero la tesis de este es mucho más sutil. El mejor mundo posible no es el diseñado específicamente para nuestra felicidad. A los seres humanos nos mueve el autointerés, y no somos conscientes de las consecuencias positivas de todo lo que sucede. Vemos las cosas desde la perspectiva de la causa y el efecto, pero nuestra apreciación de la relación entre ambos es limitada por naturaleza. Solo un ser supremo posee la visión general de cómo encaja todo, dice Leibniz, y nuestra función es confiar es esa benevolencia de intención. El mundo en que vivimos es el mejor mundo posible, asegura en su célebre afirmación, aunque parezca que haya en él mucho mal, porque «es posible que para la mayor perfección del todo, sea necesaria una imperfección de la parte».

Pero ¿y si pensáramos, como hacen los existencialistas, que el universo no tiene finalidad ni sentido? La respuesta de Sartre es vivir «auténticamente», decidir nuestro propio destino en lugar de aceptar ciegamente las reglas de la sociedad o las «leyes» morales del momento. Dice: «El hombre está condenado a ser libre; porque, una vez arrojado al mundo, es responsable de todo lo que hace». A partir de esta premisa tan poco prometedora, Sartre desarrolla una filosofía de la libertad que no depende de ningún Dios, una idea que atrajo a toda una generación con ansias de vivir a su manera.

Esta idea supone que somos seres autónomos con voluntad libre, pero ¿lo somos? Spinoza, Schopenhauer y Montaigne, entre otros, sostienen que somos el sujeto de causas y fuerzas mayores de las que solo podemos ser vagamente conscientes. En *Free Will* (El libre albedrío), Sam Harris expone estudios que indican que el libre albedrío es una ilusión: nuestros actos son producto de estados cerebrales, que a su vez son resultado de causas anteriores, generadas por un universo del que no tenemos control alguno. Solo nos parece que tenemos libre albedrío porque el cerebro está dispuesto para producir esta feliz ilusión. ¿Dónde nos deja todo esto? La idea fundamental de Harris es que, procedan de donde procedan, aún tenemos intenciones conscientes, y la vida consiste en intentar hacerlas realidad. En un nivel puramente racional o científico, este es el «sentido» de la vida.

Heidegger sostiene que es imposible que encontremos el sentido de nuestra existencia. Amo, actúo y produzco un impacto: esta es la naturaleza de mi ser. Más allá de esto, está el hecho extraordinario de tener conciencia. ¿Por qué la tengo en este grado avanzado, si la oveja o la piedra no la tienen? El ser humano es «arrojado» al mundo, dice Heidegger, en un determinado lugar, tiempo y situación que él no decide, y la vida consiste en comprender esta «caída» en el espacio y el tiempo. Sentimos cierta responsabilidad de hacer algo con nuestra vida, y afortunadamente llegamos equipados con la capacidad de hablar y actuar, que nos da la oportunidad de revelar algo de nosotros mismos. Una vida buena es aquella en que aprovechamos las oportunidades que tenemos. Dadas nuestras ricas materias primas de conciencia y entorno, la vida es inherentemente significativa.

Hannah Arendt señala que la naturaleza tal vez sea un proceso inexorable de vida y muerte, pero a la humanidad se le dio una forma de eludirlo con su capacidad de actuar. «Los hombres, aunque han de morir, no nacen para morir, sino para empezar», dice en *La condición humana*. Otros animales solo se pueden comportar de acuerdo con sus instintos e impulsos de supervivencia programados; en cambio, los seres humanos podemos ir más allá de nuestras egoístas necesidades biológicas para aportar algo nuevo cuyo valor se puede reconocer de forma social y pública. Nuestros actos nunca son completamente previsibles, y cada nacimiento trae consigo la posibilidad de un mundo cambiado. En resumen, los seres humanos *importamos*.

ACTUAR
El poder y su uso, la libertad y la justicia, la honestidad y la ética

> *Actúa solo de acuerdo a la máxima según la cual al mismo tiempo puedas desear que se convierta en ley universal.*

El «imperativo categórico» de Immanuel Kant afirma que las acciones individuales se deben juzgar con el criterio de si nos agradaría que todos los miembros de la sociedad emprendieran la misma acción. Nunca se ha de tener a las personas como medio para alcanzar un fin. Es un principio que las diversas religiones secundan, pero Kant se propuso demostrar que también tiene sentido racional y filosófico. La ley moral es tan inmutable como las estrellas de la noche, dice, e ir en su contra nos aboca a la frustración y la infelicidad. Al hacer lo correcto, nos creamos un mundo de orden y paz.

El orador romano Cicerón pensaba que cada individuo es una chispa o una astilla de Dios, por lo que tratar mal a otro ser humano es como si nos lo hiciéramos a nosotros mismos. Para él, es un hecho de la ley universal. Somos animales sociales, nacidos los unos para los otros, y el objetivo de la vida es simple: «Contribuir al bien general mediante el intercambio de actos de amabilidad, dando y recibiendo, con nuestra capacidad, nuestra laboriosidad y nuestras dotes para cimentar la sociedad humana con mayor fuerza, hombre con hombre». El objetivo de Cicerón es explotar la idea de que a veces tenemos que sacrificar «lo correcto» en aras de lo conveniente. Hacer lo correcto, escribe en *Sobre los deberes*, es siempre lo conveniente.

Platón piensa que hacer lo correcto encierra su propia recompensa, porque aúna en armonía las tres partes del alma (la razón, el espíritu y el deseo). Actuar correctamente no es una opción más, sino el eje sobre el que ha de girar la existencia humana; la vida no tiene sentido si carece de la acción bienintencionada. Y si la justicia es una necesidad absoluta para el individuo, también es el tablón central del buen estado, que resume en *La república,*

Unos siglos antes, en China, Confucio decía algo muy parecido, y señalaba que, aunque nacemos humanos, nos convertimos en personas mediante el cumplimiento desinteresado de funciones responsables en la sociedad. La persona sabia ama la virtud más que cualquier otra cosa y siempre buscará lo mejor para todos, sin cálculos egoístas. Después de todo, solo somos un eslabón de la cadena que se extiende hacia el pasado y hacia el futuro.

En *Salvar una vida*, el filósofo contemporáneo Peter Singer cita a Epicuro: «Es imposible vivir la vida placentera sin también vivir de forma sensata, noble y justa». La vida buena no está meramente en la buena salud, las propiedades, los coches nuevos y las vacaciones, sino en pensar qué se puede hacer para que el mundo sea más justo, y actuar en consecuencia. El principio de Singer de la entrega personal para acabar con la pobreza del planeta es un recordatorio de la inmensa fuerza que puede tener la filosofía para el mundo real.

Esta visión utilitarista se remonta a Jeremy Bentham, en el siglo XVIII, quien dedicó toda la vida a promover su principio de «la mayor felicidad para el mayor número». Su deseo era dar cuerpo legal a la felicidad, una idea radical porque en su época las leyes de Gran Bretaña estaban destinadas más a proteger los intereses establecidos que a proporcionar el mayor beneficio para todos. En este sentido, Bentham se enfrentó a una dura batalla, pero creía con pasión en su idea de que el utilitarismo era la mejor esperanza de una sociedad justa y civilizada.

En su obra emblemática *Una teoría de la justicia,* John Rawls nos pide que imaginemos que todos los miembros de una sociedad han perdido la memoria sobre el lugar que ocupan y su estatus, y que a continuación configuremos una sociedad nueva basada en dar la máxima oportunidad a todos para que prosperen. Como en la lotería de la vida podemos nacer de igual forma mendigos o reyes, ¿no nos detendríamos a garantizar que todos tuviéramos al menos la misma oportunidad de triunfar? Si existe la desigualdad de riqueza o de estatus, debería haber surgido solo después de que haya habido pleno acceso para competir por los recursos o los premios. No hay que hacer ningún sacrificio por ningún «bien superior» como en el utilitarismo, y las personas aceptarán las desigualdades de riqueza y estatus si saben que ellas o sus hijos tienen la misma oportunidad de alcanzar también esas mismas metas. La filosofía de Rawls sigue la tradición de Rousseau, quien pensaba que una sociedad libre educa y ennoblece a sus ciudadanos, pero también conlleva obligaciones y la disposición a renunciar a cierta libertad personal por las necesidades del conjunto.

Sobre la libertad, el principio intemporal de Stuart Mill sobre la libertad individual, contiene su famoso criterio de «no perjudicar» como garantía de esta: «El único propósito por el cual el poder puede legítimamente ejercerse sobre un miembro de una comunidad civilizada en contra de su voluntad es prevenir el daño a otros». El gobierno no debe imponer una ley solo porque se considere que es por «el propio bien» de las personas. Al contrario, mientras no se demuestre que una acción de un ciudadano es perjudicial para los demás, se debe permitir. Mill señala la tendencia del poder del gobierno a aumentar, y de las libertadas individuales a quedar mermadas, a no ser que tal proceso se controle y se mantenga a raya. Pero este hecho, y la advertencia que supone sobre la actuación subrepticia de los gobiernos, no significa que estos no tengan ninguna legitimidad.

¿Cuál es, pues, el equilibrio correcto entre la libertad personal y la necesidad del control por parte del estado? Mill dice que esta es «la pregunta del futuro», y, efectivamente, aún hoy estamos forcejeando con ella. Como sostiene Platón en *La república*, debemos contentarnos con vivir con algunas libertadas restringidas y aceptar nuestro lugar en la sociedad, teniendo en cuenta las alternativas que son el exilio o la vida al margen de las leyes. El problema, como señala Maquiavelo con descarnada sinceridad en *El príncipe*, es que el ciudadano medio sencillamente no aprecia lo que cuesta mantener en funcionamiento un estado poderoso y puede vivir una vida moral mientras los gobernantes toman las decisiones «sucias». *El príncipe*, considerado desde hace tiempo la inspiración de los tiranos, de hecho plantea una defensa razonada del ejercicio del poder: no es para el engrandecimiento personal del gobernante, sino para la fuerza del estado —y un estado fuerte es deseable porque permite que las personas crezcan y prosperen—. Teniendo en cuenta este fin justo, a veces los medios desagradables están justificados.

Noam Chomsky, espina perenne clavada en la complacencia liberal de Occidente, tiene también una visión oscura del poder. La mayoría de los estados contemporáneos, piensa, están estructurados para servir a los intereses del poder, y el auténtico enemigo para quienes ocupan el poder son sus propios habitantes; la mayoría de las guerras están pensadas para alejar la atención de los problemas internos de los países. Aunque Chomsky se centra en Estados Unidos, su mensaje es que la naturaleza corruptora del poder es universal. Y, sin embargo, observa razones para el optimismo. Hoy es menos aceptable tratar a las personas como objetos o medios para un fin («Hasta hace poco se consideraba que la esclavitud era algo bueno», dice), y, aunque las estructuras de poder solo presten un servicio hipócrita a la libertad, la autodeterminación y los derechos humanos, al menos todos estos se reconocen como ideales.

Tal vez la última palabra sobre moral y poder deba corresponder a Iris Murdoch, que en *La soberanía del bien* defiende que si primero buscamos el bien, todo lo demás que merezca la pena nos llegará de forma natural. En cambio, si solo buscamos poseer una voluntad férrea, al final esto será todo lo que tengamos. Como apunta Kant, las buenas intenciones lo son todo.

VER

La caverna y la verdad de Platón, la filosofía como
problema del lenguaje, vivir en un mundo mediático

La alegoría de la caverna de Platón es uno de los pasajes más famosos de la filosofía. Sigue resonando por su deslumbrante sugerencia de que la mayoría de las personas pasamos por la vida persiguiendo sombras y la apariencia de las cosas, cuando existen las «formas» eternas de la Verdad, la Justicia, la Belleza y el Bien, a la espera de ser reconocidas. Kant, también, piensa que como seres que existimos en el espacio y el tiempo y con las limitaciones de los sentidos, no tenemos posibilidad de ver las cosas realmente como son («las cosas en sí mismas»). Pero detrás del mundo de las percepciones hay una verdad elemental y metafísica, y mediante la razón podemos acercarnos al menos un poco a ella.

Los filósofos modernos se han unido en despreciar estas ideas, y señalan que somos animales con un cerebro que percibe y organiza los fenómenos de determinadas formas. El conocimiento solo se basa en lo que nos llega por los sentidos, no en la reflexión interior, y el cometido de la ciencia es hacernos más objetivos. Sin embargo, Hegel sostiene que el análisis objetivo es una ilusión, porque las cosas solo existen en el contexto de la percepción que el observador tiene de ellas; la conciencia forma parte de la ciencia tanto como el mundo de los objetos que esta se propone analizar. Para él, el verdadero quehacer de la ciencia no es «el descubrimiento de la verdad», sino el descubrimiento de nuestra propia mente: la propia conciencia. La historia, la ciencia y la filosofía son simples manifestaciones de cómo la conciencia ha ido despertando a lo largo del tiempo.

La gran idea holística de Hegel del despertar del «Espíritu» o la conciencia en los asuntos humanos perdió prestigio filosófico porque las guerras y las depresiones mundiales parecían contradecir la idea de que la historia avanza en un sentido positivo. En efecto, como Thomas Kuhn, filósofo de la ciencia, demuestra en *La estructura de las revoluciones científicas* y como también señala Michel Foucault, el conocimiento no avanza en línea recta ascendente, con cada descubrimiento asentándose en otro anterior; al contrario, cada época tiene una lente completamente distinta a través de la que contempla el mundo, y algo se percibe como real solo si la lente permite que se vea.

Quienquiera que en este punto esté en lo cierto, cualquier evaluación de nuestra capacidad de comprender el mundo con exactitud debe implicar el lenguaje. En *Investigaciones filosóficas*, Wittgenstein admite que se había equivocado en la idea, expresada en el anterior *Tractatus*, de que el lenguaje es un medio para describir el mundo. Las palabras no solo nombran las cosas, sino que a menudo transmiten un significado complejo, y significados muy distintos a partir de la misma palabra. El lenguaje no es una lógica formal que marque los límites

nuestro cuerpo; a través de ellas nos percibiremos y percibiremos el mundo.

UNAS PALABRAS FINALES

Hegel adoptó una visión inusualmente amplia y generosa de la filosofía. Como señala en el famoso Prefacio a *Fenomenología del espíritu*, los filósofos convencionales ven en su materia un campo de posturas en competencia entre las que solo se puede decir que «gana» una. Adoptan el punto de vista de un campo de batalla de las ideologías. En su lugar, él abraza el enfoque a vista de pájaro de la disciplina: toda filosofía en competencia tiene su sitio, y con el tiempo su empuje hace posible «el progresivo despliegue de la verdad». Dicho en términos botánicos, expone que los capullos se olvidan cuando estallan en flor, y las flores a su vez dan origen al fruto, que desvela la verdad o el propósito de la planta. El objetivo de Hegel es liberar a la filosofía de su unilateralidad y demostrar la verdad del conjunto. Es mejor ver la variedad y riqueza de la cultura y la filosofía como un único gran proyecto.

El teólogo y filósofo santo Tomás de Aquino dice en *De los cielos:*

> *El estudio de la filosofía tiene como fin saber no lo que las personas han pensado, sino la verdad de cómo son las cosas.*

Este es nuestro objetivo, pero sabedores de que lo que las personas hayan pensado aún nos sirve de ayuda. Si el lector no posee una visión clara de la vida, en estas páginas encontrará multitud de sólidos conceptos con los que contemplarla, o, mejor aún, para cuestionar su actual idea del mundo. Es natural que busquemos la certidumbre, pero si existe algún tipo de conocimiento absoluto, nuestro cuestionamiento no lo va a alterar ni a mover. Por consiguiente, nada tiene que perder el lector, y sí todo que ganar, con el estudio de las grandes obras de la filosofía.

Qué contiene este libro y por qué

Esta lista de 50 obras no pretende ser definitiva, solo introducir algunos de los escritos fundamentales de la filosofía occidental, antigua y moderna, con algún apunte de la oriental. Aunque me hubiera gustado incluir filósofos de todas las partes del mundo y de todas las épocas, el libro cuando menos es una muestra de una vasta literatura. Al final encontrarás una lista de otros 50 clásicos de la filosofía, la mayoría de los cuales podrían haber figurado en el texto principal si el espacio lo hubiese permitido.

Me centro menos en la clasificación habitual de las escuelas, los períodos, las «-ologías» y los «-ismos» filosóficos que es la norma en los textos introductorios o académicos. Esta es una guía de la filosofía para profanos. No pretendo formarte en nada; solo espero ilustrarte. Dicho esto, como cualquier otro campo, la filosofía tiene su propia terminología y su lenguaje, por lo que al final del libro se incluye un glosario de términos comunes que puede serte de ayuda.

La filosofía como sección formal de la academia tiene una historia relativamente corta. Epicuro inició su escuela en el jardín de una casa de Atenas, y hoy existen en todo el mundo clubes de filosofía que se reúnen en bares y viviendas particulares. La filosofía es algo vivo, y sus preguntas seguirán ocupando el centro de la existencia humana. Con este fin, junto a muchos de los indiscutibles grandes nombres de la filosofía, la lista de 50 incluye algunas obras contemporáneas que, aunque tal vez no sean aún verdaderos clásicos, aportan ideas auténticas.

En lo que a la estructura del libro se refiere, podrá parecer que el orden alfabético y no cronológico no sea el más adecuado; sin embargo, al agrupar así las obras hay menos probabilidades de imponerte clasificaciones, por lo que podrás establecer tus propias relaciones entre ideas, obras, épocas y personas. Puedes decidir leer los comentarios que te parezcan más interesantes, pero también es posible que la lectura del libro de principio a fin te produzca una mejor sensación de que realizas un viaje, en cuyo transcurso puedes hacer descubrimientos inesperados.

ADENDA

Me puedes escribir a tombutlerbowdon@gmail.com, anotando «Philosophy» en la barra de Asunto, y con mucho gusto te remitiré gratuitamente una serie de comentarios sobre filosofía. Quedo a la espera de tus noticias. TBB.

1958

LA CONDICIÓN HUMANA

Con las palabras y los hechos nos integramos en el mundo humano, y esta inserción es como un segundo nacimiento, en el que confirmamos y asumimos el hecho desnudo de nuestro aspecto físico original. Esta inserción [...] surge del inicio que se originó cuando nacimos y al que respondemos comenzando algo nuevo por propia iniciativa.

La tarea y la grandeza potencial de los mortales residen en su capacidad de producir cosas —obras y hechos y palabras— que merecen sentirse acordes y, en cierto grado al menos, estarlo con la perpetuidad.

En dos palabras

La naturaleza del ser humano está en hacer lo inesperado, y cada nacimiento lleva consigo la posibilidad de un mundo cambiado.

En la misma línea

Henri Bergson, *La evolución creadora*.
Martin Heidegger, *El ser y el tiempo*.

Capítulo 1

Hannah Arendt

N acida en Alemania, Hannah Arendt fue una de las intelectuales norteamericanas más importantes del siglo xx. Cobró protagonismo con su ensayo sobre Hitler y Stalin *Los orígenes del totalitarismo* (1951), y después alcanzó la fama con *Eichman en Jerusalén* (1962), un estudio sobre el juicio al nazi Adolf Eichman, en el que expone su idea de «banalidad del mal».

La condición humana es la mejor expresión de su filosofía. Pese a su erudición (Arendt era especialista en la Roma y la Grecia clásicas) y su frecuente dificultad, es una obra genuinamente original. Se puede estudiar como un tratado de filosofía política, pero también formula una teoría muy interesante sobre el potencial humano.

EL MILAGRO DEL NACIMIENTO Y LA ACCIÓN

La naturaleza es esencialmente cíclica, dice Arendt, un proceso de vida y muerte interminable e inexorable que «solo lleva destrucción» a los seres mortales. Sin embargo, a los humanos se les dio una forma de eludirlo con su capacidad de actuar. La actuación libre interfiere en la ley de la muerte inexorable mediante el inicio de algo nuevo: «Los hombres, aunque han de morir, no nacen para morir, sino para empezar».

Este es el concepto de «natalidad», inspirado en las famosas palabras de san Agustín: «Hubo un principio, el hombre fue creado». Señala Arendt:

> *En la naturaleza del inicio está que empiece algo nuevo que no se pueda esperar de nada que pueda haber ocurrido antes [...] Lo nuevo siempre se produce en contra de todas las abrumadoras previsiones de las leyes estadísticas y de su probabilidad, que para los fines prácticos y cotidianos equivalen a la certeza; por lo tanto, lo nuevo siempre aparece disfrazado de milagro. El hecho de que el hombre sea capaz de actuar significa que de él cabe esperar lo inesperado, que puede realizar lo que es infinitamente improbable. Y esto, una vez más, solo es posible porque cada hombre es único, de modo que con cada nacimiento llega al mundo algo exclusivamente nuevo.*

Nacer es un milagro en sí mismo, pero la auténtica gloria está en cómo confirmamos nuestra identidad mediante las palabras y los hechos. Los animales solo se pueden comportar según sus instintos de supervivencia programados; en cambio, los seres humanos podemos *actuar*, ir más allá de nuestras egoístas necesidades biológicas para dar vida a algo nuevo cuyo valor se pueda reconocer de forma social y pública (como Sócrates al tomar la cicuta por voluntad propia, o como quien da su vida por otro, podemos actuar incluso en contra de nuestro instinto de supervivencia). Y por esta capacidad de tomar decisiones realmente libres, nuestros actos nunca son completamente previsibles. La acción, dice Arendt, «vista desde la perspectiva de los procesos automáticos que parece que determinan el curso del mundo, se asemeja a un milagro». Nuestras vidas versan sobre «la infinita improbabilidad que se produce de forma regular». En sus otros escritos señala que la esencia de los regímenes fascistas es la negación de esta natalidad, o posibilidad individual, y esto es lo que los hace tan aborrecibles.

EL PERDÓN Y EL CUMPLIMIENTO DE LAS PROMESAS

Arendt recuerda el énfasis que Jesús de Nazaret pone en la acción, en particular en el acto de perdonar, como un punto importante de la historia, ya que este descubrimiento permitió que también nosotros, y no solo Dios, podamos anular actos pasados. Jesús puso este poder casi al mismo nivel que los milagros físicos, por su capacidad de transformar las circunstancias del mundo. Dice Arendt:

Solo mediante esta constante liberación mutua de lo que pueden hacer, los hombres siguen siendo agentes libres; solo por la disposición constante a cambiar la mente y empezar de nuevo, se les puede confiar un poder tan grande como el de empezar algo nuevo.

El deseo de venganza es automático y, por consiguiente, una acción previsible; sin embargo, el acto de perdonar, porque parece ir tan en contra de las reacciones naturales, nunca se puede predecir. El perdón tiene el carácter de la acción verdadera y meditada, y en este sentido es más humano que la reacción animal de venganza, porque libera tanto a quien perdona como al que es perdonado. La acción de este tipo es lo único que evita que las vidas humanas salten del nacimiento a la muerte sin un verdadero sentido.

Arendt conviene con Nietzsche en que lo que distingue a los humanos de otros animales es la capacidad de hacer promesas y cumplirlas. Nuestra infiabilidad esencial es el precio que pagamos por la libertad, pero hemos establecido formas de que las promesas sigan vivas, desde los hábitos sociales hasta los contratos legales. Los actos de perdón y de cumplimiento de promesas redimen a la humanidad y nos llevan a un nuevo nivel. También son acciones creativas que confirman nuestra exclusividad. En la forma de expresar estas acciones, «nadie es nunca igual que nadie que haya vivido, viva o vaya a vivir».

LABOR, TRABAJO Y ACCIÓN

Arendt define las tres actividades humanas básicas de labor, trabajo y acción:

- ▸ La labor es la actividad de vivir, crecer y al final decaer que todos los humanos experimentamos; básicamente, seguir vivos: «La condición humana de la labor es la propia vida», señala.
- ▸ El trabajo es la actividad innatural que los humanos realizamos en un mundo natural, al que puede trascender o al que

puede sobrevivir, dando «una medida de la permanencia y la durabilidad sobre la fútil vida mortal y el carácter huidizo del tiempo humano».

▶ La acción es la única actividad que no requiere cosas ni materia y, por lo tanto, es la esencia de ser humano. La acción también trasciende del mundo natural, porque «los hombres, no el Hombre, viven en la Tierra y habitan el mundo». Con esto Arendt se refiere a que los seres humanos somos animales comunales y políticos que buscamos hacer cosas que sean reconocidas por los demás.

REDESCUBRIR LA GLORIA

En las antiguas Grecia y Roma, señala Arendt, lo que importaba era lo que uno hacía en el ámbito público. La vida y las perspectivas de las personas pobres y de quienes no tenían derechos políticos (incluidos los esclavos y las mujeres) discurrían fundamentalmente en el hogar; este ámbito privado, cualesquiera que fueran sus beneficios, implicaba la ausencia de perspectivas de influencia o de auténtica acción. En cambio, los hombres con medios, libres de la necesidad de trabajar para sobrevivir y del monótono trabajo cotidiano de la casa, podían ser actores del escenario público, actuando para mejorar o promover el conjunto de la sociedad.

En nuestra época, observa, es el hogar el que se ha convertido en el punto esencial, y se nos ha reducido a consumidores con poca inclinación a la política. Buscamos la felicidad mientras renunciamos a nuestro privilegio de hacer cosas que pueden cambiar el mundo y beneficiar a muchos. La búsqueda de la gloria de los tiempos antiguos nos parece algo ajeno, incluso desagradable, pero al encerrarnos más en casa abandonamos el potencial de vivir una vida de verdadera acción autónoma (lo que ella llama *vita activa*):

*La distinción entre el hombre y el animal pasa directamente por la propia especie humana; solo los mejores (***aristoi***), que constantemente se demuestran que son los mejores y que «prefieren la fama inmortal a las cosas mortales», son realmente humanos; los demás, satisfechos con cualquier placer que la naturaleza les proporcione, viven y mueren como animales.*

A TRAVÉS DEL AMOR SE REVELA NUESTRA GLORIA

Los humanos podemos conocer todo lo que haya que conocer sobre el mundo natural, o el mundo de los objetos, pero siempre nos quedamos cortos en el conocimiento de nosotros mismos, «saltando sobre nuestras propias sombras», como lo expresa Arendt. Lo *que* somos es nuestro cuerpo, señala, pero *quienes* somos se manifiesta en nuestras palabras y nuestras acciones. Llegamos a conocer quién es una persona no por estar «a favor» ni «en contra» de ella, sino simplemente pasando tiempo con ella. Con el tiempo, no se puede evitar que se manifieste quién es una persona. De modo que los seres humanos vivimos juntos no solo por el apoyo emocional o material, sino por el puro placer de ver cómo los demás desvelan su carácter. Lo que más nos interesa de un acto no es el acto en sí mismo, sino el agente que revela. A la más alta revelación de la persona la llamamos «gloria».

Pero es posible que nunca sepamos quiénes somos; es algo que solo los demás pueden ver plenamente:

> *En cuanto al amor, aunque es uno de los hechos más raros de la vida humana, sin duda posee un poder sin parangón de autorrevelación y una claridad de visión inigualable para el descubrimiento del quién, precisamente porque se despreocupa, hasta el punto de la completa inmundanalidad, del qué pueda ser la persona amada, con sus cualidades y defectos no en menor medida que sus logros, fracasos y transgresiones. El amor, en razón de su pasión, destruye al intermediario que nos relaciona con los demás y que nos separa de ellos.*

La capacidad de actuar le da a nuestra vida un nuevo comienzo, con plena confianza y fe. ¿Por qué fe? Porque si poseemos el conocimiento fundamental de que las personas pueden actuar y pueden cambiar, se sigue en consecuencia que debemos tener fe no solo en ellas, sino en aquellas a quienes amamos y en el género humano más extensamente.

La hermosa paradoja con que nos deja Arendt es que solo mediante el amor (que por su naturaleza es ajeno al mundo, privado y apolítico) adquirimos fuerza para incidir efectivamente en la vida pública.

COMENTARIOS FINALES

La conclusión de biólogos y sociólogos en los últimos treinta años de que las personas estamos configuradas por el cableado de nuestro cerebro, los genes y el entorno, mucho más de lo que se había pensado podría parecer un jarro de agua fría para las teorías de la acción y la decisión de Arendt.

Sin embargo, desde el punto de vista de la historia, que, al fin y al cabo, es la suma de millones de decisiones individuales, sería un error sugerir (como hicieron Hegel y Marx) que el devenir de la humanidad implica una cierta inevitabilidad. Al contrario, como bien señaló Martin Heidegger, que influyó decisivamente en Arendt, los individuos importan. Para Arendt, la historia es una crónica de las expectativas desbordadas. Las personas hacemos cosas extraordinarias que muchas veces no nos las esperamos del todo.

En las últimas páginas de *La condición humana*, Arendt admite que la «sociedad de empleados» en que nos hemos convertido hace que abandonemos nuestra individualidad y nos comportemos como si fuésemos una simple «función», en vez de abordar de cara el problema de vivir, pensar y actuar realmente por nosotros mismos. Nos convertimos en un mero reflejo pasivo del entorno, un animal avanzado en lugar de verdaderas personas, conscientes y decisorias. Para ella, la grandeza reside en reconocer que no somos un simple animal que ha de satisfacer diversas necesidades para sobrevivir, ni meros consumidores con «gustos» o «preferencias». Nuestro nacimiento fue un auténtico nuevo comienzo, una oportunidad de que algo que antes no existía llegara a ser.

Captar las diferencias entre las nociones de labor, trabajo y acción de Arendt puede requerir cierto tiempo, y es posible que no se entienda por completo su pensamiento hasta la segunda o tercera lectura. No obstante, *La condición humana,* por su creencia en el poder de la acción y la imprevisibilidad humanas, es una obra genuinamente inspiradora.

HANNAH ARENDT

Nacida en Hannover en 1906, Arendt se crió en Konigsberg en el seno de una familia judía. Su padre murió de sífilis cuando ella tenía solo siete años, pero estaba muy unida a su madre, activa militante del Partido Socialdemócrata alemán. Al terminar la enseñanza media, Arendt pasó a estudiar teología en la Universidad de Marburgo, donde tuvo de profesor a Martin Heidegger. Mantuvo un romance con él (que estaba casado), antes de mudarse a la Universidad de Heidelberg. Dirigida por su mentor, el filósofo Karl Jaspers, terminó la tesis doctoral sobre el concepto de amor en el pensamiento de san Agustín. Se casó en 1930. Con el auge del partido nazi, se le impidió enseñar en universidades alemanas, se involucró en la política sionista y a partir de 1933 trabajó para la Organización Sionista Alemana. Fue detenida por la Gestapo pero consiguió huir a París, donde trabajó para otra organización dedicada a rescatar niños judíos de Austria y Checoslovaquia. Después de divorciarse de su primer marido en 1940, se casó con Heinrich Blucher, pero solo unos meses después ambos fueron internados en campos alemanes del sur de Francia. Escaparon y consiguieron llegar a Estados Unidos. Arendt obtuvo la nacionalidad estadounidense en 1951. Durante los años cincuenta se movió en los círculos intelectuales de Nueva York, entre los que estaba Mary McCarthy, trabajó de editora y elaboró Los orígenes del totalitarismo.
Arendt fue la primera mujer profesora de política de la Universidad de Princeton, y también impartió clases en la Universidad de Chicago, la Universidad Wesleyana y la Escuela de Estudios Sociales de Nueva York. Falleció en 1976. Póstumamente se publicaron los dos primeros volúmenes de su autobiografía, La vida del espíritu *(1978; 2012) y sus* Conferencias sobre la filosofía de Kant *(1982; 2003). Una buena biografía es* Hannah Arendt: una biografía *(1982; 2008), de Elisabeth Young-Bruehl.*

Siglo IV a. de C.

ÉTICA A NICÓMACO

Nos hacemos constructores construyendo casas, y citaristas tocando la
cítara. De un modo semejante, practicando la justicia nos hacemos justos;
practicando la moderación, moderados y practicando la virilidad, viriles.

Y del mismo modo que los premios del Olimpo no son para los más hermosos
ni los más valientes, sino para quienes participan en ellos, pues solo estos
son quienes ganan, igual ocurre en la vida: entre las personas virtuosas
y buenas, solo las que actúan correctamente consiguen el premio.

En dos palabras

La felicidad nace de la expresión de lo que racionalmente hemos
decidido que es bueno para nosotros a largo plazo. La felicidad
no es el placer, sino la consecuencia de una vida significativa.

En la misma línea

Hannah Arendt, *La condición humana*
Epicuro, *Cartas*
Platón, *La república*
Bertrand Russell, *La conquista de la felicidad*

CAPÍTULO 2

Aristóteles

E ra tanta la autoridad que se le reconocía en multitud de materias, desde la física hasta la psicología, pasando por la biología, que en toda la Edad Media Aristóteles fue conocido simplemente como «el filósofo». Dante lo llamaba «el maestro de los que saben». Aristóteles ejerció una influencia fundamental en santo Tomás de Aquino y también en filósofos árabes como Averroes.

Su rigor y su empeño incansable de categorizarlo todo han tenido un profundo impacto en el pensamiento filosófico y científico de los últimos dos mil años, y constituyen una forma de ver muy cerebral y racional que es la esencia de la civilización occidental.

Se dice a menudo que la historia de la filosofía se puede dividir entre platónicos y aristotélicos. Platón pensaba que todo lo que percibimos del mundo físico tiene una realidad metafísica oculta, y que «la verdad» está detrás o más allá del mundo de las apariencias; en cambio, su discípulo Aristóteles fue mucho más concreto, y le interesaba el mundo tal como lo vemos. Después de estudiar con Platón veinte años, llegó a la idea de que la comprensión del mundo se basa necesariamente en nuestros cinco sentidos; su mente rigurosa y analítica descompuso las cosas en sus partes integrantes, incluidos elementos de manifiesta vaguedad como la felicidad y la virtud.

La *Ética a Nicómaco* (dedicada a su hijo, Nicómaco) es la mejor expresión de la filosofía moral de Aristóteles. Sus obras científicas interesan hoy sobre todo a los eruditos, pero la *Ética a Nicómaco* sigue siendo muy influyente, una receta de la vida buena de la que se sigue hablando y aplicando; su concepto de *eudaimonía* («felicidad, en sentido amplio), por ejemplo, ha configurado el movimiento actual de la psicología positiva. La obra es una recopilación de notas de clase, por lo que parece un tanto incompleta y sin pulir, pero se puede leer sin gran dificultad.

¿CUÁL ES NUESTRA FUNCIÓN?

A diferencia del concepto de «forma» de Platón, que indica la realidad subyacente en todas las cosas, para Aristóteles la forma se refiere simplemente al orden o la estructura de las cosas. Para comprender qué es un objeto (si una silla o una persona), hay que conocer su función. No apreciamos la barca, por ejemplo, como piezas de madera ensambladas, sino como algo que nos puede llevar por las aguas. La «causa final» de Aristóteles dice que todo lo que hay en la naturaleza está construido teniendo en mente un fin o un propósito. El árbol o la persona están programados para florecer y prosperar de una determinada forma, y para ello utilizan las circunstancias disponibles.

Sin embargo, ¿cuál podemos decir que es la función de los seres humanos? No simplemente la de crecer, porque nos haría iguales a la planta. No simplemente ver, oír ni oler, porque lo tenemos en común con el caballo o el buey. Lo que nos hace únicos, dice Aristóteles, es la capacidad de actuar de acuerdo con la razón. La esencia de una cosa es cómo está organizada, y los humanos, con su capacidad de organizar su propia mente y sus propias acciones, son de naturaleza exclusiva. La persona en última instancia es las virtudes que ha cultivado y las decisiones que ha tomado, de modo que quien organiza su vida según las más altas virtudes puede alcanzar la grandeza.

No entendemos la identidad de alguien como una serie de miles de millones de células, sino a través de lo que le diferencia. La apreciación de sus virtudes, su arte o sus destrezas mejoradas a lo largo de la vida es lo que nos permite captar la esencia o función. El flautista o el escultor, señala Aristóteles, actúa bien si toca exquisitamente la flauta o esculpe con exactitud. El éxito depende del cumplimiento de la función.

ALCANZAR LA FELICIDAD

El punto de partida de la teoría ética de Aristóteles es la felicidad, porque cree que las personas son criaturas racionales que toman decisiones que las llevarán a su bien último. *Eudaimonía* se suele traducir como «felicidad», pero también se puede entender como «actuar bien», «éxito» o «prosperar».

Como seres racionales, nuestra mayor felicidad procede de las decisiones a las que llegamos mediante la razón. Intentamos lo que a la larga es mejor para nosotros, y al andar ese camino la felicidad llega como consecuencia lógica. Una vida de mero placer no nos hará felices, porque nos priva de la actividad racional y con un propósito. El camino más virtuoso es el que nos da el placer más alto y genuino. El placer de leer una historia de amor o de suspense, por ejemplo, no proporciona el gran sentido ni la gran satisfacción que produce leer a Tolstoi.

La mayoría de las personas solo buscan una vida de satisfacción, pero para Aristóteles no son mejores que «animales pastando». Para tener una «vida completa», debemos unir la acción con la virtud, sin dejar de perfeccionarnos y de desarrollar nuestras habilidades. La auténtica felicidad surge del trabajo en nosotros mismos y en nuestros objetivos. «Porque una golondrina no hace la primavera —dice Aristóteles—, ni un día ni un breve período nos hacen felices ni afortunados». Define el propio tiempo como «un buen compañero», que nos desvela nuestra propia naturaleza y la del mundo.

La amistad forma parte de una vida buena y completa, asegura, porque favorece el compartir, el razonamiento y el pensamiento. Mediante la acción razonada y constructiva, ayudamos a los amigos a alcanzar sus metas, y con ello engrandecemos nuestras propias cualidades racionales o nuestro carácter. Esto nos hace felices de forma natural. El mismo principio se aplica a la comunidad o la ciudad en que vivimos. Al trabajar para mejorarla, fortalecemos de forma natural nuestro propio carácter y, por consiguiente, aumentamos nuestra felicidad.

Por último, el estudio es para Aristóteles una de las grandes fuentes de felicidad, si no la mayor, porque nos permite expresar plenamente nuestra naturaleza racional. Al apreciar las verdades filosóficas o científicas e incorporarlas a nuestro propio conocimiento, alcanzamos la cumbre de lo que es ser humano.

La gratificante conclusión de Aristóteles es que la felicidad no está predeterminada por el destino ni por los dioses, sino que se puede conseguir de forma habitual mediante la expresión consciente de una vida virtuosa a través del trabajo, la aplicación y el estudio. «Nos hacemos constructores –dice– construyendo casas y citaristas tocando la cítara. De un modo semejante, practicando la justicia nos hacemos justos; practicando la moderación, moderados y practicando la virilidad, viriles». En otras palabras, nos convertimos en personas competentes mediante el hábito.

No debemos juzgar la vida de un individuo por sus altibajos, sino por las virtudes duraderas que desarrolla y manifiesta. Esta es la verdadera medida de la capacidad. La persona competente y feliz es aquella que es estable en el cultivo de la virtud, la que hace irrelevantes los caprichos de la fortuna. La estabilidad, la nobleza y la magnanimidad son lo que más admiramos. «Las acciones de acuerdo con la virtud controlan la felicidad», afirma Aristóteles.

LA ACCIÓN Y LA DECISIÓN

Platón pensaba que el simple aprecio de la virtud es suficiente para hacer virtuosa a la persona. Pero, para Aristóteles, la vida buena debe ser una vida de virtud expresada en la acción: «Y del mismo modo que los premios del Olimpo no son para los más hermosos ni los más valientes, sino para quienes participan en ellos, pues solo estos son quienes ganan, igual ocurre en la vida: entre las personas virtuosas y buenas, solo las que actúan correctamente consiguen el premio».

Distingue entre la acción voluntaria y la involuntaria. Los niños y los animales pueden realizar acciones voluntarias, pero no toman auténticas *decisiones*, porque estas implican razonamiento o pensamiento significativos. Los adultos poseen la facultad de deliberación y decisión, por lo que utilizarlas bien (por ejemplo, para alcanzar un objetivo que nos exige limitar nuestros apetitos) hará que sintamos que vivimos como se supone que debemos hacerlo: como seres naturales centrados en la creación de algo valioso. Podemos desear algo, pero para conseguirlo tenemos que decidir emprender determinadas acciones. Del mismo modo, podemos creer en determinadas cosas, pero la acción es la que nos forma el carácter. La persona «incontinente», dice Aristóteles, actúa por el apetito, por lo agradable. En cambio, la persona «continente hace lo contrario, y actúa por decisión, no por apetito».

Aristóteles también hace una interesante distinción entre la acción y la producción. El fin de la producción es un objeto, algo exterior a nosotros mismos, y requiere el uso de la artesanía o de la hábil manipulación. Pero actuar bien se hace por su propio fin y no se traduce en nada en particular. Si la producción hace una cosa, y la habilidad en la producción genera mejor o peor calidad, la acción, en función de su calidad, hace a la persona mejor o peor. Por lo tanto, es más pura y más noble.

La idea de Aristóteles sobre la diferencia entre acción y producción estaba determinada por su elevada posición en la sociedad, pero tiene implicaciones actuales. Como señalaba Hannah Arendt en *La condición humana*, pensar en nosotros mismos como «productores» y «consumidores» es peculiarmente moderno. Pero no existimos para producir, sino para hacer nuestra aportación a la comunidad y la sociedad.

COMENTARIOS FINALES

Hoy está de moda que los gobiernos se preocupen por la «felicidad interior» en lugar de solo por los resultados económicos. Sus consejeros toman las ideas de Aristóteles sobre la vida buena y la *eudaimonía* como guía en el diseño de políticas que puedan generar la mejor felicidad para el mayor número posible de personas. Es un noble esfuerzo. No obstante, conviene tener cuidado al dar recetas para la felicidad individual. Como enseñaba Aristóteles, cada persona tendrá una ruta distinta para llegar a la vida buena, basada en un potencial exclusivo que a ella le corresponde desarrollar. En vez de buscar la felicidad como objetivo por sí misma, el reto está en perseguir la vida que más sentido tenga para nosotros, y al hacerlo, la felicidad seguirá de forma natural.

A Aristóteles se le critica a menudo la idea que expone en *Ética a Nicómaco* de que elementos circunstanciales como el dinero, el estatus y la familia contribuyen de forma importante a la felicidad. Sin embargo, su acento en una vida con significado demuestra que no es necesario poseer todo esto para estar satisfecho e ilusionado con la vida. Si actuamos para cumplir nuestra más elevada función, es difícil no ser feliz.

ARISTÓTELES

Aristóteles nació en la ciudad macedonia de Estagira (hoy al norte de Grecia) en el 384 a. de C., hijo de un médico del rey de Macedonia. A los diecisiete años empezó su estudio en la academia de Platón en Atenas, donde siguió hasta la muerte de su maestro en el 347 a. de C. Después viajó a Turquía y a la isla griega de Lesbos, donde realizó sus propios estudios sobre lo que hoy llamaríamos biología, botánica, zoología, geografía y geología marinas. Se casó con Pitias, una de sus compañeras de estudio en la academia de Platón, pero tuvo un hijo, Nicómaco, de su esclava Herpilis.

En la época de Aristóteles, el reino macedonio de Filipo y su hijo Alejandro (Magno) era una potencia, que conquistó ciudades griegas y el reino de Persia. Aristóteles gozó del patrocinio de Alejandro Magno, del que fue consejero hasta los últimos días del reinado del emperador, antes de caer en desgracia por sus orígenes macedonios. Murió en la isla de Eubea, a los sesenta y dos años.

Dos terceras partes de su obra se han perdido, pero la que nos ha llegado abarca una vasta diversidad de materias. Aristóteles fue considerado el principal erudito de su generación. Entre sus obras más señaladas están Metafísica, De la interpretación, Del alma, Ars retorica *y* Magna moralia.

1936

LENGUAJE, VERDAD Y LÓGICA

La filosofía, tal como está escrita, está llena de preguntas...
que parecen factuales, pero no lo son.

Si, pongamos por caso,... digo: "Robar dinero está mal", hago una frase
que no tiene significado factual, es decir, no expresa ninguna proposición que
pueda ser o verdadera o falsa. Es como si hubiera escrito: "¡¡¡Robar dinero!!!",
donde la forma y la repetición de los signos de exclamación muestran, por una
adecuada convención, que lo que se expresa es una especie de desaprobación
moral. Es evidente que aquí no se dice nada que pueda ser verdadero o falso.

En dos palabras

La metafísica, la estética, la ética y la teología son
todas materias carentes de sentido, porque nada
se dice en ellas que se pueda verificar.

En la misma línea

David Hume, *Investigación sobre el conocimiento humano*
Saul Kripke, *El nombrar y la necesidad*
Karl Popper, *La lógica de la investigación científica*
Ludwig Wittgenstein, *Investigaciones filosóficas*

CAPÍTULO 3

A. J. Ayer

A los veintidós años, recién salido de la Universidad de Oxford, Alfred Ayer viajó a Austria para reunirse con el Círculo de Viena, un grupo de físicos, matemáticos y filósofos (entre ellos, Moritz Schlick, Rudolf Carnap, Karl Menger y Kurt Gödel) que trabajaban unidos por la fe en el «positivismo lógico», la idea de que el único conocimiento auténtico es el que se basa en hechos. Fuertemente influenciados por el análisis del lenguaje y el significado de Wittgenstein, el grupo se proponía reenmarcar el conocimiento desde la perspectiva de la verificación, y tuvo un gran efecto en la filosofía y la ciencia del siglo XX.

A través de *Lenguaje, verdad y lógica*, Ayer se convirtió en uno de los principales exportadores de estas ideas a Gran Bretaña y Estados Unidos. Escrito cuando su autor tenía solo veinticinco años, el libro se hizo famoso por sacar a la luz, sin miramientos y casi con agresividad, los trapos sucios de la metafísica, pero también se ocupa de la ética, la probabilidad y el lenguaje.

EL PRINCIPIO DE VERIFICACIÓN

El principio de verificación de Ayer sostiene que una frase tiene sentido solo si existen determinadas circunstancias en que nosotros, los usuarios del lenguaje, podamos convenir en su verdad, pues la verdad de una frase significativa se debe corresponder con una situación posible y observable. Por ejemplo, «en Marte hay marcianos» tiene sentido, porque sabemos lo que requeriría confirmarla: la observación u otro signo de la existencia de marcianos en Marte. Obsérvese que interesa menos si la frase es o no es verdadera en sí misma, solo si es significativa o no, es decir, si es verificable.

Sin embargo, Ayer concede cierto margen al insistir en que solo necesitamos confirmar que las afirmaciones son *probablemente* verdaderas, y no *definitivamente* verdaderas. La razón es que hay muchas proposiciones que, aun después de hacer infinidad de observaciones, solo podemos confirmar que son probablemente correctas. El ejemplo más común de este tipo de proposición es una ley universal, como la que expresa la frase «todo arsénico es venenoso». Consideramos que es una frase significativa, pero debido al conocido problema de la inducción, solo se puede confirmar como probablemente verdadera dado un número cada vez mayor de observaciones. Ninguna cantidad de observaciones podría confirmar que todo el arsénico es venenoso, porque a partir de unos ejemplos particulares no podemos extrapolar con mayor certeza que la probable al caso general.

Ayer también postula la idea de emotivismo, que los enunciados que se refieren a la moral son juicios de valor impulsados por la emoción o el sentimiento de quien los dice. Como no se pueden verificar con ningún «hecho» o experiencia morales objetivos, no tienen importancia cognitiva y carecen de sentido. Cuando alguien dice, por ejemplo: «Mary es una buena persona», no describe ninguna verdad o situación objetivas; simplemente expresa lo que siente sobre Mary. Asimismo, cuando oímos el enunciado: «La guerra es un error», como no es una proposición que se pueda probar de forma concluyente de un modo u otro, sino que es una opinión, su valor es escaso o nulo. La mayor parte del lenguaje dice más del hablante que de la «realidad».

LA METAFÍSICA NO TIENE SENTIDO

Al aplicar el principio de verificación a la filosofía, Ayer llega a cuestionar la propia base de la metafísica, la estética, la ética y la teología. Considera una frase típica, escogida al azar, de un libro de metafísica de la época, *Apariencia y realidad*, de F. H. Bradley: «Lo Absoluto entra en la evolución y el progreso, pero es incapaz de lo uno y lo otro».

Ayer insiste en que no existe una situación en que se pueda observar que esta frase es verdadera. Además, ¿qué podría significar para alguien decir que «lo Absoluto» (sea lo que sea) «entra en la evolución»? Si una frase solo es significativa si, en principio, es verificable, no está claro en qué circunstancias (si hay alguna) se podría observar la verdad de la afirmación de Bradley. ¿Cómo podría alguien decir que lo Absoluto evoluciona o no evoluciona? En el supuesto de que Bradley use estas palabras con su significado habitual, Ayer concluye que debemos entender que la frase carece de sentido.

A Ayer le interesa el significado factual. Por ejemplo, el significado factual de «¡está lloviendo!» es que está lloviendo: exactamente el tipo de significado de que carecen los enunciados metafísicos. Hay que distinguirlo de otros sentidos del significado que pueda tener una frase, como el metafórico; la poesía, por ejemplo, puede carecer de significado factual, pero esto no es razón para dejarla de lado, porque el poeta no pretende que los poemas se tomen como verdaderas descripciones de la realidad. Lo que se encarece normalmente no es su significado literal. Por otro lado, la metafísica insiste a menudo en que las frases sobre conceptos abstractos como «lo Absoluto» son una descripción fiel de la realidad, cuando no tienen sentido. Aunque ateo, Ayer rechazaba la idea de que se pudiera siquiera decir «Dios no existe» o «Dios existe», pues ninguno de los dos enunciados se podrá verificar nunca.

Sus ideas sobre la verificabilidad y los enunciados significativos nacen de su creencia en el «naturalismo», o la idea de que la filosofía se debe tratar al mismo nivel que la ciencia natural, es decir, sometiendo cualquier tipo de proposición de verdad al escrutinio más riguroso. Aunque no podía esperar desmantelar todo el campo de la metafísica, supo limitar a los filósofos a pronunciamientos que al menos tuvieran sentido.

COMENTARIOS FINALES

En su insistencia en los límites del conocimiento humano, Ayer fue en gran medida el heredero de David Hume, a quien reverenciaba. Esto, unido a la actitud escéptica de los positivistas lógicos continentales, la influencia del análisis del lenguaje de Wittgenstein y el aplomo de un joven de veinticinco años, hizo de *Lenguaje, verdad y lógica* una obra de mucha fuerza.

Para el lector actual de filosofía académica, que por lo general se ocupa del estudio en profundidad de cuestiones particulares, la amplitud temática del libro es de agradecer. Su brevedad y la ausencia de lenguaje técnico lo hacen de muy fácil lectura y, aunque muchos han señalado que no es totalmente original, sigue siendo un brillante punto de acceso a la filosofía analítica y el positivismo lógico.

A raíz del éxito de su libro, en una ocasión le preguntaron a Ayer qué venía a continuación. En su habitual tono arrogante, contestó: «Nada viene a continuación. La filosofía se ha acabado».

A. J. AYER

Ayer nació en 1910. Su madre pertenecía a la familia judía holandesa que había fundado la empresa automovilística Citröen y su padre se dedicaba a las finanzas. Era hijo único y consiguió una beca para Eton College. Mientras estudiaba filosofía en Christ Church, en Oxford, su tutor fue el filósofo de la mente Gilbert Ryle. Durante la Segunda Guerra Mundial, Ayer trabajó en la inteligencia militar británica. Ocupó puestos académicos en Christ Church y el University College de Londres, además de ser una conocida figura mediática.

Se casó en tres ocasiones, dos de ellas con la misma mujer, y tuvo muchas relaciones amorosas. En una biografía (A. J. Ayer: A Life), *Ben Rogers recuerda que Ayer estaba hablando con unas modelos en una fiesta en Nueva York, cuando se produjo un tumulto en una habitación. La supermodelo Naomi Campbell gritaba que su novio Mike Tyson la estaba agrediendo. Ayer intervino para hablar con Tyson, quien dijo: «¿Sabe usted quién soy yo? Soy el campeón del mundo de los pesos pesados». Ayer replicó con toda educación: «Y yo soy el antiguo titular de la cátedra Wykeham de Lógica... Ambos somos más que eminentes en nuestro campo. Propongo que hablemos del asunto como hombres racionales».*

Después de su jubilación, Ayer defendió muchas causas sociales progresistas, entre ellas la reforma de la ley sobre derechos de los homosexuales. En 1970 fue nombrado caballero, y falleció en 1989.

Otros de sus libros son Ensayos filosóficos *(1954; 1979),* The Problem of Knowledge *(1956),* Russell and Moore: The Analytical Heritage *(1971),* Hume *(1980),* Philosohpy of the Twentieth Century *(1982), y los volúmenes autobiográficos* Parte de mi vida *(1977; 1982) y* More of My Life *(1984).*

2011

LA TRAMPA DEL EGO

Muchos quieren oponerse a la idea del yo como una construcción,
porque parece que implica que no es real. Pero es evidente que
las construcciones pueden ser perfectamente reales.

El tú, la persona, no está separado de estos pensamientos, de la cosa que los tiene.
Al contrario, tú eres exactamente la recopilación de estos pensamientos [...] Este
es el núcleo de la Trampa del Ego. La trampa consiste en crear algo que produzca
un fuerte sentimiento de unidad y singularidad a partir de lo que en realidad es
una secuencia confusa y fragmentada de experiencias y recuerdos, en un cerebro que
no tiene centro de control. La cuestión es que la trampa funciona [...] No existe
una sola cosa que abarque el yo, pero necesitamos funcionar como si existiera.

En dos palabras

El cuerpo y el cerebro nos producen un sentimiento fuerte y
continuado de yo, lo que nos da libertad para crear lo que somos.

En la misma línea

Sam Harris, *Free Will*
David Hume, *Investigación sobre el conocimiento humano*
Michel de Montaigne, *Ensayos*

CAPÍTULO 4

Julian Baggini

¿Eres hoy la misma persona que eras de niño? Evidentemente. Por diferente que seas de adulto, tu ADN sigue siendo el mismo; sigues siendo «tú». Pero ¿y la persona que padece alzhéimer o la que ha sufrido una lesión cerebral? Si ya no pueden acceder a sus recuerdos, o no tienen ya un fuerte sentimiento del tiempo, del espacio y de otras personas, ¿se puede decir que sigue existiendo el mismo yo? ¿De dónde procede esta «yo-edad»? ¿Es real, o una mera ilusión creada por el cerebro y el cuerpo?

El filósofo contemporáneo Julian Baggini empieza *La trampa del ego* con una cita de David Hume:

> *En cuanto a mí, siempre que entro en lo más íntimo de lo que llamo yo mismo, siempre me encuentro con una determinada percepción u otra, de calor o frío, de luz o sombra, de amor u odio, de dolor o placer, de color o sonido, etc. Nunca doy con mí mismo, como algo distinto de estas percepciones.*

La conocida idea de Hume es que no existe un yo, o alma, unitario y sólido; al contrario, somos un haz de percepciones que cambian constantemente, y parece que nuestra forma de percibir las cosas a lo largo del tiempo lo confirma.

La cuestión del «yo» y la «personalidad» es un tema importante de la filosofía y la psicología actuales, y Baggini, fundador de *The Philosopher's Magazine*, hace accesibles algunas de las cuestiones más fascinantes, con el análisis de dos ideas opuestas del yo: la teoría de la «perla» y la idea de «haz» de Hume. En su discurso, se dirige a personas no académicas que tengan ideas y puntos de vista especiales, como los lamas budistas, aquellos que hayan cambiado de sexo o quienes hayan tenido a un ser querido que sufriera de demencia. La cuestión general que intenta responder es: «¿Qué somos y de qué depende nuestra continuada existencia en el tiempo?».

EL SENTIDO DEL YO

La idea de la «perla» del yo dice que, por mucho que cambiemos a lo largo de la vida, hay cierta esencia de «yo-edad» que no se transforma. Es un yo de libre albedrío que incluso puede existir sin el cuerpo después de la muerte. Sin embargo, y pese a muchísimas investigaciones, la neurociencia no ha encontrado esa perla: el «yo» esencial no existe en ninguna parte concreta del cerebro. Al contrario, se unen varios sistemas cerebrales para producirnos la sensación de que somos singulares y de que controlamos. Otros organismos, como los lagartos, no tienen un sentido del yo en la medida en que lo tenemos los humanos. Pueden sentirse a sí mismos en un determinado momento, pero lo que nos hace diferentes es el sentimiento del yo *a lo largo del tiempo*. Poseemos «yos autobiográficos» que pueden crear una historia compleja y exquisitamente detallada a partir de nuestras experiencias

«Cuanto mayores nos hacemos –explica Baggini– menos capaces somos de identificarnos de verdad, con seguridad, con nuestros yos pasados [...]. Nuestros pensamientos y acciones son tan inescrutables como los de los extraños, o más [...]. Al mismo tiempo, cada uno tenemos un sentimiento de «yo-edad» que parece que es notablemente duradero». Es posible que no seamos la persona que éramos hace treinta años, pero sí conservamos un sentimiento de yo a lo largo de la vida. En cierto sentido, no se trata de buscar «qué» somos, ni nuestra «verdadera identidad». Para Baggini, la auténtica maravilla es que retenemos y conservamos el yo durante mucho tiempo.

Baggini hace referencia a Paul Broks, neuropsicólogo clínico, que trabaja con enfermos que sufren lesiones cerebrales por accidentes de tráfico. Broks observa lo frágil que es el sentimiento del yo, asentado como está en el correcto funcionamiento del cerebro, pero también señala que, incluso cuando uno de los hemisferios de este se encuentra dañado, lo que afecta a la memoria y otras funciones, la mayoría de las personas siguen teniendo un sentimiento unificado del yo. Este movimiento hacia el autosentimiento es de una fuerza increíble, y por una muy buena razón: no podemos funcionar como animales sociales sin que nos veamos y veamos a los demás como «yos» distintos. De hecho, si «el yo» se encontrara solo en una parte del cerebro (la idea de la perla), cualquier mínima lesión en esa parte destruiría el sentimiento del «yo». Sin embargo, si el sentimiento del yo es un compuesto de elementos, o una interacción de diversas partes, es más probable que se pueda superar cualquier trauma que sufran esos componentes y cualquier destrucción que de ellos se produzca. Aunque el cerebro sufra lesiones graves, estamos constituidos para crear constantemente un sentido narrativo del yo.

El filósofo Derek Parfit define la personalidad como la posesión de «conectividad y continuidad psicológica». La «trampa del ego», explica Baggini, es la creación por parte del cerebro y del cuerpo de «un fuerte sentimiento de unidad y singularidad a partir de lo que en realidad es una secuencia confusa y fragmentada de experiencias y recuerdos». Precisamente porque en el cerebro no existe un único centro de control, la trampa funciona.

¿QUÉ SOMOS?

Si el yo no tiene un verdadero centro, ¿se puede aún decir que la persona posee un «carácter»?

Baggini cita una serie de experimentos psicológicos que apuntan a que nuestra confianza en el carácter no tiene base; el entorno puede incidir mucho más en lo que hacemos. Un ejemplo son los famosos experimentos de «obediencia a la autoridad» de Stanley Milgram, donde las personas aplicaban conscientemente descargas eléctricas que sabían que hacían daño a quienes las recibían, simplemente para complacer a quienes dirigían el experimento. En todos los demás sentidos, los sujetos eran individuos normales y considerados, pero resultaba que conseguir la aprobación era más importante que la compasión por otras personas. En el también conocido Experimento de la Cárcel de Stanford, Philip Zimbardo simulaba durante cinco días el entorno de una prisión. Al cabo de solo un día, estudiantes universitarios normalmente afables estaban dispuestos a actuar de forma despiadada con quienes tenían bajo su control. «La vida humana nos proporciona plantillas o posibilidades de ser cualquier cosa en cualquier momento», le dijo Zimbardo a Baggini. La idea de la dignidad humana integrada en la persona y la de su carácter son mitos.

John Doris, en su libro *Lack of Character*, señalaba que «los factores situacionales suelen ser mejores predictores de la conducta que los factores humanos». Baggini sugiere que muchos alemanes que vivieron en el Tercer Reich hubieran tenido una «vida intachable» de no haber sido por un entorno que sacó lo peor que había en ellos. Por el mismo principio, «muchas personas son capaces de vivir una vida buena y moral solo porque las circunstancias no las han puesto a prueba».

El filósofo William James observaba lo mucho que el entorno social nos determina; la familia y los amigos nos hacen lo que somos. Al vivir con otros, asumimos su visión del mundo, y ellos, la nuestra. James señalaba que el modo de vestir se convierte en parte de nuestra identidad; lo mismo se puede decir de la casa, el coche y otras pertenencias. Un filósofo compañero de Baggini se preguntaba si el teléfono inteligente, con toda la información sobre nosotros que contiene, no es en cierto sentido parte de nosotros. ¿Dónde terminas «tú» y dónde empiezan los objetos que te rodean? «El lugar que ocupamos en el mundo es lo que define quiénes somos —sostiene Baggini—. Las relaciones que constituyen nuestra identidad son las que tenemos con los demás, no las que mantenemos en la mente entre los pensamientos y los recuerdos». Somos la recopilación de nuestros roles.

Sin embargo, observa, no somos *simplemente* un conjunto de roles: poseemos un sentido psicológico del yo que permanece, cualquiera que sea el rol que representemos en la vida. Del mismo modo, James entendía el yo como «la continuidad de sentimientos que se halla en la "corriente" de consciencia subjetiva». Cualesquiera que sean nuestras experiencias y nuestro entorno, si tenemos ese flujo de sentimientos y pensamientos, seguiremos poseyendo un yo.

CREAR UN YO

Baggini señala que la filosofía budista está notablemente en línea con las investigaciones actuales sobre el yo. Buda pensaba que no tenemos una esencia fija e inmutable; al contrario, somos la suma de nuestras experiencias corporales, pensamientos y sentimientos. Se parece mucho a la idea del haz de Hume, salvo que el budismo se centra en el gran *potencial* positivo que deriva de no tener un yo fijo. En el transcurso de la vida, mediante el pulido de las percepciones, los pensamientos y las acciones, podemos *crear* un yo de forma muy consciente. Como se dice en el *Dhammapada*:

> *El pocero dirige el agua; el flechero templa la flecha; el carpintero dobla el tronco; el sabio se hace a sí mismo.*

Baggini admite que entender el yo como una construcción no es fácil, porque supone que no existe en el centro ningún «auténtico» sentido del yo. Sin embargo, asumimos que muchísimas cosas son verdaderas construcciones: el árbol es una serie de miles de millones de átomos que funcionan al unísono como sistema, e Internet no es algo singular, sino una red. El simple hecho de que algo sea un compuesto de partes no lo hace menos real ni le resta fuerza.

COMENTARIOS FINALES

Uno de los interesantes ejemplos de Baggini es Brooke Magnanti, una mujer que consiguió reunir los roles de investigadora académica, bloguera y prostituta, y que se desveló como tal en el blog «Belle de Jour». Por muy distintos que aparentemente puedan ser estos roles, Magnanti simplemente los consideraba facetas distintas de sí misma, y nunca sintió ninguna división psicológica. Como dice Baggini: «Somos sin duda menos unitarios, coherentes, consistentes y duraderos de lo que normalmente suponemos, pero seguimos siendo reales e individuales». Walt Whitman lo expresa más poéticamente:

> *Soy inmenso.*
> *Contengo multitudes.*

La idea posmoderna es que los seres humanos somos básicamente constructos configurados por el lenguaje, la socialización y las relaciones de poder, pero Baggini concluye que somos más que meras construcciones: tenemos unidad y continuidad, aunque no poseamos una esencia inalterable ni un alma eterna. «Es evidente que el yo existe —señala—, pero ocurre que no es algo independiente de sus partes constituyentes».

Paradójicamente, al experimentar plenamente todos los aspectos y facetas de nuestro yo, no nos perdemos, sino que podemos vivir una vida significativa. Que así lo podamos hacer, y que al mismo tiempo rechacemos la idea de que tenemos una esencia eterna o un alma inmaterial, es sin duda signo de madurez.

JULIAN BAGGINI

Nacido en 1968, Julian Baggini se doctoró en filosofía en el University College de Londres. El tema de la tesis doctoral era la identidad personal. En 1997, cofundó The Philosopher's Magazine, *una publicación trimestral, y también colabora en diversos periódicos y revistas.*

Otras obras suyas son El cerdo que quería ser jamón, y otros noventa y nueve experimentos para filósofos de salón *(2005; 2007),* Más allá de la noticia: la filosofía detrás de los titulares *(2004),* The Shrink and the Sage: A Guide to Living *(con Antonia Macaro, 2012),* The Ethics Toolkit *(con Peter Fosl, 2007) y* Atheism: A Very Short Introduction *(2003).*

1978

SIMULACROS Y SIMULACIÓN
(SIMULACRES ET SIMULATION)

Hoy, la abstracción ya no es la del mapa, la del doble, la del espejo ni la del concepto. La simulación ya no es la de un territorio, un ser referencial ni una sustancia. Es la generación por modelos de lo real sin origen ni realidad: un hiperreal. El territorio ya no antecede al mapa, ni lo sobrevive.

No más espejo del ser y las apariencias, de lo real y su concepto [...] lo real es producido a partir de células miniaturizadas, matrices y bancos de recuerdos, modelos de control, y a partir de ellos se puede reproducir un número indefinido de veces. Ya no necesita ser racional, porque ya no se pone a prueba en proceso alguno, ideal o negativo.

En dos palabras

Ya no vivimos en un mundo donde los signos y los símbolos apuntan a la verdad; ellos *son* la verdad.

En la misma línea

Noam Chomsky, *Chomsky esencial*
Harry Frankfurt, *On Bullshit*
Marshall McLuhan, *El medio es el masaje*
Slavoj Zizek, *Viviendo en el final de los tiempos*

CAPÍTULO 5

Jean Baudrillard

ean Baudrillard murió en 2007, y aún seguimos asimilando y procesando muchas de sus ideas. El más grande teórico de la posmodernidad era, estrictamente hablando, sociólogo, y pasó veinte años en el Departamento de Sociología de la Universidad Nanterre de París; en su carrera profesional vivió las revueltas de 1968, la caída del comunismo y el auge de lo que él llamaba el orden «hiperreal» del capitalismo centrado en los medios de comunicación.

Su pensamiento marca una ruptura grande y subversiva con las tradiciones de la filosofía occidental, con su típico objetivo en cuestiones del yo, el libre albedrío y el conocimiento, e incluso con la idea del existencialista de vivir una vida «auténtica». La visión de Baudrillard, en cambio, fue la de un mundo en que la individualidad es un mito y donde las personas son unidades que reflejan lo que ocurre en los medios, y su único propósito es consumir imágenes y signos; en este nuevo universo, algo es real solo si se puede reproducir de forma interminable, y lo singular o que no se puede compartir no existe.

Simulacros y simulación fue el libro que puso de moda a Baudrillard fuera de Francia, y es una obra sorprendentemente accesible. Aunque los ejemplos que emplea se refieren a la cultura y la política de los años setenta, el lector actual puede imaginar fácilmente manifestaciones de sus ideas.

EL TERRITORIO YA NO IMPORTA

En una de sus novelas, Jorge Luis Borges cuenta la historia de los cartógrafos de un rey que elaboraron un mapa tan exacto y minucioso que se ajustaba como una sábana sobre el territorio del reino. Es una buena historia, pero Baudrillard sostiene que en el mundo actual ese tipo de empresas parecen pintorescas, porque todo lo que realmente importa es el propio mapa; no intentamos simular que no es más que una abstracción que nos ayuda a llegar a la realidad; *es* la realidad. «Pero ya no es una cuestión de mapas o territorios –indica–. Algo ha desaparecido: la diferencia soberana, entre uno y otro, que constituía el encanto de la abstracción».

Así pues, el encanto del mapa reside en el espacio que le concedemos para que sea una representación exacta de la realidad. Hoy ya no permitimos tal cosa, sino que hacemos lo que podemos para que la «realidad» se ajuste a nuestras abstracciones. Ya no vivimos en un mundo de lo dual: el ser y la apariencia, lo real y el concepto. Lo que es «real» se puede producir sin fin con programas de ordenador y, lo más perturbador, esta nueva realidad ya no hace referencia a ninguna base racional de verdad.

Ya no es una cuestión de imitación, ni de duplicación, ni siquiera de parodia. Es una cuestión de sustituir los signos de lo real por lo real.

Baudrillard llama a este mundo lo «hiperreal», y una de sus interesantes cualidades es que obvia la necesidad de lo imaginario, porque no existe distinción entre lo que es realidad y lo que es imaginado. Se nos deja con un mundo que es un «gigantesco simulacro» (una simulación o un parecido), un mundo que «nunca se intercambia por lo real, sino por sí mismo, en un circuito no interpretado sin referencia ni circunferencia».

Una buena analogía, aunque él no emplee ninguna, es la del papel moneda: casi nunca se cambia por el oro o la plata en los que teóricamente es convertible; al contrario, el papel moneda *es* el dinero; el hecho de que «en verdad» no sea más que papel es irrelevante.

EN EL LUGAR DE LO REAL, FABRICAMOS UN FETICHE DEL PASADO

Para Baudrillard, el punto de inflexión en la historia fue el paso de nuestra aceptación de un mundo de signos que indican la verdad o la ideología, y que premian el secreto, a un mundo que no se molesta en distinguir lo uno de lo otro. En la era de los simulacros y la simulación, dice, «ya no hay ningún Dios al que reconocer por sí mismo, ningún Juicio Final que separe lo falso de lo verdadero».

Cuando ocurre esto, avanza la nostalgia y sentimos un anhelo superficial de «verdad» y «autenticidad». Hay una «producción afectada por el pánico de lo real y de lo referencial, paralela y superior al pánico de la producción material». Cuando todo se hace abstracto, el valor de lo «real» se infla —pero ¿es realmente lo real lo que queremos, o solo los signos de lo real?—. Una vez en el mundo de los simulacros y la simulación, es difícil abandonarlo; apenas conocemos la diferencia entre él y la realidad.

Baudrillard señala que somos como el pueblo de los tasaday, que los etnólogos descubrieron en la profundidad de la selva tropical en los años setenta. Para evitar que se extinguieran, fueron trasladados a una zona de selva virgen inaccesible. Este museo vivo pretendía conservar «lo real» y que aquellas gentes pudieran vivir siguiendo sus tradiciones, pero el aislamiento fue en sí mismo un gran acto de simulación. Del mismo modo, los científicos occidentales invierten una gran cantidad de dinero en la conservación de las momias egipcias, no porque el antiguo Egipto signifique algo para nosotros, sino porque este tipo de objetos son una especie de garantía de que las cosas antiguas tienen un significado particular. «Toda nuestra cultura lineal y acumulativa se desploma si no podemos apilar el pasado a la vista de todos». Esta «museoficación» es la marca de una cultura que odia los secretos y ansía «poseer» otras culturas mediante su disección y categorización. Tienen valor para nosotros como símbolos del hecho de que fueron desbancadas (por nosotros).

Baudrillard pone el caso de Disneylandia como ejemplo clásico de simulacro, porque se presenta como un lugar imaginario solo «para hacernos creer que el resto [nuestra sociedad] es real». Disneylandia preserva la fantasía de una separación entre verdad y fabricación, una fantasía que necesitamos para seguir existiendo en un mundo fabricado. Los lugares de este tipo nos ayudan a soslayar el hecho de que todo Estados Unidos pertenezca al reino de la simulación.

LA POLÍTICA EN UN MUNDO HIPERREAL

Baudrillard va más allá de la típica visión izquierdista/marxista del capitalismo como inmoral. Al contrario, el capitalismo es «una monstruosa empresa sin principios, nada más». El capitalismo y los medios de comunicación capitalistas se centran en «la economía», «los indicadores económicos» y la «demanda», como si fueran el núcleo de la sociedad, y con ello se destruye «toda distinción ideal entre verdadero y falso, bueno y malo, para establecer una ley de equivalencia e intercambio radical». En el capitalismo, somos meros consumidores. Pero para mantener la ilusión de que somos ciudadanos de libre albedrío que vivimos en una democracia dinámica, este sistema fabrica crisis que pretenden impedir que veamos que su modo de vida no es más que un constructo.

El poder político tal como hoy lo vemos –las elecciones, la obsesión por las actividades del presidente, etc.– es una charada, y la creciente intensidad de cobertura mediática es signo de que el poder ejecutivo tradicional ya no existe. Al contrario, el poder es todo *el sistema*, un hecho que los medios enloquecidos por la política intentan ocultar. Y como la gente odia cada vez más la política, la charada no hace sino volverse más intensa, para provocar el sentimiento de que es real. Baudrillard muestra los asesinatos de los Kennedy como las últimas muertes políticas auténticas de Occidente, porque se veía que JFK y Bobby realmente ejercían el poder. También eran reales, por esto tenían que irse. Aun así, Baudrillard asegura que, en una época de simulación, los magnicidios reales ya no son necesarios; se pueden simular, como ocurrió con la decapitación política de Nixon en el caso Watergate, que se convirtió en modelo del rito moderno de la muerte política. Cuanto más importante es la persona, mayor probabilidad tiene su «sacrificio».

LA SOCIEDAD HIPERREAL DE LOS MEDIOS DE COMUNICACIÓN

En 1971, un equipo de televisión convivió con una familia californiana, los Loud, durante siete meses y filmó todos sus movimientos.

La familia se rompió a la vista de veinte millones de televidentes, lo que planteó la pregunta de qué papel desempeñó en todo ello el *show* televisivo. Los productores lo vendieron como que «era como si las cámaras no estuvieran ahí», algo que Baudrillard define como una utopía de «realidad» que evidentemente fue una farsa brillante, pero ejemplificaba el placer que sentimos nosotros, el público, cuando algo real se convierte en hiperreal.

El carácter típico de la familia (californianos de clase media alta, una mujer decorativa, tres garajes, varios hijos) aseguraba que se iba a destruir, pues lo que necesita una cultura hiperreal son sacrificios frecuentes. Sin embargo, en esta versión moderna, «porque el fuego de los cielos ya no cae sobre las ciudades corruptas, es la lente de la cámara la que, como un láser, secciona la realidad vivida para acabar con ella». Baudrillard se pregunta: ¿la telerrealidad «remite a la verdad de esta familia o a la verdad de la televisión?». La televisión se convirtió en la última verdad de los Loud, porque en una cultura basada en los simulacros y la simulación, «la televisión es lo verdadero, la televisión se hace verdadera».

En un análisis fascinante del cine de los años setenta, Baudrillard habla de la conexión entre los sucesos reales y las películas. Dice que el vertido nuclear en Three Mile Island, en Estados Unidos, tuvo su equivalente hollywoodiense en *El síndrome de China*; el suceso de la película se hizo más importante que el real, y adquirió una verdad mayor que la propia expresión artística. Es el tipo de violencia que en un mundo hiperreal se ejerce contra la verdad.

Presagiando el auge de Internet y el fenómeno de los medios de comunicación sociales, Baudrillard señala que hoy las personas se miden por el grado de su intervención en el flujo de mensajes mediáticos. «Quien no está suficientemente expuesto a los medios se desocializa o se convierte prácticamente en asocial», indica, y no se cuestiona que el flujo de estos mensajes es un bien que incrementa el significado, del mismo modo que se considera que el flujo de capital aumenta el bienestar y la felicidad. Una de las ideas clave del libro es:

Vivimos en un mundo donde cada vez hay más información y menos significado.

Pregunta Baudrillard: «¿Los medios de comunicación están del lado del poder en la manipulación de las masas, o del lado de las masas en la liquidación del significado, en la violencia perpetrada contra el significado y en la fascinación?». Aunque antes a las personas les preocupaba lo primero, no hay duda de que lo segundo es más inquietante.

La idea convencional sobre la publicidad es la de una relación superficial con las cosas y productos reales a los que se refiere, pero en el pensamiento de Baudrillard la publicidad es el núcleo de nuestra civilización. Los productos que señala carecen relativamente de valor; lo que importa es que nos identifiquemos con las historias, los signos y la imaginería que estos productos representan; *esto* es lo que deseamos y consumimos. Vamos a comprar no tanto para adquirir cosas como para no salirnos de los límites de lo hiperreal (no querer consumir estos signos y símbolos es subversivo). La idea de un individuo racional y con libre albedrío es un completo mito; en el mejor de los casos, se nos considera entes enteramente encerrados en la tecnología y la cultura del consumidor, y formando parte de ella.

COMENTARIOS FINALES

La sugestiva tesis de Baudrillard es que el universo que hoy habitamos es completamente distinto del mundo moderno de los «choques de ideologías». Sostiene que los atentados terroristas del 11 de septiembre no fueron un caso de «choque de civilizaciones», ni del islam contra Estados Unidos, sino el punto de referencia de un mundo que reaccionaba contra su propia globalización y pasaba a lo hiperreal, una especie de ataque terrible dirigido contra la irrupción de los medios y la tecnología en todos los aspectos de nuestra vida, incorporando sistemas de valores.

Los filósofos han dedicado siglos a discutir sobre el peso relativo del «sujeto» (yo) y el «objeto» (el mundo), pero Baudrillard consideraba que el debate había perdido importancia hacía mucho tiempo: el objeto había ganado sin entrar en batalla. Hoy la persona no es un proyecto de yo personal, como nos han dicho muchas tradiciones de la filosofía y la teología, sino que se parece más a una máquina que consume y reproduce las ideas y las imágenes que están presentes en

los medios de comunicación, la publicidad y la política. Y, lo más tur-
bador de todo, la sustitución de la realidad por la hiperrealidad es lo
que Baudrillard llama el «crimen perfecto», porque la mayoría de nosotros apenas somos conscientes de que se haya producido.

JEAN BAUDRILLARD

*Baudrillard nació en Reims en 1929. Sus padres eran funcionarios,
y sus abuelos, agricultores. Fue el primero de la familia en ir a la
universidad. De 1966 a 1987 ocupó diversos puestos en la Universidad de Nanterre, y después pasó a impartir docencia en la European
Graduate School hasta su muerte, en 2007.*

Su primer libro, El sistema de los objetos *(1968; 1969) estaba
muy influido por Roland Barthes, y en su primera época Baudrillard
fue considerado posmarxista. Obras posteriores relacionadas con los
medios de comunicación parten de las ideas de Marshall McLuhan.*

La película The Matrix *está inspirada en* Simulacres et simulation, *y da idea de lo que podría ocurrir si la hiperrealidad se asume
con toda su omnipresencia y sus consecuencias lógicas.*

Otras obras de Baudrillard son La sociedad del consumo *(1970),*
Crítica de la economía política del signo *(1972; 1974),* El
espejo de la producción *(1973),* A la sombra de las mayorías
silenciosas *(1983; 1984),* América *(1997),* Olvidar a Foucault *(1977; 2000),* La guerra del Golfo no ha tenido lugar
(1991) y El crimen perfecto *(1995; 2009).*

1949

El SEGUNDO SEXO

La mujer no nace; se hace.

La historia de la vida individual de la mujer, debido a que aún está atada a sus funciones, depende en mayor grado que la del hombre de su destino fisiológico; y la curva de su destino es mucho más desigual, más discontinua, que la curva masculina.

En dos palabras

El concepto del «Otro» ayuda a comprender la posición
y el poder de las mujeres a lo largo de la historia.

En la misma línea

Jean-Paul Sartre, *El ser y la nada*

CAPÍTULO 6

Simone de Beauvoir

A los cuarenta años, Simone de Beauvoir era autora de varias novelas bien acogidas, pero se la conocía mejor como la compañera desde hacía muchos años de Jean-Paul Sartre. Todo cambió con la publicación de *El segundo sexo*. El libro fue un superventas desde el principio, y De Beauvoir se convirtió en la mujer más polémica de Francia.

Dada su relativamente privilegiada posición —una carrera docente, un título universitario, participación en los círculos intelectuales de París—, nunca había vivido de primera mano un sentimiento de injusticia o desigualdad. No obstante, empezó a darse cuenta de que las personas la consideraban inferior a Sartre por el simple hecho de ser mujer. Cuando se decidió a escribir *El segundo sexo*, la sorprendió verse exponiendo el hecho más fundamental de su existencia: «Soy mujer».

El segundo sexo no trata simplemente del papel de la mujer en la historia o la sociedad, sino de «la Mujer» como arquetipo y categoría filosófica intercambiable por la idea de lo «Otro». Esta base filosófica lo eleva por encima de otras obras feministas y hace de su lectura una experiencia fascinante.

Es una obra de setecientas páginas, y no es fácil resumirla. En el Libro Uno se rastrea la historia del lugar de las mujeres en la sociedad desde la Edad de Bronce, pasando por la Edad Media, hasta la modernidad, e incluye un análisis del «mito de la mujer» a través de cinco escritores: Henry de Montherlant, D. H. Lawrence, Paul Claudel, André Breton y Stendhal. El Libro Dos analiza la situación de la mujer en la actualidad, desde la infancia al despertar sexual, el matrimonio y la menopausia, con retratos de la mujer como amante, narcisista y mística, antes de concluir en tono más alentador con un capítulo sobre la independencia de las mujeres.

LA MUJER COMO OTRO

El segundo sexo es un intento de responder la pregunta fundamental: «¿Qué es la mujer?», es decir, como un arquetipo o categoría en oposición a las mujeres como individuos. A lo largo de la historia, los hombres han diferenciado y definido a las mujeres tomándose ellos mismos de referencia, y no como seres por derecho propio. Una persona es un hombre, y no hace falta más explicación, mientras que a la mujer hay que definirla como una persona de sexo femenino. El resultado, dice De Beauvoir, es que la mujer es «lo incidental, lo no esencial, en contraposición a lo esencial. Él es el sujeto, él es Absoluto; ella es lo Otro».

El término «Otro», señala, se puede aplicar a cualquier grupo de la sociedad que no sea considerado el grupo «principal». En la civilización occidental, por ejemplo, los hombres blancos son lo «esencial», lo «Absoluto», y cualquier otro tipo de persona, incluidas las mujeres, los negros y los judíos, consciente o inconscientemente, han sido harina del «Otro» costal. Cuando un grupo de la sociedad es rebajado de esta forma, sus miembros *se convierten* en inferiores debido a las oportunidades perdidas y a la degradación.

Los hombres no piensan que deban justificarse a sí mismos sobre ninguna base objetiva, sino que adquieren su sentimiento de superioridad por el hecho de no ser mujeres. La consecuencia es la idea estereotipada, pero acertada, de que la mujer debe hacer el doble que el hombre para que se la considere igual que a este. La discriminación contra las mujeres, dice De Beauvoir, es «un bálsamo milagroso para quienes sufren de complejo de inferioridad, y nadie es más arrogante con las mujeres, más agresivo ni despreciativo que el hombre obsesionado por su virilidad». Hoy esta verdad nos es ya familiar, pero imaginemos la afrenta que supuso para la Francia burguesa de los años cincuenta.

De Beauvoir se asombra de que las mujeres, aunque constituyan la mitad del género humano, puedan seguir siendo discriminadas. Observa que en las democracias a los hombres les gusta decir que las consideran iguales que ellos (de lo contrario, la democracia sería una mentira), pero su actitud en muchos ámbitos dice cosas muy distintas.

¿LA BIOLOGÍA MARCA EL DESTINO?

De Beauvoir se remonta a las primeras ideas de la biología para demostrar que la propia ciencia sirvió para mermar el poder y la fuerza de la hembra en favor del macho. En la concepción, por ejemplo, se oponía la pasividad de la hembra al «principio activo» del esperma masculino, del que se pensaba que determinaba todas las características del recién nacido. Sin embargo, señala De Beauvoir, en la concepción ni el gameto masculino ni el femenino es superior al otro; al contrario, ambos pierden su individualidad cuando el óvulo queda fecundado.

El peso de la continuidad de la vida sigue siendo femenino y, dada la energía y el tiempo que se requieren para llevarlo, las posibilidades de la hembra están gravemente reducidas, porque «la mujer se adapta a las necesidades del óvulo y no a sus propias necesidades». De la pubertad a la menopausia, está a merced de su cuerpo, que va cambiando en función de las necesidades reproductoras, y ha de aceptar el recordatorio mensual de tal condición. En las primeras fases del embarazo, los vómitos y la pérdida de apetito «son el signo de la revuelta del organismo contra la especie invasora». Muchas dolencias de la mujer no son consecuencia de riesgos exteriores, sino del trato con su propio sistema reproductor, muchas veces problemático. Además, la emotividad más intensa de las mujeres está relacionada con las irregularidades secretoras del sistema endocrino, lo cual afecta al sistema nervioso. Muchos de estos rasgos, indica De Beauvoir, «generan en la mujer una subordinación a la especie». En cambio, «el macho parece infinitamente favorecido; su vida sexual no está en oposición con su existencia como persona, y biológicamente sigue un curso más homogéneo, sin crisis y normalmente sin contratiempos». Aunque las mujeres suelen vivir más que los hombres, enferman más a menudo y en general controlan menos su cuerpo; es el cuerpo el que las controla. Sin embargo, la menopausia puede ser una liberación, pues la mujer ya no está determinada ni se la juzga de acuerdo con la función de engendrar hijos.

Las características biológicas de la mujer, por tanto, son fundamentales para entender su situación en la vida, pero De Beauvoir dice con optimismo: «Niego que se le haya marcado un destino inamovible e inevitable». La biología no es razón suficiente para la desigualdad entre macho y hembra, no justifica que la mujer sea lo «Otro», y el físico de la hembra no la condena a seguir subordinada. Además, a los animales se los puede estudiar como organismos estáticos, pero evaluar a las *personas* como seres humanos macho o hembra es mucho más difícil, ya que nuestro sexo no nos define como lo hace con otros animales. En muchos sentidos físicos, la mujer es menos fuerte que el hombre, por lo que evidentemente sus proyectos y sus perspectivas son más limitados, pero, a partir de las ideas de Heidegger, Sartre y Merleau-Ponty, De Beauvoir señala que «el cuerpo no es una cosa, es una situación». Visto así, las perspectivas de las mujeres pueden ser distintas de las de los hombres, pero no más limitadas. Más aún, muchas de las «flaquezas» de la mujer lo son solo en el contexto de los fines del macho. La inferioridad física, por ejemplo, pierde todo sentido en ausencia de violencia o de guerras. Si la sociedad es diferente, también cambia la evaluación de las propiedades físicas.

HACERSE MUJER

El Libro Uno contiene una famosa observación de De Beauvoir: «La mujer no nace; se hace». En la infancia no existe diferencia entre los sexos desde el punto de vista de sus capacidades. La diferenciación empieza cuando al niño se le habla de su superioridad y de que se ha de preparar para el camino difícil y heroico que tiene por delante. Los adultos inculcan al niño el orgullo por su sexo, en cambio, la anatomía femenina no es objeto de la misma reverencia. El modo de orinar también determina una diferencia sexual: para el niño es un juego, pero para la niña, un procedimiento vergonzoso e incómodo. Aunque la niña no tenga «envidia del pene», la presencia de un órgano que se puede ver y agarrar ayuda al niño a identificarse, y se convierte en una especie de álter ego. El «instinto maternal» realmente no existe, asegura De Beauvoir, sino que la niña, a través del juego con muñecas, establece que el cuidado de los hijos corresponde a la madre, y «de este modo se le inculca con fuerza su vocación».

Pero al madurar, la niña se da cuenta de que ser madre no es ningún privilegio, pues son los hombres quienes controlan el mundo. Esta revelación la ayuda a entender que la vida de padre tenga un «prestigio misterioso». Cuando despierta la sexualidad, los chicos son agresivos y avariciosos, mientras que la niña suele quedar en un estado de tensa «espera» («espera al hombre»). Desde tiempos inmemoriales, la mujer ha buscado en el macho la realización y la huida; por esto las niñas descubren que para complacerlo han de renunciar a su poder e independencia.

El carácter de la mujer, concluye De Beauvoir, está moldeado por su situación. Las mujeres no son socialmente independientes sino que forman parte de grupos gobernados y definidos por los hombres. Cualquier asociación o servicio social que estos crean sigue con las estructuras del universo masculino. «Muchos de los defectos que se atribuyen a las mujeres (mediocridad, pereza, frivolidad, servilismo) —señala de Beauvoir— simplemente expresan el hecho de que su horizonte está cerrado».

MUJER Y MITO

Las mujeres raramente se han considerado protagonistas, y esta es la razón de que no existan mitos femeninos como los de Hércules o Prometeo. Los roles míticos de las mujeres siempre son secundarios; sueñan los sueños del hombre. El hombre ha creado mitos sobre la mujer, y todos ellos han contribuido a reiterar que la mujer es lo no esencial; el hombre se ha revuelto contra el hecho de que nazca del útero de la mujer y que vaya a morir. Dado que el nacimiento va unido a la muerte, la mujer condena al hombre a la finitud.

Las mujeres han sido consideradas también brujas y encantadoras que echan maldiciones al hombre. Este teme a la mujer a la vez que la desea. La ama porque es suya, pero la teme porque sigue siendo lo «Otro»; es de esto Otro de lo que quiere adueñarse. Al igual que el hombre, la mujer posee espíritu y mente, pero «pertenece a la naturaleza y por esto aparece como mediadora entre el individuo y el cosmos». El cristianismo espiritualizó a la mujer, atribuyéndole belleza, afectuosidad, intimidad y el rol de la piedad y la ternura. Ya no era tangible y su misterio cobró profundidad. La mujer es la musa del hombre, y también la juez que dicta sobre el valor de sus empresas. Es un premio que hay que alcanzar, el sueño que encierra todos los demás sueños. En el lado positivo, la mujer siempre ha inspirado al hombre para que supere sus propios límites.

COMENTARIOS FINALES

¿Qué pensaría De Beauvoir del paisaje de género actual? En los países más ricos y libres, sobre todo, muchas mujeres piensan que *El segundo sexo* está desfasado, que la igualdad es real, o al menos que las brechas que pueda haber se pueden salvar y que el futuro de las niñas es tan brillante como el de los niños. Sin embargo, en países donde impera la misoginia, y la desigualdad sexual cuenta con el aval de las leyes y las costumbres, esta obra sigue siendo una bomba potencial, porque desvela cuáles son las auténticas motivaciones de los hombres.

Al libro se le ha criticado que sea demasiado anecdótico y circular, que no sea una «auténtica» obra de filosofía, pero esto mismo se puede entender como un sutil ataque al sexo de la autora por parte de filósofos masculinos viscerales y protectores del sistema. En efecto, el hecho de que se cuestione la calidad de filósofa de De Beauvoir no hace sino demostrar que son los hombres quienes acaban por escribir, en su mayor parte, la historia de la filosofía, y no es extraño que se centren en primer lugar en las aportaciones de los de su propio sexo.

Muchas de las afirmaciones de De Beauvoir han sido superadas por la ciencia. La realidad es que no somos una tabla rasa en lo que al sexo se refiere, sino que nacemos con determinadas tendencias conductuales según seamos macho o hembra. El condicionamiento existe, sin duda, como ella señaló, pero no todo acaba en él, y solo si se comprenden también las diferencias biológicas se podrán contrarrestar las limitaciones impuestas a las mujeres. Cuanto más sepamos sobre el cuerpo y el cerebro, menos estaremos predestinados por la biología.

A la lectora, *El segundo sexo* le recordará los avances de las mujeres en los últimos sesenta años. Al lector, le ayudará a comprender mucho mejor el universo un tanto distinto en que habita la mujer, aún hoy.

SIMONE DE BEAUVOIR

De Beauvoir nació en París en 1908. Su padre era secretario judicial. Su madre, católica devota que se educó en un colegio de monjas. De niña era muy religiosa y pensó en hacerse monja, pero a los catorce años se convirtió en atea.

Estudió filosofía en la Sorbona, donde hizo su tesis sobre Leibniz. En un examen nacional por el que se clasificaba a los estudiantes quedó segunda, detrás de Jean-Paul Sartre (al que ya conocía), y fue también la más joven de quienes aprobaron. Su relación con Sartre influyó en su primera novela, La invitada, *publicada en 1943.*

De Beauvoir impartió filosofía en el Lycée Pierre-Corneille de Ruan, donde también era profesora su amiga la feminista Collete Audry. En 1947, el gobierno galo la envió a Estados Unidos a dar unas conferencias universitarias sobre literatura francesa. El mismo año escribió el popular ensayo sobre el existencialismo francés «Para una moral de la ambigüedad». Viajó mucho y escribió múltiples diarios de sus viajes por China, Italia y América, que visitó varias veces.

En París, De Beauvoir no vivía lejos de Sartre, y a él se refiere La ceremonia del adiós, *una emotiva exposición de los últimos años del filósofo. Continuó con su obra literaria y su activismo hasta su muerte, ocurrida en 1986.*

1789

LOS PRINCIPIOS DE LA MORAL Y LA LEGISLACIÓN

La naturaleza ha puesto a la humanidad bajo el gobierno de dos maestros soberanos: el dolor y el placer. Ellos solos han de señalar lo que debemos hacer.

El cometido del gobierno es promover la felicidad de la sociedad, mediante el castigo y la recompensa. La parte de ese cometido referente al castigo es objeto del derecho penal. En la medida en que un acto tienda a perturbar esa felicidad... se hará merecedor de castigo.

Los placeres y la evitación de los dolores son los fines que el legislador tiene presentes; es necesario, pues, que comprenda su valor.

En dos palabras

El cálculo objetivo de maximizar el placer y minimizar el dolor hará más probable que se alcance una sociedad justa.

En la misma línea

John Stuart Mill, *Sobre la libertad*
Platón, *La república*
John Rawls, *Una teoría de la justicia*
Michael Sandel, *Justicia*
Peter Singer, *Salvar una vida*

CAPÍTULO 7

Jeremy Bentham

Jeremy Bentham tuvo una gran influencia en la Gran Bretaña del siglo XVII, pero solo llegó a ser bien conocido en la década de 1820, ya en una fase avanzada de su vida. Lo asociamos con causas reformistas de la revolución industrial –entre ellas, la asistencia a los pobres, un adecuado sistema de alcantarillado para Londres, la ampliación del derecho al voto, y programas para las escuelas, los talleres y las cárceles (el famoso Panóptico)– pero la mayoría de sus libros son anteriores. *Los principios de la moral y la legislación*, por ejemplo, fue escrito en 1789, e iba a ser el inicio de una obra de varios volúmenes (que nunca se realizó) sobre la reforma del código penal y el principio de utilidad en el derecho civil y constitucional.

Muchos han oído hablar del principio de utilidad de Bentham, conocido también como «la mayor felicidad para el mayor número», pero pocos han leído *Los principios de la moral y la legislación*. Bentham admite que la mayor parte de la obra es de suma aridez, pero alega en su defensa que «las verdades que forman la base de la ciencia política y moral no se pueden descubrir más que con investigaciones tan intensas como las matemáticas». La utilidad, pensaba, es un principio casi matemático, y quería exponer su lógica inequívoca, lo cual no dejaba mucho espacio para florituras artísticas. Sin embargo, el libro sigue siendo un texto fascinante.

De niño, John Stuart Mill solía frecuentar la casa de Bentham, y fue preparado para asumir las ideas utilitaristas del anciano, unas ideas que Mill desarrolló y perfeccionó en *El utilitarismo* (1863), que es una introducción más accesible al tema. Es posible que la historia de la filosofía dé más importancia a Mill, pero es difícil imaginar qué hubiera conseguido este de no haberle precedido Bentham.

UNA NUEVA FORMA DE GOBERNAR

Bentham habla de diversos principios por los que se guían los legisladores, y los va descartando uno tras otro. Si el principio de utilidad es correcto, dice, lo es en todo momento. Todos los demás principios rectores han de estar equivocados, y solo se pueden medir con la vara de la utilidad.

Uno de estos principios es el «ascetismo». Aunque se practique en los monasterios, señala que nunca se ha aplicado como auténtico principio al gobierno, y por una buena razón. Las personas se mueven por interés propio, empujadas por el deseo, en lugar de sosegarlo. Bentham no era ateo, pero tenía muy claro que la religión no tiene sitio en la vida política. La tarea de conocer la voluntad divina es profundamente subjetiva y, por tanto, inevitablemente imperfecta. En cambio, con la adopción del principio de utilidad nos hacemos una idea clara de lo que es bueno para todos, y así vemos la voluntad divina en acción. Pues ¿qué puede desear Dios sino la mayor felicidad para el mayor número posible de personas?

Otro principio rector es el de «simpatía y antipatía»: en su conducta y sus juicios, las personas se mueven por si algo les gusta o no. Es un antiprincipio, porque no se funda en nada que sea universal (como la utilidad), solo en el antojo personal. Bentham afirma que el principio de «correcto o incorrecto», aunque parezca de mayor dignidad, no es más que una extensión del gusto o el desagrado. La política de un gobierno muchas veces equivale a una expresión de las preferencias personales de sus miembros. No existe una idea de utilidad, de qué es realmente lo mejor para la mayor cantidad de personas.

En sus actos, los gobiernos se pueden ocultar detrás de un «sentido moral» laico, pero esto no hace sino disfrazar su irracionalidad fundamental. La justicia penal no se basa en la utilidad racional, ni en lo que sea mejor para el criminal o la sociedad, sino en las preferencias morales de las personas sobre qué crímenes se consideran los peores. Bentham señala que «el principio de simpatía y antipatía tiende más a equivocarse del lado de la severidad». Cuando un grupo odia una determinada conducta, querrá castigar en exceso al infractor, con exagerada desproporción con respecto a los auténticos efectos negativos del delito, y tales castigos tendrán unas consecuencias negativas indirectas inevitables. Sin embargo, «la felicidad de los individuos, de los que se compone una sociedad, es decir, sus placeres y su seguridad, es el fin, y único fin, que el legislador debe considerar». El equilibrio que ha de mantener el legislador es garantizar la máxima libertad posible al tiempo que evita cualquier conducta que pueda mermar la felicidad de los demás (un tema en el que insistirá John Stuart Mill en *Sobre la libertad*).

EL PRINCIPIO DE LA MAYOR FELICIDAD

Bentham observa que las personas, aunque digan que no defienden el principio de utilidad, lo aplican a sus vidas: para ordenar sus propias acciones y pensar en las que deben emprender a continuación, y para juzgar los actos de los demás. Somos básicamente máquinas que buscan la felicidad, y juzgamos a quienes nos rodean por la probabilidad de que aumenten o disminuyan nuestras propias reservas de felicidad. Al igual que Adam Smith, Bentham considera a los seres humanos como esencialmente autointeresados. ¿Cuál es, pues, según él, el adecuado papel del gobierno?

Su objetivo al escribir el libro era «gobernar la fábrica de la felicidad con las manos de la razón y la ley», en otras palabras, legislar para hacer real la felicidad. Tal vez fuera un proyecto utópico, pero Bentham sostiene que el principio de utilidad es el único por el que se pueden ordenar racionalmente las actividades del Estado. Era una idea radical, porque el sistema legislativo británico se basaba en el derecho común o precedente. La idea de partir de cero para legislar con el objetivo de conseguir el mayor beneficio para el mayor número posible nunca se iba a aplicar en la práctica, pero la llamada de Bentham a «haz de la razón, no de la costumbre, tu guía» con el tiempo revitalizaría y configuraría el pensamiento legal.

En su gran proyecto, ni la historia ni otros textos se pueden utilizar de base para elaborar las leyes, pues al texto que se considere la «autoridad» en la materia se le puede oponer fácilmente otro texto. La razón sola (específicamente, el principio de utilidad) puede ser la base de la política y la ley; de hecho, Bentham señala que sabremos que el principio funciona en las instituciones y las leyes si el propósito de estas es tal que a las personas les *deban* gustar, aunque individualmente no siempre les agraden.

En este sentido metódico, Bentham hace una clasificación de doce dolores y catorce placeres, con diversos grados en cada uno, como la intensidad, la duración y la extensión, que los legisladores, o en realidad cualquiera, pueden utilizar para juzgar el efecto de felicidad o infelicidad de una determinada acción. Aunque el planteamiento pueda parecer un tanto técnico o mecánico, para él era la base fundamental sobre la que construir un nuevo tipo de derecho que ningún grupo o sociedad particulares pudieran contravenir en beneficio propio. El objetivo de Bentham era «abrir un nuevo camino por la selva de la jurisprudencia»: hacer las leyes transparentes, no beneficiar a unas personas en perjuicio de otras. En un país en que los derechos hereditarios estaban consagrados por las leyes, era un movimiento importante, y no es extraño que sus ideas tardaran mucho tiempo en arraigar en Gran Bretaña, pese a su lógica contundente. Bentham fue mucho más conocido en Francia, cuyos revolucionarios lo adoraban y lo nombraron ciudadano honorario de la República.

COMENTARIOS FINALES

A Bentham no le gustaba la idea de «derechos naturales», y pensaba que todos los miembros de la sociedad tienen derecho al menos a ser protegidos del daño físico, aduciendo que la mala acción elimina o reduce el derecho del individuo a la felicidad.

Su máxima «todos cuentan por uno, y nadie por más de uno» fue la clave del principio utilitarista de justicia, y al aplicarlo a todos los seres sintientes Bentham se adelantaba a su época. En *Los principios de la moral y la legislación* asevera que los derechos no deben depender de la capacidad de razonar, sino de la capacidad de sufrir. Esta distinción fue una de las bases del moderno movimiento de los derechos de los animales, de forma especial en las obras de Peter Singer (*Liberación animal*, 1973). Para Singer, utilitarista contemporáneo, el test de las acciones, incluido qué comemos o en qué nos gastamos el dinero, es el dolor que estos actos pueden ayudar a evitar (a las personas o a los animales), y si estos mismos actos pueden aumentar las reservas de vida y felicidad.

Los críticos del principio de utilidad dicen que va en contra de la intuición y de la naturaleza humana. Por ejemplo, los estudios psicológicos demuestran que al actuar no calculamos cuántas personas se podrán beneficiar de nuestros actos, sino si la acción nos da una respuesta emocional positiva. Es posible que esas preferencias se nos hayan activado después de millones de años de vínculo social y por el deseo de protegernos, y es improbable que un principio filosófico aparentemente tan árido pueda superarlas. De hecho, el utilitarismo puede parecer una forma muy impersonal o calculadora de ver la vida y la organización de la sociedad, y el propio Bentham lo admitía; por esto prefería hablar del «principio de la mayor felicidad». Sin embargo, tenía la firme convicción de que era nuestra mejor esperanza de una sociedad justa y civilizada.

En el ámbito puramente personal, preguntar: «¿Qué beneficiará a la mayor cantidad de personas, de la mejor forma y con más perspectivas de futuro?» es sin duda una buena manera de afrontar la vida y sus decisiones. Bentham daba por supuesto que la mayoría de las personas son autointeresadas, pero todas las religiones, y muchos tipos de filosofía moral, dan fe de los beneficios de cultivar el estado directamente opuesto: pensar primero en el bien de los demás en realidad es algo en lo que podemos contar para *nuestra* propia felicidad.

(Biografía del autor en el Apéndice, página 433).

1907

LA EVOLUCIÓN CREADORA

No cuestionamos ni por un momento que la adaptación al medio sea la condición necesaria para la evolución. Es evidente que una especie desaparecería si no consiguiera amoldarse a las condiciones de existencia que se le imponen. Pero una cosa es reconocer que las circunstancias externas son fuerzas que la evolución debe considerar, y otra afirmar que son las causas que dirigen la evolución. Esta última teoría es la del mecanicismo. Excluye por completo la hipótesis de un ímpetu original, es decir, un empuje interno que, mediante formas cada vez más complejas, ha llevado la vida a destinos cada vez más altos.

En dos palabras

Queremos ver el universo desde una perspectiva mecanicista y determinista, pero la realidad, al tener que ver con la vida y el tiempo, de hecho es fluida y está abierta constantemente a la posibilidad.

En la misma línea

Hannah Arendt, *La condición humana*
David Bohm, *La totalidad y el orden implicado*
Immanuel Kant, *Crítica de la razón pura*
Arthur Schopenhauer, *El mundo como voluntad y representación*

CAPÍTULO 8

Henri Bergson

H enri Bergson fue una especie de estrella intelectual de la primera mitad del siglo XX porque, con su actitud opuesta al pesimismo y el determinismo de la mayoría de los filósofos, insistía en la creatividad, el libre albedrío y la alegría de la existencia. Su forma de escribir también era un contraste refrescante con la prosa manifiestamente académica y árida al estilo de Kant y Heidegger, y *La evolución creadora* en particular fue una obra muy leída. William James, que la había elogiado generosamente, insistió a su amigo para que la publicara en inglés, y el libro le dio a Bergson el Premio Nobel de Literatura (algo extraño en un filósofo).

Sin despreciar en absoluto la lógica científica, *La evolución creadora* aborda lo que su autor considera que son los fallos del darwinismo y la teoría de la evolución. Según él, el darwinismo es una teoría mecanicista por excelencia, pero no hay que confundirla con la explicación completa de la realidad. La evolución se centra en las manifestaciones de la vida; en cambio, a Bergson le interesa el *álito vital*, la fuerza o impulso vital que la genera. Para muchos este *álito vital* es un concepto un tanto inaprensible (casi místico), y en la larga lista de detractores de Bergson figuran Bertrand Russell y Wittgenstein. Es evidente que se sale de la corriente filosófica principal, y su énfasis en la creatividad y en vivir una vida auténtica influyó más en artistas y escritores no existencialistas (su preocupación por el tiempo o la «duración» produjo un gran impacto en Proust, que fue su padrino de boda).

En la década de los años cuarenta, sus libros desaparecieron de las listas de lecturas académicas, pero también se produjo un resurgimiento del interés por la obra de Bergson, al que contribuyó el filósofo francés Gilles Deleuze y su idea de «hacerse». Y aunque algunos detalles de las explicaciones de Bergson han sido superados por la ciencia, *La evolución creadora* sigue planteando algunas preguntas básicas e importantes para nuestros tiempos y constituye una interesante alternativa a los textos materialistas al uso sobre biología evolutiva.

UN RECORDATORIO DE LO QUE PODEMOS SER

Al principio del libro, Bergson presta mucha atención al ser humano como existente en el tiempo y el espacio. A primera vista, nuestra inteligencia es perfectamente adecuada para ocuparse del entorno físico; «nuestra lógica es, preeminentemente, la lógica de los sólidos», señala. Por naturaleza, vemos el mundo en términos mecánicos y materiales; sin embargo, ¿esta visión realmente nos desvela la verdad? Acostumbramos a dividirlo todo en categorías, a verter la vida en moldes, pero «todos los moldes se rompen». El problema de Bergson con la biología es que para esta la vida es una materia que hay que estudiar, pero ¿es así como hay que entender la vida? Nuestras ideas de individualidad y de organismos distintos son pura conveniencia: en última instancia todo lo que tiene vida forma parte de un todo.

Nuestra inteligencia nos da todo lo necesario para explicar no solo el universo físico, sino también las fuerzas ocultas que lo configuran. Si nos aferramos a una noción puramente mecanicista, nuestras ideas seguirán siendo «necesariamente artificiales y simbólicas», dice Bergson. La idea que debemos intentar alcanzar es la de un «impulso creativo» que es el que genera la vida y la anima. Además, si la evolución se entiende como un continuo impulso de creación, se comprende que permita «en su curso, no solo las formas de vida, sino las ideas que harán posible que el intelecto la comprenda, y los términos que emplearemos para expresarla». Hemos evolucionado hasta un nivel tan alto que podemos entendernos y entender las fuerzas que impulsan la vida.

LA CREACIÓN CONSTANTE E IMPARABLE DE LO NUEVO

Bergson señala que, siguiendo las leyes de la física y la química, podemos someter todo tipo de materia inorgánica al cálculo. Mediante el examen, nos podemos hacer una imagen exacta de una roca, por ejemplo. Sin embargo, las formas de vida son diferentes porque cambian de un segundo al siguiente. Las podemos analizar bien según su pasado y su larga historia evolutiva hasta el momento actual, pero no saber con absoluta certeza qué hará el organismo a continuación, ni siquiera algo tan sencillo como un insecto, con su estructura neurológica tan simple. ¿Por qué?

Lo que distingue a las formas de vida (de lo inanimado) es que tienen «duración». No existen simplemente en el espacio, sino que son del tiempo, y el análisis del concepto de tiempo es mucho más arduo que el de forma espacial. Para Descartes el mundo se crea de nuevo en cada momento, pero el concepto de Bergson tiene en cuenta la fuerza de la evolución, que es «una verdadera persistencia del pasado en el presente, una duración que es, por decirlo de algún modo, un guión, un eslabón de conexión». El pasado está completamente envuelto en el presente, pero no determina el momento siguiente. Para conocer de verdad algo vivo hay que verlo como parte de una especie de flujo energético cuya naturaleza es la creación constante:

Cuanto más estudiemos la naturaleza del tiempo, más comprenderemos que duración significa invención, la creación de formas, la elaboración continua de lo absolutamente nuevo.

Bergson, al referirse a la vida humana, recuerda a Hannah Arendt:

Nuestra personalidad surge, crece y madura sin cesar. Cada uno de sus momentos es algo nuevo que se suma a lo que había antes. Podemos ir aún más lejos: no solo es algo nuevo, sino algo imprevisible.

En cambio, los sistemas artificiales o matemáticos, o los hechos relacionados con la astronomía, la química o la física, se pueden analizar al margen del tiempo, porque solo se trata de objetos. Por otro lado, una forma de vida nunca se puede atrapar del todo.

Evidentemente, al estudiar a una persona, una flor o un gusano, nos podemos remontar en su historia para «explicar» el organismo, pero hay que admitir sin reservas los límites de este análisis. Según la visión mecanicista del universo, los sucesos están determinados por sus causas; sin embargo, para Bergson la «causa» es algo completamente fluido. Le da la vuelta a la idea tradicional de causalidad, y dice que los sucesos o productos son lo que importa; ellos son los que dan cuerpo a la causa, y no las causas las que explican su existencia.

Esto lo llevó a la teoría de la imprevisibilidad y la originalidad absoluta de la naturaleza, en particular de la persona. Es difícil de entender para la mente humana, admite, porque creemos que «lo igual busca a su igual» y en la previsibilidad. No obstante, la propia naturaleza confirma plenamente la idea de Bergson: cuando el niño llega al mundo, podemos esperar que posea muchos de los rasgos físicos y mentales de sus padres, al tiempo que de forma intuitiva aceptamos que es alguien completamente nuevo; y lo es.

Al aceptar la vida directamente, y no a través de algún constructo intelectual, «la realidad se muestra como el surgimiento incesante de algo nuevo».

VER EL TODO

A la ciencia «solo le interesa el aspecto de la repetición», señala Bergson. Su objetivo es formular reglas basándose en lo que ocurrió antes y ver patrones en la naturaleza. En este proceder, analiza las cosas en partes progresivamente más pequeñas, hasta llegar a su «conocimiento». No obstante, una cosa solo se puede conocer, apunta, conociéndola en su conjunto. La percepción del todo va en contra del modo de trabajar de la ciencia. Y es la auténtica función de la filosofía.

Bergson admite que la vida *se puede* entender como una especie de mecanismo, pero en el cual cada organismo sea parte de un sistema mayor, que a su vez forma parte de un todo, una «continuidad indivisible». Emplea la analogía de la línea curva dibujada sobre el papel. Si se mira de cerca, la línea está compuesta de miles de puntos de tinta; si se analiza una parte diminuta de la línea, no es curva, sino recta. Solo al alejar la vista vemos la verdadera naturaleza o el trazado de la línea: una curva. Por el mismo principio, dice, «la vida no está compuesta de elementos físico-químicos más de lo que la curva está compuesta de líneas rectas».

Los científicos creen que en su trabajo toman efectivamente una instantánea del universo, y que a partir de esta instantánea del momento presente pueden hacer suposiciones sobre el futuro. Con una inteligencia sobrehumana y datos suficientes, si pudiéramos meter en un ordenador todo lo que hoy se pueda saber del universo, seríamos capaces de prever con precisión cuándo aparecería una nueva especie y cómo sería, la dirección del vapor que saliera de la boca de una persona en un día frío de invierno o cualquier otro tipo de cosas. Sin embargo, esta visión presume que se puede detener el tiempo por un momento, una ilusión sobre la que se basa gran parte de la ciencia.

El hecho de que el tiempo no se detenga, y de que la naturaleza de la duración sea la fuerza perpetuamente creadora de cosas vivas, significa que nunca se podrá calcular el futuro. Al contrario, indica Bergson, observamos la vida en el tiempo, o la duración, exactamente como «una corriente contra la que no podemos ir. Es el fundamento de nuestro ser y, como bien lo percibimos, la propia sustancia del mundo en que vivimos». La «cegadora perspectiva de una matemática universal» que lo analice todo en sus partes componentes es un desvarío que va en contra de la experiencia y de la propia naturaleza de la vida.

NINGÚN OBJETIVO EN MENTE

Dicho esto, Bergson no cree que la vida tenga un objetivo ni se dirija a ningún punto final (el «finalismo»). Su empuje es simplemente crear, y su impulso, hacia la individualidad:

La naturaleza es más y mejor que un plan en proceso de realización. Un plan pone término a un trabajo; cierra el futuro cuya forma indica. Sin embargo, ante la evolución de la vida, los portales del futuro están abiertos de par en par.

Las ideas mecanicista y finalista solo pueden tener sentido si se separan del tiempo, lo que significa que «internamente todo cambia, y nunca se reproduce la misma realidad concreta». Al intelecto «no le gusta lo fluido, y solidifica todo lo que toca».

La conclusión de Bergson es que el mecanicismo y el finalismo son solo «visiones externas de nuestra conducta. Le extraen su intelectualidad. Pero nuestra conducta se desliza entre ellos y va mucho más allá». No somos mecanismos, sino la manifestación de la fuerza vital creadora.

COMENTARIOS FINALES

Bergson pregunta: en el mundo racional moderno en que vivimos, ¿cuál es el lugar de la intuición, o el instinto? Señala que la vida de los animales es simple porque no tienen que pensar en sus actos; se limitan a actuar de acuerdo con su naturaleza. A los humanos, la inteligencia nos ha dado la capacidad de planificar, ponderar y tomar decisiones (todo necesario para la civilización), pero ello no ha sido sin coste. Al asumir la inteligencia analítica, la humanidad ha dejado de vivir mediante el instinto, y con ello ha perdido contacto con la esencia de la vida.

Las personas aún podemos acceder al poder de la intuición, o ser y actuar antes de que entre en acción el análisis, pero lo que nos lo impide es la preocupación por nuestras necesidades inmediatas. La atención a la satisfacción de las necesidades (que no tienen fin) significa que nos centramos en el mundo material en toda su diversidad y multiplicidad, en oposición a la singularidad y simplicidad de la fuerza de la vida. La filosofía es una forma de conciliar uno y otra, y nos permite vivir en el cuerpo del mundo «real», pero siempre remontándonos a la propia vida. Para Bergson, el verdadero filósofo no es un árido analista de conceptos, sino quien cultiva el instinto y la intuición para vincularse de nuevo al hecho fundamental de nuestra existencia: como una de entre billones de expresiones de un Todo absoluto, cuya naturaleza es la creación y la evolución continuas.

HENRI BERGSON

Bergson nació en 1859, de padres judíos. Fue un excelente estudiante y magnífico matemático, y en su adolescencia ganó el prestigioso «Concours Général». Decidió estudiar humanidades, lo que llevó a su profesor de matemáticas a decir que «podría haber sido matemático» pero sería «un simple filósofo».

Fue aceptado en la élite de la École Normale Supérieure, y fueron coetáneos suyos Jean Léon Jaurès (después, eminente estadista francés) y David Émile Durkheim. Quedó segundo en uno de los exámenes de filosofía de más alto nivel de Francia, la Agrégation de Philosophie. Al finalizar la universidad, impartió clases en un instituto del centro de Francia. Fue aceptado en el Collège de France y también enseñó en su alma máter, la École Normale Supérieure.

La evolución creadora *le dio a Bergson fama y muchos admiradores, entre ellos el poeta T. S. Eliot. Su primera visita a Estados Unidos provocó un atasco monumental en Broadway. Se convirtió en uno de los planificadores y ejecutores de la Liga de las Naciones, precursora de Naciones Unidas, y como presidente de la Comisión Internacional para la Cooperación Intelectual intervino activamente en la formación de la Unesco.*

Otros libros suyos son Las dos fuentes de la moral y la religión *(1932; 1996),* Memoria y vida *(1896; 1996) y* La energía espiritual *(1919; 1982). Sin embargo, gran parte del resto de su obra se ha perdido, quemada para cumplir con su última voluntad después de su muerte en 1941.*

1980
LA TOTALIDAD Y EL ORDEN IMPLICADO

Así pues, la idea clásica de la divisibilidad del mundo en partes distintas pero interactuantes ya no es válida ni relevante. En su lugar, hemos de ver el universo como un todo indivisible y continuo. La división en partículas, o en partículas y campos, solo es una vulgar abstracción y una aproximación. De modo que llegamos a un orden que es radicalmente distinto del de Galileo y Newton: el orden del todo indivisible.

Por lo tanto, en última instancia, es engañoso y sin duda un error suponer [...] que cada ser humano es una realidad independiente que interactúa con otros seres humanos y con la naturaleza. Al contrario, todos ellos son proyecciones de una única realidad.

En dos palabras

La forma humana de percibir los objetos y de crear categorías es una ilusión. La realidad es de hecho continua e indivisible, y todos los fenómenos son simplemente perturbaciones de este único todo.

En la misma línea

Henri Bergson, *La evolución creadora*
G. W. F. Hegel, *Fenomenología del espíritu*
Thomas Kuhn, *La estructura de las revoluciones científicas*
Karl Popper, *La lógica de la investigación científica*

CAPÍTULO 9

David Bohm

avid Bohm fue uno de los físicos teóricos más importantes del siglo XX, conocido por la teoría de DeBroglie-Bohm y el efecto Aharonov-Bohm, ambos relativos al frecuente comportamiento extraño de los electrones. La teoría de DeBroglie-Bohm postula «variables ocultas» en la física cuántica que demuestran su naturaleza no local (es decir, las partículas están unidas, actúan casi como gemelas, pese a las enormes distancias que las separan). Bohm trabajó bajo la dirección de Robert Oppenheimer (conocido por la bomba atómica del Laboratorio Nacional de Los Álamos) y colaboró con Albert Einstein. Sin embargo, en una vida a caballo entre Occidente y Oriente, la ciencia y la metafísica, también estuvo muy influido por su amistad con Jiddu Krishnamurti, sabio y escritor hindú, y por sus conversaciones con el Dalái Lama.

A Bohm le fascinaban de modo especial los resultados obtenidos en el laboratorio que demostraban que partículas subatómicas que están muy alejadas entre sí pueden seguir comunicándose de forma que no se podría explicar por señales físicas que viajaran a la velocidad de la luz. Esta comunicación instantánea (o no local) era uno de los muchos factores que le sugerían que el universo no es un espacio vacío que contiene partículas de materia, sino que el propio espacio es casi algo vivo e inteligente. El espacio se comprende mejor como un todo continuo, una de cuyas partes es la conciencia. Son los sentidos humanos los que abstraen determinados fenómenos para dar la impresión de que las cosas son autónomas y separadas, y que la mente y la materia están disgregadas. Estas ideas iban en contra del orden establecido de la física determinista, pero la ciencia no ha demostrado aún que Bohm estuviera equivocado.

La mayoría de los físicos se contentan con hurgar en su especialidad; en cambio, a Bohm le interesaban profundamente las implicaciones de sus ideas. Muchos de los problemas del mundo, pensaba, nacen de la percepción de que cada persona y cada cosa están separadas de otra, lo que hace que queramos defendernos de lo que percibimos como un «otro» y consideremos la humanidad como algo disociado de la naturaleza. Este pensamiento más amplio hizo de Bohm un filósofo, y su obra demuestra que, cuando la ciencia no consigue desvelar el significado de las investigaciones, el pensamiento filosófico adquiere protagonismo.

Bohm escribió *La totalidad y el orden implicado* para un público general, y su lectura es absorbente.

UNA NUEVA VISIÓN DEL UNIVERSO

Bohm señala que la idea atómica del universo pareció durante mucho tiempo una explicación muy buena de la realidad. Pero después la teoría de la relatividad y la física cuántica demostraron que el nivel básico de la realidad no era tan simple. Las partículas son huidizas, hasta el punto de que es mejor entender la materia como una forma de energía, y no como un compuesto de partículas diminutas. Un átomo no es tanto una cosa en sí mismo, sino que existe más como «una nube vagamente definida», dice Bohm, muy dependiente de su entorno, incluido quién o qué sean los que la observan. El átomo se parece más a una simplificación o abstracción de la realidad que a la propia realidad. Como mejor se entiende una partícula es como un «metro mundial», explica con su memorable metáfora, siempre en tal movimiento que es una cuestión de energía, no una cosa. Cada partícula/metro mundial se extiende a través del espacio y tiene a su alrededor un campo que se funde con otros campos.

Esta idea del universo no es la de un espacio vacío que contiene cierta materia; al contrario, todo es un campo unificado y «no existe fisura ni división en ninguna parte». Esta es la idea de «totalidad» de Bohm. La analogía que utiliza es la del patrón de una alfombra: no tiene sentido decir que las figuras o las flores del diseño son objetos separados; es evidente que son parte de la alfombra.

LOS ÓRDENES IMPLICADOS Y EXPLICADOS

Si el primer aspecto de la cosmología de Bohm es la totalidad, el segundo es su concepto de orden implicado y orden explicado. El orden explicado es básicamente todo lo que podemos percibir con los sentidos, el «mundo real». En él, las cosas existen en su propia zona del espacio (y del tiempo), aparentemente separadas de las demás. El implicado, en cambio, está fuera del espacio y el tiempo, y contiene la semilla de todo lo que se manifiesta en el mundo real. Envuelve todo lo posible. Dicho de otro modo, el orden implicado está envuelto en el espacio y el tiempo, y solo a veces se expresa en las formas del orden explicado. El implicado es el genuinamente real y estable; el explicado es un suborden distinguido de esta realidad más primaria.

Bohm pone el ejemplo de una gota de tinta colocada en un recipiente grande lleno de un líquido viscoso. Si se hace girar el recipiente a gran velocidad, parece que la tinta se disuelve en el líquido y este se enturbia; pero cuando se gira en sentido contrario, la tinta reorienta su movimiento circular en el líquido y vuelve a recuperar su posición original. Así, el orden de su movimiento está envuelto en el líquido, aunque en un punto posterior parezca que este orden haya desaparecido. Más adelante en el libro, Bohm pone este ejemplo de nuevo para señalar que el trayecto de la tinta en el líquido es su orden implicado, y su visibilidad, parte del explicado. Lo segundo es posible por la interacción de la luz y nuestro ojo, cerebro y sistema nervioso.

¿Cómo se relaciona esta explicación con la totalidad? El todo, incluidos el espacio, el tiempo, la conciencia y los órdenes implicado y explicado, es parte de lo que Bohm llama el «holomovimiento», una realidad no fragmentada e indivisible. Pero ¿cómo interpretar el hecho de que nuestros análisis del mundo en partes autónomas realmente funcionan? La «holonomia», o «la ley del todo», sigue permitiendo que las cosas del universo parezcan autónomas, aunque realmente no lo sean. En apariencia, cada cosa o suceso independientes en realidad son solo un aspecto (los patrones de la alfombra, los remolinos del río), y no algo separado e independiente.

MENTE Y MATERIA

¿Cuál es la relación del pensamiento, o la conciencia, con la realidad?

Para ser prácticos, hace tiempo que los humanos establecieron una distinción entre la fijeza, la estabilidad y la «realidad» de las cosas, y la impermanencia y la irrealidad del reino del pensamiento Era una distinción de conveniencia, no verdadera. La idea de «totalidad» de Bohm es que, si tanto la mente como la materia surgen del flujo universal, no tiene sentido considerar que el «pensamiento» y la «realidad» estén separados. Esto tiene importantes implicaciones para la física cuántica y para el principio científico de un «observador objetivo». Los científicos creen que están al margen de lo que observan, pero si se acepta la realidad como un movimiento que fluye, el objeto, el observador, el instrumento de observación y los resultados experimentales se deben entender todos como parte del mismo fenómeno.

Solo nuestros pensamientos individuales, que surgen del cerebro y el sistema nervioso (llamémoslo el ego) pueden favorecer la separación, la confusión y los supuestos erróneos. No obstante, ya es algo ser conscientes de esta posibilidad, estar abiertos a lo que tal vez no sea más que nuestras propias proyecciones y categorizaciones falsas, como algo distinto de «lo que es», del todo universal. Esta es la razón, como dice la filosofía oriental, de que solo cuando realmente observamos nuestros pensamientos, o cuando en la meditación tenemos un momento de «no pensamiento», podamos empezar a saber qué *es* realmente. La visión que tenemos del mundo nos dicta cómo nos relacionamos con él. Si percibimos la realidad como objetos separados, esta será la experiencia que tengamos de ella. Si la percibimos como un todo continuo, es evidente que cambiará nuestro modo de relacionarnos con las otras formas de vida y con nuestra propia conciencia.

PROCEDENCIA DEL CONOCIMIENTO INTUITIVO Y LA CREATIVIDAD

Bohm distingue entre el pensamiento, que está unido a la memoria de forma natural, y la «percepción inteligente», que puede ser un destello de comprensión en que vemos que todo nuestro pensamiento había estado equivocado o «condicionado». Estas percepciones son genuinamente nuevas y parece que surgen de la nada. Como Bohm señala, la idea imperante es que toda percepción, por nueva que pueda parecer, surge en las neuronas y las sinapsis cerebrales. Sin embargo, si las percepciones son realmente nuevas e incondicionadas, no es posible que procedan de los bancos de memoria y experiencia asentados en el cerebro. Surgen del flujo universal de la conciencia, que trasciende cualquier disposición determinada de las partículas y los átomos del cerebro o es más grande que ella.

Es posible «saber» algo a través de la percepción, sin tener una base para saberlo a través de la memoria o el pensamiento mecánico; simplemente estamos ajustados al flujo universal (de hecho, nunca dejamos de ser parte de él). Lo mismo ocurre con la creatividad: nadie ha podido decir jamás de dónde sale una idea original. La creatividad es misteriosa porque literalmente no procede de «nosotros», solo como consecuencia de que seamos una abstracción de un flujo mayor de inteligencia. La analogía de Bohm es la del receptor de radio, que, cuando se enciende, produce por sí mismo un zumbido carente de sentido. «Cuando el pensamiento funciona por sí mismo –aduce–, es mecánico y no inteligente, porque impone su propio orden sacado de la memoria, un orden por lo general irrelevante e inadecuado». Solo cuando sintoniza con una frecuencia –un orden superior– el pensamiento se convierte él mismo en instrumento de orden y significado.

COMENTARIOS FINALES

Pese a lo que se sabe de la física cuántica, Bohm señala que los científicos siguen teniendo una visión mecanicista del universo. Primero el universo estaba constituido por átomos, después por electrones, y ahora por *quarks* y protones. Bohm no conoció el Gran Colisionador de Hadrones ni el intento de encontrar el bosón de Higgs o «partícula de Dios», pero los hubiera considerado parte del mismo empeño de localizar las piezas básicas con que está construido el universo. No obstante, incluso la teoría de la relatividad sugería que la existencia de una única partícula estable era ilusoria; Einstein prefería imaginar el universo como campos. Nuestro obstinado tesón por encontrar «cosas» es el que nos ha mantenido en el empeño de ver el universo como un contenedor lleno de cosas, cuando el espacio se parece más a un campo preñado de potencial. En palabras de Bohm:

Lo que llamamos espacio vacío contiene un fondo inmenso de energía, y [...] la materia, tal como la conocemos, es una pequeña excitación «cuantizada» en forma de onda, que se eleva sobre este fondo de un modo bastante parecido al de un pequeño rizo sobre un vasto mar.

La idea de Bohm de que el universo es un todo que fluye se conoce en filosofía como «monismo neutro». Es una idea que suscribe el exquisitamente racional Bertrand Russell, quien asegura que «toda la dualidad de mente y materia [...] es un error; solo hay un tipo de *cosa* de la que está hecho el mundo, y a esta cosa se la llama mental en un ámbito, y física en el otro».

Según la idea de Bohm, ¿se puede decir que las personas individuales realmente existen? Alega: «En última instancia, sería engañoso y sin duda un error suponer [...] que cada ser humano es una realidad independiente que interactúa con otros seres humanos y con la naturaleza. Al contrario, todos son proyecciones de una única totalidad». Existimos como fenómenos separados, sí, pero solo antes de ser absorbidos de nuevo por un movimiento mayor. Nunca estamos realmente separados; somos más bien como los arabescos de la alfombra o los remolinos de la corriente de agua.

DAVID BOHM

Nacido en Pensilvania en 1917, hijo de padres inmigrantes procedentes de Hungría y Lituania, de joven le gustaba reparar e inventar. Su padre era propietario de una próspera tienda de muebles. Bohm estudió en el Pennsylvania State College y después en la Universidad de California en Berkeley, donde trabajó en el Laboratorio de Radiación Lawrence y formó parte del grupo de físicos teóricos que dirigía Robert Oppenheimer. En esa época también participó en movimientos políticos radicales, entre ellos la Liga Juvenil Comunista y otros contrarios al reclutamiento.

Oppenheimer quería que Bohm trabajara en el proyecto de Los Álamos para desarrollar la bomba atómica, pero por su actividad política estudiantil no obtuvo el permiso necesario. En su lugar, impartió docencia en Berkeley, donde se doctoró, aunque con cierta dificultad. Finalizada la guerra, consiguió una plaza en la Universidad de Princeton, donde trabajó con Albert Einstein. Pero en 1950 fue citado por el Comité de Actividades Antiamericanas del senador McCarthy por sus antiguos vínculos comunistas, y se negó a testificar en contra de amigos y colegas. Fue arrestado y Princeton lo despidió, una plaza que no pudo recuperar ni siquiera después de que fuera exculpado en 1951. La Universidad de Sao Paulo le ofreció una cátedra de física, y en 1951 publicó Quantum Theory, *una exposición de la interpretación clásica de Copenhague de la física cuántica.*

Bohm se mudó a Israel en 1955 y allí conoció a Sarah Woolfson, con la que se casó. Dos años después pasó a ser profesor investigador de la Universidad de Bristol, y allí descubrió con un alumno el efecto Aharonov-Bohm, que se refiere a la extraña capacidad de las partículas de «sentir» los campos magnéticos. En 1961 ocupó la que iba a ser su última plaza, como profesor de física teórica del London's Birbeck College. Basil Hiley fue allí estrecho colaborador suyo. Bohm se convirtió en firme defensor de una forma de debate abierto para acabar con los problemas sociales del mundo, conocida como «diálogo de Bohm». Falleció en Londres en 1992.

Otros libros suyos son Sobre el diálogo *(1996; 2012),* Sobre la creatividad *(1998; 2013),* Los límites del pensamiento *(1999; 2008)* o Causality and Chance in Modern Physics *(1961).* The Essential David Bohm *(2002), de Lee Nichols,* incluye un prefacio del Dalái Lama.

2002

CHOMSKY ESENCIAL

El criterio operativo para determinar qué era un crimen de guerra en Núremberg era el de un acto criminal que los aliados no cometieron: en otras palabras, se consideraba legítima defensa si se podía demostrar que los americanos y británicos hicieron lo mismo. Así de sencillo —quien lea el libro de Telford Taylor, el fiscal estadounidense en los juicios, verá que así es como lo define, con una actitud muy positiva al respecto—. Si los aliados lo habían hecho, no era un crimen; solo lo era si los alemanes lo habían hecho y nosotros no.

Pese a lo que siempre se dice, el intervencionismo de Estados Unidos no tiene nada que ver con oponernos a la expansión del «comunismo». A lo que siempre nos hemos opuesto en todas partes es a la independencia, y por una muy buena razón. Si un país empieza a fijarse en su propia población, no prestará la suficiente atención a las necesidades predominantes de los inversores americanos. Son prioridades inaceptables, por lo que el gobierno sencillamente tendrá que irse.

En dos palabras

En las democracias, el poder silencia a los
disidentes mediante el abuso del lenguaje.

En la misma línea

Harry Frankfurt, *On Bullshit*
Nicolás Maquiavelo, *El príncipe*
Platón, *La república*

Capítulo 10

Noam Chomsky

oam Chomsky es tal vez el filósofo actual más famoso, pero estrictamente hablando es lingüista. Se dio a conocer con *Estructuras sintácticas* (1957), donde refutaba la idea de que la mente es una tabla rasa, para demostrar que estamos cableados neurológicamente para el lenguaje (de ahí que lo aprendamos tan rápidamente). Pero es su pensamiento sobre la política, el poder y los medios de comunicación el que lo sitúa entre los principales intelectuales del mundo.

¿Qué es un intelectual? Las definiciones del diccionario sugieren «una persona entregada a indagaciones que exigen el ejercicio de la inteligencia», pero en un sentido social más amplio significa la persona que no sigue ciegamente el guión de la sociedad, la que lo cuestiona todo. En su obra clásica *Los guardianes de la libertad* (1988) hizo añicos el mito de la imparcialidad de los medios de comunicación y demostró que la prensa es una parte más que importante de los planes de la clase dominante. *Chomsky esencial*, con un formato de preguntas y respuestas y basado en transcripciones de seminarios y conferencias que dio entre 1989 y 1999, refleja de forma mucho más extensa su pensamiento. Los compiladores del libro, Peter Mitchell y John Schoeffel, señalan: «Lo que distingue [su] pensamiento político no es ninguna reflexión nueva ni ninguna idea singular y general. La postura política de Chomsky está enraizada en conceptos conocidos desde hace siglos. Su gran aportación es su dominio de una ingente cantidad de información factual, y su asombrosa habilidad para desenmascarar, caso a caso, los mecanismos y los engaños de las instituciones de poder en el mundo actual». De hecho, el libro tiene una web de apoyo con cientos de páginas de notas a pie de página y enlaces a documentos gubernamentales auténticos. En contra de su fama de teórico de la conspiración, el objetivo de Chomsky siempre ha sido conseguir que las personas piensen por sí mismas.

Chomsky esencial es una obra reveladora. Como una muestra de lo mucho que abarca, los temas que se resumen a continuación pertenecen solo a la primera parte del libro.

EL LENGUAJE POLÍTICO

Chomsky empieza con una explicación de cómo se usa y se maltrata el lenguaje para ocultar acciones injustas.

Señala la distinción entre el significado que el diccionario da de las palabras y su significado tal como se utiliza en la «guerra ideológica». Por ejemplo, «terrorismo» es algo que solo hacen las otras personas. Otro vocablo maltratado es «defensa». «Nunca he oído que algún estado admita que lleva a cabo un acto de agresión —subraya Chomsky—, siempre actúan en "defensa"». Los medios de comunicación jamás lo cuestionan: por ejemplo, ninguna publicación convencional cuestionó la idea de que Estados Unidos estaba «defendiendo» a Vietnam del Sur, cuando de hecho lo estaba atacando. La «defensa» se convierte en un término orwelliano cuyo significado es exactamente su opuesto. «Los términos del discurso político —dice— están diseñados para impedir el pensamiento».

Chomsky sostiene que el deseo de Estados Unidos de presentarse como defensor de la democracia en todo el mundo es una ilusión; la realidad es que solo apoya las democracias que le *gustan*. Por ejemplo, como con los sandinistas los negocios no tenían un papel importante en Nicaragua, para Estados Unidos no era una verdadera democracia, y el régimen estaba maduro para su desmantelamiento. Lo contrapone a los casos de El Salvador y Guatemala, unos gobiernos militares y favorecedores de la oligarquía local (terratenientes, ricos empresarios y la clase profesional) cuyos intereses estaban vinculados a los de Estados Unidos:

No importa si hacen saltar la prensa independiente, ni que asesinen a la oposición política y a decenas de miles de personas, ni que nunca convoquen nada que se parezca remotamente a unas elecciones libres; todo esto es completamente irrelevante. Son «democracias» porque en ellas gobiernan quienes conviene que lo hagan; si no las gobiernan las personas adecuadas, no son «democracias».

EL VERDADERO PODER

Chomsky no se limita a criticar al gobierno, y señala:

En nuestra sociedad, ocurre que el verdadero poder no reside en el sistema político, sino en la economía privada: ahí es donde se toman las decisiones sobre qué se produce, cuánto se produce, qué se consume, dónde se invierte, quién tiene trabajo, quién controla los recursos, etc. etc.

Mientras así ocurra no habrá auténtica democracia, porque el capital está en manos de unos pocos, no de muchos, y es el dinero, y no el poder político per se, lo que se halla en el centro de nuestras sociedades. Hoy, nuestras economías *son* nuestras sociedades; por esto parten del principio de «hagamos que los ricos sigan estando contentos».

Chomsky se considera en gran medida parte de la tradición liberal clásica, la cual nos recuerda que fue precapitalista, y se centraba en «el derecho de las personas a controlar su propio trabajo, y la necesidad de un trabajo libre y creativo bajo el control de la propia persona; la necesidad de libertad y creatividad humanas». Según este principio, el trabajo asalariado del capitalismo actual se hubiera considerado inmoral. Si uno no controla su propio trabajo, es un *esclavo* asalariado.

Las economías nunca se estructuran teniendo en cuenta lo que sea mejor para las personas que trabajan, dice Chomsky, sino lo mejor para el propio capital. Esto no significa que abogue por la nacionalización de las industrias, ya que con ello no se haría sino poner el poder en manos de una burocracia del Estado. Al contrario, defiende las verdaderas empresas propiedad de los trabajadores y el control del capital dentro de un sistema de mercado. Solo cuando esto ocurra la democracia se extenderá al poder económico; mientras no sea así, «el poder político [de las personas] seguirá siendo un fenómeno muy limitado».

Chomsky se adelantó en muchos años al movimiento «Ocupa Wall Street» cuando señaló que «en torno a la mitad de la población piensa que el gobierno lo dirigen "unos pocos grandes intereses que solo buscan su propio beneficio"[...] las personas saben o se les puede demostrar enseguida que no participan en las decisiones políticas, que la política la hacen intereses poderosos que poco tienen que ver con ellas».

Al hablar del medio ambiente, observa la contradicción entre el deseo de las personas de conservar y mejorar la vida, y las motivaciones interesadas de las grandes empresas: «[...] el consejero delegado de General Electric [...] su trabajo consiste en aumentar los beneficios y la cuota de mercado, no en garantizar que el medio ambiente sobreviva, ni que sus trabajadores vivan decentemente. Y estos intereses sencillamente están en conflicto».

Pero ve razones para el optimismo: pese al lavado de la realidad que hacen los medios de comunicación y la toma de la política por parte de las corporaciones, las personas en realidad siguen desconfiando de las élites y los intereses comerciales y de poder establecidos. La desilusión no es propia de la izquierda, señala. La puede canalizar cualquier causa o grupo dispuesto a movilizarse, entre ellos los evangelistas, los ecologistas y, por poner ejemplos más concretos, los ocupadores de Wall Street y el movimiento del Tea Party.

LOS ESTADOS DE DEPENDENCIA

A pesar de la retórica de la extensión de la libertad por todo el mundo, Chomsky sostiene que el verdadero objetivo de la política exterior de Estados Unidos es que la máxima cantidad posible de estados sigan dependiendo de él. Así lo aseguraba Chomsky hace más de veinte años, pero lo mismo se podría decir hoy de China y sus esfuerzos por «comprar» países como Nepal o sus regiones colindantes, y de muchas naciones africanas ricas en recursos. Las grandes potencias se oponen a la independencia de las pequeñas porque entonces pueden empezar a atender más el bienestar de su propio pueblo, en lugar de instaurar políticas que sirvan a los intereses del país superior. La política exterior de Estados Unidos está diseñada a medida de los inversores americanos, dice; por esto, cualquier gobierno extranjero que implante medidas que anteponen a su pueblo «no tendrá más remedio que irse».

Estados Unidos insiste en que los países en desarrollo deben abrir sus mercados; en cambio, Chomsky aduce que «no ha habido en la historia ninguna economía que se haya desarrollado sin la intervención extensiva del Estado, como altos aranceles proteccionistas, ayudas, etc. De hecho, todo lo que *impedimos* que haga el Tercer Mundo en otras partes ha sido requisito previo para el desarrollo».

TODO QUEDA EN CASA

Chomsky sostiene que toda la política exterior se mueve al servicio de los intereses propios. Pero ¿qué defienden las autoridades? Pone el ejemplo del ascenso al poder de los bolcheviques en Rusia. Nadie decía en serio que los bolcheviques planearan un ataque contra Estados Unidos. Al contrario, el miedo era que las ideas bolcheviques infectaran la política estadounidense. Justo después de la Revolución rusa, Robert Lansing, el secretario de Estado norteamericano, advertía al presidente Wilson de que los bolcheviques «atraían a los proletarios de todos los países, a los analfabetos y los deficientes mentales, quienes por su gran número se supone que van a hacerse con el control de todos los gobiernos». En otras palabras, las élites imaginaban a los estadounidenses pensando realmente por sí mismos y levantándose, cuando había que mantenerlos en su sitio. La respuesta fue mandar tropas a Rusia y en casa lanzar la campaña del «Temor rojo» para desacreditar el bolchevismo por antiamericano.

La «guerra contra el terrorismo» de tiempos más recientes se puede entender como otra manifestación de lo mismo, con el recorte de las libertades civiles para combatir una amenaza (tan exagerada a propósito).

Chomsky señala el contraste entre los abultados presupuestos para defensa y el gasto raquítico en educación y sanidad. La razón, dice, es que el gasto social «aumenta el peligro de la democracia».

La mayor inversión en hospitales y escuelas evidentemente afecta a las personas de la zona, que querrán participar en las decisiones; en cambio, el dinero empleado en una bomba secreta no genera ninguna controversia porque no tiene efecto directo en la vida de la gente, y el ciudadano común no sabe nada de aviación militar. «Y como uno de los principales intereses de la política social —observa Chomsky— es mantener pasiva a la población, las personas con poder querrán eliminar todo lo que tienda a fomentar que la gente participe en la planificación —porque la participación amenaza el monopolio del poder por parte de las empresas, y además alienta las organizaciones populares y moviliza a las personas, y probablemente conduciría a una redistribución de los beneficios, etc.».

El precio del imperialismo lo pagan las personas, en los impuestos, pero sus beneficios van a los ricos. Por consiguiente, el ciudadano medio sencillamente no saca ningún provecho de la política exterior imperialista, pero le sale muy cara.

COMENTARIOS FINALES

Después de leer a Chomsky es difícil ver del mismo modo la política y los medios de comunicación, pero sería un error pensar que este libro es un ataque solo a Estados Unidos. La naturaleza corrupta del poder es universal, y dondequiera que uno viva le vienen a la mente casos locales. Entender el poder no significa simplemente saber lo que ha hecho un determinado país, corporación o institución, sino lo que tenderán a hacer si no se los controla e investiga. Pero dado el ataque incansable de Chomsky contra el estado americano, si este fuera tan poderoso, ¿no habría silenciado al propio Chomsky hace mucho tiempo? Su respuesta es que él es varón y blanco, y hoy en Occidente los hombres blancos se consideran sacrosantos. Asesinar a uno genera muchos problemas, por lo que sería contraproducente para los intereses establecidos.

Suele ser signo de brillantez que una persona te diga lo mucho que no sabe, y a Chomsky le gusta señalar lo poco que la ciencia hace realmente para explicar el mundo, en particular cuando se trata de factores de gran complejidad como la acción y la motivación humanas. Dada esta negra visión suya del poder, sorprende que no sea pesimista ante el futuro. No está de acuerdo con los sociobiólogos que aseguran que los humanos de algún modo estamos programados para ser egoístas, y, al contrario, señala que «si se observan los resultados de la naturaleza humana, se entiende todo: [...] se ven enormes sacrificios, se ve un enorme coraje, se ve honradez, se ve capacidad de destrucción».

Siempre existe la posibilidad de que se pierda todo lo que se ha conseguido, pero en general Chomsky percibe el progreso. Hoy es menos aceptable tratar a las personas como objetos o medios para conseguir algún fin («Hasta hace poco se consideraba que la esclavitud era algo bueno») y aunque las estructuras garanticen de mala gana la libertad, la autodeterminación y los derechos humanos, al menos todos estos se reconocen como ideales.

NOAM CHOMSKY

Chomsky nació en Filadelfia en 1928. Su padre había emigrado de Rusia y fue un eminente erudito hebreo. A los diez años, Chomsky escribió un artículo sobre la amenaza del fascismo después de la Guerra Civil española, y de los doce a los trece se identificó con el anarquismo. En 1945 entró en la Universidad de Pensilvania, donde estableció contacto con Zelig Harris, un conocido lingüista. En 1947, decidió especializarse en lingüística, y en 1949 se casó con la lingüista Carol Schatz.

De 1951 a 1955, Chomsky fue becario investigador en la Universidad de Harvard, donde completó el doctorado. La tesis fue publicada después como The Logical Structure of Linguistic Theory. *En 1955 se le concedió un puesto de profesor en el Instituto Tecnológico de Massachusetts, y desde entonces imparte docencia en él. En 1965 organizó un comité de ciudadanos para promover el rechazo a los impuestos como protesta por la guerra de Vietnam, con lo que obtuvo el reconocimiento popular. Cuatro años después publicó su primer libro sobre política,* American Power and the New Mandarins *(1969). Algunos de sus otros libros son* The Political Economy of Human Rights *(1979, junto con Edward S. Herman),* El miedo a la democracia *(1991; 1992),* Powers and Prospects *(1996) y* Estados fallidos *(2006; 2007). En 2001 se estrenó un documental sobre* Manufacturing Consent.

44 a. de C.

SOBRE LOS DEBERES

Porque, en nombre de los cielos, ¿qué es más deseable que la sabiduría? ¿Qué hay que sea más digno de elogio? ¿Qué mejor para el hombre, de mayor valor para su naturaleza? A quienes la buscan se los llama filósofos; y la filosofía, si se quiere decir con palabras de nuestra lengua, no es otra cosa que «el amor a la sabiduría». La sabiduría [...] es el «conocimiento de las cosas humanas y divinas y de las causas por las que esas cosas se controlan». Y si hay alguien que menosprecie el estudio de la filosofía, no entiendo qué otra cosa del mundo le parecerá digna de elogio.

Aunque todo el campo de la filosofía es fértil y productivo y no hay en él ningún trozo yermo ni abandonado, ninguna parte es más rica ni más útil que la que trata de las obligaciones morales; porque de ellas derivan las normas para una vida coherente y moral.

En dos palabras

Lo correcto y lo conveniente nunca pueden ser cosas distintas.

En la misma línea

Confucio, *Analectas*
Immanuel Kant, *Crítica de la razón pura*
Nicolás Maquiavelo, *El príncipe*
Platón, *La república*

CAPÍTULO 11

Cicerón

arco Tulio Cicerón fue una de las grandes figuras de la antigua Roma, y vivió la República romana democrática, noble y más inocente, y el Imperio romano, rapaz y autocrático. Merece la pena resumir su historia.

De familia terrateniente acaudalada pero no aristocrática del sur de Roma, el padre de Cicerón decidió que este y su hermano Quinto dejaran su huella en Roma. Después de una esmerada educación, el primer trabajo de Cicerón fue de ayudante de generales de alto rango en el campo de batalla, pero la guerra no le interesaba, y se alegró de poder regresar a Roma para labrarse una carrera como abogado. Su habilidad le convirtió en una de las estrellas nacientes de Roma. Sin embargo, también le entusiasmaba aprender filosofía y derecho griegos. Dedicó un par de años a viajar por Grecia y Asia, donde escuchó hablar a epicúreos como Zenón y Fedro.

A los treinta y un años obtuvo su primer puesto de cuestor en Sicilia (magistrado con funciones fiscales), a cuyos ciudadanos impresionó tanto su honradez que le pidieron que representara a Sicilia en el juicio contra su codicioso gobernador, Cayo Licinio Verres. A los treinta y siete años fue nombrado edil –a su cargo estaba la organización de los juegos y el entretenimiento en Roma– y a los cuarenta, lo designaron pretor (magistrado con jurisdicción en Roma o las provincias). Su carrera alcanzó el punto más alto a los cuarenta y tres años, cuando fue nombrado cónsul (magistrado que durante un año tenía la máxima autoridad en Roma), un gran logro para un *homo novus* (hombre nuevo) que no procedía de ninguna de las viejas familias senatoriales.

Cicerón creció en una Roma que aún funcionaba con las nobles instituciones de la República, pero cuya pureza se estaba enturbiando día a día por la guerra civil y el auge de dictadores como Julio César. Como cónsul, se consideraba defensor de la verdadera Roma. Una actitud que en el primer año de su mandato se puso a prueba por la conspiración de Catilina, en la que este, contrariado por habérsele impedido ser cónsul por motivos de corrupción en las elecciones, conspiró para derrocar al gobierno. Cicerón se enteró de esos planes y decretó la ley marcial. Hizo detener a los conspiradores y mandó que los ejecutaran sin juicio previo. Presentó el caso como un ataque contra la República y contra él mismo como su salvador. Sin embargo, su decidida actuación iba a perseguirlo después cuando un senador adversario suyo, Publio Clodio, hizo aprobar una ley por la que se procesaba a cualquiera que hubiese hecho ejecutar a ciudadanos sin juicio previo.

Para evitar el juicio, Cicerón fue exiliado durante un tiempo y canalizó sus fuerzas en la escritura, retirado en su casa de Tusculum, cerca de Roma. En menos de dos años compuso la mayor parte de sus obras, entre ellas *Discusiones tusculanas, Sobre la amistad* y *Sobre los deberes*.

UNA FILOSOFÍA DEL DEBER

Sobre los deberes (*De officiis*), la obra de mayor influencia de Cicerón, es una extensa carta dividida en tres partes dirigida a su hijo Marco. Aunque probablemente su intención era que fuese leída por un amplio público, el estilo de carta la hace relativamente informal.

En parte es una defensa de la propia filosofía, y Cicerón intenta demostrar a su hijo por qué la debe considerar importante. En una civilización en que se valoraba ante todo el éxito político, la filosofía despertaba ciertas suspicacias (se hablaba de ella como de «cosa griega»). Esta es una de las razones de que Cicerón destaque por su carrera política y que sus aportaciones a la filosofía sean modestas. Al mismo tiempo, le apasiona transmitir el esplendor de la filosofía griega al público romano; el objetivo de *Sobre los deberes* es demostrar que la filosofía es una buena base para las cuestiones más prácticas de la moral o la obligación social. «Porque ¿quién presumiría de llamarse filósofo –pregunta– si no inculcara lección alguna sobre el deber?»

Cicerón pensaba que el universo seguía un plan divino, y que cada ser humano era una chispa o una astilla saltadas de Dios. Por ello, tratar mal a otra persona equivalía a maltratarse uno mismo. Señala lo absurdo de quien dice que no robaría ni engañaría a su propia familia, pero coloca al resto de la sociedad en otro «cesto». Esta negación de las obligaciones, los vínculos o los intereses comunes con quienes uno no conoce bien es la ruina de la sociedad, indica. Asimismo, quienes tienen en alta consideración a sus conciudadanos, pero no a los extranjeros, «destruyen la hermandad universal de la humanidad», y con ello cualquier sentimiento de bondad o justicia. Señala a Platón, quien decía que «no nacemos solo para nosotros, sino que nuestro país nos reclama parte de nuestro ser, y nuestros amigos también una parte». Somos animales sociales, nacidos los unos para los otros. El objetivo de la vida es muy simple, afirma Cicerón:

> Contribuir al bien general con el intercambio de actos de bondad, dando y recibiendo, y con nuestra capacidad, nuestra industria y nuestros talentos cimentar con mayor fuerza la sociedad humana, hombre con hombre.

Al determinar nuestras principales obligaciones, señala el siguiente orden: primero el país y los padres; después los hijos y la familia, «que buscan apoyo solo en nosotros y pueden no tener otra protección»; por último, los compatriotas, con quienes debemos vivir en buena relación y estar unidos en una causa común.

LO CORRECTO Y LO CONVENIENTE

Cicerón se propone explotar la idea de que a veces uno debe renunciar a hacer lo correcto para hacer lo que es conveniente. La idea estoica, que él adoptó, es que «si algo es moralmente correcto, es conveniente, y si algo no es moralmente correcto, no es conveniente [...] esa obligación que estos mismos estoicos llaman "lo correcto" es perfecta y absoluta e "incumbe a todos"».

Las personas que solo persiguen su propio beneficio y aventajar a los demás distinguen de forma rutinaria la buena acción de la acción conveniente, pero Cicerón asegura que están en un error. Hacer lo correcto, dado que se ajusta a la ley moral universal, no puede «sernos inconveniente». Quien haya intentado engañar a otros y después ha visto que se ha arruinado sabe que es verdad. Si alguien dice: «Esto es lo que habría que hacer, pero esto otro es lo que me beneficia —observa Cicerón—, no dudará en su erróneo juicio en separar dos conceptos que la naturaleza ha unificado». La consecuencia es que se abre la puerta «a todo tipo de deshonestidad, perversión y delincuencia». Del mismo modo que dos cosas malas no pueden hacer una buena, por mucho que uno sepa disimularlo, «no se puede hacer que lo que no es moralmente correcto sea conveniente, porque la naturaleza se resiste y se opone».

Advierte de que incluso las más pequeñas transgresiones de la justicia natural pueden tener grandes consecuencias. Hay de ello unos pocos ejemplos más que los del político o el hombre de negocios a quienes las pequeñas cantidades que consiguieron, cuando se dieron cuenta, hicieron que perdieran su trabajo y su estatus. Es evidente, señala Cicerón, que ningún posible beneficio puede compensar por acabar con la reputación de «buen hombre» y, además, con la consideración de justa y honorable que esa persona tiene de sí misma: «Porque ¿qué diferencia hay entre el hombre que realmente se convierte en una bestia y el que, manteniendo la apariencia exterior de hombre, tiene en su interior la naturaleza de la bestia?». Son ideas que recuerdan otras de la Biblia, por ejemplo: «¿De qué le sirve al hombre ganar el mundo si pierde su alma?», y que hicieron que Cicerón despertara interés entre los primeros cristianos.

LA VISIÓN ESTOICA DE LA VIDA

Sobre los deberes hace múltiples referencias a Panecio de Rodas, filósofo estoico griego que vivió aproximadamente entre el 185 y el 110

a. de C. y cuya obra se ha perdido. Cicerón expone elocuentemente la visión estoica de la vida en muchos aspectos, que aquí se destacan.

Los peligros del éxito

Cuando la fortuna sonríe y el río de la vida fluye a favor de nuestros deseos, evitemos con diligencia toda arrogancia, altivez y orgullo. Porque tan signo de debilidad es alentar los propios sentimientos en el éxito como en la adversidad.

La moderación y el autocontrol

Toda acción debe estar libre de apresuramiento y descuido indebidos; y tampoco debemos hacer nada de lo que no podamos dar un motivo razonable; porque en estas palabras tenemos prácticamente una definición del deber.

Las personas deben gozar de tranquilidad de espíritu y estar libres de cualquier tipo de pasión. Así lucirán con todo su esplendor la fuerza de carácter y el autocontrol.

Bastaría con que nos diéramos cuenta de la superioridad y la dignidad de nuestra naturaleza para percatarnos del error que supone abandonarnos al exceso y vivir en el lujo y la voluptuosidad, y lo acertado de vivir en el ahorro, la abnegación, la sencillez y la sobriedad.

Seguir el carácter y el «genio» propios

Sin embargo, todos han de aprovechar sus dotes particulares [...]. Porque debemos actuar de modo que no contravengamos la ley universal de la naturaleza humana [...].Y aunque otros caminos pudieran ser mejores y más nobles, no por ello hemos de dejar de guiarnos por el criterio de nuestra propia naturaleza. Porque de nada sirve luchar contra la propia naturaleza ni aspirar a lo que no se puede alcanzar [...] nada que vaya a contracorriente puede ser bueno, es decir, si se opone directamente al genio natural de la persona.

Si existe el decoro, no puede ser otra cosa que la coherencia uniforme a lo largo de toda la vida, en su conjunto y en cada una de las acciones particulares. Y esta coherencia uniforme no se podría mantener copiando los rasgos personales de otros y eliminando los propios.

SOBRE EL USO DEL PODER

Cicerón destaca la afirmación de Platón de que «todo conocimiento que se aparte de la justicia se ha de llamar astucia, no sabiduría». Las acciones osadas que no se inspiran en el bien común «deben llevar el nombre de desvergüenza, no de valentía», dice. Lo paradójico es que cuanto más ambiciosa es una persona, más tentada se siente de cualquier cosa para conseguir sus objetivos o alcanzar la fama. Si es honorable, las «pruebas y los peligros» por los que ha de pasar para conquistar la eminencia harán que piense que «me lo merezco» y que se aferre al poder o caiga en la tentación de aceptar cosas que no son suyas.

COMENTARIOS FINALES

Cicerón es un enigma. Por un lado, es el gran defensor de la República romana y su ideal de imperio de la ley; por otro, condenó a muerte a varios conspiradores sin juicio previo. Aunque en aquella época en Roma estaba vigente la ley marcial, los conspiradores seguían siendo ciudadanos, y muchos consideraron que la actuación de Cicerón era imperdonable.

Pero su influencia es incuestionable. Fue decisivo en la introducción de la filosofía griega, en particular la de Platón, entre las clases romanas formadas. Su actitud la adoptaron filósofos cristianos, sobre todo san Agustín, cuya vida se decía que cambió después de leer *Hortensius* de Cicerón (una obra que se ha perdido), y su ética y su idea de ley natural fueron decisivas en la filosofía cristiana medieval. Filósofos como Erasmo proclamaron a Cicerón el arquetipo de humanista, y pensadores de la Ilustración como Voltaire y Hume elogiaron su visión escéptica y tolerante del mundo. Los ideales republicanos de Cicerón tuvieron una gran influencia en los Padres Fundadores de Estados Unidos (John Adams lo reverenciaba), y asumieron sus ideas incluso los revolucionarios franceses. Friedrich Engels, en cambio, se lamentaba de que nunca se hubiera preocupado de extender los derechos económicos o políticos más allá de la clase adinerada.

Duro y sin contemplaciones en el ejercicio del poder, cabría esperar que Cicerón fuera un hombre duro que creyera en el deber a expensas de las aspiraciones personales. De hecho, su humanismo contrastaba con dictadores brutales como Sila y César, y se mantuvo firme en proclamar que las personas debían hacer todo lo posible para emprender una carrera que se ajustara a su carácter. Este tipo de sentimiento revela que la filosofía estoica, pese a su fama de defender la diligencia inamovible, en realidad se ocupaba del individuo y del papel exclusivo que cada uno pudiera desempeñar en el mundo.

CICERÓN

Después del asesinato de César, Cicerón confiaba en que la República pudiera renacer, y apoyó a Octavio (Augusto) en contra de Marco Antonio. Cuando Augusto y Marco Antonio acordaron durante cierto tiempo una dictadura compartida en el Segundo Triunvirato, ambos bandos querían eliminar a sus enemigos. El nombre de Cicerón se añadió a la lista de condenados a muerte, y fue atrapado y asesinado en el año 43 a. de C. cuando intentaba huir a Macedonia. Siguiendo las instrucciones de Antonio, se le cortaron las manos y la cabeza, y se exhibieron en el Senado. Se dijo que Fulvia, la esposa de Antonio, se complació en arrancar la lengua de la cabeza de Cicerón y pincharla con una aguja del pelo.

El nombre de la familia Cicerón proviene de la palabra latina cicer, *que significa «garbanzo». Su hermano Quinto Cicerón también fue nombrado pretor, y fue gobernador de Asia con Pompeyo. Cicerón tuvo un hijo y una hija con Terencia, que procedía de una familia acaudalada. Sucumbió al dolor cuando su hija murió a los treinta y tantos años.*

Los libros Imperium *(2006; 2007) y* Conspiración *(2009; 2010), del escritor británico Richard Harris, son los dos primeros volúmenes de una trilogía de ficción sobre la vida de Cicerón, vista por su secretario Tiro, un esclavo a quien Cicerón hizo hombre libre.*

Siglo V a. de C.

LAS ANALECTAS

Tsze-chang preguntó a Confucio cuál era la virtud perfecta. Dijo Confucio: «Saber practicar cinco cosas en cualquier lugar bajo los cielos; en esto está la virtud perfecta». Suplicó que le dijera cuáles eran, y se le dijo: «La seriedad, la generosidad de espíritu, la sinceridad, la honradez y la bondad. Si eres serio, no te tratarán con insolencia. Si eres generoso, lo ganarás todo. Si eres sincero, la gente depositará confianza en ti. Si eres honrado, lograrás muchas cosas. Si eres bueno, te servirán los demás».

El Maestro dijo que Tsze-chang poseía cuatro de las características del hombre superior: en el trato consigo mismo, era humilde; en el servicio a su superior, era respetuoso; en el trato con las personas, era amable; en el ejercicio de la autoridad, era justo.

Fan Chih preguntó por la benevolencia. El Maestro dijo: «Es amar a todos los hombres». Preguntó por el conocimiento. El Maestro dijo: «Es conocer a todos los hombres».

En dos palabras

Nacemos humanos, pero nos convertimos en persona mediante el cumplimiento desinteresado de una función responsable en la sociedad.

En la misma línea

Cicerón, *Sobre los deberes*

CAPÍTULO 12

Confucio

Se puede decir que Confucio es el filósofo más influyente de la historia, simplemente por la inmensa cantidad de personas en las que sus palabras han producido efecto y el tiempo que han seguido con ellas. Confucio dirigía una escuela de formación de líderes políticos nada menos que dos siglos antes de que Platón creara su academia, y su filosofía de la virtud personal y el orden político, o «la unidad que todo lo impregna», fue una de las bondades del período de los Estados Combatientes o de Primavera y Otoño en la historia china.

La ética confuciana guió a China durante cientos de años, pero después, durante la revolución cultural del presidente Mao, Confucio fue declarado persona non grata, porque se consideraba que sus ideas formaban parte del sistema feudal con el que el Partido Comunista quería acabar. En tiempos recientes, el Estado chino ha permitido que florezca el confucianismo porque defiende las virtudes morales, contribuye a una «sociedad armoniosa» y es una valiosa alternativa a la democracia liberal de estilo occidental. En las escuelas secundarias hoy se enseña a los clásicos del confucianismo, y el Estado chino financia la presencia del Instituto Confucio en todo el mundo.

La filosofía confuciana pone mucho énfasis en la lealtad a la familia y el servicio público, por lo que en gran medida es una ética del desprendimiento y la buena integración en la propia comunidad. Sus «normas de decoro», expresadas en instituciones ancestrales y en la forma correcta de hacer las cosas, contrastan con la mutabilidad del sentimiento y la circunstancia personal. Como señala D. C. Lau, estudioso de Confucio, «cuando se eliminan las relaciones sociales, no queda individuo alguno, ningún "yo" ni ninguna "alma". Uno es sus funciones y sus relaciones». La armonía en estas relaciones es el objetivo de la vida, y solo cuando actuamos correctamente con nuestros padres, familiares y gobernantes conseguimos la satisfacción. Esto no significa que todos deban ser iguales; en la gran unidad hay espacio para todos, del mismo modo que los distintos instrumentos de la orquesta componen un hermoso sonido.

«Confucius» es la forma latina de Kung-Fu-Tse, y «Analectas» solo significa una recopilación de extractos literarios, en este caso de refranes e historias que los discípulos del «Maestro» reunieron para registrar sus pensamientos. Al morir Confucio, el grupo de hombres que estuvo con él difundió sus enseñanzas por toda China, cada uno insistiendo en aquel aspecto concreto de la filosofía del Maestro que reflejaba sus propias deficiencias en virtud.

HACERSE PERSONA

En la ética confuciana, el *ren* es el concepto fundamental. En las *Analectas* tiene diversos significados, uno de los cuales es el de «benevolencia», un rasgo que debemos desarrollar; otra interpretación es la de proceso de «hacerse persona», el ser que ha cultivado toda la diversidad de virtudes. Estas incluyen la reciprocidad (*shu*), el respeto y el pensamiento constante en el bien del conjunto en vez de en uno mismo. Sobre este concepto, estos son algunos de los pensamientos de Confucio:

El hombre superior piensa en la virtud; el hombre pequeño piensa en la comodidad. El hombre superior piensa en el cumplimiento de la ley; el hombre pequeño piensa en los favores que pueda obtener.
Dijo el Maestro: «Quien actúa considerando siempre su propio beneficio será objeto de constantes murmuraciones».

Dijo el Maestro: «La mente del hombre superior se ocupa de lo justo; la mente del hombre pequeño se ocupa del beneficio».

La persona sabia ama la virtud más que cualquier otra cosa y siempre hace lo correcto. La virtud es como la brida que el hombre necesita para contener su ambición y sus pasiones. Confucio, por ejemplo, compara la honradez con la barra a la que se atan los caballos para que el carro pueda avanzar. Sin ella, los caballos se desbocan y cunde el caos.

Como apunta el siguiente pasaje, uno ha de ser honrado con su propio «yo», pero lo paradójico es que por mucho que analicemos este yo, desbrozando las capas de ignorancia, no es probable que hallemos ninguna gran verdad sobre la personalidad. Al contrario, no hacemos sino convertirnos en vasija para la expresión de las cualidades que beneficien a todos:

El Maestro salió, y los otros discípulos se preguntaban: «¿Qué significan sus palabras?». Tsang dijo: «La doctrina de nuestro Maestro es que seamos fieles a los principios de nuestra naturaleza y los apliquemos con benevolencia a los demás; esto y nada más».

LAS CUALIDADES DEL MAESTRO

Las *Analectas* no son una simple recopilación de dichos de Confucio, sino la imagen que sus discípulos dibujan del hombre y sus cualidades. Uno dice: «El Maestro era apacible, pero digno; majestuoso, pero no feroz; respetable, pero de fácil trato». Otro señala «cuatro cosas de las que el Maestro estaba completamente libre. No sacaba conclusiones precipitadas, no tomaba determinaciones arbitrarias, no había en él obstinación ni egoísmo».

Confucio reprendía a menudo a sus hombres, pero lo hacía sin malicia y solo para mostrarles su conducta y su actitud. Con todo, era muy humano (la muerte de uno de sus discípulos con solo treinta y un años lo sumió en un profundo desconsuelo), pero también estaba «más allá de lo personal», con una libertad y claridad de mente que la mayoría de las personas solo puede soñar. En muchas páginas se habla de la compostura, la adecuación y el sosiego de todas sus acciones. «El hombre superior está satisfecho y sereno –dice–; el hombre mezquino vive siempre en la desazón». Su método de comparar dos cualidades era ingenioso y facilitaba el recuerdo de sus enseñanzas:

> *Dijo el Maestro: «El hombre superior es afable; el hombre mezquino es adulador, pero no afable».*
> *Dijo el Maestro: «El hombre superior posee una digna naturalidad y no es orgulloso. El hombre mezquino es orgulloso y carece de naturalidad».*

Sus seguidores le requerían siempre sus enseñanzas, pero un día Confucio dijo simplemente: «Prefiero no hablar». Uno de ellos replicó: «Si tú, Maestro, no hablas, ¿qué deberemos recordar nosotros, tus discípulos?». Confucio contestó:

> *¿Habla el Cielo? Se suceden las cuatro estaciones y no dejan de generarse todas las cosas, pero ¿dice algo el Cielo?*

CÓMO PROGRESAR

En los tiempos de Confucio, acceder al funcionariado era la ambición de muchos jóvenes. Un discípulo, Tsze-chang, le pregunta cuál es la mejor forma de conseguir un buen puesto. Le contesta:

> *Cuando uno da pocos motivos para que le avergüencen sus palabras, y pocos motivos de arrepentimiento en su conducta, está en camino de obtener su emolumento.*

Más adelante señala:

> *El hombre debe decir: «No me preocupa no tener plaza: lo que me preocupa es cómo debo prepararme para tener una. No me preocupa no ser conocido: quiero merecer que se me conozca».*

CÓMO GOBERNAR CON JUSTICIA Y VISIÓN DE FUTURO

> *Dijo el Maestro: «Quien ejerce el gobierno con la virtud se puede comparar a la estrella polar, que está fija, y todas las demás giran a su alrededor».*

Como consejero del gobierno y ministro que fue, la idea de Confucio era que es mejor elaborar políticas que lleven a las personas a la virtud que obligarlas por miedo al castigo:

Dijo el Maestro: «Si son las leyes las que han de forzar a las personas, y si el castigo es el que ha de conformarlas, intentarán evitar el castigo, pero no se sentirán avergonzadas. Si se rigen por la virtud, y son las leyes del decoro las que acatan, sabrán avergonzarse y, además, alcanzarán la bondad».

Tuvo cosas en común con otro consejero, militar, del gobierno, el general, estratega y filósofo Sun Tzu (autor de *El arte de la guerra*). La comprensión de la naturaleza humana estaba en la base de sus respectivas filosofías.

En cuanto a cómo ganarse el respeto como gobernante y evitar la corrupción, la receta de Confucio es muy sencilla. El gobernante debe «promover al honrado», y no favorecer al deshonesto. De este modo, las personas se someterán de forma natural porque verán que se aplica la justicia. Si se hace lo contrario y es el corrupto quien manda, el acatamiento será ficticio. Confucio señala otras características del buen gobernante, como asegurar que a las personas se les pague y recompense como es debido, pero evitar en todo lo demás el gasto excesivo, establecer que las condiciones de trabajo no sean demasiado duras y ser de porte majestuoso, pero no feroz.

Por último, en la construcción de la comunidad o el estado, Confucio insiste en la necesidad de la paciencia. No hay que regirse por el capricho del momento, sino dejar que las cosas discurran a su ritmo natural. Esta visión de futuro hace posible que se tengan en cuenta los intereses de todos, incluidos los de las futuras generaciones, y reconoce los avances que los antepasados o administraciones anteriores lograron en determinadas áreas. En una época convulsa y de guerra, esta visión de un estado futuro de paz, prosperidad y justicia atraía enormemente a los gobernantes.

EL APRENDIZAJE CONSTANTE

Confucio fue un gran erudito, elaboró recopilaciones de textos poéticos e históricos sobre su estado natal de Lu y también escribió un importante comentario sobre el *I-Ching* (Libro de los cambios).

En el aprendizaje de los libros veía un medio para alcanzar la perfección, y le molestaban los discípulos que no mostraban tal actitud intelectual. En las *Analectas* hay una reflexión que se atribuye a Tsze-hsia y que dice: «Para poder realizar su trabajo, el mecánico habita en su taller. Para llegar a lo más alto de sus principios, el hombre superior aprende». Confucio señala lo mismo de forma más sencilla y con mayor fuerza: «Si no se conoce la fuerza de las palabras, es imposible conocer a los hombres».

COMENTARIOS FINALES

Confucio subraya el valor de la piedad filial, en particular el respeto profundo y la lealtad a los padres, y en las *Analectas* se habla varias veces de la importancia de los tres años de duelo al fallecer el padre o la madre. En respuesta a la pregunta de un discípulo sobre el significado de la piedad filial, Confucio lamenta que haya acabado por significar un mero «apoyo», cuando también el perro y el caballo pueden servir de apoyo. Lo fundamental es la *reverencia*. Reverenciar a los padres nos perfecciona y nos hace ver que no somos más que el eslabón de una cadena que une el pasado con el futuro.

Pero Confucio no apelaba a la tradición por sí misma. Se cuenta que salvó y ocultó en su casa a un muchacho esclavo que había huido para evitar que su amo lo enterrara vivo, una costumbre de la época. En el juicio, Confucio adujo que era una costumbre salvaje, un ejemplo de piedad filial llevada a un terrible extremo, y el chico se salvó. Su mensaje era: el deber es importante, pero se ha de ajustar siempre a la virtud, y no a determinadas costumbres o tradiciones, que cambian necesariamente. Por el contrario, cualidades como el respeto y la honradez son atemporales.

CONFUCIO

Nacido en el año 551 a. de C. en la que hoy es la provincia de Shandong, los detalles de la vida de Confucio han sido objeto de historias más que exageradas, pero lo más probable es que fuera de la familia Song, descendiente de la dinastía Shang. Su padre murió cuando él tenía solo dos años, y pese a su noble linaje vivió la infancia y la adolescencia en la pobreza.

Entre los veinte y los cuarenta años, trabajó en distintos oficios, pero su sabiduría hizo que contara con seguidores, y como funcionario formaba a los jóvenes que también querían acceder al funcionariado. Fue un muy buen administrador, y a los cincuenta y tres años fue nombrado ministro de Justicia de la ciudad de Lu. Sin embargo, al caer junto con su gobernante, fue exiliado y pasó a ser consejero político de diversos gobernantes. En el 485 a. de C. se le permitió regresar a Lu y allí escribió la mayor parte de su obra, incluidos el Libro de las canciones *y el* Libro de los documentos.

Al final de su vida, Confucio era reverenciado por sus patronos y discípulos, que se decía que superaban los tres mil. Falleció en el año 479 a. de C.

1641

MEDITACIONES METAFÍSICAS

Pero inmediatamente después me di cuenta de que, queriendo yo pensar que todo es falso, era necesario que yo, que lo pensaba, fuese alguna cosa; y observando que esta verdad: pienso, luego existo, era tan firme y segura que las más extravagantes suposiciones de los escépticos no son capaces de conmoverla, juzgué que podía recibirla sin escrúpulos, como el primer principio de la filosofía que estaba buscando.

Y toda la fuerza de los argumentos que aquí he utilizado para demostrar la existencia de Dios consiste en esto: que reconozco que no sería posible que mi naturaleza fuera como es, es decir, que yo tuviera en mí la idea de Dios, si Dios realmente no existiese.

En dos palabras

Puedo dudar de que todo lo que percibo sea real, pero el hecho de que dude demuestra que pienso, que tengo conciencia. Y si la tengo, debo de existir.

En la misma línea

Immanuel Kant, *Crítica de la razón pura*
Thomas Kuhn, *La estructura de las revoluciones científicas*
Gottfried Leibniz, *Teodicea*
Baruch Spinoza, *Ética*

Capítulo 13

René Descartes

René Descartes fue un hombre de la Ilustración que hizo profundas aportaciones no solo a la filosofía, sino también a la ciencia y las matemáticas: nos legó, por ejemplo, los conceptos de plano cartesiano y coordenadas cartesianas, e hizo avances en astronomía y óptica. En su época, la religión, la filosofía y la ciencia no se consideraban ámbitos separados, y Descartes, para representar el enfoque holístico con que abordaba el conocimiento, empleó la metáfora del árbol:

> Las raíces son la metafísica, el tronco es la física y las ramas que salen del tronco son todas las demás ciencias, que se pueden reducir a tres principales, a saber, la medicina, la mecánica y la moral.

Fue mientras estaba alistado en el ejército bávaro, y estando acuartelado en invierno, cuando tuvo la idea de un nuevo tipo de filosofía en que todas las áreas del conocimiento pudieran estar unidas entre sí. Con las rentas de una herencia de su padre pudo abandonar el ejército, y se recluyó en Holanda (donde había mucha mayor libertad de opinión que en Francia e Inglaterra), y en los años siguientes produjo una serie de importantes obras sobre ciencia, el método científico y filosofía.

Descartes nunca se dedicó a la docencia, y sus obras iban dirigidas al vulgo inteligente. Las *Meditaciones metafísicas* fue su primer intento de averiguar qué se podía conocer exactamente. Dice:

> *Por consiguiente, ahora, con la mente libre de todo cuidado y después de conseguirme un ocio asegurado en sosegada soledad, me aplicaré seria y libremente a la destrucción general de todas mis antiguas opiniones.*

Su radical propósito era «demolerlo todo por completo y empezar de nuevo desde los propios cimientos si quería establecer en las ciencias algo que fuera estable». La obra, breve y personal, produce aún hoy un fuerte impacto, y su lectura conserva todo el interés.

Aunque Descartes se consideraba hombre de ciencia, también le interesaba sentar un principio de la intervención divina en el mundo. Este es el otro aspecto, a menudo olvidado, del libro: la inteligente vinculación de la ciencia y la religión.

¿EXISTE ALGO QUE SE PUEDA DECIR QUE ES REAL?

Las dos primeras meditaciones de Descartes siguen su famosa «duda metódica». Señala que toda la información recopilada por los sentidos se puede poner en cuestión. El ejemplo evidente es cuando acabamos de tener una agradable experiencia, y luego nos despertamos y nos damos cuenta de que solo fue un sueño. O cuando una torre cuadrada parece redonda vista de lejos, o cuando la perspectiva nos engaña. Parecen ejemplos menores, pero Descartes plantea una cuestión de más importancia: las ciencias físicas como la astronomía y la medicina se basan en la observación y la medición por parte de nuestros sentidos, por lo que no se puede confiar en ellas. Él considera disciplinas como la geometría y la aritmética, que no dependen como tales de nada que exista; su propio carácter abstracto las hace infalibles. Después de todo, dos más dos son cuatro, esté yo soñando o no. Por otro lado, dado que los humanos a menudo cometemos errores aritméticos, debemos dudar de la corrección de todos nuestros juicios matemáticos. Por esto, tampoco podemos asegurar el conocimiento en este ámbito.

Después de señalar lo débil e insegura que es la base de nuestro conocimiento, Descartes encuentra algo en lo que *sí* se puede confiar. Se da cuenta de que para caer en el error en cualquier tipo de conocimiento, incluso para estar equivocado en todo lo que se considera conocimiento, debe haber un «yo» a quien confundir:

Y de ahí concluí que yo era una sustancia, cuya esencia o naturaleza consiste en su totalidad en pensar, y que, para existir, no necesita ningún lugar ni depende de ninguna cosa material.

La esencia del ser humano es que somos «cosas pensantes». Aunque cualquier juicio que hagamos sobre el mundo puede estar equivocado (de hecho, ni siquiera podemos estar seguros de que exista el mundo físico), y aunque se nos pueda engañar constantemente sobre lo que consideramos real, no se puede dudar que percibimos, que tenemos conciencia. Este razonamiento lleva a Descartes a su famosa conclusión: «Pienso, luego existo», en latín *Cogito, ergo sum*, de ahí que en filosofía se llame «el razonamiento del *cogito*». En palabras de Descartes:

Me he convencido de que no hay nada en el mundo, ni cielo ni tierra, ni mentes ni cuerpos. ¿No se sigue de ello que yo no existo? No; si soy yo quien está convencido de algo, tengo que existir necesariamente.

Descartes imagina un «gran embustero» que le intenta engañar constantemente sobre la realidad. Pero razona que, si se le está engañando, debe de existir: «No puede ser que sea nada si pienso que soy algo».

Su otra gran reflexión en este sentido es que, aunque podría imaginarse en alguna extraña situación en que existiera sin cuerpo, no podría imaginar ser un cuerpo sin mente. Por consiguiente, su esencia es su mente o su conciencia, y el cuerpo es completamente secundario.

Después de argumentar que su mente existe, Descartes quiere asegurarse de la existencia de los objetos externos a ella. Habiendo ya dudado de todo, intenta construir de nuevo una base del conocimiento. Los objetos de la percepción sensorial, las cosas que vemos, olemos y oímos, no pueden formar parte de la mente, concluye, porque sus efectos nos llegan sin que nosotros queramos. No es decisión consciente mía oír el objeto que da en el suelo al caer, aduce; el sonido me llega independientemente. Por lo tanto, el sonido no se puede originar en mi mente, sino que ha de ser exterior a ella. Esto le lleva a deducir que los objetos corpóreos exteriores realmente existen.

En oposición al embustero imaginario que intenta hacerle dudar de todo, Descartes señala que, en su benevolencia, Dios, que nos ha dado el cuerpo y los sentidos, no es embustero. Dios no haría que parecieran reales los datos sensoriales generados por los objetos externos si de hecho no lo fueran. Para el filósofo moderno, la suposición no se sustenta. Por ejemplo, la persona que sufre imaginaciones esquizofrénicas podría pensar que oye una voz que le habla, cuando en realidad todo está en su mente. Sin embargo, la identificación cartesiana de la conciencia como la esencia del ser humano, y que nos separa de nuestro cuerpo, fue un golpe maestro filosófico.

El riesgo de este viaje en busca de qué podemos conocer exactamente era que lo llevara a una conclusión nihilista, aunque de hecho pareciera que era una roca de certidumbre que daba a la humanidad confianza en nuestro universo. El «dualismo» entre mente y cuerpo hizo posible que floreciera la ciencia moderna, porque había una brecha evidente entre el observador (nosotros) y lo observado (el mundo), que incluye nuestro cuerpo y otros animales. La humanidad, con el privilegio de su razón y su mente observadora, está justificada para dominar la naturaleza y crear cosas que pretendan ser expresión de la perfección. Nuestra conciencia es una versión reducida de la naturaleza omnisciente y que todo lo ve de Dios.

EL PROPÓSITO DE LA DUDA Y LAS PRUEBAS DE LA EXISTENCIA DE DIOS

Descartes considera la duda en sí misma, y señala que es particularmente humana. Dependiendo de cómo se mire, la duda nos aflige o nos beneficia, pero saber es claramente mejor que dudar; por lo tanto, saber es una «perfección» mejor que dudar. Así pues, dado lo mucho que dudamos de las cosas, los humanos debemos de ser imperfectos. Además, los seres imperfectos no pueden producir perfección, ni para sí ni para otros; tiene que haber algo más que, para empezar, sea perfecto, que sea autor de sí mismo y que genere la perfección ideal. Descartes razona que si él se hubiera creado a sí mismo, sería perfecto, por lo que debe de haber sido creado por algo distinto. Y ese algo es evidentemente Dios; por consiguiente, concluye, Dios debe existir.

Para Descartes, pensar en Dios no es una simple idea alocada de los humanos, sino el pensamiento más importante que el creador se aseguró de que poseyéramos. Con él podríamos ver que no somos perfectos, sino que procedemos de la perfección. En efecto, dice, el pensamiento de Dios es la «marca» que el creador dejó en nosotros.

El Dios de Descartes no solo es omnipotente, sino también benevolente; espera que los humanos razonemos la forma de llegar a la verdad de la divina existencia y nos ayuda en el proceso, casi esperando que lleguemos a un punto en que dudemos de todo (no solo de Dios, sino de que existe el propio mundo). Sin embargo, Dios también espera que razonemos la forma de volver a algunas verdades esenciales. No nos lleva por un callejón sin salida. La naturaleza divina no nos lo dice todo a través de la fe o de la razón solas. Debemos experimentar, hacer preguntas y ser nosotros quienes averigüemos.

Descartes concluyó que no creer en Dios era perverso, pero también promovió la idea de que religión y ciencia debían estar separadas, símbolos respectivos, si se quiere, de la mente y la materia. En última instancia, todos los logros de la humanidad en la ciencia, el arte y la razón son nuestra forma de regresar a las verdades últimas, y la materia es simplemente una expresión de esta verdad.

COMENTARIOS FINALES

A los filósofos actuales les gusta disimular o menospreciar la parte metafísica de Descartes, que consideran una mancha en una concepción del mundo brillante en todo lo demás. En los manuales se tiende a «perdonar» su deseo de aportar pruebas de la existencia de Dios, señalando que este hombre tan exquisitamente racional no pudo escapar de la naturaleza religiosa de su tiempo. Es evidente que, si viviera hoy, no se molestaría siquiera en introducir el pie en tan turbias aguas metafísicas.

No hay que olvidar que la metafísica es el tronco del «árbol del conocimiento» de Descartes, del que brota todo lo demás. Su pensamiento sobre la conciencia, la separación entre mente y materia y su amor por la ciencia natural no son más que ramas. La ciencia y una actitud escéptica no podrían derribar la realidad divina.

Sin embargo, Descartes fue también un racionalista supremo que contribuyó a desmantelar la idea medieval de que los objetos estaban investidos de «espíritu». Su dualismo entre la mente y la materia obvió tales supersticiones, con lo que propició el auge de las ciencias empíricas sin al mismo tiempo renunciar a la idea de que el universo era creación de una mente inteligente. De hecho, el brillante acto equilibrador de Descartes entre mente y materia, la física y la metafísica, era un eco notable de san Agustín, cuyas obras había estudiado en su juventud. Su sistema dualista tuvo también un gran influjo en posteriores filósofos racionalistas como Spinoza y Leibniz.

RENÉ DESCARTES

Descartes nació en 1596 en La Haya (Francia), que posteriormente pasó a llamarse Descartes en su honor. Recibió una excelente educación en una universidad jesuita en que se enseñaba lógica, metafísica, ética y física aristotélicas, dentro de la teología tomista. Estudió derecho en la Universidad de Poitiers, y a los veintidós años viajó por Europa, trabajando de ingeniero militar. Fue mientras estaba al servicio del duque de Baviera cuando tuvo sus famosas visiones filosóficas. El resto de su existencia transcurrió tranquilamente, y no se sabe mucho de su vida personal. En 1649, con ya más de cincuenta años, fue invitado a Suecia para ser profesor particular de filosofía de la reina Cristina, pero el trabajo fue más agotador que su habitual vida solitaria, y allí murió, de neumonía, en 1650.

Su primera obra fue Tratado del mundo, *pero decidió no publicarla porque contenía la herejía de que la Tierra giraba alrededor del Sol, y no quería verse en los mismos problemas que Galileo. Otros libros suyos son* Discurso del método *(1637),* Los principios de filosofía *(1644) y* Las pasiones del alma, *publicada póstumamente.*

1860

EL DESTINO

Pero si hay dictado irresistible, este dictado se sobrentiende. Si tenemos que aceptar el Destino, no estamos menos obligados a afirmar la libertad, la importancia del individuo, la grandeza del deber, la fuerza del carácter.

La historia es la acción y reacción de estos dos, la Naturaleza y el Pensamiento, dos niños que se empujan mutuamente en la calle empedrada. Todo empuja o es empujado; y la mente y la materia están en constante inclinación y equilibrio. Mientras el hombre es débil, la tierra le sustituye, y mantiene sus huertos y viñedos en el orden perfecto y la productividad con que el hombre los imagina. Todo lo sólido del universo está preparado para hacerse fluido en la mente, y la fuerza del flujo es la medida de la mente.

Un aliento de voluntad sopla eternamente a través del universo de las almas en dirección a lo Justo y Necesario.

En dos palabras

La idea de que somos simples productos del destino tiene fuerza pero, paradójicamente, solo con su aceptación podemos darnos cuenta de nuestra fuerza creativa.

En la misma línea

Henri Bergson, *La evolución creadora*
Sam Harris, *Free Will*
Baruch Spinoza, *Ética*

CAPÍTULO 14

Ralph Waldo Emerson

A poco de cumplir cuarenta años, el gran trascendentalista estadounidense Ralph Waldo Emerson escribió *Autoconfianza*. Este aclamado ensayo se convirtió en símbolo de la ética del individualismo americano, pero era más complejo de lo que por lo general se consideraba. Aunque promovía la responsabilidad personal y la obligación de ser siempre uno mismo en lugar del conformismo social, el mensaje más profundo de Emerson era que el deseo de triunfar no debe plasmarse ejerciendo nuestra libre voluntad en contra del mundo, sino trabajando realmente al unísono con el universo.

Casi veinte años después, su ensayo *El destino* era un intento de resolver la cuestión de en qué medida somos el resultado de nuestros esfuerzos o producto de fuerzas invisibles. Sigue siendo una excelente reflexión sobre esta fundamental cuestión filosófica.

EL DESTINO

Emerson empieza por admitir que el «dictado irresistible» de la vida es real: el destino existe. Pero también afirma la «importancia del individuo» y el «poder del carácter» como fuerzas reales. ¿Cómo se concilian estos dos aparentes opuestos?

En el ámbito personal, la mayoría percibimos que nuestra individualidad genera un equilibrio con el mundo, que de algún modo salvamos la brecha entre la necesidad y la libertad, y que, aunque exista el «irresistible dictado, este dictado se comprende a sí mismo». Nuestras vidas son en esencia la realización de nuestra voluntad dentro del espíritu y las limitaciones de la época en que vivimos. «El acertijo de la época –dice Emerson– tiene una solución particular para cada uno de nosotros».

Admite la superficialidad en la actitud del norteamericano típico, y señala que las grandes naciones no han sido «bufonas ni jactanciosas, sino que han sabido percibir el terror de la vida y se han dispuesto a afrontarlo». Habla de los espartanos que alegres corrían hacia la muerte en la batalla, y de los turcos, árabes y persas que hacían lo mismo, aceptando sin vacilaciones su «destino preestablecido». Incluso los antiguos calvinistas, indica, poseían una dignidad similar, según la cual su individualidad significaba muy poco frente al «peso del Universo». Emerson sostiene implícitamente que es una arrogancia pensar que nuestras insignificantes personas tengan algún efecto real, cuando, como dice Chaucer, el destino es el «ministro general» que realmente decide el curso de la guerra y la paz, del amor y el odio.

Más aún, escribe Emerson, la naturaleza no tiene sentimientos, «no le importa ahogar a un hombre o a una mujer», y engulle toda una nave, «como si fuera una mota de polvo». Los animales se alimentan los unos de los otros, los volcanes erupcionan, un cambio en el lecho marino se traga a todo un pueblo, el cólera invade una ciudad. ¿Nos salvará la «providencia» de alguna de estas cosas? Aun en el caso de que exista, la providencia se mueve por caminos que no podemos discernir y no es una fuerza con la que podamos contar en el ámbito personal; es pura vanidad, dice, «vestir a ese terrible benefactor con la camisa limpia y el corbatín blanco del estudiante de teología».

La naturaleza no solo carece de sentimientos, sino que es de costumbres tiránicas. Del mismo modo que la existencia del pájaro está determinada por la forma y el tamaño de su pico y el largo de sus plumas, el sexo, la raza, el clima y el talento de los humanos moldean sus posibilidades: «Cada espíritu fabrica su casa; pero después la casa encierra al espíritu». El ADN y la herencia familiar crean nuestro destino:

Los hombres son lo que sus madres han hecho de ellos. También podrías preguntarte por qué un telar que teje una tela vulgar no teje cachemira, o esperar un poema de ese ingeniero, o algún descubrimiento químico del peón. Pídele a quien cava en la zanja que explique las leyes de Newton: el duro trabajo y la extrema pobreza, heredados de padres a hijos y durante muchos años, le han atrofiado los delicados organismos del cerebro [...]. De modo que solo tiene un futuro, y este futuro está ya predeterminado en sus lóbulos [...]. Ningún privilegio ni todas las leyes del mundo pueden intervenir para hacer de él un poeta o un príncipe.

Emerson conocía bien la literatura espiritual oriental, en particular los conceptos de karma, reencarnación y la «rueda de la vida», que apuntan, todos, a que las circunstancias de nuestra existencia presente son en gran medida resultado de acciones y experiencias de encarnaciones anteriores. Pero en la tradición occidental encuentra refrendo a sus ideas, y señala la observación del filósofo alemán Friedrich Schelling de que «hay en todo hombre un cierto sentimiento de que ha sido lo que es desde toda la eternidad, y que de ningún modo se hizo así con el tiempo». Todo el mundo es «parte de su estado presente». Si así es, ¿cómo justificamos la temeridad de considerarnos una tabla rasa?

Al repasar la historia de la ciencia, muchas veces parece inevitable que en un determinado momento se produjera un particular descubrimiento. Nos gusta asignar los inventos y las ideas a una persona en concreto, pero normalmente fueron dos, tres o cuatro las que llegaron a la vez a las mismas conclusiones. El progreso es impersonal y tiene su propio impulso. Las personas particulares son «vehículos» intercambiables, y pensar lo contrario provoca la risa de los dioses.

Sin embargo, el peso del destino parece distinto para cada individuo. Una persona incivilizada, señala Emerson, se encontrará acorralada por todas partes por un destino igualmente salvaje, mientras que otra persona más refinada parecerá que recibe mayor premio por sus acciones. Pero, aunque nuestras limitaciones, o nuestro destino, sean menos duras cuanto más puro es el espíritu, «el cerco de la necesidad siempre está acechando».

EL PODER PERSONAL

Después de concederle al destino todo el peso que merece, Emerson de repente cambia de sentido. El destino, empieza por decir, tiene sus propias limitaciones. Porque hay otra fuerza que mueve el mundo, a la que él llama «poder». Si el destino es la «historia natural», el poder es su peor enemigo y la humanidad no es ningún bagaje ignominioso, sino un «magnífico antagonismo» que mete una cuña en el engranaje de una historia aparentemente determinada.

Parte del destino, apunta, es la libertad humana: «Desde el momento en que el hombre piensa, es libre». No todo está en el destino, y a los débiles y ociosos les es fácil culparlo de todo. La forma adecuada de entender el destino es reconocer su poder natural sin por ello mermar nuestra libertad de acción. Nos puede animar a ser constantes cuando, de otro modo, nos podrían arrastrar los vientos de la emoción y las circunstancias.

> *El hombre se puede comparar al río, el olmo o la montaña. No es menor su caudal, su envergadura ni su resistencia.*

Si otros ven en el destino una fuerza perniciosa, nosotros lo debemos ver como una fuerza del bien, sabedores de que nos guarda el «ángel del destino». Después de hablar profusamente de la ira inesperada de la naturaleza, Emerson señala que podemos oponer el destino al destino, porque «si en el Universo se producen estos brutales accidentes, la resistencia de nuestros átomos es de idéntica brutalidad». Además, poseemos una fuerza creadora que nos libera, para que no nos convirtamos en un diente más del engranaje de la máquina, sino en partícipes del despliegue del universo, con revelaciones sobre su forma de funcionamiento y, pese a todo, hallando huecos que llenar con nuestra originalidad. Porque al expandir el conocimiento de la unidad de las cosas, es natural que el valor que damos al mundo aumente; *podemos* afirmar tanto «lo que está escrito» en el libro del destino como lo que parece que lo está.

> *El pensamiento disuelve el universo material y eleva la mente a una esfera en que todo es flexible.*

Emerson observa además: «Siempre hay un hombre que representa mejor que otro la voluntad de la Divina Providencia para el momento». Y a esta percepción de la verdad «se le une el deseo de que prevalezca». Aunque el poder de la naturaleza es importante, la voluntad humana enardecida es imponente y tiene el potencial de galvanizar a toda una nación o de alumbrar religiones nuevas. El héroe parece que actúe sin tener en cuenta el destino, sin considerar siquiera que el mundo podría ser de otro modo.

Cuando se analiza detenidamente, señala Emerson, el destino no es más que causas que no hemos averiguado del todo. Al fin y al cabo, la muerte por tifus parecía ser un «capricho de Dios» hasta que alguien descubrió que un buen alcantarillado ayudaba a evitarlo; lo mismo sucedió con el escorbuto, que mató a incontables marinos antes de que averiguáramos que se podía evitar con una buena cantidad de zumo de limón. Grandes masas de tierra eran inaccesibles hasta que llegó el ferrocarril. El ingenio humano muchas veces se burla del que parece un «destino» omnipotente.

LA CONCLUSIÓN DE EMERSON

Al final de su ensayo, Emerson vuelve a la relación entre las personas y los sucesos. Señala que «el alma contiene el suceso que le va a ocurrir, porque el suceso no es más que la realización de sus pensamientos [...]. El suceso es la huella de tu forma. Se ajusta como la piel». Y sigue diciendo:

> Las venturas del hombre son fruto de su carácter [...] su crecimiento se manifiesta en su ambición, sus amistades y su actuación. Parece el hombre fruto de la suerte, pero lo es de la causalidad.

Compara la historia con dos niños que se empujan mutuamente en la calle. Los seres humanos empujan o son empujados. Al débil lo empujan las circunstancias, mientras que el sabio y fuerte ve que los objetos que parecen inamovibles se pueden mover, que podemos estampar nuestros pensamientos en el mundo. Pregunta Emerson:

¿Qué es la ciudad en que nos hallamos sino la suma de materiales inconexos, que han obedecido la voluntad de algún hombre? El granito era reacio, pero las manos del hombre, más fuertes, y lo moldeó.

COMENTARIOS FINALES

¿Cuál es la relación entre su ensayo anterior, *Autoconfianza*, y *El destino*? Es fácil pensar que la segunda obra refleja a un Emerson más en armonía con el poder de la naturaleza y las circunstancias en la vida de las personas. Es casi como si se retara a sí mismo a creerse su ensayo anterior y a ser más sincero sobre el poder del individuo.

Pero, aunque es verdad que *Autoconfianza* refleja la seguridad del joven y *El destino* es más matizado, el segundo ensayo de hecho expone la posición fundamental de Emerson sobre la relación entre la persona y el universo. Al final de la última parte, habla de algo llamado la «Hermosa Necesidad», la inteligencia superior de la «ley de vida» que parece que mueve el universo. Esta fuerza impulsa la naturaleza más allá de las palabras. No es impersonal ni personal. La persona sabia ve que no hay nada dejado al azar, no existen las «contingencias»: todo resulta en lo previsto. Pero después de señalar este aparente determinismo, y justo cuando uno cree que por fin Emerson se ha puesto del lado del destino, asegura que esta hermosa necesidad (la naturaleza, Dios, la ley, la inteligencia) «ofrece al puro de corazón que se sirva de toda su omnipotencia».

Esta es, al final, la puerta que se nos abre. La ley de vida no se puede parar y tiene sus propias razones, pero al mismo tiempo necesita que trabajemos con ella. Al hacerlo es posible que perdamos un poco de nosotros mismos, pero también entramos en armonía con algo infinitamente más grande y poderoso. Dejamos de ser un simple sujeto, y nos convertimos en cocreadores en el despliegue del mundo.

RALPH WALDO EMERSON

Nació en Boston en 1803 y tuvo siete hermanos; su padre murió cuando él tenía solo ocho años. Entró en la Universidad de Harvard a los catorce, y se graduó cuatro años después. Tras un cierto tiempo de maestro, entró en la Facultad de Teología de Harvard, se hizo pastor unitarista y se casó, pero su esposa, Ellen, murió de tuberculosis. Después de dimitir de su cargo por disputas teológicas, viajó a Europa y conoció a Thomas Carlyle, Samuel Taylor Coleridge y William Wordsworth.

Regresó a Estados Unidos en 1835, se afincó en Concord y se casó de nuevo, con Lydia Jackson, de quien tuvo cinco hijos. En 1836 publico Naturaleza, *donde exponía los principios del trascendentalismo; entre sus amigos trascendentalistas estaban Henry David Thoreau, Margaret Fuller, Amos Bronson Alcott y Elizabeth Peabody. En los dos años siguientes, Emerson hizo dos polémicos discursos de apertura en Harvard, el primero sobre la independencia intelectual americana de Europa, el segundo en defensa de la independencia de la fe de todo credo o iglesia.*

En 1841 y 1844, se publicaron dos series de ensayos, incluidos Autoconfianza, Las leyes espirituales, La sobrealma, Compensación *y* Experiencia, *y en la década de 1850-1860,* Los hombres representativos *y* La dirección de la vida. *Emerson murió en 1882.*

Siglo III a. de C.

CARTAS

Así pues, debemos buscar las cosas que constituyen la felicidad, considerando que cuando la felicidad está presente, lo tenemos todo; pero cuando está ausente, hacemos todo por poseerla.

Así pues, la muerte, el más espantoso de los males, no es nada para nosotros, porque mientras vivimos, la muerte no está presente, y cuando la muerte está presente, nosotros no existimos.

En dos palabras

Podemos alcanzar la calma y la felicidad desechando las ideas y los miedos irracionales y viviendo con sencillez.

En la misma línea

Aristóteles, *Ética a Nicómaco*
David Hume, *Investigación sobre el conocimiento humano*
Bertrand Russell, *La conquista de la felicidad*

Capítulo 15

Epicuro

Cuando, en el año 306 a. de C., Epicuro abrió su escuela de filosofía en una casa con un pequeño terreno de Atenas, el hecho de que pudieran asistir tanto mujeres como hombres hizo que la gente pensara que en ella se organizaban orgías. De hecho, «epicureísmo» vino a significar vivir para el disfrute de los sentidos. En realidad, el placer físico era solo uno de los aspectos de la actitud de Epicuro, y si lo elogiaba, lo hacía únicamente porque significaba ausencia de dolor, que para él era un mal.

La verdadera filosofía de Epicuro era vivir de forma sencilla y racional, y, una vez satisfechas las necesidades elementales, disfrutar de la amistad y la naturaleza. No creía en ideas metafísicas como las «formas» de Platón, y prefería una visión materialista del universo; lo que importaba era lo que podemos percibir a través de los sentidos. No creía en la vida después de la muerte, por lo que alcanzar la felicidad en la tierra tenía auténtico sentido.

Epicuro murió en el 271 a. de C., dejando más de trescientos rollos de papiro con sus escritos, aunque solo ha sobrevivido una pequeña parte de su obra. Sus muy breves *Doctrinas principales* nos han llegado a través de la biografía de Epicuro que Diógenes Laercio incluye en su *Vida, opiniones y sentencias de los filósofos más ilustres*, y existe también una recopilación de aforismos hallados en un manuscrito del Vaticano en 1888, junto con fragmentos de excavaciones arqueológicas. También han sobrevivido las cartas de Epicuro a tres de sus alumnos: Herodoto (no el historiador), Pitocles y Meneceo. Son representativas de sus principales ideas, y de ellas se trata aquí.

Las *Cartas* hablan con cierta extensión de cosmología y naturaleza, y al principio uno se pregunta por qué le interesaban a Epicuro estas materias. Hoy es fácil olvidar que, antes de que la ciencia se desarrollara como tal y por derecho propio, las cuestiones sobre la naturaleza física de los «cielos» se consideraban parte de la filosofía.

LA NATURALEZA DEL UNIVERSO

En la carta a Pitocles, Epicuro señala que es posible conocer algo sobre los cielos con nuestras observaciones; para explicar cómo funciona el universo, no debemos confiar en historias ni mitos. No existe ningún «hombre de la Luna», por ejemplo; las caras que nos parece ver en su superficie son la simple disposición de la materia. Del mismo modo, los cambios del clima no se deben a la ira de los dioses, sino a la concurrencia de determinadas condiciones de la atmósfera. Epicuro habla de forma similar de los terremotos y los volcanes. El universo no lo rige ningún ser celestial momento a momento, sino que todas las masas físicas estaban ahí al principio del mundo, que sigue estando ordenado y dirigido de acuerdo con sus propios principios evidentes. Nada hay en el universo «que admita cambios por azar», afirma Epicuro.

Debemos estar abiertos al conocimiento de cómo funciona realmente el universo, dispuestos a desechar nuestras más queridas ideas si no se ajustan a los hechos. Los humanos solo nos vemos en dificultades, dice, cuando intentamos imponer nuestra propia voluntad o deseo a cómo funciona el universo. Tememos lo que nos puedan acarrear nuestros actos o la pérdida de conciencia (la muerte), cuando de hecho nada significan en la estructura más amplia de las cosas. Cuanto más sepamos del universo y sus principios, menos inclinados estaremos a relacionar nuestros propios miedos y pensamientos irracionales con ese universo y, en su lugar, los apreciaremos como simples fenómenos que se producen en el interior de nuestra cabeza. Le dice a Pitocles: «No debemos pensar que el conocimiento de los cielos tenga otro fin [...] que la paz de la mente y la confianza inquebrantable, el mismo fin que nos proponemos en todas nuestras actividades». En otras palabras, cuanto más sabemos, menos miedo sentimos. Desvelar los hechos siempre ha de ser algo bueno.

En su carta a Herodoto, Epicuro desmenuza su teoría de los orígenes del universo y la naturaleza de la materia. Sugiere que fue creado de la oposición de la materia y la nada, y no tiene límite, «ni en el número de cuerpos ni en la magnitud del vacío». Llega a decir que, dada la infinidad de «átomos» (así llamaban los antiguos griegos a las partículas más pequeñas), puede haber una infinidad de mundos. Lo que sigue lo podría haber escrito un físico cuántico:

> Los átomos se mueven constante y eternamente, unos [...] a gran distancia entre sí, otros a su vez manteniendo su rápida vibración siempre que se ven detenidos por sus interrelaciones con otros o cubiertos por átomos interrelacionados.

Sin embargo, Epicuro también mantiene que la materia no se puede descomponer en partes cada vez más pequeñas; de lo contrario, se llegaría a la no existencia. Otra de sus interesantes ideas cosmológicas es que el universo puede tener muchas causas, y es irracional pensar que solo hay una única «historia» que lo explica todo. Al contrario, lo más probable es que la indagación racional descubra muchas causas de los fenómenos. Subraya:

> Siempre que admitimos una explicación y rechazamos otra que se ajusta igual de bien a la evidencia, está claro que nos alejamos de la verdadera indagación científica y recurrimos al mito.

LAS VERDADERAS FUENTES DE LA FELICIDAD

Desde el punto de vista científico, Epicuro parece adelantado a su tiempo, pero ¿cómo se relaciona su pensamiento sobre el universo con sus ideas sobre cómo vivir? Su afirmación: «Nuestra vida no necesita de la locura ni de la opinión ociosa, sino de una existencia libre de confusión» se puede aplicar por igual a la ciencia y a la vida personal. En pocas palabras, la felicidad consiste en estar libre de delirios.

Todas nuestras decisiones, dice Epicuro en su carta a Meneceo, se han de orientar a «la salud del cuerpo o la tranquilidad del alma, pues esta es la finalidad de una vida feliz». Es bueno y natural que en nuestros actos evitemos el dolor y el miedo, y que tendamos al placer. Pero esto no significa que nos debamos permitir sin más cualquier placer en todo momento. La persona racional sopesa en la mente la dificultad que puede acompañar a determinados placeres, y también sabe que algunos dolores son mejores que algunos placeres, porque al final conducen a un placer superior:

> *Todo placer, por consiguiente, por su relación natural con nosotros, es bueno, pero no hay que escoger todos los placeres.*

Al hablar del comer, señala que nos debemos contentar con lo sencillo, no una «mesa de lujo». Si todos los días disponemos de una mesa opulenta, sentiremos miedo de que nos la arrebaten. En cambio, disfrutaremos más de las exquisiteces si solo las tenemos de vez en cuando.

Epicuro admite que vincular el placer a la felicidad deja su filosofía abierta a la imagen de deleite sensual. De hecho, su objetivo es más serio: «La libertad del dolor corporal y de la angustia mental». No son la comida, la bebida ni el sexo los que hacen agradable la vida, sino pensar en todas las opciones que tenemos, para no hacer ni pensar cosas que nos enturbien el espíritu. La vida virtuosa, para él, equivale a la vida placentera, porque hacer lo correcto nos deja en sosiego la mente de forma natural. En lugar de angustiarnos por las consecuencias de nuestros actos, somos libres para gozar de una vida sencilla de amigos, filosofía, naturaleza y pequeñas comodidades.

Epicuro señala, además, que no debemos confiar en el azar ni la suerte; solo en la prudencia, que aporta estabilidad. La persona sabia «piensa que es preferible seguir siendo prudente y sufrir la mala fortuna que disfrutar de la buena suerte mientras se actúa alocadamente. En las acciones humanas, es mejor que falle la decisión sensata que acertar con una decisión apresurada gracias a la suerte».

Actúa como se ha dicho, le aconseja Epicuro a Meneceo, y «no te perturbarán ni la vigilia ni el sueño, y vivirás como un dios entre los hombres».

COMENTARIOS FINALES

Epicuro no niega la existencia de los dioses, pero también sostiene que a estos no les preocupan las trivialidades de las vidas humanas y, por tanto, la idea de unos dioses que quieran castigarnos tiene que ser errónea. La filosofía epicúrea se propone alejar a las personas de los miedos irracionales y las supersticiones, y demostrar que la felicidad es mucho más probable si uno emplea la razón en sus decisiones. Anunciando la filosofía pragmática de William James con dos mil años de antelación, señala que si esas decisiones nos hacen felices y permiten que vivamos en paz, sabremos que la razón es la mejor guía para la vida. La buena persona está libre de preocupaciones («no limitada por el deseo ni el favor», como dice Epicuro en *Doctrinas principales*) y no causa preocupaciones a nadie. Y en otro fragmento que nos ha llegado, aconseja:

> *Es mejor estar libre del miedo y yacer en un lecho de paja que poseer un diván de oro y una mesa generosa pero carecer de paz de espíritu.*

Una fuente de paz de espíritu es la relación humana; como corresponde a quien promovía la libertad como el mayor placer de la vida, Diógenes Laercio cuenta que Epicuro tenía más amigos que prácticamente cualquiera de los de su época.

(Biografía del autor en el Apéndice, página 434).

1966

LAS PALABRAS Y LAS COSAS

Los historiadores quieren hablar de la historia de la biología en el siglo XVIII, pero no se dan cuenta de que entonces no existía la biología, ni de que el modelo de conocimiento con el que estamos familiarizados desde hace ciento cincuenta años no es válido para épocas anteriores. Ni de que, si la biología era desconocida, la razón era muy simple: que la vida en sí no existía. Todo lo que había eran seres vivos, a los que se observaba a través de una red de conocimientos formada por la historia natural.

Las ciencias son lenguajes bien formados.

En dos palabras

Cada tiempo tiene supuestos inconscientes sobre cómo está ordenado el mundo, por lo que el tipo de conocimiento es completamente distinto de una época a otra.

En la misma línea

Thomas Kuhn, *La estructura de las revoluciones científicas*
Karl Popper, *La lógica de la investigación científica*

CAPÍTULO 16

Michel Foucault

*L*es mots et les choses *(Las palabras y las cosas)* fue el libro que convirtió a Michel Foucault en famoso intelectual en Francia. Subtitulado «una arqueología de las ciencias humanas», se propone demostrar que el conocimiento es un producto cultural, y las distintas disciplinas, meras expresiones de la visión dominante del mundo. Cuando el libro fue publicado en Estados Unidos en 1971 con el nombre de *The Order of Things*, el crítico literario George Steiner escribió:

> *Una primera lectura imparcial produce una sensación casi intolerable de verbosidad, arrogancia y oscura trivialidad. Página tras otra podrían ser la retórica de una especie de sibila ociosa que se dedicara a la asociación libre. El original francés muestra que el problema no es una traducción desmañada.*

El libro, de hecho, es difícil de entender en algunos puntos, debido no tanto al contenido como al estilo de Foucault, que emplea toda una página para expresar una idea para la que bastaría una línea o un párrafo. Afortunadamente, su prefacio a la traducción inglesa da la clave de la obra.

La idea básica de Foucault es que cada época, o «episteme», evoca un «inconsciente positivo», una forma de ver el mundo de la que es completamente inconsciente. Nuestra mente lineal se emplea para tomar una determinada disciplina, por ejemplo la biología, y verla como una fase evolutiva del conocimiento desde sus primerísimos conceptos hasta la actualidad. Sin embargo, esto no refleja la realidad. En el siglo XVII, la idea que se tenía de la ciencia de la vida (la biología), dice Foucault, tiene más que ver con la que en esa época se tenía de la riqueza y el dinero que con la biología del siglo XIX. Toda episteme está culturalmente contenida y no «lleva» a otra episteme.

LA CONSTRUCCIÓN DE CATEGORÍAS

La idea del libro se le ocurrió a Foucault cuando al leer una novela de Borges, se rió a carcajadas ante una referencia a una enciclopedia china que dividía los animales en:

> *(a) pertenecientes al Emperador, (b) embalsamados, (c) amaestrados, (d) lechones, (e) sirenas, (f) fabulosos, (g) perros sueltos, (h) incluidos en esta clasificación, (i) que se agitan como locos, (j) innumerables, (k) dibujados con un pincel finísimo de pelo de camello, (l) etcétera, (m) que acaban de romper el jarrón, (n) que de lejos parecen moscas.*

Esta estrafalaria taxonomía llevó a Foucault a reflexionar que todos poseemos maneras de pensar y ver que hacen imposibles otras maneras. Pero ¿qué es exactamente lo que nos parece imposible? La rareza de la lista que menciona Borges nace de que no existe un orden de relación entre las cosas que aparecen en ella, ninguna «base» de conocimiento. Y se plantea la consiguiente pregunta: ¿cuál es la base en que se asientan nuestras categorías? ¿Qué es lo que damos por supuesto que es verdad o no verdad, que está relacionado o no relacionado, en *nuestra* cultura y época? Foucault propone que no solo no percibimos nada de forma objetiva, sino que nuestros sistemas de clasificación son supuestos, recibidos y aceptados inconscientemente:

> *El orden es, al mismo tiempo, lo que se da en las cosas como su ley interna, la red oculta que determina cómo confrontamos unas con otras, y también lo que no tiene existencia salvo en la tabla creada por una observación, un examen, un lenguaje; y solo en los espacios huecos de esa tabla se manifiesta el propio orden*

en profundidad como si ya estuviera ahí, esperando en silencio el momento de su expresión.

Foucault quería sustituir la idea de que una determinada ciencia o área de conocimiento tiene un punto de partida y una historia lineal de descubrimientos por la idea de que es un «espacio epistemológico específico de una determinada época», una idea que reemplaza la historia tradicional del pensamiento que dice que «fulano descubrió eso, y sus influencias fueron que...» por un análisis que nos revela lo que cualquiera hubiera pensado o creído en una determinada época. En una excavación arqueológica no se busca a una determinada persona, señala Foucault, sino que se quiere saber cómo vivía y lo que creía toda una comunidad. Si se considera el caso del naturalista sueco Lineo, por ejemplo, no basta con relacionar sus descubrimientos, sino que hay que entender el «discurso» intelectual y cultural que hizo posible que se expresaran y se tuvieran en cuenta, es decir, el «orden mudo» de los tiempos. Los códigos fundamentales de una cultura —los que rigen su lenguaje, sus esquemas de percepción, sus intercambios, sus técnicas, sus valores, la jerarquía de sus prácticas...— «establecen para cada hombre, desde el primero, los órdenes empíricos con que los va a tratar y en los que se sentirá cómodo».

Foucault se propone emprender tal tarea mediante la investigación del umbral que separa el conocimiento clásico (el anterior al siglo XVI) del pensamiento y el saber que han configurado la modernidad. Estudia la pintura (*Las meninas* de Velázquez) y la literatura (*El Quijote*) como preludio del análisis de tres áreas: el lenguaje, la economía y la biología.

LA CREACIÓN DE LA MODERNIDAD: EL LENGUAJE POR SÍ MISMO

Para Foucault, la clave del saber clásico es la representación mental. Los pensadores clásicos podían disentir sobre la verdad u otras ideas, pero todos convenían en que las ideas eran representaciones de sus objetos. De ello se seguía que el lenguaje, como mera representación de verdades u objetos, no podía tener una función propia. El lenguaje era la representación física de las ideas, sin ningún significado que no estuviera relacionado con ellas:

Desde un punto de vista externo, se podría decir que el lenguaje de la época clásica no existe. Pero funciona: toda su existencia está localizada en su papel representativo, está limitado exactamente a esa función y acaba por agotarla. El lenguaje no tiene otro lugar, ningún otro valor, que la representación.

Después de Kant, dice Foucault, el lenguaje ganó independencia y vida esencial, más allá de la mera representación de las ideas. La gramática general ya no era suficiente. En su lugar se desarrolló la filología, o el estudio de la historia de las lenguas naturales y su objetivo en los propios textos, y la filosofía analítica, que intentaba eliminar las confusiones y distorsiones del lenguaje. Estos dos enfoques complementarios del pensamiento moderno acentuaron la división de la filosofía analítica y la continental. Libre de la representación directa de las ideas, el lenguaje se podía abordar como una realidad autónoma, sin ningún sistema de semejanzas que lo atara al mundo. Se abrió una brecha entre el contenido y la forma, y se pasó de una fase de comentario a otra de crítica. El lenguaje se convirtió en una verdad en sí mismo.

Esta nueva episteme también hizo posible el reino de la «literatura pura», que Mallarmé evoca cuando a la pregunta de Nietzsche: «¿Quién habla?» responde: «El propio lenguaje». La literatura no es semejanza ni representación, sino que se convierte en una fuerza por sí misma. Al hablar del *Quijote*, Foucault señala:

En él el lenguaje rompe con su viejo parentesco con las cosas y entra en esa solitaria soberanía de la que reaparecerá, en estado independiente, solo como literatura; porque marca el punto en que la semejanza entra en una edad que, en lo que a ella se refiere, es una edad de locura e imaginación.

Quien vaya a escribir cualquier tipo de historia que implique opiniones, creencias, prejuicios y supersticiones, apunta, «lo que escriba sobre estos temas siempre tiene menos valor como prueba que las propias palabras». Para averiguar lo que las personas realmente pensaban en una determinada época, lo que nos da una pista no es el contenido de lo que dijeron, sino cómo lo dijeron y qué daban por supuesto. Pensamos que las ciencias poseen una realidad objetiva, pero Foucault indica que no son más que «lenguajes bien formados».

LA CREACIÓN DE LA MODERNIDAD: EL «NACIMIENTO DEL HOMBRE»

En el desarrollo de la forma de pensar moderna, más importante incluso que el lenguaje es la propia figura del «hombre» como concepto epistemológico. En la época clásica el «hombre» no existía (ni antes), dice Foucault. La razón no es que no existiera la idea de los seres humanos como especie ni de la naturaleza humana como idea psicológica, moral o política. Lo que ocurría era que «no existía una conciencia epistemológica del hombre como tal».

Sin embargo, la modernidad nos llevó de la taxonomía horizontal de las cosas a la clasificación conceptual vertical: la abstracción. Con ello llegó el hombre como concepto, del mismo modo que la «ciencia de la vida» (en esencia, una taxonomía de los seres vivos) dio paso a la ciencia más abstracta y conceptual de la biología. Pero Foucault sostiene que «el hombre es una invención de fecha reciente. Una invención que tal vez se aproxima a su fin». Con ello se refiere a que si nuestra actual visión del mundo se desplomara, la imagen exaltada que hoy tenemos de nosotros mismos, con el tiempo, también se vería gravemente limitada.

COMENTARIOS FINALES

La idea de epistemes de Foucault no es distinta de la de «paradigmas» del pensamiento científico de Thomas Kuhn, y es interesante que la obra de este *La estructura de las revoluciones científicas* se publicara solo cuatro años antes que *Las palabras y las cosas* —prueba, tal vez, de que el conocimiento llega en forma de particulares visiones del mundo de las que el individuo apenas es consciente—. Ambos libros son un antídoto contra el engreimiento del conocimiento actual y la creencia en un modelo lineal de acumulación del saber. En realidad, lo que constituye la base del conocimiento en cualquier campo acostumbra a quebrarse de repente y engullirlo todo, un desplome del que surgen nuevas formas de «saber» en un lugar completamente distinto.

Propio de la naturaleza de la filosofía francesa moderna es que se hagan muchas afirmaciones sin nada que las respalde, y en este sentido *Las palabras y las cosas* no es diferente. Pero el libro tiene valor por su «metaenfoque» del conocimiento y su cuestionamiento de supuestos y tendencias. Foucault indica de su propia obra: «No es a mí a quien corresponde, entre todas las personas, decir que mi discurso es independiente de condiciones y normas de las que soy en gran medida inconsciente». De hecho, del mismo modo que hoy nos parece ridícula la taxonomía china a la que alude Borges, es probable que, dentro de cien años, la gente se ría de las extrañas categorías y asociaciones ciegas que hoy llamamos conocimiento.

MICHEL FOUCAULT

Foucault nació en Poitiers en 1926. Su padre era médico y quería
que su hijo estudiara medicina, pero en la escuela a él le interesaban
más la historia y la literatura. Dejó Poitiers en 1945 para estudiar
en el Lycée Henry-IV de París, y un año después fue admitido en la
École Normale Supérieure. En esa época hizo amistad con Louis
Althusser (filósofo marxista). Al final, Foucault se licenció en filoso-
fía, sociología y psiquiatría.

En 1950 pasó a ser profesor asociado de la Universidad de Lille. Al
cabo de un tiempo abandonó Francia para impartir docencia en la
Universidad de Uppsala, en Suecia, y después fue director del Ins-
tituto Francés de la Universidad de Varsovia y el de la Universidad
de Hamburgo. Empezó a interesarse por la historia, en especial por
los cambios de ideas sobre la práctica psiquiátrica, un interés que se
tradujo en la bien acogida obra Historia de la locura en la época
clásica. *En 1963 publicó* El nacimiento de la clínica.

Cuando su compañero Daniel Defert fue enviado a Túnez a cumplir
el servicio militar en 1965, Foucault consiguió un puesto en la Uni-
versidad de Túnez. En 1966 se publicó con gran éxito Las palabras
y las cosas. *Foucault fue aclamado como uno de los grandes pen-*
sadores de su tiempo, junto con Jacques Lacan, Claude Lévi-Strauss
y Roland Barthes. Después publicó La arqueología del saber *y*
aceptó el cargo de director de filosofía en la Universidad de Clermont-
Ferrant. En 1970 fue elegido Catedrático de historia de los sistemas
de pensamiento en el Collège de France. Su creciente implicación po-
lítica e interés por la acción social se reflejaron en Vigilar y castigo,
publicado en 1975, donde analiza las «tecnologías» de la organi-
zación y el control.

En 1976 se publicó el primer volumen de Historia de la sexualidad. *La reputación de Foucault aumentó en los setenta y los ochenta,*
años en que dio conferencias por todo el mundo, y pasó más tiempo en
instituciones estadounidenses. También hizo dos viajes a Irán, sobre
cuya revolución escribió ensayos para un periódico italiano. Falleció
en París en 1984.

2005

ON BULLSHIT: LA MANIPULACIÓN DE LA VERDAD

Una de las características más destacadas de nuestra cultura es la existencia de tanto lenguaje estúpido, engañoso y jactancioso. Todo el mundo lo sabe. Todos contribuimos a él. Pero es una situación que solemos dar por supuesta. La mayoría de las personas están seguras de su capacidad de reconocer esas paparruchas y evitar que las engatusen. Por esto el fenómeno no ha generado mucha preocupación deliberada, ni ha sido objeto de investigación continuada. En consecuencia, no tenemos una idea clara de qué son esas manipulaciones, de por qué existen tantas ni de qué cometido cumplen.

En dos palabras

El lenguaje estúpido, engañoso y pretencioso impregna nuestra cultura, y debemos saber en qué se diferencia de la mentira.

En la misma línea

Noam Chomsky, *Chomsky esencial*
Michel de Montaigne, *Ensayos*
Ludwig Wittgenstein, *Investigaciones filosóficas*

CAPÍTULO 17

Harry Frankfurt

E n 2005, este pequeño libro de solo sesenta y siete páginas se convirtió por sorpresa en un éxito de ventas. Parecía que se hacía eco de la preocupación por la «confusión» creada en torno al inicio de la segunda guerra de Irak por parte de Estados Unidos y Gran Bretaña, pero su mensaje alcanzaba más allá de aquellos acontecimientos.

Vivimos en medio de la «paparrucha», del lenguaje estúpido, engañoso y jactancioso, dice Frankfurt, profesor de filosofía moral de Princeton, pero no nos damos cuenta de lo que es. Por esto es necesario que tenga su propia teoría.

POR QUÉ ES DIFERENTE DE LA MENTIRA

Frankfurt pregunta si son lo mismo la paparrucha y la patraña. En su libro *The Prevalence of Humbug* (1985), Max Black definía patraña como «la representación falsa, además de mentirosa, en especial mediante palabras o actos pretenciosos, de los pensamientos, sentimientos y actitudes de uno».

La paparrucha se parece a la patraña en que es un intento de confundir deliberadamente, pero no llega a ser directamente una mentira. También puede ser pretenciosa, y una falsa representación consciente de la idea que uno tiene de una determinada situación. La finalidad de la patraña y la pamplina, pues, es crear la impresión de que se piensa o se cree algo, aunque en realidad no se haya dicho. Por consiguiente, en este intersticio puede surgir una falsa verdad sin que en realidad se pronuncie directamente una mentira. El principal objetivo de la pamplina no es crear un tipo distinto de realidad cambiando los «hechos», sino generar una imagen diferente de quien habla. El discurso político grandioso, por ejemplo, no pretende decir cómo es realmente el mundo; su propósito es que el orador parezca un patriota, una persona espiritual o el protector de los principios morales.

La conclusión de Frankfurt es que la patraña no incluye del todo la verdadera naturaleza de la paparrucha. Para explicar por qué, empieza por citar a Longfellow: «En los viejos tiempos del arte/el artesano trabajaba con exquisito detalle/cada minuto y hasta en lo más recóndito/porque los dioses están en todas partes». El artesano de la vieja escuela no pretendía impresionar, sino todo lo contrario: asegurarse de que hacía bien su trabajo, aunque nadie fuera a ver todos sus detalles. En cambio, las cosas hechas desmañadamente son paparruchas, porque el tiempo, la artesanía y el gusto por el detalle quedan excluidos por completo del proceso. Todo lo que se pretende es el efecto deseado e inmediato que beneficie al productor, y la calidad del producto y su durabilidad son irrelevantes.

Frankfurt menciona una anécdota que Fania Pascal cuenta de su amigo Wittgenstein, que la llamó mientras a ella le estaban extirpando las amígdalas en el hospital. Cuando, después de la operación, Pascal le dijo a Wittgenstein que se sentía como «un perro al que acaban de atropellar», él se indignó, y le dijo: «No sabes cómo se siente el perro cuando lo atropellan». Wittgenstein no defendía los sentimientos de los perros, sino que el famoso analista del lenguaje pensaba que Pascal no ponía todo el esmero necesario en el lenguaje. Ni expresaba los hechos de sus propios sentimientos ni podía saber cómo se sentía el perro. La reacción de Wittgenstein fue claramente exagerada, pero en ella se inspira Frankfurt para su definición de paparrucha: no es la mentira directa, a la que a veces desde luego se suma, sino una *despreocupación* por si algo es verdad o no.

LA DIFERENCIA ENTRE LOS MENTIROSOS Y LOS ARTISTAS DE LA PAPARRUCHA

En una «sesión de paparruchas» (unos tipos que se reúnen para hablar de mujeres, política, deportes o coches), el objetivo no es descubrir ni manifestar ninguna gran verdad, sino simplemente hablar por hablar; en la forma verbal, «paparruchear» puede ser simplemente un modo de desvelar la propia personalidad (algo que no tiene absolutamente nada que ver con dar uno su opinión sobre un tema). Sin embargo, los problemas empiezan cuando este tipo de charla autoconsciente, en la que a uno no le preocupa mucho la verdad, se convierte en la única forma de ser de la persona. Para funcionar bien en la vida necesitamos hechos, y cuando alguien parece que se va «por las ramas» nos enfurecemos.

«Decir una mentira es un acto con un objetivo muy claro», asegura Frankfurt, un acto que puede implicar un elemento de artesanía, porque tenemos que crear una verdad falsa contrapuesta a los que sabemos claramente que son los hechos o la moral aceptados. Por consiguiente, el mentiroso «para poder inventar una mentira [...] debe pensar que conoce la verdad».

En cambio, la persona que quiere abrirse paso en la vida mediante paparruchas tiene mucha más libertad, porque no ha de montar mentiras a la luz de la verdad, sino que «cuenta una historia» que ni siquiera tiene que estar relacionada con lo que sea o no sea verdad. Puede ser mucho más creativa; la analogía adecuada es el arte, no la artesanía. El artista de la paparrucha en realidad no tiene que hacer una falsa representación de los hechos ni cambiarlos, porque es un maestro en el arte de darles la vuelta para que avalen o justifiquen lo que la persona se propone. A diferencia del mentiroso o del individuo sincero, el amante de la paparrucha no se fija en modo alguno en los hechos; estos solo son importantes en la medida en que le ayudan a «salir airoso». Por todo ello, concluye Frankfurt, «la paparrucha es peor enemigo de la verdad que la mentira».

¿POR QUÉ HAY TANTA PAPARRUCHA?

Frankfurt admite que no se puede saber si en la actualidad hay más paparrucha que en tiempos anteriores, solo que el volumen es «claramente muy alto». Una razón es que a muchos se nos obliga a hablar de cosas de las que sabemos muy poco; en una democracia se espera que tengamos opinión sobre toda una diversidad de cuestiones políticas, y la damos para evitar tener que decir: «No lo sé». Además, vivimos en un mundo más relativista en el que la idea de que podemos identificar y aislar la verdad se considera en sí misma sospechosa, de modo que el ideal de decir lo *correcto* se sustituye por el ideal de la *sinceridad:*

> *En vez de proponerse llegar a representaciones precisas del mundo común, la persona pasa a procurar dar representaciones sinceras de sí misma. Convencida de que la realidad no tiene una naturaleza inherente, se dedica a ser sincera con su propia naturaleza.*

Aunque Frankfurt no le menciona, se podría decir que este particular deterioro engarza con Montaigne, a quien le gustaba reconocer lo poco que sabía del mundo y, por esto, se limitaba a analizar lo que sí conocía: a sí mismo. Frankfurt señala el fallo de esta teoría: no podemos asegurar que exista una idea correcta o verdadera de nosotros mismos, pero al mismo tiempo señala que nada se puede decir con seguridad de ninguna otra cosa. Al contrario, cuanto más sabemos sobre el mundo, más probable es que empecemos a desvelar algo verdadero de nosotros mismos.

COMENTARIOS FINALES

La mentira puede sorprender o desconcertar, pero la aceptamos como algo que, en última instancia, es inherente a la naturaleza humana. Sin embargo, la paparrucha, en particular cuando pasa de las personas a las organizaciones y los gobiernos, es perversa, una corrupción de la humanidad. El rechazo de la «autoridad de la verdad» en favor de vender o contar una historia puede llevar a la aparición de Hitlers y Pol Pots, cuya incidencia en la historia es tan cautivadora que atrae a millones de seguidores.

La paparrucha es importante, y al convertirla en teoría Frankfurt hace una valiosa aportación a la filosofía. Otros han hablado del tema de otras formas, por supuesto; Sartre nos dejó el concepto de «autenticidad», por ejemplo, pero sepultado en un libro largo y difícil. Si fueran más los filósofos que emplearan términos habituales y escribieran libros breves como este, sin duda aumentaría su influencia en la persona común.

HARRY G. FRANKFURT

Nacido en 1929, Frankfurt se doctoró en la Universidad Johns Hopkins en 1954. Impartió clases en las universidades de Yale y Rockefeller antes de acceder a su puesto en la de Princeton, donde fue profesor de ética hasta 2002. Algunos de sus campos de interés académicos son la racionalidad y la verdad cartesianas, el tema del determinismo-libre albedrío (en particular sus implicaciones para la responsabilidad moral) y la preocupación y el amor. Otros de sus libros son La importancia de lo que nos preocupa *(1988; 2006),* Las razones del amor *(2004),* Sobre la verdad *(2006; 2007) y* Taking Ourselves Seriously and Getting It Right *(2006).* On Bullshit *se publicó originariamente en la revista literaria* Raritan, *en 1986.*

2012

FREE WILL

El libre albedrío es una ilusión. Nuestra voluntad sencillamente no es obra nuestra. Los pensamientos y las intenciones surgen de causas de fondo de las que no nos percatamos y sobre las que no tenemos control consciente. No poseemos la libertad que creemos que tenemos.

Qué voy a hacer a continuación y por qué, en el fondo sigue siendo un misterio, determinado por completo por las leyes de la naturaleza y el anterior estado del universo.

En dos palabras

Nuestros actos son el resultado del estado de nuestro cerebro en cada momento, que, a su vez, está sometido a causas anteriores. Es inútil culpar a las personas de ser lo que son.

En la misma línea

Julian Baggini, *La trampa del ego*
Ralph Waldo Emerson, *El destino*
David Hume, *Investigación sobre el conocimiento humano*
Friedrich Nietzsche, *Más allá del bien y del mal*
Baruch Spinoza, *Ética*

Capítulo 18

Sam Harris

am Harris empieza este breve libro (cien páginas) con la historia de un crimen horrible. En 2007, en un tranquilo pueblo estadounidense, dos hombres entraron en una casa antes del amanecer y aporrearon con un bate de béisbol a un hombre que encontraron durmiendo. Subieron a donde estaban su mujer y sus hijas, que aún dormían. Después de atar a las hijas a la cama, uno de los hombres se llevó a la madre en el coche al banco, donde la mujer extrajo 15.000 dólares y se los entregó. De vuelta a la casa, los delincuentes se repartieron el dinero y violaron a la hija mayor. Al oír que el hombre se movía, rociaron la casa con gasolina y le prendieron fuego. El padre pudo escapar, pero la madre y las dos hijas murieron asfixiadas por el humo. Cuando más tarde la policía preguntó a uno de los hombres por qué no había desatado a las mujeres antes de incendiar la casa, contestó: «No se me ocurrió».

¿Por qué cuenta Harris esta historia? El horror que nos produce lo que hicieron aquellos hombres se basa en el supuesto de que podían haber actuado de otro modo, pero no se detuvieron en lo que habían iniciado. Lo que nos importa es esta cruel intencionalidad (no nos preocupa que uno de los hombres fuera violado repetidamente en su infancia, ni que el otro hubiera intentado suicidarse hacía poco por remordimientos). Harris considera que su actitud es abominable, pero también admite que si se viera obligado a cambiarse por uno de ellos, *sería* ese hombre: «No habría ninguna parte de mí que pudiera ver el mundo de forma distinta». Con los mismos genes, la misma historia vital e incluso la misma «alma», hubiéramos hecho lo que ese hombre hizo, en ese momento.

El libre albedrío siempre ha sido un tema importante de la filosofía, pero en los últimos tiempos se ha hecho mucho más candente por los descubrimientos de la neurociencia. Harris cita textos que demuestran que la decisión de hacer algo (levantar el brazo, mover una silla) se toma en el cerebro cierto tiempo antes de que «nosotros» adquiramos la conciencia de ello. Por consiguiente, nuestra neurología está casi dispuesta para hacernos creer en la ilusión de que actuamos libremente. Pero en realidad, sostiene Harris, nuestros actos y pensamientos son el resultado directo del cableado de nuestras neuronas y de los estados de nuestro cerebro.

SI SOMOS LO QUE SOMOS, NO PODEMOS SER DE OTRA FORMA

Hay en nuestro cerebro muchísimos procesos que no controlamos, como no controlamos el latir del corazón ni la respiración. No decidimos «lo siguiente que vamos a pensar»: el pensamiento simplemente ocurre. Las decisiones no surgen de la conciencia: *aparecen* en ella.

Sin embargo, si tanta parte del pensamiento y la acción es el resultado de nuestra herencia física y emocional, ¿cómo podemos considerar a las personas responsables de sus actos? Harris alega que sus ideas no absuelven al criminal de sus crímenes; evidentemente hay que tratar a quien asesina a un niño de forma distinta que a quien provoca una muerte en un accidente de tráfico. No obstante, decir que el violador o el asesino se podrían haber comportado de otra forma también significa decir que eran libres para resistir sus impulsos, pero, dado que los estados de su cerebro están sometidos a causas anteriores de las que ellos no son subjetivamente conscientes, ¿cómo podrían haber actuado de otro modo? Y si esto es así, ¿cómo los podemos «culpar»?

Si realmente somos meros instrumentos de la biología, ¿cómo podemos tener responsabilidad moral, y qué tiene que ver esto con nuestro sistema judicial penal? Aunque el libre albedrío sea ilusorio, sigue estando claro que nuestros actos tienen efectos beneficiosos o dañinos. Desde el punto de vista de la justicia penal, por tanto, hay que pasar de insistir en el castigo a profundizar en la evaluación del riesgo. A algunas personas realmente hay que encerrarlas si son un peligro para los demás, dice Harris, pero la moral acusatoria tradicional asociada con el crimen ya no es válida.

¿DE DÓNDE NACEN NUESTRAS DECISIONES?

Harris sostiene que no determinamos nuestros deseos, sino que «nos vienen dados por el cosmos» de forma que no podemos imaginar. Tenemos sed y nos tomamos un vaso de agua, pero no un zumo. ¿Por qué no un vaso de zumo? No se nos ocurre, como a aquel hombre no se le ocurrió desatar de la cama a sus víctimas antes de que se iniciara el fuego.

Harris señala con insistencia que *sí hay* una diferencia entre los estados volitivos y no volitivos de la mente, que se rigen por sistemas del cerebro distintos. Por lo tanto, la conciencia es real. Pero el hecho de que tengamos un estado de deliberación consciente no significa que dispongamos de libre voluntad, porque «no sabemos qué pretendemos hacer hasta que surge la intención».

La idea de la libertad imagina que «la agencia humana ha de estar mágicamente por encima de la causalidad física» y que nuestras intenciones conscientes demuestran que tenemos libre albedrío. Es verdad, reconoce Harris, que las intenciones nos dicen mucho sobre la persona, pero el origen de las intenciones es completamente misterioso.

La polémica tesis de Harris es que «nuestra atribución de la agencia» (la razón que damos de haber hecho algo) siempre es equivocada. Elaboramos causas después del hecho para poner orden en la mente, pero la verdad es que no sabemos por qué somos como somos: «Hacemos lo que hacemos, y no tiene sentido afirmar que podríamos haber hecho otra cosa». O, dicho de otro modo: «Podemos hacer lo que decidamos hacer, pero no podemos decidir lo que vayamos a decidir».

COMENTARIOS FINALES

La idea de que el libre albedrío es una ilusión ha tenido muchos defensores en la filosofía. Schopenhauer lo rechazaba de plano, y Plotino, muchos siglos antes, aseveraba: «Todas nuestras ideas están determinadas por una cadena de causas previas». Nietzsche, en *Más allá del bien y del mal*, escribe: «Nunca me cansaré de subrayar un hecho pequeño pero terco, es decir, que el pensamiento llega cuando "él" desea, no cuando "yo" deseo». La idea de un ego con voluntad propia es un mito, pensaba Nietzsche; es más exacto hablar de cosas que «uno» hace, entendiendo por ello una mezcla de sensación, emoción y sentimiento.

Harris considera que la idea de libre albedrío es una consecuencia de la religión, cuyo propósito más importante es ofrecer consuelo psicológico. Pero, más adelante, se pregunta: ¿la conciencia de la ilusión de la libre voluntad no mermará la calidad de nuestra vida? Es una pregunta subjetiva y él solo puede hablar por su experiencia; asegura que tal conciencia no ha hecho sino aumentar su compasión por los demás y disminuir su sentido de orgullo o derecho, ya que no se puede decir realmente que sus logros sean «suyos», sino el resultado de su afortunada educación, los genes, la época y el lugar en que vive. La conciencia de que la libre voluntad es una ilusión no le ha hecho más fatalista sino que ha agudizado su sentimiento de libertad, porque no ve de forma tan personal e indeleble sus esperanzas, sus temores y demás.

Harris practicó durante años la meditación trascendental, cuyo propósito es perder el sentido de un yo sólido e indeleble, y en su obra es evidente el influjo de esta práctica. La otra característica esencial del budismo es, evidentemente, su énfasis en la causalidad. Nuestra vida está determinada por nuestros actos en otras vidas, de las que nunca seremos conscientes. El karma se manifiesta creamos o no en la libre voluntad.

SAM HARRIS

Nacido en 1967 de madre judía y padre cuáquero, se crió en Los Ángeles. No recibió educación religiosa alguna, pero siempre le interesó la religión. Se matriculó en la Universidad de Stanford para cursar lengua inglesa, pero al segundo año abandonó los estudios para viajar por Asia, donde estudió meditación con maestros hindúes y budistas. En 1987 regresó a la Universidad de Stanford para terminar la licenciatura en filosofía. En 2009 se doctoró en neurociencia en la Universidad de California en Los Ángeles.

Algunas de las exitosas obras de Harris son El fin de la fe *(2004; 2007),* Carta a una nación cristiana *(2006; 2007),* The Moral Landscape *(2010) y* Free Will *(2012). Harris es también cofundador y consejero delegado de Project Reason, una fundación sin ánimo de lucro dedicada a la difusión de los conocimientos científicos y los valores laicos en la sociedad.*

1807

FENOMENOLOGÍA DEL ESPÍRITU

Acercar la filosofía a la forma de la ciencia, al punto en que pueda figurar junto al título de «amor al conocimiento» y sea «auténtico conocimiento»: esto es lo que me propongo hacer.

La historia es un proceso consciente y de autorreflexión: el Espíritu vaciado en el Tiempo.

Lo verdadero es el todo.

En dos palabras

La verdadera historia del desarrollo humano no es el avance científico, o «descubrimiento del mundo», sino la conciencia de la propia conciencia y su forma de buscar la expresión a través de las personas, la política, el arte y las instituciones.

En la misma línea

David Bohm, *La totalidad y el orden implicado*
Immanuel Kant, *Crítica de la razón pura*
Søren Kierkegaard, *Temor y temblor*

CAPÍTULO 19

G. W. F. Hegel

F*enomenología del espíritu* es una obra de legendaria impenetrabilidad, y a quienes han tenido el valor de leerla y dar testimonio de su fuerza se les podría perdonar la imaginaria exhortación que le pudieran hacer a Hegel: «Entiendo más o menos lo que usted quiere decir, pero ¿por qué tuvo que ponerlo tan difícil?». Como señala Frederick Beiser, estudioso de Hegel, las obras de este «suelen ser una experiencia ardua y agotadora, el equivalente intelectual a mascar arena».

Beiser también comenta que nuestra época parece haber perdido el «gusto por lo Absoluto» de Hegel, y después de las guerras mundiales, el Holocausto y otros numerosos males, la fe de este en el progreso humano parece de una calamitosa ingenuidad. A un nivel más prosaico, en el mundo especializado, atomizado y plural en que hoy vivimos, las ideas de «todo» y «unidad» (dos de las favoritas de Hegel) tampoco parece que tengan mucho sentido.

Pero la pura magnitud de su visión aún puede cautivar, y es posible que sus ideas no sean tan ajenas a la vida actual como parece. El hecho de que hoy pongamos a Hegel en una caja polvorienta etiquetada como «idealismo alemán del siglo XIX» nos impide ver su exquisita calidad como intérprete y defensor de la modernidad. En contra de la idea romántica de que la tecnología, la libertad y el capitalismo eran enemigos del alma, Hegel decía que de hecho el mundo moderno es nuestro mayor logro: la oportunidad que la humanidad llevaba esperando mucho tiempo, una excelente expresión del «Espíritu» o la conciencia que no podía tener vuelta atrás. El papel del individuo es un tanto difícil, pero, como veremos, la solución de Hegel es positiva.

La *Fenomenología del espíritu* es, de hecho, difícil de leer, pero sería una lástima prescindir por completo de sus reflexiones. Es imposible resumir la obra, pero lo que sigue puede dar cierta idea del pensamiento de Hegel.

LA GRAN VISIÓN GENERAL

Como observa en el famoso Prefacio, los filósofos convencionales entienden el objeto de su estudio como un campo de posiciones en competencia en el que solo un sistema se puede decir que «gane». Consideran las cuestiones desde la perspectiva de un campo de batalla de las ideologías. El original enfoque de Hegel es verlo todo a vista de pájaro: interpreta que cada una de las filosofías opuestas tiene su lugar, y con el tiempo permiten «el progresivo despliegue de la verdad». Dicho en términos botánicos, señala que los capullos se olvidan cuando estallan en flor, y estas, cuando se convierten en fruto, en el que se manifiesta la verdad o la finalidad del árbol. El objetivo de Hegel es liberar a la filosofía de su unilateralidad y mostrar la verdad del conjunto. Es mejor entender la variedad y riqueza de la cultura y la filosofía como un gran movimiento.

El título del libro también se podría traducir como «Fenomenología de la mente», y como tal no trata de ningún «espíritu» místico, sino de la propia conciencia. La fenomenología es el estudio de las cosas hecho manifiesto o explícito, de modo que en términos literales el título se refiere a cómo se manifiesta la conciencia en el mundo real. Toda persona es el resultado de miles de años de evolución, y el objetivo de Hegel es señalar adónde hemos llegado como especie. Para él, la «ciencia» no es simplemente el estudio de los fenómenos naturales, sino del desarrollo de la conciencia a lo largo del tiempo. La «historia» se convierte en el proceso de una conciencia cada vez mayor de nosotros mismos. La totalidad del universo manifestado no es más que un proceso de extensión del espíritu, que después regresa a sí mismo. Para entender bien la obra de Hegel también nos podemos remitir a su título de trabajo, que podría haberles facilitado las cosas a los lectores: «Ciencia de la experiencia de la conciencia».

UNA VISIÓN MÁS AMPLIA DE LA CIENCIA

En oposición a todos los filósofos empíricos o materialistas que le precedieron o sucedieron, Hegel pensaba que era una locura considerar que el empeño del conocimiento se debía limitar a los fenómenos naturales y físicos. Al contrario, al contemplar en su totalidad el mundo fenomenal acabaríamos por atrapar la verdad interior que se esconde en él, y alcanzar así el conocimiento de lo Absoluto. Quienes pensaban que la humanidad debía detenerse en el mundo material, o que este era el único mundo que existía, para él carecían de coraje o eran unos indolentes. La comprensión plena debía asumirlo todo, fuera material o no. Este era el auténtico trabajo, la Ciencia «con mayúscula».

La «Noción» (*Begriff*) de Hegel significa la naturaleza esencial de algo, no solo las manifestaciones evidentes. Dice:

> *Los verdaderos pensamientos y reflexiones científicas solo se pueden alcanzar mediante el trabajo de la Noción. Solo la Noción puede producir la universalidad del conocimiento que no es ni vaguedad común ni la inadecuación del sentido común corriente, sino una cognición plenamente desarrollada y perfeccionada.*

En otras palabras, para ser auténticamente científico, hay que ir más allá de lo puramente físico e identificar la lógica imperceptible de algo, o la verdad de cómo se despliegan las cosas. Admite que está visión de la ciencia nunca va a ser bien recibida, y, de hecho, se entiende por qué filósofos analíticos posteriores como A. J. Ayer y Bertrand Russell rechazaron de plano a Hegel.

Como pensador posilustrado, Hegel tenía que hablar en términos «científicos», pero es una ciencia que Stephen Hawking no reconocería. Sin embargo, Hegel observaba que la ciencia natural es seductora, porque basta con que nos fijemos en lo que tenemos delante para que parezca que no se nos escapa ni un detalle. Pero en realidad se trata de un tipo de conocimiento pobre y abstracto, porque ofrece información o datos, pero no comprensión. Además, el análisis «objetivo» es una ilusión, porque las cosas solo existen en el contexto de la percepción que el observador tiene de ellas. Por consiguiente, sujeto y objeto van unidos: el objeto, el observador y el acto de ver son todo uno. Este modo de ver las cosas supone burlarse del «hecho científico», y significa que la conciencia forma tanta parte de la ciencia como el mundo de los objetos que esta pretende analizar. Para Hegel, esta es una forma más realista de aprehender el mundo.

En sus conferencias sobre la *Fenomenología del espíritu*, Heidegger insistía en la distinción de Hegel entre realidad «absoluta» y «relativa». El conocimiento relativo es simplemente el conocimiento de las cosas en relación con otras cosas. El conocimiento absoluto es el de una realidad que existe por sí misma, sin necesidad de relación con ninguna otra cosa. Según Hegel, la ciencia consiste en discernir la realidad absoluta a través de nuestra conciencia. Esto, evidentemente, invierte la definición habitual de ciencia, que es el examen y la interpretación del mundo de las cosas reales. Pero Hegel dice que el mundo de los fenómenos relativos son los árboles, cuando lo que debemos hacer es ver el bosque, o la realidad no física que se oculta en todo. El verdadero científico está dispuesto a observarlo todo (tanto el conocimiento relativo como el absoluto) para llegar a la verdad. Y, afortunadamente, nuestra conciencia nos ha equipado para ello. Hegel llamaba a la filosofía *la* ciencia, porque posibilita la conciencia del conocimiento absoluto, que precede a todos los demás tipos de conocimiento. Como escribe en su Prefacio, su objetivo es llevar la filosofía de ser un mero *amor al saber* a ser el *verdadero* saber.

Para él, la verdadera historia de la ciencia no es nuestro «descubrimiento del universo», sino el descubrimiento de nuestra propia mente, de la propia conciencia. La ciencia, la historia y la filosofía en realidad solo son formas de decir cómo ha despertado nuestra conciencia a lo largo del tiempo. La trayectoria de la ciencia es la de descomponerlo todo en trozos cada vez más pequeños y categorías más cerradas, y una vez hecho, componerlo todo de nuevo, para regresar a una comprensión del todo.

EL INDIVIDUO EN LA VISIÓN GENERAL DE HEGEL

¿Qué implica reconocer que el desarrollo del mundo es el desarrollo de la conciencia (el Espíritu)? Uno se da cuenta, dice Hegel, de que su aportación ha de ser necesariamente muy pequeña en relación con tan gran movimiento. Es evidente que nos hemos de proponer alcanzar lo que podamos, pero también podemos estar seguros de que el mundo no gira a nuestro alrededor.

Hegel da la receta para la felicidad personal, algo quizá sorprendente en un pensador de tal calibre. La persona es feliz cuando ve que su individualidad es ilusoria, que la experiencia de tener un cuerpo no es más que un «acuerdo» temporal con la «cosedad». Darnos cuenta de que la creencia en la propia singularidad es un callejón sin salida y que, en cambio, la apreciación de nuestra unidad con todo lo demás es la verdad, solo puede hacernos felices. El sufrimiento es poco más que estar atrapados en nuestro pequeño mundo y creer en su realidad. Sin embargo, la conciencia de que no somos más que la expresión o los agentes del Espíritu en su unidad nos lleva más allá de la dicotomía felicidad/infelicidad: nos lleva a la verdad.

En una cultura o nación, señala, las personas poseen una individualidad evidente y la pueden manifestar gracias al «poder» de una nación, que les da un contexto adecuado. Pero en términos más universales y abstractos, lo que parece que sea exclusivamente nuestro de hecho es «la habilidad y la práctica consuetudinaria de todos». Lo que parece que hacemos para nosotros mismos se traduce en la satisfacción de las necesidades de los demás y el desarrollo de la sociedad en su conjunto (el «individuo en su trabajo *individual... inconscientemente* realiza un trabajo *universal*»). Pero al representar nuestro papel en algo mayor, también se expresa plenamente nuestra individualidad. Muestra de su conservadurismo político, Hegel señala que las personas más sabias de la antigüedad sabían que «la sabiduría y la virtud consisten en vivir de acuerdo con las costumbres de una nación».

La persona persigue de forma natural sus objetivos, tomando las cosas y gozando de ellas con obligado abandono, tomando «la vida de forma muy similar a como se agarra la fruta madura», sin pensar en ideas abstractas de felicidad, y menos aún en leyes ni costumbres. La Tierra solo es un patio de recreo para la placentera satisfacción de los deseos. Sin embargo, al final descubrimos que vivir solo para nosotros mismos no proporciona satisfacción plena, que está reservada para la conciencia de que uno es «solo un momento o un *universal*».

Este paso a la autoconciencia, desde una mera conciencia del yo como un haz de deseos («ser-para-sí») hasta la apreciación de que uno forma parte de una universalidad o conciencia mayor («ser-para-ello») o, como mínimo, de una comunidad de otros, no siempre es una experiencia positiva, porque nos vemos simplemente como una parte de la necesidad. Hemos perdido algo (el sentimiento de individualidad) y no parece que haya nada que lo sustituya. La persona puede «hacerse añicos» en la «fuerza incomprensible de la universalidad». Sin embargo, la conciencia personal de hecho no está muerta, sino que sencillamente ha ascendido a un nuevo nivel de conciencia, donde el yo personal se entiende como parte de la necesidad o de la aplicación de la ley universal. Pasamos de ser un objeto del universo a formar parte del funcionamiento del universo o a ser «un corazón que... tiene una ley en su interior», mucho más dispuesto a considerar el bienestar de la humanidad.

Los placeres que en su día disfrutamos dan paso al fenomenal descubrimiento de que ceder nuestra particularidad era lo que siempre se supuso que ocurriría, aunque, originariamente, nunca lo hubiésemos hecho por decisión propia. Lo que nos ha motivado es el ego, pero el ego no se da cuenta de que en este movimiento firma su propia sentencia de muerte. Ahora vemos que la ley de nuestro propio corazón se convierte en la ley de todos los corazones; «yo» solo soy parte del mayor crecimiento en conciencia. Para Hegel, la «virtud» no significa más que el deseo de desechar la individualidad, causa de toda clase de perversiones («el modo del mundo»). Pero somos individuos en la medida en que las gotas de una salpicadura de agua son individuos. Después de estar separadas por muy poco tiempo en el aire, regresan y caen de nuevo en su fuente.

LA IDEA DE RELIGIÓN DE HEGEL

Como observa Stephen Houlgate, estudioso de Hegel, el principal interés de este era la razón. El universo funciona solo con la razón, y la filosofía especulativa cuenta con los recursos necesarios para descodificarla. La mayoría de las personas o no son capaces de estudiar filosofía o no quieren hacerlo, y ahí es donde cobra importancia la religión. Para Hegel, la idea de que vivimos en un universo bien razonado tiene mucho mayor impacto si se *siente*, y esto es lo que la religión ofrece. Lo que en términos filosóficos se podría llamar la «base del ser» que da origen al mundo material, en la religión se convierte en «Dios». Amar a Dios, por consiguiente, no es otra cosa que amar la propia razón. Si sentimos que Dios siempre actúa de forma que tiene perfecto sentido (tal vez no siempre en su momento, pero sí visto en retrospectiva), aceptaremos una cosmología que se base en la razón y no en la aleatoriedad.

La equiparación que Hegel hace entre la razón y Dios aún permite que la persona moderna diga: «Bien, yo creeré en la razón; tú puedes tener a Dios». Es una forma de entender a Hegel, pero él hubiera replicado algo así: «Está bien, pero es posible que no aprecies plenamente el funcionamiento de la Razón en el mundo si solo la ves en términos materiales». Para el ateo, todas las creencias religiosas son cuentos de hadas, pero para el luterano Hegel el cristianismo no consistía en tomarse en sentido literal todas las palabras de la Biblia; la imaginería y el relato religiosos son solo una forma de revelar la razón y su funcionamiento. Los sentimientos de «fe» y «amor» nos permiten expresar la razón de forma no intelectual.

Hay que señalar que Hegel no veía en la religión una «muleta» ni una «comodidad», lo cual sugeriría que es una ilusión psicológica; al contrario, la fe y el amor son un sendero humano natural que conduce al núcleo de la realidad y nos lleva más allá de las aparentes verdades del mundo físico. Como observa Houlgate:

> Debemos recordar que Hegel no pensaba que la fe y la filosofía dieran dos explicaciones opuestas del mundo. Al contrario, creía que ambas contaban la misma historia y revelaban la misma verdad, pero se hacían con esa verdad de forma distinta.

El sentimiento de estar seguros de que somos el objeto del amor divino es sencillamente otra manera de expresar la idea de que la Razón es la fuerza que rige el Universo. De ahí que tanto ateos como creyentes quieran apropiarse de Hegel, aunque de forma muy selectiva. La tesis de Hegel era que las formas de entender espiritual y materialista son igualmente relevantes y verdaderas, y su filosofía era tan amplia que las dos cabían perfectamente en ella sin contradicción alguna.

COMENTARIOS FINALES

Se diría que cada época juzga de nuevo a Hegel, y lo habitual es que su «ciencia» se considere cualquier cosa menos ciencia, porque la idea que tiene de ella se basa en una metafísica manifiestamente indemostrable. Para muchos, el interés principal de Hegel es que sus ideas provocaron reacciones que se tradujeron en nuevas filosofías, entre ellas el existencialismo, el pragmatismo, la tradición analítica y, por supuesto, el marxismo (la «dialéctica» de Marx era un vástago de la idea de la historia de Hegel). En los pasados años ochenta y noventa se produjo un renovado interés por él, pero su énfasis en la teleología (en el sentido positivo de la palabra) sigue despertando suspicacias en la mayoría de los filósofos actuales. Denunciar a Hegel se ha convertido en una especie de deporte, pero la antipatía que pueda generar no ha hecho sino mantener su nombre en el candelero.

¿Estaba realmente tan equivocado en sus preceptos básicos? En la actualidad, hay que tener agallas para proponer que la historia es fundamentalmente el crecimiento de la conciencia y que, por lo tanto, todo ocurre por una razón.

Muchos tuvieron el primer contacto con Hegel a través de *El fin de la historia y el último hombre* (1992), el éxito de ventas de Francis Fukuyama. El libro fue escrito no mucho después del desplome del comunismo en Europa del Este, y su tesis de que la evolución histórica llegaba a su fin con una transición global a la democracia liberal se inspiraba en gran medida en Hegel. Los muchos críticos del libro condenaron su idea de que la historia tiene una dirección, una idea que muchos acontecimientos posteriores (las guerras étnicas, el 11-S, una profunda recesión) parecían rebatir. Sin embargo, tras levantamientos populares más recientes contra regímenes totalitarios, la idea de Hegel de que la libertad se ha de manifestar inevitablemente, y lo hace a través de las instituciones de la modernidad (la tecnología, el arte, la democracia liberal), tiene pleno sentido.

La *Fenomenología del espíritu* nos recuerda que la conciencia (de nosotros mismos, de la vida política, de la historia) normalmente es positiva. De hecho, el libro fue escrito mientras las fuerzas napoleónicas hacían pedazos el viejo sistema imperial de Alemania, lo que para Hegel era un ejemplo aterrador y muy cercano de sus propias teorías. Decía:

> *El Espíritu ha roto con el mundo que hasta hoy ha habitado e imaginado, y se propone sumergirlo en el pasado y en el proceso de su propia transformación. El Espíritu nunca descansa sino que está siempre entregado a avanzar.*

A medida que va creciendo, la conciencia (manifestada en las personas, las instituciones, las costumbres y las leyes), destruye o transforma lo que ha hecho, abriendo paso a cambios que muestran una autoconciencia cada vez mayor. Evidentemente, en este curso de los acontecimientos se producen inversiones, pero el modelo general es claro.

(Biografía del autor en el Apéndice, página 435).

1927

EL SER Y EL TIEMPO

¿Por qué hay ser y no, más bien, nada? Esta es la cuestión [...] Evidentemente, no es la primera pregunta en sentido cronológico [...] Pero [...] a todos nos sacude en algún momento, quizá de vez en cuando, la fuerza oculta de esta pregunta, sin que entendamos exactamente lo que nos está ocurriendo. En momentos de gran desesperación, por ejemplo, cuando parece que todas las cosas pierden peso y se oscurece su percepción, la pregunta apremia con mayor intensidad.

Hemos definido la idea de existencia como una capacidad de ser, una capacidad que en cada caso es mía y tiene libertad para ser auténtica o inauténtica, o de un modo que no distinga entre las dos.

En dos palabras

La existencia humana es un misterio, y la persona auténtica es la que reflexiona sobre este misterio sin por ello dejar de vivir en el mundo real, sacando el mejor provecho de sus posibilidades.

En la misma línea

Hannah Arendt, *La condición humana*
René Descartes, *Meditaciones metafísicas*
Immanuel Kant, *Crítica de la razón pura*
Søren Kierkegaard, *Temor y temblor*
Jean-Paul Sartre, *El ser y la nada*

CAPÍTULO 20

Martin Heidegger

Martin Heidegger suele ser considerado el filósofo más grande del siglo XX, y su desmenuzado planteamiento de cuestiones o temas aparentemente obvios sigue teniendo un gran impacto en la filosofía contemporánea. *Sein und Zeit* es su obra de referencia, pero estuvo precedida de un famoso período de silencio de doce años y pareció que surgía que la nada. De hecho, Heidegger llevaba años dedicado a la docencia y las conferencias, en cuyo trabajo encandilaba al público, y entre los estudiantes alemanes se construyó la imagen popular de pensador realmente original. Como señalaba Hannah Arendt (que fue alumna suya) con conocidas palabras: «No había mucho más que un nombre, pero el nombre viajaba por toda Alemania como el rumor de un rey que va de incógnito».

El ser y el tiempo se publicó para respaldar la candidatura de Heidegger a la cátedra de filosofía de la Universidad de Friburgo, y la obra estaba pensada como la primera parte de otra mucho más extensa. Con el libro llegó el aplauso internacional, y Heidegger pasó a ser el rector de Friburgo, puesto en el que sucedió a su mentor Edmund Husserl. Pero el cargo sacó a la luz la visión ingenua (o sencillamente oscura; las opiniones son muchas) que tenía de la política, pues apoyó públicamente al partido nazi. Después de las humillaciones de la

Primera Guerra Mundial, Heidegger (como otros muchos) quería que Alemania recuperara su grandeza, pero su antisemitismo sigue siendo un tema confuso. Tuvo una relación amorosa con la judía Arendt, que siguió apoyándole a lo largo de toda su vida. Sin embargo, la polémica estaba servida: el hecho de que la filosofía de Heidegger quedara atrapada en su posición política era, precisamente, una demostración de su idea de que los humanos nunca se pueden desprender de su entorno social, por muy independientes que parezcan.

La obra es bastante difícil de leer, y la mejor forma de hacerlo es teniendo a mano alguno de los muchos excelentes comentarios. Si se lee en frío, puede ser una experiencia similar a la de verse engullido en arenas movedizas.

EL SER Y LA PERSONA

Al principio de *El ser y el tiempo*, Heidegger reconoce que la cuestión del «ser» ya la abordaron los filósofos antiguos y medievales, pero nadie la había analizado adecuadamente. Se daba casi por supuesto, porque todos «somos» y por tanto sabemos qué es «ser». Pero, desde el punto del análisis filosófico, señala, «el significado del ser está sumido en la oscuridad».

Los comentaristas han batallado con la respuesta de Heidegger a la cuestión, porque la expresó con toda una variedad de términos alemanes que no son de fácil traducción a otras lenguas. El más importante es *Dasein*, cuya traducción literal es «estar ahí», pero que Heidegger emplea para referirse a una unidad de conciencia autorreflexiva, cuyo ejemplo más evidente es la persona. Su gran pregunta era: ¿qué es la personalidad?, ¿qué es ser un ser humano en el mundo, atado por el espacio y el tiempo?

Para él, la obsesión de la filosofía por determinar si el mundo exterior existe y por preguntas sobre qué podemos saber realmente era una pérdida de tiempo. Lo que importa es «ser en el mundo», o el hecho de que existimos en un mundo rico en significados y posibilidades. Los filósofos anteriores habían entendido el yo como conciencia observadora; en cambio, Heidegger lo sitúa *en* el mundo, lo que le lleva por un camino completamente distinto, influido por su estudio de la teología cristiana medieval. Si para Descartes el yo está en el «pensamiento», para Heidegger está en el «cuidado» o la «cura» —no en el sentido de compasión emocional, sino más en el de buscar, explorar, hacer, tratar, construir algo, es decir, mi lugar entre los demás en un sentido social o político (que incluye la preocupación por los demás) y mi propio desarrollo o progreso.

Para Heidegger hay tres modos de ver el mundo: *Umsicht*, «mirar alrededor»; *Rücksicht*, «consideración» por las otras cosas, y *Durchsichtigkeit*, «mirar a través» hasta nuestro propio yo. Cada uno es fundamentalmente distinto y trasciende de la simple dualidad cartesiana de «mente» y «materia». Este tipo de distinciones da la primera idea de por qué pensaba que el «ser» es mucho más de lo que se ve.

ARROJADOS AL MUNDO

Heidegger fue alumno, y después ayudante, del fundador de la fenomenología (la filosofía de la conciencia), Edmund Husserl. Con su habitual minuciosidad forense, Heidegger se remonta al origen de esta palabra, el *fainomai* del griego, que significa «mostrarse», que a su vez deriva de *faino*, sacar algo a la luz. La fenomenología de Heidegger se convirtió en una explicación de cómo se muestran las cosas, en particular de cómo los humanos se «muestran» en el mundo. En este sentido, se alejaba de cualquier concepción teológica de la persona como manifestación de alguna esencia o alma eterna, para dirigirse hacia el Ser tal como se manifiesta ahora, en el teatro de la vida humana. La naturaleza del *Dasein* es estar continuamente autocuestionándose y explorando su sitio, obligado a ocuparse de las incertidumbres pero sin dejar de afirmar su identidad. Parte de esta naturaleza es mostrarse o desvelarse al mundo, en el caso de los seres humanos a través del habla y la acción. La vida consiste en explorar nuestras posibilidades en el entorno en que nos encontramos.

La idea de «arrojado» es fundamental en *El ser y el tiempo*. El ser humano es arrojado a un lugar, un tiempo y una familia determinados que no son de su elección, y la vida consiste en dar sentido a esta caída en el reino del espacio y el tiempo. ¿Cómo he llegado aquí? ¿Por qué estoy aquí? ¿Qué hago ahora? Parte de esta perplejidad es un sentimiento integrado de «culpa» o «deuda». Sentimos cierta responsabilidad de hacer algo con nuestra vida, y afortunadamente llegamos equipados con la capacidad del habla y de la acción. Al usarlas encontramos sentido a la vida; de hecho, sería imposible que la vida *no* tuviera sentido, dadas las materias primas de la conciencia y el entorno de que disponemos. La muerte también es importante para Heidegger, porque marca el final del automostrarse. La naturaleza de la muerte puede ser ella misma una revelación.

¿QUÉ SON LOS HUMORES?

Heidegger ofrece una visión de los estados de ánimo y las emociones completamente distinta de la interpretación psicológica convencional. Considera que en los humanos el Ser es un permanente estado de cambio de emociones. Nuestros sentimientos y estados de ánimo no son algo que haya que pasar por alto ni menospreciar en relación con la vida real o el trabajo; al contrario, son fundamentales para nuestro ser. En todo momento sentimos una emoción, o al menos «sentimos nuestra tendencia a algo».

Los humores, en sentido positivo o negativo, nos posibilitan responder al mundo. Con los estados de ánimo no podemos permanecer neutrales; hacen que siempre recordemos qué supone existir en este preciso instante. De hecho, la interpretación que hacemos del mundo no es fruto de ningún razonamiento lógico neutral, sino que surge *de* nuestras disposiciones o humores. Como señala Tom Greaves, estudioso de Heidegger, este no aceptaría la idea de «inteligencia emocional» como una de varias formas de inteligencia. Al contrario, *toda* inteligencia parte del sentimiento y la disposición; o, en palabras de Heidegger: «La comprensión siempre tiene su estado de ánimo».

La palabra alemana para humor o estado de ánimo es *Stimmung,* y en su día significaba la afinación de un instrumento musical. El humor es la «afinación» de nuestro ser al mundo que nos rodea. Podemos estar desafinados con él (sentir miedo, angustia o terror) o estar afinados (cuando las cosas van bien), o nos podemos encontrar con un acontecimiento, un lugar o una persona que nos provoquen un nuevo estado de ánimo (un gran discurso o un bosque hermoso). Estamos afinándonos constantemente.

EL AUTÉNTICO YO

Para Heidegger, autenticidad significa reconocer el hecho improbable de tener conciencia y, pese a ello, pasar a «interpretar» nuestra existencia. La vida de la persona inauténtica está determinada por un «Ellos» social; en cambio, la persona auténtica asume plenamente la libertad de ser dueña de su propio Ser, al menos en lo que le permiten las limitaciones del tiempo, el espacio y la comunidad. La autenticidad siempre es una cuestión de grado, porque nadie se separa nunca por completo de la voz comunal o social, a la que Heidegger llama el «Uno».

La naturaleza esencial de la existencia, insiste, es que es *mía*, una constatación de enormes proporciones. De hecho, es tal su peso que pocas personas pueden entender lo que una vida auténtica significaría para ellas. Un modo más natural de ser para el humano es existir como uno entre muchos, no decidirse por un camino de autoconstatación o autoexamen. Sin embargo, incluso para quienes lo hacen, no existe nada que sea una persona totalmente «hecha a sí misma».

La reacción adecuada a la vida es arrojarnos a ella, y en el proceso llegar a conclusiones sobre qué es real o verdadero, aislados de la opinión pública. Paradójicamente, solo admitiendo que somos en muy gran medida parte del mundo vemos con perspicacia en qué podemos marcar una diferencia. Solo los humanos podemos contribuir a *formar* el mundo, además de simplemente vivir en él.

LA ANGUSTIA Y LA RESOLUCIÓN

El sentimiento de ansiedad, señala Heidegger, es consecuencia natural del sentimiento de incomodidad que los humanos tenemos con el mundo. Pero la angustia también es parte de una vida auténtica, porque la naturaleza de la autenticidad no es que anulemos o reduzcamos esta sensación de aislamiento, sino que lo reconozcamos como un hecho y, pese a él, sigamos. En realidad, es un signo de *in*autenticidad cuando la persona está plenamente identificada con la vida y se siente perfectamente cómoda, porque indica que no es por completo consciente de su existencia como ser contingente y totalmente misterioso. La grandeza está en cuestionar el misterio de nuestro ser y, no obstante, asumir esa incertidumbre (con todos sus miedos) y, en cualquier caso, decidir hacer algo con la vida.

La «conciencia» en la terminología de Heidegger no es algo moral, sino que está para recordarnos constantemente que debemos seguir en el camino del autoexamen y la acción original. La «resolución» es la decisión de no ser absorbido por el «Ellos» ni por el «Uno» de las costumbres y la opinión públicas, sino ser claros sobre el papel exclusivo que podemos desempeñar en relación con el mundo y los demás.

LOS SERES EN EL TIEMPO

Para Heidegger, la cuestión fundamental del ser es que se manifiesta en el tiempo. La naturaleza del ser humano es nuestra orientación futura. Por consiguiente, ser un ser en el tiempo es el sentimiento de estar siempre avanzando hacia algo; la naturaleza del ser humano es una orientación futura. Somos criaturas del pasado y de él vivimos, pero la verdadera naturaleza del hombre es mirar hacia delante. Somos nuestras posibilidades.

Heidegger rechazaba la idea de que la filosofía se debe basar solo en lo que se puede percibir con los sentidos, o en la lógica sola. Niega totalmente la idea de Schopenhauer de que el mundo no es más que una proyección de nuestra mente. Es evidente que existimos en el mundo, y es imposible que existamos sin que nuestro ser tenga sentido en relación con el mundo; amo, actúo y produzco un efecto: esta es la naturaleza de mi ser, y el sentimiento de que así es se manifiesta a lo largo de toda la vida.

COMENTARIOS FINALES

Heidegger influyó profundamente en Sartre y otros existencialistas, aunque negaba que él mismo lo fuera, alegando que lo que a él le importaba no era el hombre en su existencia, sino el propio Ser, del que el hombre era la formulación más avanzada. La idea académica general es que el análisis que Heidegger hace del Ser no estaba destinado a ser útil para la vida. *El ser y el tiempo* no es un libro de autoayuda. Sin embargo, es difícil no recibir de él cierta inspiración.

Se diría que la distinción heideggeriana entre el modo auténtico y el inauténtico de ser es de sentido común. Por un lado, exigimos que la persona sea social, acepte los usos de su tiempo y desempeñe su papel en la vida política. Por otro, aceptamos que una vida auténtica es aquella en que la persona aprovecha todas las posibilidades que tiene y les saca beneficio. De hecho, pese a su estilo clínico, la lectura de *El ser y el tiempo* es un viaje apasionante por la posibilidad humana y el privilegio de ser. Es posible forjar un yo fuerte en el tiempo, superando la perplejidad de ser arrojado a la existencia.

MARTIN HEIDEGGER

Heidegger nació en 1889 en la pequeña ciudad de Messkirch, en el suroeste de Alemania, en el seno de una familia católica conservadora. A los catorce años ingresó en el seminario con la idea de ser sacerdote, pero lo dejó para estudiar literatura, filosofía y ciencia. A los dieciocho tuvo una revelación al leer la tesis del filósofo Brentano sobre «los muchos sentidos del ser en Aristóteles». De ahí pasó a la obra de Husserl. Con poco más de veinte años publicaba artículos en revistas católicas, y se doctoró en 1913. Dos años después concluyó la habilitación (tesis posdoctoral) sobre el filósofo medieval Duns Escoto.

En 1918 Heidegger pasó a ser Privatdozent *en la Universidad de Friburgo y ayudante de Husserl. En 1923 fue nombrado profesor ayudante de la Universidad de Marburgo, y en 1928 ganó una cátedra en la de Friburgo. Decidido nacionalista alemán, le atrajo el estridente «nacionalsocialismo» del partido nazi. En su cargo de rector de la Universidad de Friburgo siguió las orientaciones de ese partido en la organización de la universidad, lo cual suponía discriminar a los estudiantes judíos. Pero en las vistas orales de «desnazificación» que se celebraron después de la guerra, Hannah Arendt le ayudó a defenderse alegando que había creído ingenuamente en el nacionalsocialismo sin imaginar lo que los nazis harían al llegar al poder. Los dos siguieron en contacto hasta la muerte de Heidegger, en 1976.*

Siglo VI a. de C.

FRAGMENTOS

Lo mismo es estar vivo o muerto, despierto o dormido, ser joven o viejo. En todos los casos, lo primero pasa a ser lo segundo, y lo segundo, lo primero.

La naturaleza humana no tiene ningún propósito; la divina, sí.

Dios considera estúpido al hombre; el hombre considera estúpido al niño.

Todos y no todos, convergente divergente, consonante disonante, de todas las cosas una, y de una todas.

En dos palabras

Todo cambia continuamente, pero en el universo existe una armonía oculta.

En la misma línea

David Bohm, *La totalidad y el orden implicado*
Platón, *La república*

CAPÍTULO 21

Heráclito

Uno de los grandes filósofos anteriores a Sócrates y Platón, Heráclito era el hijo mayor de la familia más importante de Éfeso, una de las principales ciudades del mundo griego antiguo y famosa por su templo de Artemisa.

No se sabe mucho de él, salvo que evitó intervenir en política, era dado a la soledad y, en una época en que era habitual que los filósofos expresaran sus ideas de forma oral, él se centró en la palabra escrita. En consecuencia, sus pensamientos le sobrevivieron y su libro de aforismos se hizo famoso en el mundo antiguo. Platón y otros hablaron de Heráclito, pero su influencia fue mayor en los estoicos.

Los *Fragmentos* son una serie de dichos o aforismos que abarcan la naturaleza del universo físico, la ética y la política, pero las ideas metafísicas de Heráclito son las que han conservado su fuerza.

EL LOGOS

El libro comienza con esta declaración:

Aunque este Logos es eternamente válido, los hombres son incapaces de entenderlo, no solo antes de oírlo, sino después de oírlo por primera vez [...] aunque todas las cosas suceden de acuerdo con este Logos, parece que los hombres no tienen experiencia alguna de él [...]. Mi método es distinguir cada cosa según su naturaleza, y determinar cómo se comporta; otros, por el contrario, son tan olvidadizos y descuidados de lo que ocurre a su alrededor y dentro de ellos en la vigilia como lo son mientras duermen.

¿Qué entiende Heráclito por «Logos»? La traducción literal del griego es «palabra» y a veces se traduce como «explicación». Dice Heráclito que lo que sigue en el libro es la explicación de algo atemporal y verdadero: una fuerza invisible, no muy distinta de la «Palabra» bíblica ni del «Tao» del taoísmo, que regula y rige el universo.

Los humanos solo pueden actuar correctamente si sus acciones están en sintonía con el Logos. Sin embargo, la mayoría de las personas no lo entienden, aunque sea la fuerza que determina sus vidas. Quien piense que posee un alma independiente y se comporte como si viviera en un reino independiente, se engaña a sí mismo. Cree en sus opiniones en lugar de ver las cosas bajo su verdadera luz. «El pensar —sostiene Heráclito— nos es común». En última instancia, todos somos de la misma idea. No quererlo ver es la causa de nuestro sufrimiento.

EL CAMBIO CONSTANTE

Gran parte de la fama de Heráclito se debe a su idea de que nada es siempre lo mismo. En una época en que la ciencia natural estaba en su infancia y las personas intentaban determinar qué había de seguro y estable en nuestro universo, él afirmaba: «Todo fluye y nada permanece; todo da paso y nada se queda quieto». El aforismo más conocido de sus *Fragmentos* es:

No puedes entrar dos veces en el mismo río, porque no dejan de fluir otras aguas.

En un mundo que se identifica con la materia, es un pensamiento casi herético, y opone a Heráclito a otro pensador de la antigüedad, Parménides, quien aseguraba que el cambio y el movimiento no eran reales, y que la realidad era fija y estable. La idea de Heráclito de que la estabilidad del universo físico es en gran medida una ilusión se asocia más con la filosofía oriental: «Lo frío se calienta, y lo caliente se enfría —dice—; lo húmedo se seca, y lo seco se humedece».

Esta visión del universo como esencialmente energía (para Heráclito, el fuego era el componente físico básico) que continuamente adopta formas distintas tiene importantes implicaciones para la condición humana. Heráclito era conocido como el «filósofo llorón» por su pesimismo sobre la suerte de la humanidad; somos seres conscientes con toda la variedad de sentimientos, pero existimos en un mundo cuya propia naturaleza es el conflicto.

Para él, en un universo hecho de materia (e ideas opuestas de la verdad entre los animales inteligentes), el conflicto es inevitable. La guerra determina el destino de los humanos: a unos los hace esclavos, y a otros, libres. Señala el deseo de Homero de que «acaben las luchas entre los dioses y los hombres», y dice que, de hecho, «todas las cosas ocurren por la compulsión del conflicto». El conflicto o, en términos más abstractos, la tensión dinámica entre opuestos, es la propia naturaleza del universo. Pero también añade Heráclito: «La oposición trae concordia. De la concordia nace la mejor armonía».

LA ARMONÍA OCULTA

Está en nuestra naturaleza dividir las cosas en partes, hacer distinciones, pero si hubiera un Ser Supremo, ¿es así como vería el universo? No, apunta Heráclito: «No escuchándome a mí, sino al Logos, sabio es reconocer que todas las cosas son uno». Y no habla simplemente del universo físico, sino también de lo que él llama la ética: «Para Dios todas las cosas son hermosas, buenas y correctas; los hombres, en cambio, consideran unas cosas correctas y otras equivocadas». Esto no significa que debamos actuar como se nos antoje, sino que lo bueno y lo malo, lo correcto y lo incorrecto son parte de un todo mayor, y todo lo que a este se refiere es correcto; si es parte del todo, no puede ser de otro modo.

Parece que Heráclito se contradiga sobre la existencia de Dios. El Logos no es Dios como tal, y en algunos aforismos ve el universo como una especie de mecanismo que se autoperpetúa y que «no ha sido hecho por ningún dios ni hombre, sino que siempre ha sido, es y será: un fuego eterno, que se prende a intervalos regulares y se apaga a intervalos regulares». Pero en todo lo demás dice claramente que hay una mente divina con un propósito inteligente, en oposición a la ceguera del hombre:

> *El hombre no es racional; solo lo que lo abarca es inteligente.*

Es posible conocer «la inteligencia por la que todas las cosas están guiadas a través de todas las cosas», o al menos ser consciente de ella. En el universo hay una «armonía oculta», y está oculta porque todos los nombres que empleamos para aproximarnos a ella –Dios, Zeus, Logos, etc.– son concepciones *nuestras*, cuando la unidad esencial está más allá de las palabras y los conceptos. De la persona común, Heráclito señala: «Reza a imágenes, del mismo modo que podría hablarles a las casas, porque desconoce la naturaleza de los dioses». Lo único que nos impide ser conscientes de esta armonía oculta es nuestra incredulidad. Nuestra mente está tan fija en lo material que tomamos este nivel *relativo* de la realidad como si lo fuera todo, pero hay una realidad absoluta a la espera de que la apreciemos.

COMENTARIOS FINALES

Se puede interpretar que la afirmación de Heráclito de que «todas las cosas ocurren por la compulsión del conflicto» significa que el mundo es simplemente caos, o que el azar lo determina todo. Así es sin duda como lo sienten muchas personas. De hecho, parece que Heráclito solo ofrece una visión oscura de la humanidad, según la cual las personas son ciegas en gran medida, una ceguera que perpetúan al reproducirse.

¿Existe alguna salida? Hay algo que trasciende del ciclo de nacer, sufrir y morir, y es la armonía oculta (llámese Logos, Dios o Mente). Solo si la sentimos y la apreciamos podemos poner la vida humana en cierta perspectiva. El mayor sufrimiento es consecuencia de creer que algo efímero es sólido y permanente. Solo con la aceptación del fluir tal como es nos concedemos espacio para ver lo que nunca cambia, lo que es ajeno al tiempo.

1748

INVESTIGACIÓN SOBRE EL CONOCIMIENTO HUMANO

Cuando miramos más allá de nosotros, a los objetos exteriores, y consideramos la actuación de las causas, nunca, en ningún caso, podemos descubrir ninguna fuerza ni conexión necesaria; ninguna cualidad que una el efecto a la causa y haga de lo uno la consecuencia de la otra.

La filosofía más perfecta de carácter natural no hace sino extender un poco más de nuestra ignorancia, porque la filosofía más perfecta de tipo moral o metafísico solo sirve para descubrir partes mayores de ella misma.

En dos palabras

Nunca podemos presumir que un efecto sea resultado de una determinada causa, ni que una determinada causa tenga un efecto concreto. A los humanos nos gusta ver modelos e interpretar historias de los sucesos, pero entre los objetos no existe una necesidad causal (o al menos no en lo que los sentidos humanos pueden determinar).

En la misma línea

René Descartes, *Meditaciones metafísicas*
Immanuel Kant, *Crítica de la razón pura*
Thomas Kuhn, *La estructura de las revoluciones científicas*
John Locke, *Ensayo sobre el conocimiento humano*
Nassim Nicholas Taleb, *El cisne negro*

CAPÍTULO 22

David Hume

David Hume es considerado el más grande filósofo británico y, por su influencia en figuras como Kant (quien dijo de él que le había despertado del «letargo dogmático»), uno de los nombres más importantes de la filosofía de los últimos doscientos cincuenta años.

Su primer libro, *Tratado sobre la naturaleza humana*, «nació muerto de la imprenta» y casi nadie se percató de él, pero fue un logro notable, en especial porque Hume lo escribió sin haber cumplido aún los treinta años. Sin embargo, sus ideas sobre la religión le cerraron las puertas de la filosofía académica, y solo la publicación de su *Historia de Inglaterra*, con ya más de cuarenta años, le dio a conocer ampliamente y le permitió una vida cómoda.

Por lo que se refiere a la historia del filósofo, Hume empezó a brillar realmente con los positivistas lógicos del siglo XX, como A. J. Ayer (que escribió una biografía suya) –hoy es el santo patrón de todo tipo de escuela filosófica que defienda el empirismo y desapruebe la especulación metafísica–. Como veremos en lo que sigue, muchas son las interpretaciones posibles de Hume.

Investigación sobre el conocimiento humano es una versión madura del *Tratado*, y con su estilo relativamente fácil y no académico es un magnífico punto de partida para el análisis de Hume.

NOSOTROS DEBEMOS SER EL VERDADERO OBJETO DE ESTUDIO

Aunque la visión tradicional de Hume es la de un gran escéptico filosófico que no pensaba que su materia de estudio pudiera alcanzar mucho, en las últimas pocas décadas lo que se ha destacado es su obra como «científico de la naturaleza humana», que intentó hacer por la filosofía lo que Newton hizo por la ciencia natural.

Hume pensaba que nuestra capacidad de razonamiento no era más que consecuencia de las capacidades lingüísticas, y que la «naturaleza humana», o la que hoy llamamos psicología, se podía explicar mediante un mayor conocimiento del cerebro y el sistema nervioso. Siguiendo a John Locke y George Berkeley, argumentaba que la base de la filosofía no debía ser el razonamiento, sino la experiencia, o las impresiones que nos llegan a través de los cinco sentidos.

Anuncio de lo que el filósofo de la ciencia Thomas Kuhn diría en nuestra época, Hume señalaba que «todas las ciencias tienen una relación, mayor o menor, con la naturaleza humana». Nos engañamos si creemos que las ciencias naturales son un reino objetivo del conocimiento fuera de la humanidad. De hecho, Hume pensaba que con el conocimiento de la naturaleza humana «se puede crear un sistema completo de las ciencias». Creía que las cuestiones de lógica, ética y política debían estar al menos al mismo nivel que la ciencia natural, y si viviera hoy sin duda sería firme defensor de la psicología y las ciencias sociales, porque, como dice en el *Tratado:* «La ciencia del hombre es el único fundamento sólido para las otras ciencias».

LOS LÍMITES DEL CONOCIMIENTO

Para Hume, todos los filósofos, antiguos y modernos, habían tenido en excesiva consideración la fuerza de la razón humana. Se habían construido grandes sistemas para comprender a los humanos, a Dios y el universo, olvidando que, en última instancia, todo lo que podemos saber es lo que observamos directamente a través de los cinco sentidos. Totalmente en contra de Descartes, Hume sostiene que no existen ideas abstractas y eternas. Al contrario, todos los conceptos son una traducción de segunda mano de percepciones o impresiones iniciales de aquello que nos llega de los sentidos; no podemos tener una idea de algo mientras no lo hayamos experimentado. Si nunca hemos visto una montaña de oro, por ejemplo, solo seremos capaces de imaginarla, porque podemos tomar nuestras experiencias anteriores del oro y de las montañas y unirlas.

Las ideas de Hume sobre la causalidad son fundamentales en su pensamiento. Decía que, aunque parece que las cosas se causan unas a otras, lo que ocurre sencillamente es que nuestra mente establece conexiones. Ni siquiera podemos decir realmente que una cosa haya causado otra, solo que dos cosas a menudo forman una «conjunción habitual». Cuando el fuego se une a la piel, por ejemplo, podemos presumir que habrá dolor, o que la nieve normalmente significa frío, pero en realidad no hay nada que vincule lo uno con lo otro.

Tampoco podemos decir que algo sea siempre cierto porque parezca que lo es. De hecho, aboga Hume, gran parte del «conocimiento» humano no es más que una confianza en la costumbre, o la aceptación de lo que todos los demás dicen que es verdadero. La costumbre no genera verdad, simplemente hace más fácil la vida. Nos permite construir un mundo significativo sin tener que recrearlo de nuevo cada segundo mediante los sentidos.

Al analizar la percepción humana, Hume señala que no existe auténtica diferencia entre la imaginación y la realidad, salvo el grado de creencia que tenemos en una o la otra. La «realidad» es solo aquello en lo que creemos con mayor firmeza. También rechaza la idea de la existencia de un «yo» sólido y unitario. Al contrario, somos un simple haz de percepciones, y nuestra mente es como un teatro donde el escenario y la representación cambian cada minuto. (Es una idea de notable parecido con la budista de que no existe un yo sólido, y que el «yo» que experimentamos solo es un constante desfile de emociones y percepciones efímeras.) Hume duda de la idea de Descartes de que, dado que pensamos, existimos. Considera que todo lo que puede decir es que «el pensamiento existe», pero ello difícilmente demuestra la existencia o permanencia del yo, o de un alma individual.

EL DEBATE SOBRE HUME

Hume se ha convertido en campo de batalla de los estudiosos.

La interpretación positivista tradicional de Hume se puede resumir en la «teoría de la regularidad» de la causalidad: las cosas no se causan mutuamente, y todo lo que podemos decir es que los sucesos siguen ciertos patrones regulares. Para poner un ejemplo del propio Hume, vemos que una bola de billar golpea a otra y podemos suponer que es la causa del movimiento de la segunda, pero nunca estaremos seguros de que así sea. Todo lo que podemos decir es que «dos objetos son contiguos, sucesivos y constantemente unidos», y que existe una «fuerza» o «energía» invisible que mueve las cosas. «Un objeto puede estar contiguo y ser anterior a otro –dice Hume– sin que se considere su causa».

Los positivistas comparten su idea de que quien quiera detallar una causa y su efecto tendrá que hablar en «términos ininteligibles» (lo que quiere decir metafísicos), que son una afrenta a la filosofía. De hecho, Hume concluye la *Investigación* con la famosa contundente llamada al rigor en la filosofía y a que las obras metafísicas se tomen con cierta reserva. Todo libro que no contenga «ningún razonamiento abstracto sobre la cantidad o el número» o que no se asiente en un razonamiento basado «en cuestiones de hecho y existencia», debe ser condenado a las llamas, «porque es posible que no contenga más que sofismas e ilusiones».

La visión realista de Hume (cuyo mejor representante es Galen Strawson) subraya las afirmaciones de la *Investigación* de que probablemente *existe* una conexión entre los sucesos, lo que Hume llamaba (tal vez de forma contradictoria) una «conexión necesaria», pero que nuestra limitada capacidad de ver el mundo a través de los sentidos significa que no podemos distinguir cuáles son estas causas. Una de las afirmaciones de Hume que avalan esta idea es:

La experiencia solo nos enseña que un suceso sigue constantemente a otro, sin mostrarnos la conexión secreta que los une y los hace inseparables.

Para los realistas, la teoría de la regularidad, según la cual nada causa nunca nada, es ridícula. Al fin y al cabo, Hume creía firmemente en el sentido común y en las «creencias naturales» en las cosas o las ideas que las personas tienen en común. Si una de estas creencias naturales es que en la vida real las cosas causan que ocurran otras cosas, ¿por qué no ha de ser verdad también en la filosofía? Como dice Hume:

La naturaleza nos ha mantenido muy lejos de sus secretos, y solo nos ha permitido conocer unas pocas cualidades superficiales de los objetos; lo que nos oculta son las fuerzas y los principios de los que depende por completo la influencia de estos objetos.

Con esto, allanaba el camino a filósofos como Kant y Kierkegaard, quienes, aunque señalan la imposibilidad de saber con seguridad si hay una primera causa, un ser supremo o un orden oculto detrás de las cosas (limitados como estamos por nuestros sentidos), afirman que esto no significa que podamos decir que no hay nada más allá del mundo físico, ni que no existen unas causas ocultas.

¿CUÁL ES LA INTERPRETACIÓN CORRECTA?

La indagación de Hume sobre qué podemos saber los seres humanos acerca de los objetos, la causalidad y el universo puede parecer un trabajo de lógica, al modo de Descartes y sus *Meditaciones*. Sus interpretaciones se pueden entender simplemente como una «posición» lógica sobre las cuestiones que decidió investigar, pero no definen necesariamente sus creencias personales. Como le decía en una carta a un amigo: «No soy tan escéptico como tal vez imagines».

Hume rechazaba la acusación de que era ateo, aunque su extremo escepticismo hacía que así se lo pareciese a los airados teólogos de su tiempo. La clave del debate quizá sea que nunca afirmó: «Dios no existe», solo que las diversas «pruebas» de la existencia de Dios eran pura especulación de tipo muy humano que no llevaban a ninguna parte.

COMENTARIOS FINALES

Sé filósofo, pero, en medio de toda tu filosofía, sigue siendo hombre.

Como bien indican estas palabras, Hume no tenía mucha fe en la filosofía por sí misma. Después de pasar unas horas agradables con sus amigos, a veces regresaba a sus aposentos, leía lo que había escrito y observaba que le parecía ridículo. Buscar certezas, pensaba, era empeño de locos, y si seguía con su trabajo filosófico era sobre todo por el placer que le producía. Reconocía que, en comparación con la «superstición» y la religión, la fría especulación de la filosofía carecía de todo interés para la mayoría de las personas.

Si la pregunta clave de la *Investigación* es: «¿Qué sabemos realmente?», Hume no da respuestas seguras. No obstante, dice que la falta de auténtico conocimiento no debe hacer que cejemos en el intento de entender el mundo, y admira a los filósofos que, como Cicerón, no se centran en el significado por sí mismo, sino en vivir una vida honorable y actuar racionalmente de acuerdo con unas creencias bien meditadas. Para la mayoría de las personas, este tipo de filosofía es suficiente, y la otra, la de tipo más especulativo (en la que se emplea el propio Hume), aunque es interesante, es posible que al final no conduzca a nada. Sin embargo, en jocosa defensa de su pasatiempo, Hume escribía en el *Tratado:* «Hablando en general, los errores en la religión son peligrosos; en la filosofía, solo son ridículos». Aunque pensaba que nuestra capacidad de poseer un conocimiento objetivo de lo que es el mundo estaba naturalmente limitada por nuestros sentidos, admitía no obstante que los humanos debemos dar sentido a esa experiencia y vivir como si lo que experimentamos fuera real. No podemos ir por el mundo pensando como el filósofo, dudando de todo.

Hume en general despertaba simpatía (su apodo era *le bon David*) y el estilo con que escribe refleja su personalidad: comprensivo y no dogmático. Al igual que su amigo y coetáneo Adam Smith (economista y autor de *La riqueza de las naciones*), escribía de forma que pudiera leerle la mayor cantidad posible de personas, una razón más para apreciar su valor.

DAVID HUME

Hume nació en Edimburgo en 1711. Procedía de buena familia, tanto por parte de padre como de madre, pero no era rico, y su padre murió siendo él aún bebé. Empezó a escribir el Tratado sobre la naturaleza humana *cuando estudiaba en la Universidad de Edimburgo, pero, en lugar de graduarse, se fue a Bristol a trabajar e iniciarse en el comercio. Después vivió tres años en Francia, donde siguió un riguroso programa de autoestudio.*

El Tratado *fue publicado en 1739 con muy escaso reconocimiento, pero sus* Ensayos *(1741-1742), incluidos los escritos sobre economía política que anunciaban los de Adam Smith, tuvieron éxito. Nunca fue profesor de filosofía, y sus ideas sobre la religión le cerraron las puertas de las universidades de Edimburgo y Glasgow. Algunos de sus trabajos fueron el de profesor particular durante un año de un noble inglés loco, bibliotecario, subsecretario de Estado en Londres y secretario del embajador británico en París. El último puesto le permitió relacionarse con otras figuras de la Ilustración europea fuera de Escocia, entre ellas, Jean-Jacques Rousseau, con quien hizo amistad, pero después lo abandonó. Hume defendió la unión de Inglaterra y Escocia que había tenido lugar en 1707.*

Algunos de sus libros son Investigación sobre los principios de la moral *(1751; 2006),* Ensayos políticos *(1752; 2005) e* Historia de Inglaterra *(6 volúmenes, 1754-1762). Sus* Cuatro disertaciones *de 1757 incluían los polémicos* Diálogos sobre la religión natural, *que dispuso que se publicaran póstumamente (Hume murió en 1771). James Boswell lo visitó en el lecho de muerte y dijo que el famoso «ateo» estuvo de muy buen humor hasta el último suspiro.*

1907

Pragmatismo

*El pragmatista le vuelve la espalda con absoluta determinación y de una vez por todas
a muchas queridas e inveteradas costumbres de los filósofos. Se aleja de la abstracción
y la insuficiencia, de las soluciones verbales, de las malas razones a priori, de
los principios inamovibles, de los sistemas cerrados y de los supuestos absolutos y
orígenes. Se dirige a lo concreto y la adecuación, a los hechos, a la acción y al poder.*

*Una idea es «verdadera» en la medida en que se crea que es beneficiosa
para nuestra vida [...] la verdad es UNA ESPECIE DE BIEN, y no, como
normalmente se supone, una categoría distinta del bien y coordinada con él.
VERDADERO ES EL NOMBRE DE CUALQUIER COSA QUE DEMUESTRE SER BUENA.*

*El racionalismo sigue la lógica y lo empírico. El empirismo sigue los sentidos
externos. El pragmatismo está dispuesto a asumir cualquier cosa, a seguir la lógica
o los sentidos y a tener en cuenta las experiencias humildes y más personales.
Contará con las experiencias místicas si tienen consecuencias prácticas.*

En dos palabras

Una creencia o idea solo tiene valor si «funciona», es decir, si
de algún modo cambia nuestro mundo. Las demás nociones e
ideas, por atractivas y elegantes que sean, se deben rechazar.

En la misma línea

A. J. Ayer, *Lenguaje, verdad y lógica*
Jeremy Bentham, *Los principios de la moral y la legislación*
David Hume, *Investigación sobre el conocimiento humano*

CAPÍTULO 23

William James

*P*ragmatismo es una recopilación de conferencias no editadas que William James dio en la Universidad de Columbia, en Nueva York, en el curso 1906-1907, al final de su carrera. Uno de los más grandes pensadores estadounidenses, no pretendía ser el padre de la filosofía del pragmatismo (que fue obra de Charles Sanders Peirce y posteriormente desarrollaron F. C. S. Schiller y John Dewey), pero sí le dio más claridad y la hizo accesible al público general. James define el pragmatismo como «la actitud de alejamiento de las primeras cosas, principios, «categorías», supuestas primeras necesidades, y de atención a las últimas cosas, principios, frutos, consecuencias, hechos».

El pragmatismo es pariente intelectual cercano del utilitarismo. Ambos sospechan profundamente de la filosofía académica abstracta, y sienten un permanente interés solo por el valor práctico de los conceptos. De hecho, James defendía el pragmatismo como forma de ver las demás filosofías. Hoy, la llama de James la llevan iconoclastas académicos como Richard Rorty.

LA FILOSOFÍA ES TEMPERAMENTO

James empieza por señalar que todos los individuos tienen una filosofía, que él define como:

El sentimiento más o menos callado de lo que la vida honesta y profundamente significa. Solo en parte se obtiene de los libros; es nuestra forma individual de simplemente ver y sentir todo el empuje y toda la presión del cosmos.

Señala la observación de G. K. Chesterton de que la patrona no solo quiere conocer los ingresos y el trabajo del inquilino, sino saber cuál es su actitud general ante la vida. La filosofía personal lo es todo, un hecho que los filósofos académicos, en su deseo de que se los considere discernidores de la verdad, de algún modo pasan por alto.

Dice James sin rodeos: «La historia de la filosofía es en gran medida la de una cierta disputa entre temperamentos». Se refiere a que las conclusiones de los filósofos proceden más de sus preferencias personales que de ningún hallazgo objetivo. Sus teorías, consideradas «no sentimentales» o «sentimentales», son el reflejo de su constitución emocional y su visión fundamental del mundo. El filósofo profesional no puede anclar sus tesis en la base de su temperamento; por esto intenta ocultar sus tendencias temperamentales. En el corazón del filósofo hay, por consiguiente, una mentira, porque «nunca se menciona el potencial de todas nuestras premisas».

Como consumidores de filosofía tampoco estamos exentos de culpa. Instintivamente rechazamos o acogemos determinadas filosofías si se ajustan a nuestro temperamento.

LA GRAN DIVISIÓN

James divide a los filósofos en dos categorías fundamentales: los empiristas, que quieren reducirlo todo a los puros hechos, y los racionalistas, que creen en principios abstractos y eternos. Los primeros suelen tener una visión del mundo realista, fatalista, irreligiosa y a menudo oscura, mientras que los segundos son optimistas que tienden a creer en el libre albedrío, el orden espiritual y la unidad de todas las cosas. Naturalmente, cada bando suele tener en muy poca estima al otro.

James señala que vivimos en una época de preocupaciones empíricas, pero no por ello se apaga el impulso natural que nos lleva a la religión. Muchos se encuentran atrapados entre la filosofía que no cubre las necesidades espirituales, que ofrece un universo completamente materialista, y la filosofía religiosa que no tiene en cuenta los hechos.

Lo que la mayoría buscamos, dice, es «una filosofía que no solo ejerza los poderes de la abstracción intelectual, sino que establezca alguna conexión positiva con este mundo real de vidas humanas finitas». No es extraño que los científicos hayan despreciado la filosofía como «algo enclaustrado y espectral» que no tiene sitio en el mundo actual.

Pero, a diferencia del empirista puro, el pragmático está abierto a las verdades teológicas, o a los conceptos metafísicos libres de Dios como el idealismo trascendental de Kant, si demuestran que generan un beneficio concreto:

> *Del mismo modo que algunos alimentos no solo son agradables al gusto, sino buenos para los dientes, el estómago o los tejidos, determinadas ideas no solo son agradables de considerar, o agradables como apoyo de otras ideas de las que estamos encariñados, sino que también son útiles en las batallas prácticas de la vida. Si existe alguna vida que realmente sea mejor vivirla, y si existe alguna idea que, de creer en ella, nos ayudaría a vivir esa vida, sin duda sería MEJOR PARA NOSOTROS creer en esa idea, A MENOS, CLARO ESTÁ, QUE LA CREENCIA SE OPUSIERA INCIDENTALMENTE A OTROS BENEFICIOS VITALES MAYORES.*

James ofrece el pragmatismo como camino a seguir, interesado en la evidencia y los hechos, pero también abierto a la religión si aporta beneficios concretos al creyente. Como filosofía, el pragmatismo es raro porque lo pueden utilizar tanto los empiristas «no sentimentales» como los abstraccionistas «sentimentales».

LO QUE EL PRAGMATISMO PUEDE HACER POR TI

James se remite a la idea de Peirce de que una creencia o un pensamiento solo tienen importancia desde el punto de vista de sus efectos. Toda idea que sea mera especulación y que no se vea en la práctica que de un modo u otro cambia las cosas no tiene valor. Debemos preguntarnos en qué se diferenciaría el mundo suponiendo que esa idea fuera verdadera, le dice James a su público:

> *Es increíble observar que muchas disputas filosóficas caen en la insignificancia en el momento en que se las somete a esta sencilla prueba de encontrarles una consecuencia concreta. Es posible que no exista diferencia en algo que no marque una*

195

diferencia en otra cosa: ninguna diferencia en la verdad abstracta que no se mani-
fieste en una diferencia en un hecho concreto [...]. Toda la función de la filosofía
debería ser averiguar qué diferencia marcaría en ti o en mí, en momentos específi-
cos de nuestras vidas, que esa o esa otra interpretación del mundo fuera verdadera.

Los filósofos siempre han estado buscando el principio único, llámese Dios, Materia, Razón, el Absoluto o Energía, que desvelara todos los secretos del universo, pero con el método pragmático, sostiene James, ya no se puede considerar que esas cosas sean autoevidentes, sino que hay que determinar el «valor en efectivo» de cada concepto, su valor práctico. Si imaginamos la filosofía como un hotel, en cuyas habitaciones se alojan las diferentes filosofías, el pragmatismo no es una habitación más, sino el pasillo que lleva a las habitaciones, algunas de las cuales pueden ser religiosas y otras científicas. Cada filosofía solo se puede juzgar con exactitud por su disposición a salir de la habitación para encontrarse con el pragmatismo en el pasillo, donde podrá exponer sus tesis ante el auténtico valor y lo práctico.

Ante el dilema que se nos plantea a muchos de los que vivimos en una época científica, James dice:

Es posible que el peor enemigo de cualquiera de nuestras verdades sea el resto de
nuestras verdades. Las verdades poseen [...] ese desesperado instinto de auto-
conservación y el deseo de que se extinga todo lo que las contradiga. Mi creencia
en el Absoluto, basada en el bien que me proporciona, debe aceptar el reto de
todas mis otras creencias.

En otras palabras, la creencia en Dios o en algún tipo de absoluto nos ofrece una «fiesta moral», pero ¿nos podemos permitir esta fiesta dada la realidad de todo lo demás que hemos descubierto? Si la persona sigue pensando que su fe o creencia en lo inmaterial, pese a todas las pruebas en su contra, le sigue aportando sólidas creencias, no es irracional en modo alguno; es pragmática. El pragmatismo se distingue completamente del empirismo en que «no tiene ningún tipo de prejuicio, ningún canon estricto ni criterio para determinar lo que deba tomarse como prueba... contempla todas las hipótesis» siempre y cuando se puedan demostrar su beneficios.

El pragmatismo, en resumen, «ensancha el campo de la búsqueda de Dios», sirviéndose de la lógica o de los sentidos, y «acepta las experiencias más humildes y personales. Acepta las experiencias místicas si tienen consecuencias prácticas». La última idea remite al libro de James *Las variedades de la experiencia religiosa*, donde se asume sin reservas (aunque el propio James no fuera persona de epifanías) que la experiencia de la conversión religiosa puede transformar la vida de la persona. La conversión demuestra más allá de toda duda que de una idea abstracta puede derivar un inmenso beneficio práctico.

COMENTARIOS FINALES

James destaca la división entre una idea monista del universo, en la que todo se entiende como uno, y la idea pluralista, que se centra en la increíble diversidad y pluralidad de la vida. La idea tradicional es que solo la primera es religiosa, y la segunda es la imagen del caos. Pero James sostiene que podemos seguir creyendo en la fuerza de una cosmología pluralista aunque no creamos que el desarrollo del mundo implique una «lógica necesidad» divina o de otro tipo. El progreso se produce por «puro deseo», subraya, a través de los individuos «en aprietos» Somos *nosotros* quienes hacemos del mundo lo que es, y si queremos una vida diferente o un mundo diferente, debemos actuar.

Ante la pregunta de por qué existe algo, James replica:

> La única VERDADERA razón que se me ocurre de por qué haya de existir algo es que alguien desea que exista. Se EXIGE [...] para dar sosiego a una masa del mundo, por muy pequeña que sea. Es la razón de la vida, y, comparadas con ella, las causas materiales y las necesidades lógicas son cosas espectrales.

La respuesta de James no es de extrañar si se considera su visión general de la filosofía, que es la de que los propios acontecimientos llevan la verdad. Podemos creer que Dios creó el universo, o que este nació del Big Bang, pero en ambos casos nuestras explicaciones realmente no importan. El hecho es que el universo está ahí, por lo que en términos pragmáticos tiene sentido estudiar solo lo que existe.

(Biografía del autor en el Apéndice, página 438).

2011

PENSAR RÁPIDO, PENSAR DESPACIO

Las predicciones extremas y la disposición a prever sucesos extraños a partir de pruebas débiles son ambas manifestaciones del Sistema 1 [...]. Y es natural que el Sistema 1 genere juicios excesivamente confiados, porque la confianza [...] está determinada por la coherencia de la mejor historia que se pueda contar con las pruebas de que se disponga. Cuidado: las intuiciones hacen que preveamos cosas demasiado extremas y que nos inclinemos a tener en ellas excesiva fe.

Mi política personal de evitar el pensamiento a posteriori consiste en ser muy meticuloso o totalmente informal al tomar una decisión que tenga consecuencias a largo plazo.

En dos palabras

Nuestra manera de pensar determina lo que sabemos, por lo que la investigación psicológica desempeña un papel importante en la búsqueda de la verdad filosófica.

En la misma línea

David Hume, *Investigación sobre el conocimiento humano*
Nassim Nicholas Taleb, *El cisne negro*

CAPÍTULO 24

Daniel Kahneman

Daniel Kahneman es psicólogo y, además, recibió el Premio Nobel de Economía por su «teoría de las perspectivas» (o la toma de decisiones en entornos de incertidumbre). También ha hecho importantes aportaciones a la psicología de la percepción y la atención, a la economía conductual y a la psicología hedonista (o lo que nos hace felices a las personas, y cuándo nos sentimos más felices). El hecho de que haya sido reconocido en el más alto nivel en dos disciplinas demuestra que Kahneman es un renacentista de nuestros tiempos, y su obra (como él mismo ha admitido) tiene importantes implicaciones para la filosofía.

En una conferencia de 2012 titulada «Pensar que sabemos», Kahneman señalaba que «la búsqueda compartida de una verdad objetiva y aceptada por todos es la misión fundamental de la ciencia. Sin embargo, el sentimiento de verdad es una experiencia subjetiva, que pertenece al ámbito de la psicología». En otras palabras, sentimos una necesidad apremiante de saber cosas, pero, como indicaba Hume, percibimos el mundo a través de los sentidos, de modo que cada uno de nosotros interpretamos de manera diferente lo que vemos y oímos. Tenemos una experiencia distinta de la «verdad». Ni siquiera en nuestra mente existe una forma universal y estándar de percibir.

Pensar rápido, pensar despacio es la culminación de la extraordinaria carrera de Kahneman como psicólogo, un resumen de los conocidos experimentos realizados junto con Amos Tversky sobre el juicio y la toma de decisiones, concretamente sobre errores sistemáticos (o sesgos) que son razonablemente predecibles en ciertas circunstancias. La intuición acierta a menudo, pero otras muchas veces se equivoca. Además solemos confiar en nuestros juicios más de lo que debiéramos (somos «una máquina de saltar a conclusiones», dice); los observadores objetivos en muchas ocasiones tienen una visión más exacta de la realidad que nosotros. Somos «extraños para nosotros mismos», sostiene Kahneman, y no siempre controlamos los pensamientos. Y, lo más preocupante, no solo podemos estar ciegos ante lo evidente, sino «ciegos ante la propia ceguera». Su obra también ha desvelado dos formas nuestras de pensar completamente distintas: la «rápida» (Sistema 1) y la «lenta» (Sistema 2).

CÓMO SE PRODUCE EL PENSAMIENTO. DOS SISTEMAS

Creemos que el proceso de pensar es un pensamiento consciente que lleva a otro, pero Kahneman mantiene que normalmente no es así como se produce el pensamiento. Los pensamientos llegan sin que sepamos cómo:

> *No podemos rastrear cómo llegamos a la creencia de que hay una lámpara en la mesa que tenemos enfrente, ni cómo detectamos un asomo de irritación en la voz de nuestra esposa al hablarnos por teléfono, ni cómo conseguimos evitar un peligro en la carretera antes de ser conscientes de él. El trabajo mental que produce las impresiones, las intuiciones y muchas decisiones discurre en silencio en la mente.*

A estas impresiones inmediatas Kahneman las define como rápidas o pensamiento de Sistema 1. Lo utilizamos mucho más a menudo que el pensamiento lento y deliberado de Sistema 2, que puede incluir desde cumplimentar los impresos de pago de impuestos a aparcar en un espacio pequeño o hilvanar un argumento. El pensamiento de Sistema 2 implica atención y esfuerzo, o, para emplear una palabra filosófica, la razón.

Los sistemas pueden actuar al unísono. Cuando el Sistema 1 no puede resolver un problema inmediatamente, llama al Sistema 2, con su procesamiento detallado y deliberado, para que cavile y dé con una respuesta. El Sistema 1 nos permite conducir por la carretera sin pensar que estamos conduciendo; el Sistema 2 entra en acción cuando tenemos que pensar adónde vamos. Con el Sistema 1 podemos leerle un cuento a nuestra hija sin realmente prestar atención; el Sistema 2 interviene cuando la pequeña nos hace una pregunta.

Las evaluaciones rápidas del Sistema 1 normalmente son buenas, y el especialista en su campo probablemente haga continuas evaluaciones con el Sistema 1 basadas en su gran cantidad de conocimientos. Nos ahorran mucho tiempo y esfuerzo. Sin embargo, el pensamiento del Sistema 1 dista mucho de ser perfecto: tiene sesgos sistemáticos, y no se puede detener. Normalmente el Sistema 2 está en guardia, porque puede ralentizar el pensamiento y hacer evaluaciones más razonadas, pero también es defensor público de los juicios más intuitivos del Sistema 1.

Al pensamiento del Sistema 1 no le preocupa la falta de información; simplemente toma lo que sí sabe y salta a una conclusión. Por ejemplo, al oír: «¿Será Mindik una buena líder? Es inteligente y fuerte», automáticamente asumimos que sí, será una buena líder. Pero ¿y si lo que faltaba de la frase fuera «es corrupta y cruel»? ¿Por qué no pedimos más información sobre la personalidad de Mindik para hacer una evaluación correcta? El cerebro no funciona así, dice Kahneman. Creamos sesgos basados en el conocimiento inicial e incompleto, o urdimos una historia a partir de hechos limitados. Es la regla WYSIA-TI (*what you see is all there is*, es decir, lo que se ve es todo lo que hay) del juicio humano.

LOS ERRORES DEL PENSAMIENTO

Pensar rápido, pensar despacio repasa toda una diversidad de sesgos y errores del pensamiento intuitivo, muchos de ellos descubiertos por Kahneman y Tversky.

Kahneman siempre había defendido la teoría de que los políticos son más proclives al adulterio que los profesionales de otros campos, por el componente afrodisíaco del poder y el hecho de que pasen mucho tiempo fuera de casa. Como más tarde observó, lo que ocurre es que las aventuras de los políticos tienen más probabilidades de salir a la luz, un fenómeno que él denomina la «heurística de la disponibilidad». La heurística es lo que nos permite descubrir algo o resolver un problema; en este contexto, si las cosas están en la memoria reciente, es más previsible que las identifiquemos como relevantes. En ello, evidentemente, desempeñan un papel los medios de comunicación.

Estamos mejor conectados para la batalla por la supervivencia en la sabana que para la vida urbana. En consecuencia, «las situaciones se evalúan constantemente como buenas o malas, por si exigen huir o permiten aproximarse». En la vida cotidiana, esto significa que nuestra atención o aversión a las pérdidas es por naturaleza mayor que nuestra atracción por la ganancia (por un factor de dos). Tenemos un mecanismo integrado para dar prioridad a las malas noticias. Nuestro cerebro está configurado para *detectar* a un depredador en una fracción de segundo, mucho más deprisa que la parte del cerebro que *reconoce* que se ha visto uno. Por esto podemos actuar antes incluso de «saber» que estamos actuando. «Los peligros están privilegiados frente a las oportunidades», dice Kahneman. Esta tendencia natural significa que «damos excesiva importancia» a sucesos improbables, por ejemplo el de vernos atrapados en un ataque terrorista. También nos lleva a subestimar las probabilidades de que nos toque la lotería.

Un buen consejo, apunta, es: «Actúa con tranquilidad y amabilidad, te sientas como te sientas»; nuestros movimientos y expresiones condicionan cómo nos sentimos *realmente*. Kahneman señala un experimento en que las personas que sostenían un bolígrafo con la boca de forma que esta se abriera del todo (como cuando se sonríe) encontraban más divertidos unos dibujos animados que si sostenían el bolígrafo de modo que la boca quedaba cerrada como cuando se frunce el entrecejo.

La imagen de unos ojos abiertos y que miran a quien los observa, colocada, en la cafetería de la universidad, sobre la caja en que hay que depositar el importe de lo que se compre sin que nadie compruebe que es el correcto aumenta las probabilidades de que las personas paguen lo debido. Si la imagen es de unas flores, es menos probable que la gente sea honrada. Es el «efecto de imprimación». En otro experimento, los sujetos «imprimados» con imágenes de billetes se mostraban menos dispuestos a hacer algo voluntariamente. Otros estudios han demostrado que recordar a ancianos hace que las personas anden más despacio, y que en los colegios electorales colocados en centros educativos la gente muestra mayor disposición a votar programas que incluyan mejores medidas económicas para la educación (en caso de que no tengan ya decidido el voto).

El efecto «anclaje» es parecido al de imprimación, y el ejemplo es que si antes de una pregunta se sugiere o dice un número, esto afecta a la respuesta. Por ejemplo, las personas a las que se dice que «Gandhi murió a los ciento cuarenta y cuatro años» casi siempre sitúan la edad de su muerte muy por encima de lo que harían de no haberles mencionado el número. Otro ejemplo son los compradores a quienes se les indica que solo se pueden adquirir «doce artículos por persona», lo que normalmente hace que compren más.

Kahneman habla del «efecto halo», por el cual, por ejemplo, el político cuyas ideas nos gustan también nos parece guapo. Si en una fiesta coqueteamos con alguien, si nos pregunta si pensamos que colabora con alguna institución benéfica es más probable que digamos de esa persona que es «generosa», aunque no sepamos nada de ella. Al calificar exámenes, Kahneman admite que la nota del primer trabajo que veía en el expediente del alumno influía mucho en su opinión sobre los demás. Decidió leer los trabajos de clase por temas, no por alumno, y sus notas eran mucho más adecuadas.

El «sesgo de la disponibilidad» revela que en el cálculo que hacemos de las probabilidades de que ocurra algo influye mucho lo que nos haya sucedido y sea de memoria reciente, o lo que digan las noticias. Por ejemplo, la gente piensa que las muertes producidas por los rayos son más que las debidas al botulismo; sin embargo, son cincuenta y dos veces más elevadas las segundas.

Kahneman habla de «falsos deseos», la toma de decisiones basadas en lo que creemos que nos hará felices (por ejemplo, una casa o un coche nuevos, o vivir en otra ciudad), pero que a la larga no es así. Fueron él y su colega David Schkade quienes demostraron que el clima tiene un efecto cero en la felicidad. A los californianos les gusta su clima, y a los del medio oeste no les gusta el suyo, pero estas opiniones no afectan a su sentimiento general de bienestar. La persona que se muda de una región fría a California parecerá más feliz en los primeros años, mientras se acuerde del contraste entre el clima de donde vivía antes y el que ahora tiene, pero estos factores no afectan a la felicidad a largo plazo.

Kahneman también habla del hallazgo de que el momento real en que vivimos incide en el cerebro mucho menos que los inicios, los finales y los grandes acontecimientos. Esta es la razón de que, cuando decidimos adónde ir o qué hacer en las próximas vacaciones, recurramos más a los recuerdos que a la experiencia real. El hecho mismo de recordar tiene mayor fuerza que el de experimentar, y es el que determina nuestras decisiones. Pero aún nos queda «el tiempo intermedio», el resto de la vida que tenemos que vivir. «A la mente se le dan bien las historias —dice Kahneman—, pero no parece que esté bien diseñada para procesar el tiempo».

Cada época tiene sus propios sesgos de pensamiento. En la década de 1970, la mayoría de los científicos sociales daban por supuesto que las personas normalmente somos racionales y de pensamiento sensato, pero a veces la emoción desvía esta racionalidad en interés propio. La realidad es que las cosas funcionan más en sentido contrario. Recurrimos a la mente racional solo cuando realmente la necesitamos. No es que la emoción nos «corrompa» el pensamiento; al contrario, gran parte de nuestro pensamiento *es* emocional.

BUSCAR LAS CAUSAS EN TODO

El Sistema 1 tiene tendencia a creer y confirmar, no a cuestionar. Este tipo de pensamiento busca continuamente vínculos entre los sucesos y las causas, incluso cuando no las hay. Nos gusta entretejer la causalidad en sucesos que en realidad son aleatorios, una actividad avalada por el hecho de que los procesos aleatorios no lo parecen. «La tendencia a ver patrones en lo aleatorio es abrumadora», indica Kahneman.

Para entender correctamente si algo es estadísticamente importante, necesitamos una muestra muy grande para descartar la aleatoriedad. Kahneman dice que creamos «del mundo que nos rodea una visión más simple y coherente que la que los datos justifican». «Las explicaciones causales de sucesos fortuitos —asegura— son inevitablemente erróneas». Para evitar hacer interpretaciones exageradas de algo, debemos percatarnos de la naturaleza de la verdadera aleatoriedad, que a veces puede *no* parecerlo.

El jugador de baloncesto hace una serie de canastas seguidas o juega muy bien durante varios partidos, y pensamos que es muy bueno. Al asesor de inversiones se le presentan tres años favorables seguidos, y pensamos que tiene algo de genio. Pero es posible que el buen rendimiento de ambos sea del tipo que la casualidad haría prever.

La exigencia de certeza ilusoria en ningún otro ámbito es más evidente que en el empresarial, señala Kahneman, donde se supone que los consejeros delegados influyen muchísimo en los beneficios de la empresa. Es una influencia que normalmente se exagera (tanto en lo positivo como en lo negativo), porque todos queremos pensar que una sola persona tiene alguna fórmula mágica del éxito, o que una manzana podrida acabó con la empresa. De hecho, «comparar empresas de mayor o menor éxito es en cierta medida comparar empresas que han sido más o menos afortunadas». Por ejemplo, hoy existe escasa o nula diferencia entre los «grandes» paradigmas de empresas que Tom Peters y Robert Waterman describen en *En busca de la excelencia* y Jim Collins en *Empresas que sobresalen* y las que se consideran malas o mediocres. Los libros de esta clase alientan la ilusión de que se entiende la realidad, una comprensión basada en nuestro amor por las historias de éxito o fracaso.

LA ILUSIÓN DEL JUICIO DEL EXPERTO

Cuando Kahneman trabajaba de psicólogo para el ejército israelí, una de sus tareas era juzgar las cualidades de los posibles oficiales. Basándose en sus observaciones, él y sus colegas estaban seguros de sus evaluaciones, pero de hecho cuando los soldados iban a la academia de oficiales, se demostraba que se habían equivocado en todo. ¿Lección? «La seguridad en las afirmaciones significa principalmente que alguien ha construido una historia coherente en su mente, no que esa historia sea necesariamente verdadera».

A Kahneman le encanta acabar con el mito del gestor de fondos experto. Seleccionar acciones y fondos, asegura, es poco menos que echar los dados. Estudio tras estudio se demuestra que, pese al perfil de empresas construidas sobre la imagen de pericia y habilidad, quienes aconsejan unas determinadas inversiones en bolsa en realidad no sacan mayores beneficios que los que resultarían de decisiones que se basaran en el azar, y no existe correlación alguna entre los rendimientos de un año y otro.

También habla Kahneman del libro de Philip Tetlock *Expert Political Judgement: How God Is It? How Can We Know?* (2005), que demuestra que los expertos políticos no aciertan más en sus predicciones que «monos que jugaran a los dardos», y sus pronósticos son incluso peores que las que pudieran haber hecho al azar. Su habilidad para interpretar las situaciones no solo no es mejor que la del lector de prensa medio, sino que cuanto más famoso es el experto, en general peores son sus predicciones, porque se basan en una confianza exagerada.

Kahneman piensa que en la mayoría de los contextos, las fórmulas simples superan la intuición humana. En muchas situaciones, como la de evaluación de riesgos crediticios, el azar de la muerte súbita de un hijo, las perspectivas de éxito de nuevas empresas o la solvencia de los padres de acogida los algoritmos hacen mucho más precisas las predicciones que los profesionales «expertos». Los humanos somos horriblemente incoherentes en nuestras evaluaciones; los algoritmos, no. Los expertos quieren tener en cuenta toda una amplia variedad de información compleja, pero normalmente bastan dos o tres parámetros para acertar en el juicio. Por ejemplo, para predecir el futuro valor de los vinos de Burdeos existe un algoritmo que solo usa tres variables del clima, y es mucho más preciso que las evaluaciones de los catadores profesionales. La intuición o el juicio global pueden ser útiles, pero solo si se ajustan a los hechos; no se trata de sustituirlos. Solo se puede confiar en la intuición del experto cuando el entorno es regular y estable (por ejemplo, en el ajedrez), pero no cuando es complejo y abierto.

COMENTARIOS FINALES

Una de las conclusiones fascinantes de Kahneman es que estudiar psicología no tiene ningún efecto en posibles cambios en la forma de pensar y actuar. Por ejemplo, podemos conocer experimentos que demuestran que las personas somos muy reticentes a ayudar a otras que tengan problemas si pensamos que lo pueden hacer otros, pero el hecho de que conozcamos las oscuridades de la naturaleza humana no significa que vayamos a cambiar nuestro comportamiento en el futuro. Al contrario, creemos que nosotros no somos así. La idea de Kahneman es que la conciencia de la probabilidad estadística que avalan los experimentos no nos cambia; solo nos cambian los casos concretos, porque de ellos podemos trabar una historia significativa, y somos criaturas que aman construir historias.

Pero también dice Kahneman que el hecho de que el libro se centre en el error

> no denigra la inteligencia humana, como la atención a las enfermedades en las obras médicas no niega la buena salud. La mayoría de las personas estamos sanas la mayor parte del tiempo, y la mayoría de nuestros juicios y acciones son adecuados la mayor parte del tiempo.

De hecho, el hecho de que *Pensar rápido, pensar despacio* se ocupe de una gran diversidad de sesgos y fracasos no significa que el libro tenga un tono negativo. Al contrario, ofrece esperanza, porque muchos de estos puntos negros del pensamiento en su momento eran inconscientes o se hallaban ocultos, por lo que estábamos a su merced. Hoy los podemos introducir como factores en cualquier decisión racional que debamos tomar o en cualquier teoría que deseemos desarrollar.

La filosofía es tan vulnerable como cualquier otro campo a estos errores cognitivos, y pensar que está por encima de ellos es una arrogancia.

(Biografía del autor en el Apéndice, página 436).

1781

CRÍTICA DE LA RAZÓN PURA

La razón humana tiene un sino peculiar [...] la perturban preguntas que no puede desechar, porque las plantea la propia naturaleza de la razón, pero tampoco las puede responder, porque superan todas las capacidades de la razón humana.

Nadie, de hecho, podrá presumir de saber que existe un Dios y que hay una vida futura [...]. No, la convicción no es una certeza lógica sino moral; y dado que se asienta en bases subjetivas (de la actitud moral), no debo decir siquiera que es moralmente cierto que exista un Dios, etc. [...] sino que yo estoy moralmente seguro, etc.

En dos palabras

En un mundo racional basado en la ciencia,
¿hay espacio para la ley moral?

En la misma línea

Aristóteles, *Ética a Nicómaco*
Cicerón, *Sobre los deberes*
Martin Heidegger, *El ser y el tiempo*
David Hume, *Investigación sobre el conocimiento humano*
Arthur Schopenhauer, *El mundo como voluntad y representación*
Ludwig Wittgenstein, *Investigaciones filosóficas*

CAPÍTULO 25

Immanuel Kant

Immanuel Kant fue producto de la Ilustración, en la que todo —la naturaleza, la ley, la política— pasó a someterse a la fría luz de la razón. La obra de Newton, Hume, Rousseau, Leibniz y Spinoza había señalado el fin de la furibunda superstición y la irracionalidad de la Edad Media. Kant no solo aceptaba la visión científica del mundo, sino que inició su carrera escribiendo libros científicos, incluido uno sobre los orígenes del sistema solar. No obstante, se preguntaba si en este universo aparentemente mecánico había espacio para la moral. El intento de conciliar lo físico y lo metafísico pudiera haber parecido un trabajo imposible, pero este era el osado objetivo de la *Crítica de la razón pura*.

El libro nació de la insatisfacción de Kant tanto con los empíricos como Hume, que sostenían que el conocimiento era solo lo que se podía confirmar con los sentidos, como con la idea racional de que la razón humana era tan poderosa que podía explicar el universo. La «tercera vía» de Kant argumentaba que la razón de hecho nos podía llevar muy lejos, pero existían unos límites. Nos equivocábamos al pensar que, como seres que existen en el espacio y el tiempo, podíamos saber algo definitivo sobre las cuestiones metafísicas. Sin embargo, la fuerza de la razón nos había llevado a la metafísica del mismo modo que nos había llevado a la ciencia natural. Por consiguiente, ¿era posible que nuestro razonamiento sobre la moral, Dios y el alma pudiera estar tan equivocado, cuando nuestro razonamiento sobre cuestiones físicas y empíricas era acertado?

La pregunta no es si la metafísica es legítima, sino cómo podríamos proceder en ella de forma rigurosa y científica. La «crítica de la razón pura» de Kant indaga en lo que somos capaces de saber sobre el mundo no material (sobre Dios, por ejemplo) *dadas las limitaciones de nuestros sentidos.*

La *Crítica* es de lectura sumamente difícil porque Kant plantea el tema como lo haría el más minucioso de los científicos, utilizando términos precisos y técnicos y con una argumentación rigurosa. Pero cualquiera que estudie el libro con la mínima buena voluntad se verá recompensado con perlas de una de las mentes más preclaras de la historia de la filosofía.

SERES DEL ESPACIO Y EL TIEMPO

Un concepto fundamental del libro es el de «idealismo trascendental», o la distinción que Kant hace entre la esencia atemporal, la realidad o la verdad de una «cosa en sí misma» y el mundo de las apariencias que vemos a nuestro alrededor.

Como humanos, nos consideramos observadores de un mundo real de cosas (planetas, muebles, etc.) y pensamos que el tiempo es algo objetivo y externo a nosotros. Pero la idea radical de Kant es que el espacio y el tiempo son simplemente el modo en que los humanos percibimos el mundo. El espacio y el tiempo nos permiten filtrar e interpretar los datos que nos llegan a través de los sentidos. Estamos conectados para reconocer patrones, por ejemplo, y prestar mucha atención a cualquier movimiento físico para poder sobrevivir. No estamos construidos para ver las cosas «tal como son», es decir, su realidad permanente y metafísica, sino lo que puedan significar para *nosotros*. Nuestro conocimiento del mundo no concuerda con cómo *es realmente* el mundo; al contrario, el mundo tal como lo percibimos concuerda con el conocimiento que tenemos de él.

¿PUEDE SER RACIONAL LA CREENCIA ESPIRITUAL?

El Kant más joven pensaba que es posible alcanzar el conocimiento metafísico de forma científica. Sin embargo, después de leer, sin que le impresionara, la obra del místico Emmanuel Swedenborg, que describía sus visiones de un mundo espiritual, cambió de rumbo y llegó a la conclusión de que nunca podemos tener un conocimiento real de las cuestiones metafísicas. La única base firme que podemos encontrar es identificar los límites de la razón humana.

Llegados a este punto, cabría esperar que Kant (como hizo Hume) aseverara que la metafísica carece de sentido, pero se ciñe a comentar que, limitados como estamos por los cinco sentidos y viviendo en las dimensiones del espacio y el tiempo, es un error confiar en que se pueda hablar de ella de forma inteligente. Dado que nada de naturaleza espiritual se podrá demostrar jamás de forma racional y científica, la teología no se puede considerar una auténtica disciplina racional. Pero también concluye Kant que, aunque es imposible demostrar que Dios existe, tampoco es posible demostrar que no existe. En la naturaleza humana está el deseo de algún tipo de base firme para las cuestiones metafísicas, y por lo tanto los esfuerzos por alcanzar la certeza son racionales. Plantearse las grandes preguntas, pese a que las respuestas nos superen, es esencial en el ser humano. En lo que está en desacuerdo es en el dogmatismo: la fe ciega y desprovista de pensamiento racional.

LA MORAL ES REAL

El mejor uso de la razón, piensa Kant, es el de llevarnos a una moral más objetiva. Si no se puede demostrar de forma racional que algo es bueno, y no se puede aplicar universalmente, eso significa que probablemente no es bueno. Este es su famoso «imperativo categórico»:

Actúa solo según aquella máxima de la que al mismo tiempo puedas desear que se convierta en ley universal.

Tus acciones se deben juzgar considerando si sería beneficioso que todo el mundo hiciera lo mismo. Nunca hay que entender a las personas como medios para alcanzar un fin; ellas *son* el fin. Es, evidentemente, el principio de la mayoría de las religiones, pero Kant estaba decidido a demostrar que tenía sentido racional y filosófico.

Para él, la persona o la sociedad que actuaran de acuerdo con este imperativo no podrían equivocarse mucho, porque su moral se basaría en la razón. Kant piensa que es correcto que intentemos descubrir todas las leyes y los misterios del mundo natural, pero *también* es destino de la humanidad identificar y desarrollar la ley moral. Así explica Sebastian Gardner, estudioso de Kant, la postura de este: «Como miembros de un mundo racional, estamos sometidos a las leyes de Newton, y como miembros del mundo espiritual, a las leyes morales».

La moral no es el funcionario saliente a quien vaya a sustituir la ciencia, sino que se puede considerar uno de los máximos logros de la humanidad, siempre y cuando se base en la razón. En la tumba de Kant figura este epitafio (tomado de la *Crítica de la razón práctica*):

Dos cosas llenan el ánimo de admiración y respeto, de las que la reflexión se ocupa con mayor frecuencia y constancia: el cielo estrellado que hay sobre mí y la ley moral que hay dentro de mí.

La moral es una especie de puente entre la experiencia de ser humano y el mundo no material. El sentimiento de que algo está bien o mal no es falso ni arbitrario, pero indica que estamos atados a una serie de leyes metafísicas. La ley moral es tan real como los planetas y las estrellas.

KANT Y LA FELICIDAD

A diferencia de los estoicos, que pensaban que antes que la búsqueda de la felicidad está el cumplimiento del deber y la aceptación del lugar que uno tiene asignado en el mundo, Kant piensa que la felicidad es un objetivo legítimo de los seres humanos, parte de nuestra naturaleza física como seres en el espacio y el tiempo. Pero la búsqueda de la felicidad se debe entender dentro de una búsqueda más amplia de la excelencia moral. La solución de Kant es: «Haz lo que te haga *merecedor* de ser feliz». Aunque pueda parecer una idea recogida de su educación pietista, la cuestión es que debemos llevar una vida moral no porque Dios nos diga que lo hagamos, sino porque, a un nivel puramente racional, lo más previsible es que la vida nos dé la felicidad. Si contravenimos la ley moral, estamos abocados a la infelicidad; al hacer lo correcto, nos creamos un mundo de orden y paz. Así vivía el propio Kant, y se decía que había sido un hombre feliz.

LA GLORIA DE SER HUMANO

En su último libro, *El conflicto de las facultades* (1798), Kant pone todo el empeño en demostrar que la filosofía no es una ciencia de las ideas, ni una «ciencia de todas las ciencias», sino «una ciencia del ser humano, de su representación, su pensamiento y su actuación: debe exponer el ser humano en todos sus componentes, es decir, está y debe estar de acuerdo con sus propias determinaciones naturales además de con su relación con la moral y la libertad». La filosofía antigua había convertido a los seres humanos en máquinas, una parte pasiva del universo; en cambio, la idea de Kant es que los humanos tienen «un lugar totalmente *activo* en el mundo»:

> *El propio ser humano es el creador original de todas sus representaciones y conceptos, y debe ser el único autor de todos sus actos.*

No somos bolas empujadas por todo el universo mecánico de Newton, pero tampoco nos controla los actos ninguna deidad externa. Al contrario, somos seres autónomos que se pueden mejorar perfeccionando sus virtudes y, de este modo, configurar el mundo de forma positiva.

Kant se adelantó a Freud en reconocer que los actos de las personas están determinados a menudo por sus inclinaciones inconscientes, por lo que no parece que haya mucho espacio para el libre albedrío. Sin embargo, con la fuerza del razonamiento podemos empezar a vivir de acuerdo con ideas e ideales más altos, empleando todo nuestro potencial y contribuyendo a la humanidad.

La propia esencia del ser humano es la libertad: somos libres para entender y organizar el mundo como creamos que corresponde, basándonos en la razón y la experiencia. Ningún otro animal puede hacer ni remotamente lo mismo, y sin duda nuestro mayor logro es habernos percatado de que existe una ley moral universal que, por su naturaleza ajena al tiempo y el espacio, nos parece que surge de algún otro lugar, y a esto nos complace representarlo como «Dios». Nunca sabremos si Dios es una realidad objetiva o no, pero esta no es la cuestión. La cuestión es la poderosa libertad que tenemos para reconocer nuestro universo de forma significativa, lo que incluye el desarrollo de una ética basada en la ley moral universal. Este es el destino de la humanidad y el mensaje fundamental de Kant.

Su supuesto de que los seres humanos somos esencialmente libres, poseedores de nuestra propia voluntad y capaces de pensar al margen del contexto cultural o político le convirtió en inspiración para la Revolución francesa. Desde la perspectiva de las investigaciones actuales sobre el libre albedrío, su posición no parece demasiado rigurosa. No obstante, si se cree en la libertad esencial del individuo, Kant es una gran figura, porque hizo de esta sencilla idea toda una filosofía.

COMENTARIOS FINALES

Si un supremo filósofo como Kant consideraba importante la metafísica, tal vez el tema más importante de la filosofía, es posible que nunca se pueda despreciar fácilmente, como quisiera hacer una visión empírica o racional extrema. Filósofos anteriores como Berkeley y Leibniz habían mantenido a Dios en el centro de la filosofía al señalar que el mundo «real» era metafísico, mientras que el mundo natural tal como lo percibimos era una mera expresión de esta realidad más importante. Kant les otorgó a ambos la misma significancia.

Para él, la religión no es un camino para llegar a la verdad espiritual (lo cual es imposible), sino la validación de posturas morales minuciosamente razonadas. Su pensamiento hizo que la persona moderna y racional que acepta la ciencia y la lógica también tenga espacio en su vida para la espiritualidad. Pero al mantener que nunca se podrá decir nada concreto en la teología (porque era un campo de investigación sobre un tema o realidad que no se podía conocer, o del que, al menos, no se podía hablar ni escribir con sensatez), Kant sentó también las bases de la filosofía moderna, incluidos el positivismo lógico como el de Wittgenstein.

La obra de Kant conserva su fuerza e influencia porque logra servir a dos campos: los de mente empírica pueden aducir que Kant demostró que todo lo que se diga de Dios y la teología son esencialmente simplezas, y los creyentes pueden ver en su obra una base racional para la ley moral y la metafísica. En ambos casos, por su rigurosidad, extensión y coherencia, ningún filósofo posterior ha podido ignorar la obra kantiana.

IMMANUEL KANT

Kant nació en 1724 en Konigsberg (Prusia Oriental), hoy Kaliningrado (Rusia). Su padre era artesano y la familia, muy pobre, pero Kant recibió una educación libre en una escuela pietista. En la Universidad de Konigsberg estudió diversas materias, entre ellas ciencia, filosofía y matemáticas. Para ganarse la vida trabajó de profesor particular ocho años, pero en su tiempo libre se dedicaba a escribir textos científicos, entre los que se contaba la Historia general de la naturaleza y teoría del cielo, *sobre los orígenes del sistema solar. La publicación de su primera obra filosófica,* Nueva dilucidación de los primeros principios del conocimiento metafísico, *le permitió empezar a dar clases en la universidad, sobre muy diversas materias, de geografía a derecho, pasando por física. No fue hasta 1770, a los cuarenta y seis años, cuando obtuvo un puesto fijo de profesor de filosofía en Konigsberg.*

Otras de sus obras son Los sueños de un visionario explicados por los sueños de la metafísica *(1766; 1987),* Prolegómenos a toda metafísica futura que quiera presentarse como ciencia *(1783),* Crítica de la razón pura *(1790),* La religión dentro de los límites de la mera razón *(1793; 1986) y* Metafísica de las costumbres *(1797; 1994).*

Kant nunca contrajo matrimonio y apenas salió de su ciudad natal. Era considerado una persona sociable e ingeniosa, y organizaba tertulias alrededor de la mesa en su casa. Falleció en 1804.

1843

TEMOR Y TEMBLOR

La fe es una maravilla, y pese a ello ningún humano está excluido de ella; porque aquello en que se aúna la vida humana es la pasión, y la fe es una pasión.

El caballero de la fe sabe que le inspira para rendirse a lo universal, que se requiere coraje para hacerlo, pero también que existe cierta seguridad en ello, sencillamente porque se trata de lo universal.

No, no hay que olvidar a nadie que fuera grande en este mundo. Pero cada héroe fue grande a su manera, y cada uno fue eminente en proporción con las grandes cosas que amaba. Porque quien se quiso a sí mismo alcanzó la grandeza mediante sí mismo, y quien quiso a los demás alcanzó la grandeza por su entrega, pero quien amó a Dios alcanzó mayor grandeza que la de todos esos. A todos hay que recordar, pero cada uno se hizo grande en proporción a la que fue su confianza.

En dos palabras

La confianza total en una realidad absoluta o espiritual no es una debilidad, sino la más alta expresión de vida.

En la misma línea

René Descartes, *Meditaciones metafísicas*
Immanuel Kant, *Crítica de la razón pura*
Blaise Pascal, *Pensamientos*

CAPÍTULO 26

Søren Kierkegaard

Para Søren Kierkegaard, parecía que en la Edad Moderna todo empieza por dudar de todo. Este es el camino que tomó René Descartes, quien llevó la duda a su grado máximo. ¿O no? Este, señala Kierkegaard, de hecho «no dudaba en materia de fe». En *Los principios de filosofía,* por ejemplo, Descartes defendía la «luz natural de la razón» solo si Dios no reveló nada en su contra.

Lo contrario de la duda es la fe, y a Kierkegaard siempre le había fascinado la historia bíblica de Abraham, el «padre de la fe». *Temor y temblor* recuerda el viaje de tres días de Abraham al monte Moriá, adonde Dios le dijo que fuera a sacrificarle en ofrenda a su hijo Isaac. Kierkegaard dedica todo el libro a entender cómo pudo Abraham estar dispuesto a tamaña acción. Isaac no era un hijo más, sino el único de Abraham y Sara, que lo tuvo milagrosamente en su vejez, después de muchos años de espera. De modo que era un hijo especialmente deseado y querido.

Pero Abraham no duda ni cuestiona la solicitud de Dios, sino que ensilla los caballos y parte. Cuando Isaac se da cuenta de lo que ocurre, suplica a su padre, pero Abraham no culpa a Dios de sus actos, como cabría esperar; al contrario, asume toda la responsabilidad.

Piensa que es mejor que su hijo crea que su padre es un monstruo a que «pierda la fe en ti».

¿Qué ocurre? En el último instante, cuando Isaac ya está atado y el fuego ardiendo, Abraham ve un carnero, y entiende que la ofrenda ha de ser el animal, no su hijo. Dios lo ha puesto a prueba, y él ha demostrado que es hombre de fe.

Para Kierkegaard, la disposición absoluta de Abraham parece de otro mundo, inhumana. En cierto sentido, Abraham es sencillamente un asesino. Sin embargo, por su disposición a seguir hasta el final lo que parece manifiestamente absurdo solo porque Dios así lo quiere, Kierkegaard reconoce que sus acciones representan lo más alto de la condición humana.

NIVELES DE GRANDEZA

Todos podemos ser grandes a nuestra manera, dice Kierkegaard, según lo que amemos y esperemos. Quienes se quieren a sí mismos pueden ser «grandes en sí mismos»; quienes aman a los demás pueden alcanzar la grandeza «a través de su entrega»; pero quienes aman al Absoluto o Dios están por encima de los demás. Los del primer grupo se hacen grandes esperando lo posible; los del segundo, esperando lo eterno, «pero quien esperó lo imposible alcanzó mayor grandeza que todos los demás». Más allá de la fuerza personal o el autosacrificio está la grandeza de quien renuncia voluntariamente a todo poder, otorgándolo por completo al Absoluto. En palabras de Kierkegaard: «Porque quien siempre espera lo mejor llega a viejo, desengañado por la vida, y quien siempre está dispuesto a lo peor envejece prematuramente; pero quien tiene fe conserva la eterna juventud».

Puede parecer, al resto de la humanidad, que esta persona sigue un camino insensato o estúpido, pero la única razón es que no depende de la sabiduría ni la razón humanas. Si Dios se mueve de forma misteriosa, quien simplemente sea un vehículo de la voluntad de Dios también parecerá, a veces, que actúe ajeno a la razón.

CREER EN LO ABSURDO

La renuncia, señala Kierkegaard, realmente es un acto del ego, que hace que uno parezca heroico. La fe de hecho es algo superior, porque significa creer incluso *después* de haber renunciado. Significa no abandonar nuestras acciones *en este mundo*.

En el monte Moriá, Abraham estaba dispuesto a hacer el sacrificio «si esto era lo que se le pedía». Toda racionalidad humana había quedado en suspenso, de ahí que Abraham se viera obligado a creer en lo absurdo. Tenía que decirse a sí mismo: «No comprendo el significado de esto, pero dejo a Dios lo que pueda significar».

Kierkegaard define el «salto de fe» de Abraham como un «movimiento», un movimiento que parece exigir ceder a todo y que al final se lo da todo a Abraham. No solo le fue devuelto su hijo, Isaac, sino que este era un Isaac nuevo, más maravilloso aún que antes, que cumpliría la profecía de prosperidad y fertilidad en muchas generaciones. Abraham, al reconocer en primer lugar a Dios como la fuente de todo, tenía la absoluta seguridad del conocimiento.

El salto de fe es tremendamente difícil, pero nos une a lo que es universal y, por ello, es la única verdadera seguridad.

LOS CABALLEROS DE LA FE

El «caballero de la fe», señala Kierkegaard, transforma el salto de fe en manera de ser, la forma de ser normal de esa persona, que feliz apostará toda su vida a un único amor o a un gran proyecto. Lo contrario es la persona cuya vida no hace sino «discurrir errante».

Kierkegaard pone el ejemplo de un caballero de la fe enamorado de una mujer. Parece que su pretensión es inútil, y así lo admite él mismo. Pero luego hace un movimiento más y dice: «No obstante, creo que la voy a conseguir, por la fuerza del absurdo, por la fuerza que da que para Dios todo es posible». A un nivel puramente humano sus probabilidades de conseguir a la mujer son nulas, pero esta misma imposibilidad le obliga a dar un salto de fe, sabedor de que solo Dios puede hacerlo. Debe creer en el absurdo para que el Infinito se manifieste.

En el caso de Abraham, la cuestión es que sufre (evidentemente con suma angustia, y hasta el punto de tener que atar a Isaac y encender la hoguera para la ofrenda) sin dejar de creer. Es grande no porque esté más allá del miedo, la angustia y la agonía, sino porque los supera. De este modo, se convierte en maestro de la vida. El error que cometemos es leer la historia de Abraham y pensar que su grandeza es inevitable, viendo solo el resultado y olvidando todo por lo que tuvo que pasar para llegar al otro lado. Si queremos ser como Abraham, debemos observar cómo empezó, cómo actuó *antes* de ser la famosa figura de la Biblia.

SØREN KIERKEGAARD

Nacido en Copenhague en 1813, Kierkegaard pertenecía a una familia acomodada y profundamente religiosa. A los diecisiete años se matriculó en teología en la Universidad de Copenhague, pero, para desengaño de su padre, le atraían más la filosofía y la literatura. Su padre murió estando Kierkegaard aún en la universidad, y este, terminados los estudios, le propuso matrimonio a la hija de un funcionario. Pero nunca llegaron a casarse: Kierkegaard permaneció siempre soltero, y vivió principalmente de las rentas de las propiedades de su padre.

En 1843 publicó O lo uno o lo otro, *seguido pocos meses después de* El concepto de la angustia, *y en* 1846 *de* Notas concluyentes no científicas. *También escribió con pseudónimo* La enfermedad mortal: discursos edificantes en varios espíritus (1847), *que exponía lo que para Kierkegaard era el verdadero mensaje del cristianismo. Otra de sus obras fue* El diario de un seductor. *Fue después un crítico acérrimo de la Iglesia de Dinamarca y de su actitud mundana.*

Kierkegaard falleció en 1855. Wittgenstein decía de él a un amigo que fue «con mucha diferencia el pensador más profundo del último siglo. Kierkegaard fue un santo».

1972

EL NOMBRAR Y LA NECESIDAD

¿Pudiera ser que el oro no fuera amarillo? Imaginemos que hubiera una ilusión óptica generalizada, debida a propiedades particulares de la atmósfera en Sudáfrica y Rusia y determinadas zonas donde abundan las minas de oro. Supongamos que hubiera una ilusión óptica que hiciera que la sustancia pareciese amarilla, pero, de hecho, desaparecidas esas propiedades de la atmósfera, viéramos que en realidad es azul [...] ¿Se anunciaría por ello en la prensa: «El oro no existe. Lo que tomamos por oro en realidad no lo es»? [...] Me parece que no habría tal noticia. Al contrario, lo que se diría sería que, aunque parecía que el oro era amarillo, resulta ahora que no es amarillo, sino azul. La razón, creo, es que empleamos el término «oro» para referirnos a un determinado tipo de cosa. Otros han descubierto este tipo de cosa y nosotros nos hemos enterado. Por tanto, como parte que somos de una comunidad de hablantes, existe cierta conexión entre nosotros y un determinado tipo de cosa.

En dos palabras

El significado de algo no se encuentra en la descripción que de ello se hace, sino en sus propiedades esenciales.

En la misma línea

A. J. Ayer, *Lenguaje, verdad y lógica*
Ludwig Wittgenstein, *Investigaciones filosóficas*

CAPÍTULO 27

Saul Kripke

En el siglo XX, Gottlob Frege, Bertrand Russell, Ludwig Wittgenstein y otros de la tradición del análisis del lenguaje se consideraban los salvadores de la filosofía, a cuya esencia la devolvían. El mal uso del lenguaje permitía que floreciera una metafísica «obviamente» carente de sentido, mientras que si se utilizaba bien podía ofrecer una imagen más precisa de la realidad. Los filósofos analíticos *se convirtieron* en la filosofía, y toda visión alternativa fue silenciada como «no filosofía».

El desafío al orden establecido puede provenir de sus propias filas, y no muchos estaban tan bien preparados como Saul Kripke para señalar que el paradigma lingüístico-materialista tenía agujeros. Con ello, hizo posible que la metafísica se tomara en serio de nuevo.

Kripke era hijo de un rabino y una escritora de literatura infantil de Omaha (Nebraska). Sus padres conocieron al legendario inversor de Omaha Warren Buffet y se enriquecieron gracias a una temprana inversión en la empresa de este. Niño prodigio, se dice que Kripke aprendió hebreo antiguo a los seis años, leyó las obras de Shakespeare a los nueve, y con poco más de diez ya había leído a Descartes y dominaba complejos problemas matemáticos. A los quince formuló un nuevo teorema de lógica modal, y a los dieciocho lo había publicado

223

en el *Journal of Symbolic Logic*. Se graduó en matemáticas en Harvard, y siendo aún estudiante daba clases de lógica a alumnos de posgrado. Con solo veintitrés años fue profesor de Harvard, y después de lógica y matemáticas en las universidades Rockefeller y Princeton.

El nombrar y la necesidad es básicamente la transcripción de tres conferencias que Kripke dio en 1970, con veintinueve años y sin nota alguna, en la Universidad de Princeton. Aunque el libro es breve, no resulta fácil de entender.

LAS DESCRIPCIONES NO EQUIVALEN A LA IDENTIDAD: LA VISIÓN ESENCIALISTA

La lógica modal de Kripke era una reacción contra la visión «descriptivista», cuyos máximos exponentes eran Frege, Russell, Wittgenstein y John Searle, y según la cual todos los nombres propios de las cosas se debían corresponder de algún modo con descripciones factuales de ellas, fuera porque las confirmaran los sentidos o porque una lógica impecable demostrara su verdad (por ejemplo, «todos los solteros no están casados»). Esta postura permitía también que un *grupo* de enunciados como «el primer director general de Correos de Estados Unidos», «el inventor de la lente bifocal» y «el autor del *Almanaque del pobre Richard*» se unieran para llegar a una identidad; en este caso, Benjamin Franklin.

Un nombre propio como Benjamin Franklin es lo que Kripke llama un «designador rígido». La información o las descripciones sobre una persona así pueden ser verdaderas o no, o se puede demostrar que no son verdad (podemos descubrir que Franklin de hecho no inventó la lente bifocal, o no escribió el *Almanaque,* y por algún error nunca fue oficialmente el director general de Correos), pero lo que sigue siendo verdad es que la persona que sabíamos que era Benjamin Frankiln *era* Benjamin Franklin. En realidad, dice Kripke, nos podemos referir a alguien sin que ninguna de sus definiciones sea correcta; existen «mundos posibles» en los que Franklin podría no haber sido ninguna de las cosas antes mencionadas. Y de ser así, llevando la teoría descriptivista a sus últimas consecuencias, Benjamin Franklin podría no haber existido. Pero sí existió, lo que indica que hay en Franklin alguna cualidad que lo hacía Franklin con independencia de nuestras descripciones y de que estas descripciones resultaran ser verdaderas.

Según la visión «esencialista» de Kripke, la existencia de Franklin no está determinada por algo más que el hecho de que existió. Aunque una afirmación así parezca completamente obvia, abrió una división entre dos ideas de la «necesidad». Para los filósofos analítico-descriptivistas, la identidad dependía de una descripción exacta; en cambio, Kripke aseguraba que la identidad solo es la relación «entre algo y ese algo en sí mismo». Otro de sus ejemplos es el de alguien que haya oído hablar del físico Richard Feynman y haya empleado su nombre para referirse a él, aunque no sepa nada de él. Todo el conocimiento que sobre él tenga esa persona puede ser *erróneo,* pero el individuo al que se refiere sigue siendo Feynman, la persona real.

Otro ejemplo es el de los nombres «Cicerón» y «Tulio». Tulio se empleaba en inglés antiguo para referirse a Cicerón (por su nombre completo, Marco Tulio Cicerón), de modo que son simplemente diferentes denominaciones de la misma persona. Sin embargo, Kripke supone que las descripciones de «Tulio» y de «Cicerón» podrían haber variado tanto que, en términos lógicos descriptivistas, podrían haber sido personas distintas. El hecho de que no fueran dos identidades distintas demuestra la fragilidad de querer vincular cada nombre con una descripción suya. En este sentido, Kripke se hace eco de la idea de John Stuart Mill sobre los nombres: Mill sostenía que los nombres *connotan* una identidad, no la *denotan.*

Cuando nace un niño, señala Kripke, se le pone un nombre, y por su «cadena causal de uso» ese nombre se convierte en nuestra forma abreviada de esa persona. Puede haber miles de definiciones de ella, pero son esencialmente irrelevantes para su nombre, que nos dice que esa persona existe o que hubo un tiempo en que existió. No tenemos que seguir confirmando su identidad con nuevas descripciones de ella. Los filósofos lingüístico-analíticos, en su celo por hacer más exacto el lenguaje, simplemente fueron demasiado lejos.

Para resumir su filosofía de la identidad, Kripke cita a Joseph Butler:

Todo es lo que es y no otra cosa.

Una persona es *quien es* —posee propiedades esenciales— y ningún grado de precisión del lenguaje va a añadirle, restarle ni demostrarle nada a esa identidad.

LOS NOMBRES Y SU SIGNIFICADO

Kripke señala que, aun en el caso de que tengamos que cambiar el nombre de algo, seguimos sabiendo a qué se refieren el nombre antiguo y el nuevo. Los nombres no definen por sí mismos, solo son medios para transmitir el hecho de algo a lo largo del tiempo. El ejemplo que emplea es el oro. Si descubriéramos que el color amarillo del oro se debe simplemente a la naturaleza de la atmósfera de aquellas partes del mundo donde se extrae, y que fuera de esas condiciones el oro es «azul», ¿significaría que ya no existe el oro? No, sencillamente diríamos que cometimos un error sobre su color; sigue siendo oro.

Del mismo modo, si definimos una determinada especie, por ejemplo el tigre, por determinadas características y propiedades suyas, y resulta que el animal al que nos referimos de hecho no posee estas características ni propiedades, ¿significa esto que ya no lo denominaremos tigre? No, lo seguimos llamando como siempre lo hemos llamado, porque las descripciones y las propiedades importan menos que nuestro deseo de conservar la cadena causal de significado. Lo que importa son los rasgos o propiedades que forman una particular «especie natural» de animal. Si descubrimos un nuevo tipo de animal que posee las propiedades que en su momento asociamos con el tipo antiguo de animal, no pasamos el nombre antiguo al nuevo, sino que ideamos un nombre completamente nuevo. Lo que importa es cómo *nosotros* designamos a algo.

Volviendo al ejemplo del oro, Kripke se pregunta qué hace al oro, en sentido científico, oro. ¿Qué cualidad esencial tiene? Podemos definir el oro de muchas maneras: metal, de color amarillo brillante, que no se oxida, etc. Pero ese tipo de definiciones puede conducir fácilmente a errores, por ejemplo a que nos refiramos a la pirita (el «oro del idiota»). Tiene que haber algo más allá de estos términos —más allá del propio lenguaje— que nos diga qué es el oro. Esta «esencia del oro», continúa Kripke, es que es el elemento con el número atómico 79. De este modo, puede demostrar que su teoría no es anticientífica;

que buscar las cualidades esenciales es lo que constituye la ciencia. Podemos describir algo como mejor nos parezca y por los siglos de los siglos, pero solo una microestructura nos dice lo que es real y esencialmente.

COMENTARIOS FINALES

Durante la mayor parte del siglo XX, en la filosofía imperó la idea de que solo mediante el análisis del lenguaje se podía descubrir lo que era verdad, lo que no lo era y aquello de lo que ni siquiera se podía hablar en ningún sentido. El impacto de Kripke fue demostrar que si el descriptivismo estaba en un error, y el lenguaje ni siquiera podía llegar al núcleo de la identidad de algo, ¿por qué había que considerarlo la base de la filosofía? Tal vez la visión materialista del mundo, que incorporaba la idea de que solo lo que se podía describir físicamente era relevante o importante, no era más que un sesgo.

Estas son las últimas líneas de *El nombrar y la necesidad*:

Creo que el materialismo debe defender que una descripción física del mundo es una descripción completa de él, que todos los actos mentales son «ontológicamente dependientes» de los hechos físicos en el sentido de que se siguen de ellos por necesidad. No creo que ningún teórico de la identidad argumente de forma convincente contra la idea intuitiva de que no es así.

Este tipo de enunciados permiten (en teoría al menos) que exista cierto orden, mental o físico, de la realidad que no se pueda definir con las descripciones que de él hagamos. Kripke, que es judío practicante y cumple con el Sabbat, algo poco habitual en un matemático y filósofo, decía en una entrevista:

No tengo los prejuicios que hoy muchos tienen, no creo en una visión materialista del mundo. No baso mi pensamiento en prejuicios ni en una visión del mundo, y no creo en el materialismo.

¿El paradigma naturalista-materialista (la base de la ciencia y del mundo moderno) como mero prejuicio o ideología? Es una afirmación sorprendente para alguien tan integrado en el orden racional establecido. Aunque Kripke ha reconocido que la filosofía en general tiene poca aplicación a la vida normal, no hay duda de que si está en lo cierto, esto significaría el fin de la visión materialista «moderna» del mundo. Sería el equivalente filosófico de la turbadora tecnología que lo cambia todo.

SAUL KRIPKE

Kripke nació en Nueva York pero, siendo aún pequeño, su familia se mudó a Omaha (Nebraska). En 1962 se graduó en matemáticas en Harvard, y en 1973 fue la persona más joven en dar las conferencias John Locke en la Universidad de Oxford. Ha trabajado en las universidades de Harvard, Princeton y Rockefeller.

El nombrar y la necesidad *se publicó originariamente en una compilación,* Semantics of Natural Language *(1972). Kripke no escribe libros como tales, sino que edita las charlas que da para que se puedan publicar. Su polémica interpretación de Wittgenstein está expresada en* Wittgenstein: a propósito de reglas y lenguaje privado *(1982).*

Actualmente Kripke es miembro del claustro del Centro de Graduados de la Universidad de la Ciudad de Nueva York.

1962

La estructura de las revoluciones científicas

*Todas las teorías históricamente relevantes se han
ajustado a los hechos, pero solo más o menos.*

*El nuevo paradigma, o un indicio suficiente que permita una posterior
formulación, surge de repente, a veces en medio de la noche, en la
mente de un hombre profundamente inmerso en una crisis.*

*La transferencia de la lealtad de un paradigma a otro es una
experiencia de conversión que no se puede forzar.*

*Asimilar un tipo de hecho nuevo exige más que un ajuste aditivo de la teoría, y
mientras ese ajuste no se complete —mientras el científico no haya aprendido a ver
la naturaleza de otra forma— el hecho nuevo no es científico en modo alguno.*

En dos palabras

El conocimiento se puede entender, más que
como una acumulación lineal de hechos, como la
sustitución de una visión del mundo por otra.

En la misma línea

Michel Foucault, *Las palabras y las cosas*
David Hume, *Investigación sobre el conocimiento humano*
Karl Popper, *La lógica de la investigación científica*

CAPÍTULO 28

Thomas Kuhn

uando Thomas Kuhn era estudiante de posgrado de física teórica en la Universidad de Harvard, a punto de terminar la tesis doctoral, le pidieron que impartiera un curso experimental de ciencia para neurocientíficos. Fue su primera auténtica incursión en la historia de la ciencia.

Para su sorpresa, el curso alteró algunos de sus supuestos básicos sobre la ciencia, y el resultado fue un drástico cambio de sus planes profesionales, que pasaron de la física a la historia y después a la filosofía de la ciencia. Con treinta y tantos años, escribió una obra sobre Copérnico, y cinco años después *La estructura de las revoluciones científicas*. El libro es una monografía de solo ciento setenta páginas, pero se vendieron más de un millón de ejemplares, fue traducido a veinticuatro idiomas y se convirtió en una de las obras más citadas de todos los tiempos tanto en las ciencias sociales como en las naturales. Fue un éxito muy inusual para una obra académica, un éxito que sorprendió al propio Kuhn.

El texto es muy breve porque originariamente se compuso con la idea de que fuera un artículo extenso para la *Encyclopedia of Unified Science*. Una vez publicada esta, el artículo se amplió para componer el libro. Esta limitación resultó ser extremadamente positiva, pues evitó que Kuhn entrara en detalles científicos minuciosos, difíciles y tediosos, haciendo así el libro accesible para el lector no especializado.

¿A qué se debió el profundo impacto de *La estructura de las revoluciones científicas*? Si su mensaje se hubiera limitado a la propia ciencia, la obra seguiría siendo importante, pero es la idea general de los paradigmas, según la cual una visión del mundo reemplaza a otra, la que se ha considerado de sumo valor en tantas áreas del conocimiento. En efecto, en varios puntos Kuhn aborda el hecho de que los paradigmas no solo existen en la ciencia, sino que son una forma humana natural de comprender el mundo. Las raíces del libro se hallan en una experiencia que Kuhn tuvo al leer a Aristóteles, cuando se dio cuenta de que las leyes del movimiento aristotélicas no eran simplemente un «mal Newton», sino una forma completamente distinta de ver el mundo.

LA CIENCIA LA HACEN LOS CIENTÍFICOS

Kuhn empieza por decir que las explicaciones que en los manuales se dan del desarrollo de la ciencia no pueden ofrecer de la realidad más de lo que un folleto turístico pueda decir de la cultura de un país. Los libros de texto exponen una acumulación gradual de hechos, y describen las teorías confirmadas por experimentos de éxito que condujeron a una cantidad cada vez mayor de conocimientos. Pero ¿es así, de esta forma tan exacta, como avanza realmente la ciencia?

Kuhn buscaba una visión menos pretenciosa y más abierta que entendiera el avance científico no como una serie de personas individuales que realizan grandes descubrimientos, sino desde la perspectiva de la comunidad científica y el entorno intelectual del momento que permiten (o impiden) reinterpretar los datos existentes. En su tesis es fundamental la idea de que los científicos no proceden mediante la simple descripción de cómo funciona la naturaleza, sino que operan dentro de paradigmas de comprensión que, cuando ya no consiguen explicar los fenómenos, son reemplazados por otros. Define los paradigmas como «logros científicos reconocidos universalmente que durante un tiempo plantean problemas y dan soluciones modelo a una comunidad de profesionales».

¿Por qué es distinta esta idea de progreso científico? La idea convencional de la ciencia es «ahí están los hechos» sobre el mundo, y «aquí estamos» (los científicos) para desvelarlos. Sin embargo, los hechos no existen si no hay un observador, lo que significa que los intereses del observador son de suma importancia para la que es la ciencia del momento. Además, el progreso de la ciencia solo está en parte en el descubrimiento de lo nuevo; también está en los cambios de cómo vemos lo que creíamos que ya sabíamos. Los rayos X, señala Kuhn, «no solo produjeron sorpresa, sino un profundo impacto», porque no encajaban en ninguna teoría existente. Cuando un paradigma es sustituido por otro, parece que el propio mundo cambie: «Lo que en el mundo del científico antes eran patos, después de la revolución son conejos».

Una de las sorprendentes ideas de Kuhn es que los paradigmas pueden ser íntegros, ofrecer la mayoría de las respuestas a la mayoría de las preguntas que en su momento se les formulan, pero también ser fundamentalmente erróneos. Durante mucho tiempo pareció que la idea de la Tierra como centro del universo era una buena explicación del cosmos, aceptada por la mayoría de las personas, hasta que algunas anomalías se hicieron excesivamente obvias para ignorarlas y se pasó a aceptar el modelo heliocéntrico. No obstante, la afinidad humana con la certeza significa que estas revoluciones siempre generan oposición. El verdadero descubrimiento empieza con el reconocimiento de las anomalías, o de que el funcionamiento de la naturaleza no es el previsto. Los científicos no saben qué hacer con estos hechos, que, en consecuencia, no son «científicos» hasta que encuentran fácil acomodo en alguna teoría existente.

Un paradigma empieza a desmoronarse cuando aumenta la inseguridad sobre su capacidad de resolver los enigmas que se ha propuesto. Los profesionales siguen obteniendo las respuestas «erróneas». El paradigma entra en crisis, y es en esos momentos cuando es posible el descubrimiento de un paradigma nuevo, como la astronomía copernicana o la teoría especial de la relatividad de Einstein.

Kuhn observa que en las primeras fases de una disciplina normalmente no existe un paradigma establecido, solo ideas en competencia que intentan explicar algún aspecto de la naturaleza. Es posible que todas estas ideas sigan el método científico, pero solo una se convierte en la interpretación aceptada. La razón no es que todos convengan en los hechos, sino que es más fácil trabajar con un solo paradigma; la psicología humana entra en juego mucho más de lo que nos gustaría admitir. La ciencia, señala Kuhn, no avanza fría y analíticamente por voluntad propia, sino que la hacen los científicos.

CIENCIA NORMAL Y CIENCIA REVOLUCIONARIA

Kuhn distingue entre ciencia «normal» y el tipo de investigación o pensamiento científicos que pueden provocar revoluciones en el modo de entender el mundo.

La ciencia normal se basa en el supuesto de que «la comunidad científica sabe cómo es el mundo» y, además, «gran parte del éxito de la empresa deriva de la disposición de la comunidad a defender ese supuesto, aunque sea a un precio considerable». La ciencia normal tiende a eliminar los hechos anómalos, porque son una piedra que obstaculiza el camino teórico que se ha emprendido. Kuhn define estas novedades o anomalías dentro de un paradigma existente como «violación de las expectativas». La reacción ante una anomalía casi nunca es renunciar al paradigma existente, sino seguir trabajando con él para ver qué fue lo que falló. Solo una minoría muy reducida de científicos sabe realmente «romper moldes», pensar de forma original y contemplar la naturaleza con ojos nuevos.

La base para entrar en cualquier comunidad científica es el estudio de su paradigma, y la inmensa mayoría de los científicos dedica la vida a trabajar en cuestiones dentro de un paradigma: a pequeños enigmas que hay que resolver o a una investigación gradual. Otra posibilidad es que realicen descubrimientos que pueden acercar más la naturaleza y la teoría/paradigma, como hicieron muchos científicos tras los *Principia* de Newton. La ciencia normal es:

Un intento de meter a la fuerza a la naturaleza en la caja preconstruida y relativamente inflexible que ofrece el paradigma. Nada hay en el objetivo de la ciencia normal que convoque fenómenos nuevos; los que no entran en la caja a menudo no se contemplan en absoluto.

El problema es que cuando aparece una novedad inesperada, los científicos o la rechazan directamente como un «error» o la atribuyen a la incapacidad del método de demostrar lo que están esperando. De modo que el objetivo de la ciencia normal no es hallar algo nuevo, sino hacer más preciso el paradigma existente, conseguir que la naturaleza se ajuste mejor a su teoría.

Las revoluciones científicas, en cambio, son los «complementos de la tradición que hacen añicos la actividad vinculada a la tradición de la ciencia normal». Las nuevas teorías no son simplemente hechos nuevos, sino cambios completos en la forma de entender esos hechos, lo cual, a su vez, lleva a la reconstrucción de las teorías, que es «un proceso intrínsecamente revolucionario que pocas veces completa un solo hombre y nunca concluye de la noche a la mañana».

DOS MUNDOS DIFERENTES: LA INCONMENSURABILIDAD DE LOS PARADIGMAS

Dado que el cambio de paradigma no es un proceso racional sino, al contrario, una brecha entre lo que las diferentes partes *ven*, los paradigmas no compiten. No pueden convenir en la metodología adecuada para abordar los problemas, ni siquiera en el lenguaje necesario para describirlos; los paradigmas son «inconmensurables», dice Kuhn, porque no poseen un criterio común con el que juzgarse mutuamente.

Cada paradigma tampoco está más cerca ni más lejos de una verdad objetiva sobre el universo. La propia esencia de los paradigmas es que se refieren a las personas que los formulan y postulan, y cada uno habita efectivamente un mundo distinto. Kuhn cita a Max Planck:

Una verdad científica nueva no triunfa porque convenza a sus oponentes y les haga ver la luz, sino porque al final sus oponentes se mueren, y surge una nueva generación a la que la nueva verdad le es familiar.

De hecho, tuvo que pasar más de un siglo de la muerte de Copérnico para que sus ideas realmente arraigaran, y las de Newton no fueron aceptadas de forma generalizada durante más de cincuenta años después de la publicación de los *Principia*. Kuhn concluye: «La transferencia de la lealtad de un paradigma a otro es una experiencia de conversión que no se puede forzar». No obstante, las comunidades científicas al final comprenden, e inician el proceso de «demostrar» que lo que el nuevo paradigma indica ha de ser cierto.

COMENTARIOS FINALES

El gran impacto de *La estructura de las revoluciones científicas* se debió a la idea de que la ciencia no lleva a la humanidad por un camino recto y despejado que conduce a una verdad objetiva sobre la realidad del mundo mediante la acumulación de observaciones empíricas (la que se puede denominar visión ilustrada), sino que de hecho es una creación humana. Si la ciencia es el intento de hacer que nuestras teorías se ajusten a la naturaleza, con lo que tenemos que batallar en primer lugar es con la naturaleza humana.

Con los avances o cambios en la comprensión científica nos gusta componer una grandiosa historia de progreso, pero la teoría de Kuhn implica que la ciencia no tiene *objetivo*, sino que simplemente adapta sus explicaciones a la realidad de la mejor forma que puede. En la segunda edición del libro, afirmaba sin reservas que no era relativista y que creía en el progreso científico. Sin embargo, también sostenía que la ciencia es como la teoría de la evolución: evoluciona de algo más simple, pero no se puede decir que tenga un final o una dirección definitivos.

Una interpretación habitual de Kuhn es que los paradigmas son «malos» y ponen anteojeras a la visión de las personas, cuando deberían estar cuestionando el paradigma que subyace en su disciplina. Señala que la adquisición de un paradigma es signo de que un campo ha madurado y se ha convertido en algo real, porque como mínimo ha fijado una serie de normas en las que los profesionales puedan estar de acuerdo. Los paradigmas no son positivos ni negativos; simplemente nos ofrecen una lente para ver el mundo. El auténtico valor está en verlos de forma objetiva, y admitir la posibilidad de que nuestras verdades puedan ser simples supuestos.

THOMAS KUHN

Kuhn nació en 1922. Su padre era ingeniero hidráulico reconvertido en asesor de inversiones, y su madre, editora. Creció cerca de la ciudad de Nueva York y estudió en varios centros privados antes de ser aceptado en la Universidad de Harvard.

Terminada la graduación, durante la guerra trabajó en los servicios de radar en Estados Unidos y Europa, para después regresar a Harvard a cursar el doctorado en física. También siguió cursos de filosofía y pensó pasarse a ella, pero creyó que era demasiado tarde para comenzar en este campo. A los treinta años empezó a enseñar historia de la ciencia, y su aprendizaje constante e ininterrumpido en lo que era un campo nuevo significaba que tenía poco tiempo para elaborar su propia obra. De modo que empleó diez años en concluir La estructura de las revoluciones científicas. *Kuhn no consiguió plaza definitiva en Harvard, por lo que aceptó el puesto de profesor adjunto en la Universidad de California en Berkeley. En 1964, Princeton le ofreció un puesto de profesor de historia y filosofía de la ciencia, y allí siguió quince años, antes de pasar la última fase de su carrera en el MIT (1979-1991).*

Su primer libro fue La revolución copernicana *(1957; 1987). También es autor de* Sources for the History of Quantum Physics *(1967). En los años siguientes a la publicación de* La estructura de las revoluciones científicas, *Kuhn revisó la obra para aclarar algunos de sus conceptos (véase* The Road Since Structure: Philosophical Essays, 1970-1993, *que incluye una entrevista autobiográfica). Falleció en 1996.*

1710

TEODICEA

[Puesto que] Dios hizo el universo, no era posible hacerlo mejor.

Dios, después de escoger el más perfecto de todos los mundos posibles, fue motivado por su sabiduría para permitir el mal que iba unido a ese mundo, pero que no impedía que este, considerado en su conjunto, fuera el mejor que se podía elegir.

Es verdad que se pueden imaginar mundos posibles sin pecado y sin infelicidad, y que se pueden concebir historias de Utopía o Sevarambe, pero, de nuevo, estos mismos mundos serían muy inferiores al nuestro en bondad. No os lo puedo demostrar con detalle. Porque, ¿podría conocer y presentaros infinitudes y compararlas entre sí? Pero debéis juzgarme ab effectu [por el efecto], pues Dios ha elegido este mundo tal como es. Sabemos, además, que a menudo un mal trae un bien, el cual, por consiguiente, no se habría obtenido sin ese mal. De hecho, ocurre a menudo que dos males generan un gran bien.

En dos palabras

El mundo que existe ha de ser el mejor
de todos los mundos posibles.

En la misma línea

Blaise Pascal, *Pensamientos*
Platón, *La república*
Baruch Spinoza, *Ética*

CAPÍTULO 29

Gottfried Leibniz

ottfried Leibniz fue una persona muy activa en el mundo de la época, que iba de un lado a otro de Europa en misiones diplomáticas para sus empleadores. Entabló amistad, entre otros, con la joven reina Sofía Carlota de la casa de Hanóver. En las visitas a la corte real de Berlín, dedicaba horas a conversar con Sofía, haciendo observaciones sobre las controversias religiosas, filosóficas y políticas de la época.

Para complacer a la reina, respondió profusamente a las ideas del pastor calvinista francés Pierre Bayle, autor del famoso *Diccionario histórico y crítico*. Bayle sostenía que el cristianismo era materia de fe y no algo en que pudiera penetrar la razón, y que la cuestión del sufrimiento humano solo podía seguir siendo un misterio.

Al morir Sofía, con solo treinta y seis años, Leibniz reunió en su honor las notas que le había encarecido que redactara y publicó la *Teodicea*. Dividida en tres ensayos sobre la «bondad de Dios», la «libertad del hombre» y el «origen del mal», lo obra se proponía hacer una defensa sencilla e inteligente de un Ser Supremo justo y benevolente, conciliándolo al mismo tiempo con la realidad del mal en el mundo. En un momento en que la ciencia estaba en auge y los viejos supuestos religiosos en entredicho, el libro era una réplica a la idea de Bayle de la incompatibilidad entre la fe y la razón.

Además de su función de servidor público y consejero político, Leibniz fue un gran erudito, que hizo importantes aportaciones a las matemáticas (descubrió el cálculo infinitesimal al margen de Isaac Newton y construyó una de las primeras calculadoras mecánicas), la jurisprudencia, la física, la óptica y la filosofía. Sin embargo, y pese a situarse en la vanguardia del pensamiento laico de su época, no estaba dispuesto a echar por la borda siglos de razonamiento sobre la naturaleza de Dios, y pensó que era su misión refutar las ideas de Descartes, Locke y, particularmente, Spinoza, quien dibujaba un universo regido por leyes naturales impersonales, sin espacio para el juicio o las intenciones de Dios, con escasa atención a la decisión y la libertad humanas. El mundo del siglo XVII aún se cimentaba en exceso en Dios, aunque la ciencia y la modernidad fueran ocupando el primer plano. Pero Leibniz no quería entender la ciencia y la metafísica como dos ámbitos separados, y sus pruebas del papel del Ser Supremo son aún plenamente convincentes.

«Teodicea» fue una palabra que acuñó Leibniz, formada con las griegas *teos* (dios) y *dike* (justicia). «Justificación de Dios», literalmente, el título expresa la intención del libro: explicar cómo Dios, si es todopoderoso, puede permitir el mal. Es una pregunta que hoy nos hacemos continuamente, por lo que el libro de Leibniz sigue siendo relevante y parece concebido para todo aquel que piense, sin detenerse a reflexionar con mayor esfuerzo, que «dado que en el mundo hay tanto mal y sufrimiento, no puede existir Dios».

La idea de Leibniz del «mejor de todos los mundos posibles» fue objeto de una famosa sátira de Voltaire en *Cándido* (1759), cuyo personaje el doctor Pangloss era en parte una parodia de Leibniz. La interpretación que Voltaire hace de la filosofía de este es un tanto superficial, pero al propio Leibniz le encantaba señalar que su idea de benevolencia divina y del mejor de los mundos posibles *le* hacía un hombre genuinamente feliz. No es extraño, pues la idea produce un sentimiento de seguridad y orden en un universo aparentemente aleatorio y carente de sentido.

CÓMO VIVIMOS EN EL MEJOR DE LOS MUNDOS POSIBLES

La idea de Leibniz de que vivimos en el mejor de todos los mundos posibles implica la aceptación de la perfección de Dios. Dicho de un modo simple, si Dios es perfecto, cualquier mundo que haga tiene que ser perfecto, aunque a nivel humano pueda parecer la misma imagen de la imperfección. Pero Dios no *nos* pudo hacer perfectos, porque de hacerlo crearía otros dioses. Ocurre que hay diferentes grados de perfección de las cosas; los seres humanos no somos un ejemplo de divinidad corrupta, sino de perfección ligeramente limitada. Leibniz ensalza la casi perfección del cuerpo humano, y dice: «No me sorprende que los hombres a veces enfermen, sino que... lo hagan tan poco y no siempre».

El universo está organizado de acuerdo con la «razón suficiente», que incluye las intenciones divinas. El mundo que existe debe existir por unas razones muy particulares, aunque, con nuestro conocimiento limitado, no lo podamos entender. De hecho, apunta Leibniz (y esto contradice su caricatura de optimista estúpido), el mejor mundo posible a menudo *no* es el que genera la felicidad humana inmediata. Los seres humanos nos movemos por autointerés y no somos conscientes de las buenas consecuencias de todo lo que ocurre. Vemos las cosas en términos de causa y efecto, pero nuestra apreciación de la relación entre ellas es limitada por naturaleza.

Leibniz señala que el universo está compuesto de billones de «mónadas», entes o formas de existencia autosuficientes (incluidas las almas humanas). No se influyen mutuamente como tales, sino que Dios ordena todo lo que hay en el universo para que funcione en armoniosa conjunción. Este es el principio de la «armonía preestablecida». Solo Dios tiene una visión completa de cómo está todo hilvanado y de la lógica que se esconde en los sucesos. A nosotros nos corresponde confiar en esta sabiduría infinita y esta benevolente intención.

El mundo que Dios ha creado no es ninguna Utopía sin sentido en la que nunca ocurre nada negativo, sino un mundo real, rico, diverso y lleno de sentido. Es un lugar en que lo malo puede ser necesario para que al final se manifieste el bien, o en el que «una imperfección de la parte puede ser necesaria para una mayor perfección del todo». Leibniz cita a san Agustín y a santo Tomás de Aquino, quienes defendían que Dios permite el mal para que de él pueda surgir el bien, es decir, que a veces el mal es necesario para que el mundo vaya en la dirección que debe. Un mundo en el que existe el mal puede ser realmente el mejor de los posibles, aunque no siempre sea bueno para todos y en todo momento. «No es que debamos complacernos en el pecado, ¡no lo quiera Dios!», dice Leibniz con toda intención, sino que el pecado permite que «abunde la gracia» y eleva a las personas, cuando podrían haberse quedado sin desarrollar. Pese a todo lo negativo que se pueda manifestar a corto plazo, todo funciona realmente para mejor.

CÓMO PUEDE EXISTIR EL LIBRE ALBEDRÍO

Leibniz se extiende en demostrar que en un mundo ordenado por la divinidad es posible el libre albedrío. En los actos humanos no existe la «necesidad absoluta». Expresa: «Soy de la opinión de que la voluntad siempre se inclina más hacia el curso que toma, pero nunca lo ha de adoptar por necesidad». Dios dio libertad de actuación a los humanos, por lo que si interviniera para enmendarnos los errores antes de que se produzcan, o inmediatamente después, esa libertad desaparecería, y con ello se empequeñecería el mundo. Esta libertad significa que Dios, aunque es el creador de todo lo que vemos, al mismo tiempo no es el «autor del pecado». De hecho, Dios permite que se hagan realidad muchos mundos posibles, basados en la libertad humana de pensar y actuar:

> Aunque su voluntad siempre es indefectible y siempre tiende a lo mejor, siempre serán posibles el mal o el bien menor que rechaza. De no ser así [...] se destruiría la contingencia de las cosas, y no habría elección.

Leibniz matiza su explicación sobre el libre albedrío y señala que los seres humanos tenemos la posibilidad de crear nosotros mismos uno de los varios mundos posibles, pero nuestros actos pasados harán que solo se haga realidad uno. No obstante, el Ser Supremo, sabedor de la voluntad de la humanidad y de sus actos pasados, sabe qué mundo es previsible que se manifieste.

La línea divisoria que Leibniz traza entre el libre albedrío y la necesidad es muy fina, como ilustra el ejemplo que utiliza del «Fatum Mahometanum»: los musulmanes de su tiempo no evitaban los lugares devastados por la peste, y daban como razón que el destino había decretado ya si la iban a contraer o no, por lo que sus actos no tenían incidencia alguna. Sin embargo, esta «razón perezosa», como la llamaban los filósofos antiguos, no tenía en cuenta el papel que las causas desempeñan en la vida, ni la idea de que cambiando el presente es posible que se abran mundos nuevos. Aunque el futuro esté determinado de algún modo por el Ser Supremo, afirma Leibniz, esto no nos debe detener de vivir con buena conducta y buenas intenciones, ni de crear ahora causas nuevas y buenas. Después podemos dejar el resto en manos de Dios. Además, debemos suponer que Dios nos desea lo mismo que nosotros nos deseamos, a menos que piense en algún otro bien mayor para nosotros. En ambos casos, nunca cabe dudar de que el resultado será positivo.

COMENTARIOS FINALES

Paradójicamente para alguien que hoy se relaciona con el esfuerzo de ofrecer una razón lógica para creer en Dios, en su tiempo Leibniz fue acusado de ateo. No es que fuera muy practicante, y estaba en contra de algunas creencias de su tiempo, por ejemplo la de que los niños no bautizados iban al infierno. Una parte importante de su trabajo, tanto en el ámbito político como en el filosófico, fue reconciliar las iglesias católica y protestante, y la *Teodicea* fue una obra pancristiana escrita con este fin (aunque Leibniz era protestante, en el libro hay numerosas referencias a san Agustín y santo Tomás de Aquino, filósofos «papistas»).

Una de las grandes historias de la filosofía moderna es el viaje de Leibniz a los Países Bajos para visitar a Baruch Spinoza, una historia que cuenta muy bien Matthew Stewart en *El hereje y el cortesano*. Los dos personajes no podían haber sido más diferentes: Leibniz era un «creador de opinión» joven y de finos modales y gurú de la ciencia nueva, y Spinoza, un brillante filósofo recluso, despreciado por muchos como «judío ateo». Stewart presenta el encuentro como el momento decisivo de la vida y la filosofía de Leibniz, porque se sintió obligado a acomodar ideas aparentemente opuestas a las suyas. Dice Stewart: «Aun hoy, los dos hombres que se conocieron el La Haya son el símbolo de una decisión que todos debemos tomar y que implícitamente ya hemos tomado».

¿Cuál es esta decisión? Creer en un universo que se rige por leyes estrictamente naturales que no exigen ningún Ser Supremo, o en uno en el que Dios es quien lo dirige todo (incluido el avance de la humanidad hacia el conocimiento científico). Quien opte por lo primero porque «si Dios existiera, no existiría el mal» debe suspender el juicio al menos hasta después de haber leído los argumentos de Leibniz.

GOTTFRIED WILHELM LEIBNIZ

Leibniz nació en Leipzig en 1646. Su padre era profesor de filosofía, pero murió cuando él tenía seis años. Brillante alumno con un notable dominio del latín, estudió latín, griego, filosofía y matemáticas en la Universidad de Leipzig, donde posteriormente se especializó en derecho. Después se doctoró en la Universidad de Altdorf.
Su primer trabajo fue de consejero y bibliotecario de un político, el barón Von Boineburg. Con solo veintiún años escribió un aclamado libro sobre la reforma del derecho alemán, y a los veinticuatro fue nombrado consejero privado de justicia del elector de Maguncia, un alto puesto administrativo. Aproximadamente a los treinta y cinco años fue a París como diplomático, y allí estudió matemáticas, hizo amistad con dos de los grandes filósofos de Francia, Nicolas Malebranche y Antoine Arnauld, y se familiarizó con el pensamiento de Descartes. En noviembre de 1676 viajó a La Haya para conocer a Spinoza, y estuvo allí debatiendo con él tres días. Aunque no dejó detalles de las reuniones, sobrevive una única página con una «prueba de Dios», probablemente escrita en presencia de Spinoza. Ese mismo año Leibniz aceptó el cargo de bibliotecario, consejero e historiador en la administración del duque de Hanóver. El puesto, que ocupó hasta su muerte, le dio oportunidad de viajar con el pretexto de investigar una historia nunca acabada de la familia Brunswick de Hanóver, y estableció contactos científicos en París, Londres, Italia, Rusia y dentro de Alemania.
Otras obras suyas son La profesión de fe del filósofo *(1672-73; 1966) y* Discurso de metafísica *(1686; 2013). Los* Nuevos ensayos sobre el entendimiento humano *fueron escritos en 1704 pero no se publicaron hasta 1765. La* Monadología *se publicó en 1714 (2003), el año de su muerte. Leibniz nunca se casó.*

1689

ENSAYO SOBRE EL ENTENDIMIENTO HUMANO

De lo dicho, creo que está fuera de toda duda que no existen principios prácticos en los que todos los hombres convengan, y, por consiguiente, ninguno hay innato.

Si se preguntara, pues, CUÁNDO UN HOMBRE *empieza a tener ideas, creo que la respuesta verdadera es:* CUANDO TIENE POR PRIMERA VEZ CUALQUIER SENSACIÓN. *Porque, dado que no parece que en la mente haya ninguna idea antes de que los sentidos se la hayan transmitido, pienso que en el entendimiento las ideas son coetáneas de la* SENSACIÓN.

Si con esta indagación sobre la naturaleza del entendimiento puedo descubrir sus poderes, hasta dónde alcanzan, con qué cosas se corresponden en cualquier grado de proporción, y dónde nos fallan, supongo que puede ser útil convencer a la inquieta mente del hombre de que sea más prudente al ocuparse de cosas que excedan de su comprensión.

En dos palabras

Todas nuestras ideas, simples o complejas, tienen su origen en la experiencia sensorial. Somos una tabla rasa; la ética y el carácter no son innatos.

En la misma línea

A. J. Ayer, *Lenguaje, verdad y lógica*
David Hume, *Investigación sobre el conocimiento humano*
William James, *Pragmatismo*
Jean-Jacques Rousseau, *El contrato social*
Nassim Nicholas Taleb, *El cisne negro*

CAPÍTULO 30

John Locke

ohn Locke estudió medicina en Oxford e inició la vida adulta como médico del primer conde de Shaftsbury, político liberal. Se le atribuía haber salvado la vida de su amo mediante una operación de hígado, pero su interés por la medicina no pudo competir con su pasión por la política y la filosofía.

Durante la mayor parte de su vida, Locke fue conocido mejor como consejero político y fuerza intelectual del partido *whig*. Expuso sus ideas liberales en *Dos tratados sobre el gobierno civil* (publicado anónimamente un año después del *Ensayo sobre el entendimiento humano*), donde hace una brillante defensa de las libertades individuales y los derechos naturales de la persona en oposición al «derecho divino de los reyes» y el absolutismo de Thomas Hobbes. Los *Tratados* influyeron notablemente en los revolucionarios franceses y en la fundación de la república americana, y el concepto lockeano de la búsqueda quedó plasmado en la Constitución de Estados Unidos.

Durante su carrera política, Locke había estado trabajando en el *Ensayo sobre el entendimiento humano*, una obra puramente filosófica. Francis Bacon fue quien formuló el método científico, y murió de neumonía mientras experimentaba con carne congelada. Locke, que nació seis años después, sería su heredero intelectual, llevando la visión empírica británica a la plena madurez filosófica. El *Ensayo sobre el entendimiento humano* sentó las bases en que se iba a apoyar David Hume, quien, a su vez, allanó el camino a filósofos del siglo XX como Bertrand Russell y Wittgenstein. En las primeras páginas del *Ensayo* Locke señala modestamente:

> *En una edad que produce maestros tales como el gran Huygenius [matemático y astrónomo holandés] y el incomparable señor Newton [a quien conoció]... es suficiente ambición trabajar como simple obrero en la tarea de desbrozar un poco el suelo y eliminar parte de la basura que entorpece el camino del conocimiento.*

El «simple obrero» fue un tipo de filósofo muy moderno. Renunció a la elaboración de un gran sistema en favor de averiguar qué podía conocer un único individuo, y, como los filósofos actuales, se preocupaba por la precisión del propio lenguaje:

> *Formas de hablar vagas y carentes de sentido, y el abuso del lenguaje, han pasado durante mucho tiempo por misterios de la ciencia, y palabras mal aplicadas, con poco o ningún significado, tienen, por imposición, tal derecho a ser confundidas con el aprendizaje profundo y la más alta especulación que no es fácil persuadir a quienes las dicen o escuchan de que no son más que tapaderas de la ignorancia y un estorbo para el verdadero conocimiento.*

Pero los filósofos actuales que tienen a Locke por uno de los suyos ignoran a menudo que aún llevaba con él muchas de las ideas de su tiempo. El *Ensayo,* por ejemplo, contiene una cantidad considerable de lo que hoy se llamaría teología, y el camino que sigue entre el escepticismo y la interpretación del mundo como obra de un creador merece algunas explicaciones interesantes, como vamos a ver. Los estudiosos de hoy se han centrado en sus ideas sobre el yo, que también se considerarán.

SI TODOS PERCIBIMOS DE FORMA DISTINTA, ¿DÓNDE ESTÁ LA PURA VERDAD?

La idea común desde Aristóteles había sido que hay ciertos principios o verdades universales que por «asentimiento común» se aceptan como tales y, por lo tanto, han de ser innatos. Pero Locke aduce que los humanos no poseemos un conocimiento innato: somos una tabla rasa. Todo nuestro conocimiento nos llega a través de la vista, el oído, el olfato, el tacto y el gusto, y las ideas o conceptos (por ejemplo, «blancura, dureza, dulzura, pensamiento, movimiento, hombre, elefante, ejército, ebriedad») que a partir de ellos nos formamos no son más que resultado de esta aportación de los sentidos. Dice:

> *Preguntar en qué* MOMENTO *tiene el hombre ideas significa preguntar cuándo empieza a percibir; porque* TENER IDEAS *y* PERCIBIR *son lo mismo.*

No podemos experimentar nada sin antes tener de ello una experiencia sensorial. Incluso una idea compleja hunde sus raíces en los sentidos.

En la terminología de Locke, las ideas «simples» son las experiencias básicas que nos proporcionan los sentidos, por ejemplo la frialdad y la dureza que se sienten a la vez al tocar un bloque de hielo, o la blancura y el olor que se perciben al sostener un lirio. Estas ideas simples forman la base de cualquier número de ideas complejas y más abstractas sobre cómo funciona el mundo. La visión del caballo galopando, por ejemplo, nos lleva al final a reflexionar sobre la naturaleza del movimiento. Pero, antes de poder crear ideas complejas, primero hemos de tener siempre la experiencia de ideas simples. Incluso un concepto abstracto como el de poder deriva originariamente de la conciencia de que podemos emplearnos en hacer algo. Por el conocimiento simple de lo que es el poder, somos capaces de comprender por qué lo puede tener el gobierno. Además, Locke distingue las cualidades primarias y secundarias de las cosas. Las cualidades primarias de una piedra, por ejemplo, son el volumen y el movimiento, que son verdaderos aunque no se perciban. Sus cualidades secundarias son la forma en que las percibimos, por ejemplo, su negrura o su dureza.

La tesis de Locke de que todas las ideas deben tener su origen en la sensación le llevó a una interesante reflexión: si los sentidos pueden proporcionar a una persona una visión muy distinta del mundo de la que dan a la que está sentada a su lado (por ejemplo, la misma agua de la bañera puede estar fría para una persona y caliente para otra), ¿cómo puede existir alguna certeza o verdad en las ideas de cada uno de los filósofos, unas ideas que son mucho más complejas? Cada visión del mundo, señala, debe ser personal, y las abstracciones e ideas, por atractivas que sean, deben estar bajo sospecha, en particular si muestran espurias pretensiones de universalidad.

¿ES INNATA LA MORAL?

En la época de Locke se daba por supuesto que la moral era innata (las personas nacen buenas o malas) y que existía una serie de principios morales. Él intenta demostrar que la moral no puede ser universal, aduciendo las grandes diferencias entre las personas y los pueblos en lo que se refiere a las creencias. Por ejemplo, costumbres como la de dejar a los niños en la selva en plena tormenta o la de enterrarlos con la madre cuando esta muere han sido práctica habitual en diversas culturas, pero en la Inglaterra actual se consideran abominables.

«¿Dónde están, pues, esos principios innatos de justicia, piedad, gratitud, equidad y castidad?», se pregunta. Si tales principios, incluida la aceptación «innata» de Dios, están ausentes en los niños, en los «idiotas» y en diversos pueblos extranjeros, significa que son obra de los humanos. A continuación, Locke pasa a ocuparse del argumento de que la razón, que Dios nos da, nos permite descubrir las verdades morales atemporales. La razón es obra de la mente humana, concluye, y por tanto no se puede confiar en ella para desvelar la verdad eterna.

Los principios parecen innatos, explica, simplemente porque «no recordamos cuándo los aceptamos por primera vez». Los niños absorben lo que se les dice, y solo lo cuestionan cuando ya son mayores. Tal vez lo único innato que hay en nosotros es el deseo de vivir según unos principios, *cualquier* principio, siempre que den algún orden o sentido a la vida. Pero «las ideas y conceptos no nacen con nosotros más que las artes y las ciencias», y a menudo las personas los emplean para atacarse mutuamente. Por lo tanto, para llegar a la libertad cada persona debe comprobar ella misma las verdades, para no verse sometida al falso dominio de nadie.

En la visión empírica de Locke, ¿qué lugar ocupa la creencia espiritual? La considera simplemente una idea compleja, sacada de otras ideas complejas como las de existencia, duración, conocimiento, poder y bondad. Tomamos estas ideas y las multiplicamos hasta el infinito para llegar a la comprensión de un Ser Supremo. Locke no puede «demostrar» la existencia de Dios, pero de algún modo consigue demostrar que la creencia en Dios es perfectamente natural y lógica, algo que nace de nuestra experiencia directa del mundo que nos rodea.

LA PERSONALIDAD

En la segunda edición de la obra (1694), Locke incluyó un capítulo nuevo: «De las ideas de identidad y diversidad». Para muchos estudiosos se ha convertido en la parte más fascinante del libro, porque es un intento temprano de explicar las cuestiones de la conciencia y la identidad.

La identidad, dice, siempre se basa en las percepciones que tenemos de algo a lo largo del tiempo. La identidad de los seres vivos no depende simplemente de que sean la misma masa de partículas que eran dos años antes. El olmo es el mismo árbol que en su día fue el retoño, y el caballo, el mismo animal que en su día fue el potro. Para Locke esto significa que la identidad no se basa en la materia sola, que cambia constantemente, sino en la organización de la cosa en cuestión.

Pero ¿cómo se aplica esto a los seres humanos? Locke plantea la fascinante cuestión de las almas, que pueden habitar en cuerpos sucesivos y adoptar identidades en muchas vidas distintas. Aun asumiendo, por ejemplo, que todas estas encarnaciones sean masculinas, no se podría decir que tales identidades sucesivas fueran el mismo «hombre». En su tesis es fundamental la distinción entre los conceptos de «hombre» y «persona». El hombre o la mujer son una manifestación de la especie humana —de un cuerpo, un animal, que está unido también a una conciencia—; en cambio, la personalidad implica una duración de la conciencia que expresa la identidad, más allá de lo físico. De modo que casi se podría decir que un gato o un loro muy inteligentes se parecen a una persona y les atribuimos una personalidad, mientras que a quien hubiera perdido la memoria le tendríamos más por un cuerpo que ha perdido su personalidad. Locke menciona expresiones cotidianas como las de «este no es él» o «no es propio de él» que implican que «la persona idéntica a sí misma ya no está en ese hombre». Estas expresiones confirman que la conciencia, y no lo físico, es la identidad.

COMENTARIOS FINALES

Aunque la refutación que Locke hace de lo innato parecía un paso hacia la verdad, la ciencia lo ha visto con menos entusiasmo. La idea de la mente como una *tabla rasa* ha tenido un gran impacto en la cultura y la política pública (y ha dado lugar, por ejemplo, a la idea de que los niños y las niñas actúan de forma distinta debido únicamente al condicionamiento social), pero las investigaciones sobre el cerebro demuestran que una considerable cantidad de tendencias conductuales son, de hecho, innatas. Muchos piensan que la propia acción moral es un rasgo evolutivo que contribuye a que los seres humanos vivan mejor en comunidad.

El *Ensayo sobre el entendimiento humano* de Locke, sin embargo, sigue siendo una excelente expresión de la visión empírica, y fue muy osado para su tiempo. También es de lectura bastante fácil (mucho más que gran parte de la filosofía actual) y abarca muchas ideas para las que aquí no se dispone de espacio, por ejemplo su postura sobre el libre albedrío y la ética.

Locke también escribió sobre la tolerancia religiosa (*Carta sobre la tolerancia*, 1689-1692), sobre todo para cerrar la brecha entre católicos y protestantes, y su visión de una sociedad abierta, tolerante y democrática ha tenido una gran influencia. En concreto, su modesta visión de los humanos como seres determinados por los sentidos que por propia naturaleza buscan su felicidad y evitar el dolor ha influido profundamente en las instituciones políticas modernas, en particular en las de Estados Unidos. Su concepción del ser humano como animal moral fue muy moderna y realista, y ha tenido éxito porque reconoce sin limitaciones nuestra capacidad de crear un cambio positivo, sin intentar hacernos lo que no somos.

JOHN LOCKE

Locke nació en 1632 en Somerset (Inglaterra). Su padre era abogado y funcionario, y Locke asistió a la prestigiosa Escuela de Westminster de Londres. Consiguió ayuda para estudiar en Oxford y, después de obtener dos títulos, siguió en la universidad dedicado a la investigación y la enseñanza de temas teológicos y políticos. Vivió en Oxford un total de quince años. En 1665, pasó a interesarse por la medicina, y al año siguiente conoció a Anthony Ashley Cooper, lord Ashley (que después sería conde de Shafstbury) y entró a formar parte de su servicio en su casa de Londres. En 1668 supervisó la operación de hígado de Cooper.

Cuando Cooper se convirtió en Lord Chancellor del gobierno inglés, Locke trabajó de consejero con él, y después de esa época ayudó a organizar la nueva colonia americana de Carolina. La constitución de aquella colonia (en cuya redacción colaboró Locke) establecía una aristocracia feudal basada en el comercio de esclavos, por lo que muchos han señalado la aparente hipocresía de su trabajo en la colonia en contraste con sus ideas políticas abiertas.

De 1683 a 1689 se exilió voluntariamente a Holanda por razones políticas, pero regresó después de la Revolución Gloriosa, con la que Guillermo de Orange fue proclamado rey de Inglaterra. Locke nunca se casó, y en sus últimos años vivió con su amiga lady Damaris Masham y su marido. Trabajó en una comisión de asesoramiento al gobierno en cuestiones monetarias y publicó anónimamente La razonabilidad del cristianismo *(1685). Al año siguiente fue nombrado para un puesto remunerado en el Consejo de Comercio, y mantuvo un prolongado debate con el clérigo Edward Stillingfleet sobre las implicaciones teológicas del* Ensayo. *Falleció en 1704.*

1513

EL PRÍNCIPE

Y debéis comprender que el Príncipe, y más que ninguno el Príncipe nuevo, no puede observar todas aquellas normas de conducta consideradas buenas, obligado como está, para conservar su principado, a actuar en contra de la buena fe, la caridad, la humanidad y la religión. Por lo que ha de mantener la mente dispuesta a cambiar según cambien los vientos y mareas, y, como ya he dicho, no debe dejar de ser bueno si puede, pero ha de saber cómo seguir caminos perversos si debe.

En dos palabras

El buen gobernante debe construir un estado fuerte y venturoso que dé prosperidad y paz a sus ciudadanos; mantenerlo a veces requiere actuar en contra de la moral del momento.

En la misma línea

Noam Chomsky, *Chomsky esencial*
Cicerón, *Sobre los deberes*
Friedrich Nietzsche, *Más allá del bien y del mal*
Platón, *La república*
Jean-Jacques Rousseau, *El contrato social*

CAPÍTULO 31

Nicolás Maquiavelo

Se dice que *El príncipe* fue libro de cabecera de Napoleón, Hitler y Stalin, y Shakespeare empleó el término «Maquiavelo» para referirse a un maquinador que se complacía en sacrificar a las personas con fines perversos. El libro fue inscrito en la lista de obras prohibidas de la Iglesia católica y fue vilipendiado también por los reformistas protestantes. Y es sorprendente, porque intenta decir las cosas como son, en lugar de procurar vincular la vida política a algún ideal espiritual o ético. Solo de esa forma, pensaba Maquiavelo, su libro sería realmente útil.

Maquiavelo era consejero del gobierno en las más altas esferas de la Florencia renacentista, y cuando los vientos políticos viraron en su contra se consagró a escribir. *El príncipe* estaba dedicado a un miembro de la familia aristocrática gobernante de Florencia, los Médici, en un esfuerzo por conseguir trabajo, y aunque tal vez fue escrito pensando en un público más amplio, su autor no pudo haber imaginado el impacto que iba a tener en generaciones futuras.

¿Es realmente un manual de la perversidad? Como señala Erica Benner, de la Universidad de Yale, en su libro *Machiavelli's Ethics,* la mejor forma de entender *El príncipe* no es como la guía del egoísta o despiadado, sino como una lente con la que ver objetivamente las ideas imperantes del momento, un dispositivo para abrir los ojos del lector a las motivaciones de los demás. Por lo tanto, puede servir de manual de eficacia para cualquier líder actual que quiera mantener vivos sus objetivos esencialmente nobles, o, a nivel general, como una de las grandes filosofías del poder. Dicho esto, no deja de ser una obra perturbadora cuando se la contrapone a filosofías políticas utópicas.

SEAMOS SINCEROS

En los siglos xiv al xvi había un género de libros, los «espejos para príncipes», escritos para jóvenes herederos de algún reino. *La educación del príncipe cristiano*, de Erasmo, publicado solo un par de años después de que Maquiavelo terminara *El príncipe*, exhortaba a los gobernantes a actuar como si fueran santos, arguyendo que el buen gobierno se corresponde de forma natural con la bondad del gobernante. Unos siglos antes, *La ciudad de Dios*, de san Agustín, marcaba un profundo contraste con las fallidas estructuras políticas de los humanos y postulaba que el auténtico cumplimiento debía basarse en Dios.

Sin embargo, Maquiavelo no solo pensaba que, dada la naturaleza humana, no podía existir el gobernante realmente bueno ni el estado perfecto, sino que la intromisión de los ideales religiosos en la política era un peligro para la eficacia del Estado. Aunque apreciaba el valor de la religión para conseguir la cohesión de la sociedad, creía que la intervención directa de la Iglesia en los asuntos de Estado acababa por corromper a ambos. Y el mejor ejemplo eran los estados pontificios o eclesiásticos, muy poderosos en tiempos de Maquiavelo, capaces de hacer temblar incluso a grandes estados como Francia. Algunos papas tuvieron varias amantes e hijos ilegítimos, y se enriquecían con sus conquistas. Maquiavelo dedica un capítulo a estos estados, pero cuida mucho sus palabras, señalando con cierto sarcasmo que, dado que están «puestos y avalados por el propio Dios... quien pretendiera discutirlos sería hombre presuntuoso y temerario».

Su idea es que la política y la religión son dos reinos distintos; «el bien», aunque es un noble objetivo, es mejor dejarlo a las esferas privada y religiosa, mientras que la eficacia del gobernante se debe medir por la *virtù*, la fuerza o coraje necesarios para construir y conservar un estado.

Maquiavelo deseaba contraponer su visión al estado idealizado de *La república*, de Platón, y también estaba en desacuerdo con el código de actuación política establecido por Cicerón. Su conclusión es que el gobernante no puede actuar con eficacia al modo ciceroniano si todos quienes le rodean son personas rapaces y carentes de escrúpulos. Para conservar sus nobles objetivos, el Príncipe, dice Maquiavelo con sus célebres palabras, debe aprender a «poder no ser bueno». El gobernante ha de tomar decisiones que el ciudadano normal nunca toma, como la de ir o no a la guerra, o qué hacer con quienes intentan asesinarle o derrocarle. Para mantener el orden y la paz, y conservar el honor de su estado, es posible que tenga que actuar como nunca actuaría como ciudadano privado.

POR QUÉ ESTÁ JUSTIFICADA LA FUERZA

Maquiavelo trabajaba para la ciudad-estado de Florencia, pero la ciudad de Pistoia estaba asolada por luchas internas. Propuso que Florencia la tomara para dominarla e imponer el orden, pero no encontró disposición para tal empeño y no se siguió su consejo. Sin embargo, abandonada a sus propios recursos, las calles de Pistoia eran un baño de sangre, por lo que Maquiavelo expresa:

> *Quien reprime el desorden por unos pocos casos acaba por ser más compasivo que quien por excesiva indulgencia permite que las cosas sigan su curso y deriven en rapiña y derramamiento de sangre; porque estos hieren a todo el estado, mientras que la severidad del Príncipe solo hiere a los individuos.*

El hecho es que todo gobernante, por muy benigno que sea, debe afrontar el uso de la violencia de Estado para conservar la existencia de este. Maquiavelo señala que «todos los profetas armados han sido victoriosos, y todos los profetas no armados han sido derrotados». Se refiere a Savonarola, el líder clerical florentino cuyo fatal error fue no disponer de medios de fuerza para hacer realidad la idea que tenía de la ciudad. Aunque era un buen hombre en todos los sentidos, que intentó recuperar la moralidad y los ideales republicanos frente a los despiadados Médici, al final Savonarola no pudo evitar su propia muerte.

El príncipe ha de ser capaz de actuar como hombre y como bestia, señala Maquiavelo; el gobernante eficiente debe ser «zorro para detectar las trampas y león para ahuyentar a los lobos». En tiempos de paz, el gobernante eficiente dedicará mucho de su tiempo a considerar diferentes escenarios de guerra y a determinar cómo responderá el reino si esta se produce. El príncipe se puede engañar a sí mismo y pensar que debe emplear sus fuerzas en otras actividades, pero en última instancia su función es proteger y conservar el estado.

Esto implica necesariamente emprender acciones que normalmente se considerarían perversas, pero «si se me permite hablar bien de cosas malas», como dice Maquiavelo con toda delicadeza, existe una distinción entre la violencia que se comete con el fin de crear o conservar un buen estado y la crueldad gratuita que se emplea simplemente para conservar el poder de un gobernante individual. Los emperadores romanos Cómodo, Caracalla y Máximo le merecen muy poco respeto, porque hicieron de la crueldad un modo de vida. Fueron tan odiados que su muerte prematura fue inevitable. Por consiguiente, el exceso de crueldad no solo es perjudicial, sino algo políticamente insensato.

En lo que se refiere al asedio y conquista de un principado o un estado, la regla general de Maquiavelo es que «el usurpador ha de ser rápido en infligir las heridas que debe infligir, hacerlo de un golpe, para que no tenga que renovarlas todos los días». Explica que si vais a tomar o atacar algo, debéis hacerlo con la máxima velocidad y fuerza posibles, para que los enemigos cedan pronto y, paradójicamente, se pueda aplicar la mínima violencia posible. De este modo, seréis temido, y después, por vuestros favores, se os tendrá por magnánimo. En cambio, un golpe a medias permite que el enemigo siga vivo, y siempre temeréis que os usurpen el trono.

Para entender a Maquiavelo hay que considerar las circunstancias geopolíticas de su época. Italia, se lamenta, «ha sido invadida por Carlos, saqueada por Luis, devastada por Fernando e insultada por los suizos», hechos que se podrían haber evitado si sus gobernantes hubiesen dispuesto de ejércitos nacionales fuertes. Pero, más que el poder por el poder, el objetivo de Maquiavelo es el establecimiento de un gobierno fuerte que haga que florezca la economía privada, que actúe de acuerdo con las leyes y las instituciones y preserve la cultura. Cree que Dios quisiera una Italia fuerte y unida que fuera capaz de llevar seguridad y paz a sus gentes, con una cultura y una identidad nacionales florecientes. *El príncipe*, desde el punto de vista de su autor, es una obra con un claro fundamento moral.

DE LAS PERSONAS, POR LAS PERSONAS

Esta era la idea de Maquiavelo, pero ¿qué significó en su aplicación a un gobierno real? Maquiavelo mereció muchos elogios de César Borgia, el gobernante italiano, cardenal e hijo del papa Alejandro VI, cuyas conocidas acciones inmisericordes dan idea de lo que Maquiavelo estaba dispuesto a aceptar en aras del poder.

Sin embargo, Maquiavelo creía que un estado venturoso podía dar lo mejor a su gente, creando un escenario en que todos pudieran alcanzar la gloria mediante actos de grandeza. Como señalaba Hannah Arendt, *El príncipe* es «un esfuerzo extraordinario por devolver a la política su antigua dignidad», recuperando para la Italia del siglo XVI la idea clásica de la gloria romana y griega. Maquiavelo admira a los hombres que, nacidos en condiciones humildes, con sus proezas se hacen a sí mismos, arriesgándolo todo por la estima pública y la oportunidad de alcanzar el poder.

¿Cómo encaja esta adulación de la decidida acción individual con el espíritu republicano que discurre por otras obras de Maquiavelo (*Historia de Florencia, Discursos*) y su prolongada experiencia de trabajo para una república? *El príncipe* se puede entender en gran medida como un manual para la *fundación* de un estado, una gran empresa que inevitablemente es la inspiración y la obra de una sola persona. Una vez establecido, habrá que evaluar como corresponde el poder del gobernante y equilibrarlo con una serie de instituciones democráticas.

Maquiavelo era exquisitamente sensible al delicado equilibrio de poder entre el gobernante, la nobleza y el pueblo. Recela del príncipe cuyo poder dependa siempre de los nobles, porque le exigirán muchos favores para entronizarle o querrán derrocarle sin más. El apoyo del pueblo, por otro lado, puede ser más voluble y difícil de controlar, pero en tiempos difíciles es un gran recurso, fuente de legitimidad: «Porque por fuerte que podáis ser en lo que se refiera a vuestro ejército, es fundamental que al entrar en una Provincia nueva contéis con la buena disposición de sus habitantes». Más adelante aborda el tema de cómo puede controlar el príncipe un estado que antes se hubiera regido por sus propias leyes. Señala que las personas, por mucho tiempo que se las oprima, nunca olvidarán las libertades de que en su día gozaron ni las instituciones que hizo de ellas un estado orgulloso. Aquí Maquiavelo deja entrever ligeramente sus simpatías republicanas y señala que, pese al aparente poder del usurpador y el conquistador, el imperio de la ley y las libertades democráticas son tan consustanciales al estado natural de la humanidad que poseen un poder perdurable que no se puede olvidar ni eliminar fácilmente.

En resumen, el estado ideal es aquel que está lo bastante abierto para que personas notables de cualquier condición cumplan sus ambiciones, y esos motivos en gran parte egoístas puedan derivar en resultados beneficiosos para todos, ya que esas personas especiales, para tener éxito duradero, deben determinar sus planes de forma que atiendan también las necesidades naturales de la gente.

COMENTARIOS FINALES

El príncipe sigue fascinando, impresionando e inspirando en la actualidad tanto como lo hizo a los lectores del siglo XVI. Aunque el libro está escrito como una especie de escaparate de los conocimientos del Estado de su autor, y teniendo muy en cuenta los hechos de su tiempo, las ideas atemporales sobre la naturaleza del poder y la motivación humana trascienden de su escenario original.

La acusación habitual que se hace al libro es que es perverso o inmoral. Pero hay que entenderlo como texto fundacional de la ciencia política, que analiza clínicamente las situaciones políticas tal como son y da recetas para la acción. En su intento de reducir al mínimo la agitación y la miseria mediante un estado fuerte que pueda garantizar la seguridad y la prosperidad para todos lo que vivan en él, el estado que pretende Maquiavelo es un estado ético, aunque haya que permitir la fuerza o la violencia institucionalizadas.

Maquiavelo sigue siendo de lectura imprescindible para cualquiera que ostente algún tipo de poder. Todos debemos tomar decisiones que pueden no ser muy bien recibidas por quienes estén a nuestro cargo, o que incluso les pueden hacer daño. Pero debemos actuar en beneficio del bienestar perdurable del cuerpo que administremos, sea una empresa, otro tipo de organización y hasta la familia. En este sentido, el papel del dirigente puede ser solitario y a menudo implica oscuras responsabilidades. Tal es la naturaleza del poder.

NICOLÁS MAQUIAVELO

Maquiavelo nació en Florencia en 1469. Su padre era abogado y él recibió una buena formación en latín, retórica y gramática. Vivió el reinado de Savonarola y su república cristiana, y en los años posteriores a la ejecución del monje fue ascendiendo de posición en el gobierno florentino. En 1498 fue nombrado secretario de la Segunda Cancillería de la República, y secretario del Consejo de los Diez para la Libertad y la Paz. Dos años después fue a su primera misión diplomática, en la que se reunió con el rey Luis XII de Francia. En 1501, se casó con Marietta Corsini, con la que tendría seis hijos.

Entre 1502 y 1503, pasó cuatro meses en la corte de César Borgia, duque de Valentino, temible gobernante que muchos consideran el modelo del príncipe de Maquiavelo. También participó en las misiones al papa Julio II y el emperador Maximiliano. Con la caída de la república florentina en 1512, Maquiavelo fue destituido en sus cargos, acusado de conspiración, encarcelado, torturado y posteriormente liberado, lo que le dio tiempo para escribir El príncipe.

Otras obras suyas incluyen los Discursos, *comentario sobre la obra del historiador romano Tito Livio que revela las simpatías republicanas de Maquiavelo;* La mandrágora, *obra de teatro satírica sobre la sociedad florentina;* El arte de la guerra, *tratado en forma de diálogo socrático, la única obra histórica o política que publicó en vida (en 1521), y su* Historia de Florencia, *que en 1520 le encargó el cardenal Julio de Médici pero no se publicó hasta 1532. Maquiavelo murió en 1527.*

1967

EL MEDIO ES EL MASAJE

El círculo familiar se ha ampliado. La gran cantidad de información sobre el mundo propiciada por los medios de comunicación eléctricos [...] supera en mucho cualquier posible influencia que hoy puedan tener papá o mamá. El carácter ya no lo configuran solo dos expertos honrados y titubeantes. Hoy el mundo entero es sabio.

Las sociedades siempre han estado más determinadas por la naturaleza de los medios con que las personas se comunican que por el contenido de la información.

La rueda es una extensión de los pies; el libro, una extensión de los ojos; el vestido, una extensión de la piel [...] el circuito eléctrico, la extensión del sistema nervioso central [...] Los medios de comunicación, al alterar el entorno, provocan en nosotros ratios únicas de percepciones sensoriales. La extensión de cualquiera de los sentidos altera nuestra forma de pensar y actuar, el modo de percibir el mundo. Cuando estas ratios cambian, cambian las personas.

En dos palabras

Los medios de comunicación de masas y la tecnología de la comunicación no son inventos neutros sino que modifican nuestra forma de ser.

En la misma línea

Jean Baudrillard, *Simulacres et simulation*
Noam Chomsky, *Chomsky esencial*

CAPÍTULO 32

Marshall McLuhan

arshall McLuhan fue el primer gurú de los medios de comunicación. Alcanzó fama internacional en las décadas de 1960 y 1970 con la acuñación de la expresión «aldea global» en su libro *La galaxia Gutenberg*, de 1962. Su estrella declinó levemente en los ochenta para después subir de nuevo con la llegada de Internet, que él mismo predijo.

El medio es el masaje no es una obra de filosofía al uso. En primer lugar, en realidad no lo escribió McLuhan. Quentin Fiore, un inteligente diseñador de libros, tomó algunas de las citas claves de McLuhan y las ordenó de forma sorprendente, con infinidad de imágenes, cambios de letra y artilugios tales como la impresión de arriba abajo, coherentes con la propia idea de McLuhan de que la imprenta era un medio demasiado limitado. El libro tiene un aspecto muy propio de los años sesenta, pero esconde los profundos conocimientos y la erudición metafísica de McLuhan, quien, al fin y al cabo, era profesor universitario.

¿Por qué el título *El medio es el masaje* si la expresión con que se suele identificar a McLuhan es «el medio es el mensaje»? En realidad fue un error tipográfico que se produjo en el proceso de edición, pero McLuhan pensó que era muy adecuado (e insistió en que no se tocara) porque, pensaba, «todos los medios de comunicación nos conforman» –la tecnología mediática cambia tanto nuestra vida personal, política, estética, ética y social que «ninguna parte nuestra queda intacta, inafectada ni inalterada».

LA ALDEA GLOBAL

Hoy, todos los niños aprenden el alfabeto, y lo enseñamos sin realmente pensar que lo hacemos. Pero, sostiene McLuhan, las palabras y su significado hacen que el niño piense y actúe de una determinada forma. Lo explica con mayor extensión en *La galaxia Gutenberg*, pero su tesis es que el alfabeto y la llegada de la imprenta crearon un tipo de ser humano mentalmente más fragmentado, independiente y especializado. Sin embargo, la era electrónica y sus tecnologías han revigorizado la implicación social y nos han cohesionado de nuevo. El teléfono e Internet nos permiten tener cientos de amigos y conexiones en todo el mundo. Aunque aún sigamos utilizando el alfabeto, los diferentes medios permiten una influencia exponencialmente mayor en los demás, y que estos también nos influyan a nosotros en la misma medida. La persona erudita de la Edad Media podía tener acceso a una biblioteca de tal vez pocos cientos de volúmenes; hoy, la persona media cuenta con millones de libros a su disposición con solo pulsar una tecla. ¿Cómo *no* iban a alterar estos cambios a quienes somos y lo que somos? Dice McLuhan:

> El nuestro es un mundo completamente nuevo de lo inmediato. El «tiempo» se ha detenido, el «espacio» ha desaparecido. Vivimos en una aldea global [...] un suceder simultáneo.

Antes de la llegada del alfabeto, indica, el principal órgano sensorial de la humanidad era el oído. Después, se impuso la vista. El alfabeto nos obligó a pensar del modo en que se construye una frase: en sentido lineal, con todas las letras unidas y en orden. «El continuo se convirtió en el principio organizador de la vida». La racionalidad pasó a significar la conexión secuencial de los hechos o conceptos.

Pero el nuevo entorno mediático es multidimensional: ha dejado de ser independiente y de nuevo requiere más de nuestros sentidos.

Hoy la información de los medios nos llega en tan gran cantidad y a tanta velocidad que ya no tenemos capacidad de clasificarla de una manera adecuada y ocuparnos de ella en la mente. Es más una cuestión de reconocer patrones lo más deprisa que podamos. Influido por la lectura de Lao Tzu, dice McLuhan:

> *El circuito eléctrico está orientalizando a Occidente. Lo contenido, lo distinto, lo separado —nuestro legado occidental— están siendo reemplazados por lo fluido, lo unificado, lo fundido.*

EL YO Y LOS CAMBIOS SOCIALES

Ya en las primeras páginas de *El medio es el masaje*, McLuhan señala que los estudiantes de ciencias de la información se suelen ver atacados por la «ociosa concentración en los medios o procesos», y no en la sustancia. De hecho, en la época en que vivimos son estos propios medios y procesos los que están cambiando rápida y profundamente lo «conocido». La «tecnología eléctrica», tal como él la describe, está reconfigurando todos y cada uno de los aspectos de la vida social y personal, «obligándonos a reconsiderar y reevaluar prácticamente cada idea, cada acción y cada institución que antes dábamos por supuestas». Y advierte: «Todo está cambiando: tú, tu familia, tu barrio, tu educación, tu trabajo, tu gobierno, tu relación con "los demás". Y todos están cambiando drásticamente».

El niño que crece en el entorno de los medios modernos no solo recibe el influjo de sus padres y profesores, sino que está expuesto a todo el mundo: «El carácter ya no lo configuran solo dos expertos honrados y titubeantes. Hoy el mundo entero es sabio». Todos los niños están expuestos a un bombardeo de información adulta a través de los medios, un bombardeo que hace que la propia idea de «infancia» parezca pintoresca. En el aspecto positivo, la tecnología hace más divertido el aprendizaje y devuelve cierto control al estudiante. La educación ya no debe suponer un aprendizaje de memoria, pizarras y jornadas escolares exactamente compartimentadas.

La relación entre lo «público» y lo «privado» también ha cambiado:

Los aparatos de información electrónicos para la vigilancia tiránica universal, del útero a la tumba, están provocando un grave dilema entre nuestra reivindicación de la intimidad y la necesidad de saber de la comunidad. Las ideas antiguas y tradicionales sobre los pensamientos y las acciones privadas y aisladas [...] están gravemente amenazadas por sistemas nuevos de recuperación eléctrica instantánea de la información.

Los sitios de los medios sociales, de hecho, han difuminado la distinción entre lo privado y lo público. Mark Zuckerberg, fundador de Facebook, evidentemente lo considera algo positivo; cree que la cara pública y la privada de las personas deberían ser una y la misma. Está bien, pero la pregunta más general en un mundo hipervinculado y conectado es hasta qué punto se puede decir que existe la persona si sus acciones e ideas no se actualizan a menudo en la red. Si el yo no se muestra continuamente, ¿existe el yo? Estas ideas certifican la afirmación de McLuhan de que el nuevo entorno mediático lo cambia todo: el yo, la familia, la sociedad.

Una de sus ideas es que la tecnología de cada época genera formas de pensar y reacciones condicionadas en las personas, unas reacciones que se hacen incompatibles en la época siguiente. Las nuevas tecnologías no solo quiebran el antiguo orden comercial, sino que hacen obsoletas las *mentalidades*. Ante lo nuevo, nos remitimos a lo viejo. Únicamente «el artista, el poeta y el detective» están dispuestos a contar las cosas tal como son.

EL MUNDO DEL TRABAJO

McLuhan se detiene también en la idea convencional de los «empleos», producto que fueron de la mecanización y especialización de la era industrial y con los que las personas fueron reducidas a piezas de una máquina. En el mundo nuevo, escribe:

Los modelos de trabajo fragmentado se convierten una vez más en funciones o formas de trabajo envolventes y exigentes que cada vez se parecen más a la enseñanza, el aprendizaje y el servicio «humano», en el viejo sentido de lealtad entregada.

Suena mucho a la actual economía cada vez más autónoma, de «consultoría» y «especialista», donde las personas crean seguidores incondicionales de sus ideas o productos, y su mejor oferta es orientar o formar a otros que quieran hacer lo mismo (por ejemplo, escribir, cocinar o comerciar en la red). Y todo esto ocurre fuera de las corporaciones y de las estructuras organizativas habituales, un ejemplo más del medio (Internet) que dicta los cambios.

LA POLÍTICA

El entorno mediático también cambia la política de forma esencial. El antiguo «público» compuesto de muchos puntos de vista independientes y distintos hoy ha sido sustituido por una «audiencia» que retroalimenta de inmediato cualquier decisión política. A través de la televisión y otros medios, podemos ver en tiempo real lo que ocurre en cualquier parte del mundo y reaccionar ante ello. Las emociones se vuelcan en las pantallas, y millones de personas pueden sentir la tribulación de una sola.

El acceso casi universal a estos medios tiene otro efecto:

En un entorno de información eléctrica, ya no se puede seguir conteniendo, ignorando, a los grupos minoritarios. Demasiadas personas saben demasiado de cada una de ellas. Nuestro nuevo entorno empuja al compromiso y la participación. Nos hemos implicado irrevocablemente en los demás y nos hemos responsabilizado de ellos.

Noam Chomsky recogió la idea de los grupos minoritarios que se convierten en la corriente principal. Si tienen acceso a la información y pueden expresar sus puntos de vista usando los medios, son capaces de ejercer el mismo poder que el partido político tradicional o una gran corporación.

COMENTARIOS FINALES

McLuhan se equivocó en una cosa. Pensaba que en la era de la información las ciudades —monumentos al ferrocarril— serían menos importantes, se convertirían en algo parecido a los museos, en lugar de sitios donde viven y trabajan las personas. Durante un tiempo parecía que tenía razón, cuando la gente abandonaba la ciudad para irse a zonas residenciales, pero del deseo de experiencias auténticas, no solo virtuales (la posibilidad de encuentros informales, el acceso a música en directo, etc.), ha surgido la nueva tendencia a vivir en la ciudad. Sin embargo, en términos generales, es asombroso que alguien que murió en 1980 pudiera tener una visión tan clara de cómo vivimos en la actualidad.

McLuhan señala que, antes de la invención de la imprenta, la autoría de un libro era algo secundario, y lo importante era la información que contenía. Fue después de Gutenberg cuando «la fama literaria y la costumbre de considerar el esfuerzo intelectual como una propiedad privada» pasaron a primer plano. Pero también dice: «A medida que las nuevas tecnologías entran en escena, las personas van perdiendo progresivamente el convencimiento de la importancia de la expresión individual. El trabajo en equipo sucede al esfuerzo privado». ¿No recuerda a Wikipedia? Aunque la fama del autor individual no ha cambiado, McLuhan tenía esencialmente razón al mantener que la colaboración y el propio texto volverían a adquirir protagonismo.

Según su razonamiento, aplicaciones *online* como Twitter o Facebook no solo ayudan a las revoluciones, sino que están en su base. Más que meramente poner en contacto a las personas que, de otro modo, seguirían aisladas, en realidad decantan el peso del poder hacia las personas. Algunos comentaristas intentan restar importancia al papel de los medios sociales, pero McLuhan hubiera asumido que es una reacción de la vieja guardia. Las nuevas aplicaciones *son* el mensaje, y transforman y seguirán transformando el mundo.

Casi al final del libro hay una reproducción de la primera página de *The New York Times* de septiembre de 1965, el día posterior al gran apagón eléctrico que dejó la ciudad a oscuras. McLuhan observa que «de haber continuado [el apagón] medio año, no habría quedado ninguna duda de que la tecnología eléctrica configura, determina, altera —masajea— cada segundo de nuestras vidas». Y esto era en 1965, cuando mucha gente ni siquiera tenía televisión. Volvamos al presente e imaginemos que Internet dejara de funcionar seis meses: ¿viviríamos en el mismo mundo? ¿Seríamos las mismas personas?

MARSHALL MCLUHAN

McLuhan nació en 1911. Su madre era maestra baptista, y después se hizo actriz. Su padre tenía una empresa inmobiliaria en Edmonton (Canadá).

McLuhan asistió a la Universidad de Manitoba, donde en 1934 se diplomó en lengua inglesa, y ese mismo año fue aceptado como alumno en la Universidad de Cambridge. En 1936 regresó a Canadá para trabajar de profesor asociado en la Universidad de Wisconsin. A principios de los años cincuenta, empezó los seminarios de Comunicación y Cultura, financiados por la Fundación Ford, en la Universidad de Toronto. En esa época creció su reputación, y en 1963 la universidad creó el Centro de Cultura y Tecnología, que McLuhan dirigió hasta 1979.

Su primer libro importante, The Mechanical Bride *(1951), analizaba el efecto de la publicidad en la sociedad y la cultura. McLuhan señalaba que los medios de comunicación producen un impacto por sí mismos, con independencia de lo que en ellos se diga, frente a la idea aceptada de que el contenido del mensaje es más importante que su forma. Otros libros fundamentales suyos son* Comprender los medios de comunicación *(1964; 2009) y* War and Peace in the Global Village *(1968). McLuhan falleció en 1980.*

1859

Sobre la libertad

La única libertad merecedora de tal nombre es la de procurar el bien propio del modo que uno decida, siempre y cuando no se prive de la suya a los demás ni se obstaculicen sus esfuerzos por alcanzarla.

El individuo no ha de dar cuenta de sus actos ante la sociedad, mientras no afecten a los intereses de ninguna persona que no sea él mismo. El consejo, la instrucción, la persuasión y la evitación por otras personas son, si estas las consideran necesarias para su propio bien, las únicas medidas con que la sociedad puede manifestar justificadamente su disgusto o desaprobación de la conducta del individuo.

En proporción con el desarrollo de su individualidad, cada persona se hace más valiosa para sí misma, y por consiguiente puede ser más valiosa para los demás.

En dos palabras

Si los actos de una persona no perjudican a los demás, se deben permitir. En una sociedad abierta, la prioridad ha de ser la libertad, no las políticas que dicen ser para el propio bien de las personas.

En la misma línea

Jeremy Bentham, *Los principios de la moral y la legislación*
John Rawls, *Una teoría de la justicia*

CAPÍTULO 33

John Stuart Mill

¿Cuál es el adecuado equilibrio entre la libertad personal y el control del Estado? En 1859, John Stuart Mill decía que esta era «la pregunta del futuro», y sus ideas al respecto siguen siendo de obligada lectura.

Al principio de *Sobre la libertad*, su obra más conocida, Mill se lamenta de que «debido a la ausencia de principios generales reconocidos, a menudo se reconoce la libertad donde debería ser negada, y se niega donde debería ser reconocida». Su objetivo era disipar tal confusión, y el libro, con su insistencia en la justa extensión de la libertad individual y en los límites del gobierno, se convirtió en equivalente político de *La riqueza de las naciones*, de Adam Smith.

El padre de Mill, James, fue discípulo de Jeremy Bentham, y John fue educado para dirigir a los utilitaristas. Sin embargo, cuando tenía treinta años fallecieron su padre y Bentham, y quedó libre para emprender su propio camino filosófico. A los treinta y cinco hizo amistad con Harriet Taylor, y consideró que *Sobre la libertad* era una «producción conjunta» de ambos. La influencia de Harriet en su otro famoso ensayo, *El sometimiento de las mujeres* (1869), es también evidente. El romance entre ambos, casto pero intenso, acabó al final en matrimonio, aunque solo después de que falleciera el marido de Taylor.

¿Cuál es la relación entre las ideas de Mill sobre la libertad personal y la libertad política? El libro argumenta que la libertad propicia que avance el individuo, pero se traduce en el aprovechamiento del potencial de toda la sociedad, porque todas las cuestiones están abiertas al debate y, por tanto, se pueden producir con mayor facilidad los avances, tanto sociales como científicos. En última instancia, una mayor libertad es beneficiosa para todos los aspectos de la vida.

LA AUTÉNTICA LIBERTAD

Mill admitía que de algunos pocos países de su época se podía decir que eran democráticos, pero este sistema de gobierno no garantizaba la verdadera libertad, porque quienes estaban en el poder se convertían en una clase alejada de las personas. Además, un gobierno de elección popular podría seguir oprimiendo a algún grupo de la sociedad, circunstancia conocida como la «tiranía de la mayoría». Este sistema de gobierno, pensaba, podía ser incluso peor que la opresión política regular, porque se convierte en una tiranía social, forzando a todos a actuar de forma «correcta». Esta idea de Mill presagia a la perfección los estados comunistas del siglo XX, donde quienes no acataban las nuevas normas sociales debían ser «reeducados». Tales regímenes, señala, se centran en la esclavitud no del cuerpo, sino de la mente y el alma.

En una sociedad democrática, la pregunta fundamental es dónde hay que situar los límites entre la necesidad del control social y la libertad del individuo de pensar y creer como guste. El gobierno de la mayoría no establece ningún tipo de moral universal, al contrario, es la expresión de lo que complace y no complace a la clase ascendente. Mill observa que la libertad religiosa solo se hizo realidad cuando múltiples grupos minoritarios, sabedores de que nunca se podrían imponer, lucharon por incorporar a la ley el principio de libertad religiosa. Los humanos somos intolerantes por naturaleza, por lo que una política o una ley de tolerancia solo aparecen cuando existen tantas creencias en competencia que ningún grupo está dispuesto a que sea otro el que domine.

Todo esto lleva a Mill a su famoso criterio o principio para garantizar la libertad, la evitación del daño:

El único motivo para ejercer justamente el poder sobre cualquier miembro de una comunidad civilizada, en contra de su voluntad, es evitar el daño a otros. Su propio bien, sea físico o moral, no es garantía suficiente. No se le puede obligar con justicia a actuar o soportar porque será mejor para él que lo haga, porque le vaya a hacer más feliz, porque, en opinión de otros, sería sensato hacerlo, ni aunque fuera lo justo.

El gobierno o cuerpo dominante de la sociedad no puede imponer a las personas una ley simplemente porque se considere que es «por su propio bien». Al contrario, la libertad hay que entenderla en sentido negativo: a menos que se demuestre que la acción de un ciudadano es perjudicial para los demás, se le debe permitir que la realice. «En lo que se refiere exclusivamente a él mismo, su independencia es, de pleno derecho, absoluta —asegura Mill—. Sobre sí mismo, sobre su cuerpo y su mente, el individuo es soberano».

LAS LIBERTADES ESPECÍFICAS

Mill destaca los ámbitos de libertad individual que se deben asumir como derecho fundamental siempre que no implique perjuicio para los demás:

- ▶ Libertad de conciencia.
- ▶ Libertad de pensamiento y sentimiento, incluidos «la opinión y el sentimiento sobre todas las materias, prácticas o especulativas, científicas, morales o teológicas».
- ▶ Libertad para publicar esas opiniones.
- ▶ Libertad de preferencia y objetivos, o de «conformar el plan de nuestra vida a nuestro propio carácter», aunque los demás puedan pensar que nuestra conducta es «estúpida, perversa o equivocada».
- ▶ Libertad de asociación con quienes queramos y de reunir a las personas con un determinado propósito.

Mill señala que, incluso en la Gran Bretaña de la década de 1850, se encarcelaba a las personas por no profesar ninguna creencia en Dios y, además, esas personas no tenían derecho a alegar contra los delitos cometidos en su contra. Quien pensaba de forma distinta a la socialmente aceptada quedaba fuera de la ley.

La persecución de Sócrates y de Jesucristo es prueba de la estupidez de regular el pensamiento y la creencia, dice, pues a ambos se los considera grandes figuras de la historia. Si cada época ve que personas que fueron consideradas «malas» son ahora «buenas», habrá que darse cuenta de que la opinión actual normalmente tiene fallos. En cualquier momento de la historia en que ha existido una sociedad o una nación que hayan adoptado unos determinados principios sin posibilidad de discusión alguna, o hayan impedido el debate sobre algunas cuestiones importantes, observa Mill, «no se puede esperar encontrar esa actividad mental de grado superior que tanta notoriedad ha dado a algunos períodos de la historia». Una nación se hace grande no por la simple imposición del orden y el poder, sino por dejar libertad, sabiendo que en el debate abierto hay mucho más que ganar que perder. De hecho, así es como las mejores mentes propician los mayores avances.

LA INDIVIDUALIDAD COMO BASE DE UNA BUENA SOCIEDAD

Mill sostiene que, en lo que se refiere al desarrollo personal, la «autoafirmación pagana» es tan válida como la «autonegación cristiana». El valor de una persona para la sociedad está en proporción directa con el florecimiento de su individualidad: «El inicio de todo lo sabio o noble está y debe estar en los individuos; en general, en un primer momento, en un individuo particular».

Mill argumenta que el grado de excentricidad de una nación es el espejo del «genio, el vigor mental y el coraje moral» que alberga en su interior. La Inglaterra victoriana se hizo famosa por una serie de valores, pero también era conocida como tierra de excéntricos. Observa que las personas somos como las plantas: diferimos mucho en las condiciones que necesitamos para florecer. El éxito de Europa, se aventura a decir, es resultado de su estímulo o aceptación de la individualidad, a diferencia de la actitud china o japonesa, que aboga por la conformidad de todos.

Mill escribía en una época en que el mormonismo era una novedad (algo parecido a la cienciología actual) y se quería prohibir porque permitía la poligamia, que un escritor llamó «un paso atrás en la civilización». Pese a que no sentía gusto alguno por la religión, Mill reconoce: «No creo que ninguna comunidad tenga derecho a obligar a otra a ser civilizada». Si el resto de la sociedad no se ve perjudicada directamente por ella, no hay razón para dictar una ley que la prohíba. Así lo dice:

No hay que castigar a nadie por el simple hecho de estar ebrio; pero hay que castigar al soldado o el policía que lo estén estando de servicio. En resumen, siempre que exista un daño concreto, o un riesgo de daño evidente, sea a un individuo o al público, el caso queda fuera del ámbito de la libertad, y pasa al de la moral o la ley.

Sin embargo, ese daño ha de ser claro y manifiesto. Si no lo es, hay que permitir que las personas sigan sus creencias, sus planes de vida, sus causas y sus intereses sin ponerles obstáculo alguno.

LA APLICACIÓN DE LOS PRINCIPIOS

Mill incluye un extenso apartado sobre cuestiones de gobierno que sus principios plantean. Por ejemplo, aunque señala que en una sociedad libre no se puede defender la prohibición de la prostitución o el juego —las personas deben ser libres para fornicar o jugar si su conciencia se lo permite—, «¿debe ser libre la persona para ser proxeneta o regentar una casa de juego?». Él no da una respuesta clara al respecto, pero en general repite que el papel del gobierno no es promulgar leyes para el «propio bien» de los individuos, sino prevenir el daño directo; si estos quieren beber o jugar (con todos sus inconvenientes), es su decisión. Sin embargo, el gobierno puede cumplir una función de prevención del daño mediante los impuestos y las licencias, y Mill aprueba los impuestos al alcohol para propiciar que la gente beba menos. También está de acuerdo en que el Estado exija a quien quiera casarse que demuestre que cuenta con recursos suficientes para tener hijos, para evitar que el niño que llega al mundo deba enfrentarse a una desgraciada vida de pobreza.

Hoy, la economía y la psicología conductuales ofrecen formas de conseguir resultados socialmente útiles sin tener que reducir las libertades personales. En su libro *La filosofía nudge* (2008), Cass Suntein y Richard Thaler hablan del «paternalismo liberal», una forma de los gobiernos de influir en las decisiones de las personas sin en realidad obligarlas a hacer nada. Por ejemplo, en la donación de órganos el Estado puede dar por supuesto que la persona que tiene permiso de conducir donará los suyos en caso de que fallezca en accidente, a menos que diga explícitamente lo contrario. Este simple cambio puede afectar drásticamente a la cantidad de órganos disponibles en un país, y salvar así cientos de vidas al año. Sin embargo, no implica regulación alguna, simplemente un apaño de la «arquitectura de la decisión», como lo llaman los autores.

COMENTARIOS FINALES

Mill señala la disposición natural humana (sea en los gobernantes o en los ciudadanos) de querer imponer nuestra voluntad a los demás. La consecuencia es la tendencia a que aumente el poder del Estado y mermen las libertades individuales, si no se controla y se les devuelve su estatus. Pero este hecho, y su advertencia sobre la intromisión del Estado, no significaba que los gobiernos no tuvieran legitimidad, como algunos libertarios extremistas piensan hoy. El filósofo de Harvard Robert Nozick subraya en su clásico *Anarquía, estado y utopía* (1974) una visión del papel fundamental del Estado: proteger la vida y la propiedad, y obligar al cumplimiento de los contratos. Todo lo que vaya más allá de esto implicaría la reducción de los derechos y las libertades.

Aunque se podría pensar que los herederos actuales de Mill son los libertarios, él nunca fue un extremista, y se ajustaba mucho más a las ideas de sentido común de Adam Smith; ambos advierten de la intromisión del Estado en todos los ámbitos de la sociedad y la economía, pero tampoco niegan ni cuestionan que desempeñe una función importante. La forma adecuada de entender a Mill es como un faro resplandeciente de la política progresista. El principio progresista, dice, «sea el amor a la libertad o al progreso, es el extremo opuesto del capricho de la Costumbre, e implica al menos la liberación de ese yugo; y la batalla entre ambos constituye el principal interés de la historia de la humanidad».

Tanto la derecha como la izquierda reclaman a Mill como militante de sus filas, pero la idea de este sobre lo que significa la libertad está más allá de los colores políticos. La mejor interpretación de *Sobre la libertad* es como el manifiesto de una sociedad abierta.

JOHN STUART MILL

Nacido en 1806 en Londres, Mill tuvo una educación intensiva gracias a la amistad de su padre con Bentham. Alejado de los juegos con otros niños, aprendió griego a los tres años y latín a los ocho; a los doce estaba perfectamente versado en lógica, y a los dieciséis escribía sobre temas económicos.

Después de ampliar estudios de historia, derecho y filosofía en Francia, siendo aún adolescente Mill empezó a trabajar en la Compañía de las Indias Orientales, hasta el motín de 1857, cuando se jubiló de examinador jefe. Paralelamente a su carrera administrativa inició la Sociedad Utilitarista, que se reunía en casa de Bentham, y con este también fundó, en 1825, el University College de Londres. Mill fue editor y colaborador de la Westminster Review *y otras publicaciones. Su activismo en la reforma social le acarreó un arresto por distribuir información sobre el control de la natalidad entre los pobres. Fue elegido miembro del Parlamento en 1865, e hizo campaña por el derecho al voto de las mujeres y otras cuestiones liberales. Su extensa obra abarca la lógica, la economía, la religión, la metafísica, la epistemología, asuntos del momento y la filosofía social y política. Algunos de sus libros son* Sistema de lógica *(1843; 1917),* Principios de economía política *(1848; 2008),* Tres ensayos sobre la religión *(1874; 2012) y su* Autobiografía *(1873; 1986).* El utilitarismo *(1863; 2012) de Mill perfeccionó la filosofía de Bentham y conservó su influencia en la generación siguiente. En 1872 Mill fue padrino de Bertrand Russell, segundo hijo de su amigo lord Amberley. Falleció al año siguiente en Aviñón (Francia).*

1580

Ensayos

Así pues, lector, yo mismo soy la sustancia de mi libro, y no hay razón
para que desperdicies tu tiempo en cuestión tan frívola e ingrata.
Adiós, pues. Montaigne, el primer día de marzo de 1580.

Dejemos que el hombre que va en busca del conocimiento lo encuentre donde
está; nada hay que más pueda reivindicar. Estas son mis intenciones, y no
pretendo dar información alguna sobre las cosas, solo sobre mí mismo.

No somos más que ceremonia; la ceremonia nos aparta, y olvidamos la
sustancia de las cosas [...] Hemos enseñado a las muchachas a ruborizarse
ante la sola mención de cosas que no temen lo más mínimo. No osamos
llamar a nuestras partes con su nombre correcto, pero no tememos emplearlas
para todo tipo de desenfreno [...] la ceremonia nos impide expresar con
palabras cosas que son naturales y de pleno derecho; y la obedecemos. La
razón nos prohíbe hacer lo que es injusto o perverso, y nadie la obedece.

En dos palabras

La mayoría de las formas de conocimiento son engreimiento;
ya es suficiente tarea intentar saber algo de nosotros mismos.

En la misma línea

René Descartes, *Meditaciones metafísicas*
Blaise Pascal, *Pensamientos*
Nassim Nicholas Taleb, *El cisne negro*

CAPÍTULO 34

Michel de Montaigne

uando Montaigne tenía cuarenta y dos años, que él consideraba el inicio de la vejez, se hizo labrar una medalla con la inscripción *Que sais-je* (¿Qué sé yo?) en una de las caras.

Vivió en un tiempo en que la ciencia iba cobrando entidad propia, pero no era científico, sino hombre de letras y del campo, que fue en busca del conocimiento en sí mismo. Si poseo algún conocimiento u opinión, se preguntaba, ¿en qué se basan? ¿Qué es esto que llamo mi «yo»? ¿Soy simplemente una ráfaga de emociones y pensamientos pasajeros, o algo más sustancial?

Montaigne empleó la palabra «ensayo» en el sentido de «juicio», verificar lo que parece que es verdad, sobre el mundo y sobre sí mismo. Su colección de ensayos es una especie de biografía, pero pone todo el empeño en que no parezca que con ella quiera elogiarse él mismo; el tono de los *Ensayos* es más de curiosidad que de cualquier otra cosa. En una carta prefacio señala:

Si mi propósito hubiera sido ganarme el favor del mundo, debería haberme puesto prendas más nobles y mostrarme en actitud estudiada. Pero quiero aparecer con mi vestido sencillo, natural y de todos los días, sin impostura ni artificio.

De hecho, los *Ensayos* parecen a menudo una lista de sus deficiencias. En los primeros años de su vida, Montaigne fue iniciado en el latín, y el libro está repleto de citas de sus héroes: Virgilio, Ovidio, Séneca, Plutarco, Cicerón, Catón y Cátulo. No los cita para demostrar su erudición, sino, al contrario, dice, emplea sus virtudes «como tapadera de mis flaquezas».

Algunos de los extravagantes temas de que se ocupa son «De los olores», «Del afecto de los padres por sus hijos», «De la costumbre de vestir», «Del poder de la imaginación», «De tres tipos de relaciones» y «De los caníbales». Estamos ante un puñado de ensayos que parecen resumir la visión del mundo de Montaigne, una visión que influyó en William Shakespeare, Blaise Pascal, Ralph Waldo Emerson y Friedrich Nietzsche, entre otros.

LA DEBILIDAD Y LA VANIDAD HUMANAS

El más extenso de los ensayos, «De la presunción», es posiblemente el mejor, y se puede resumir en estas palabras:

Es mi opinión que el ama y la madre de las opiniones más falsas, tanto públicas como privadas, es la desmesurada opinión que el hombre tiene de sí mismo.

A Montaigne no le entusiasman los científicos, o al menos no siente pasión alguna por su aire de certeza: «Quienes montan a horcajadas sobre el epiciclo de Mercurio y atisban hasta lo más profundo de los cielos hacen que me chirríen los dientes». Con su propio estudio de la humanidad, que le dice que nos solemos equivocar incluso en los asuntos más elementales, se pregunta por qué hemos de dar tanto crédito a quienes «exponen las causas de la subida y la bajada del Nilo». Si tan repetidamente nos desconocemos a nosotros mismos, se pregunta, ¿por qué hemos de considerar fiables los «datos» sobre el universo?

Montaigne confiesa que no ha escrito nada que le haya satisfecho, y que las buenas opiniones de otras personas no lo compensan. No tiene esperanza alguna de poder contar historias entretenidas, curiosidades, y no sabe dar discursos ni formular argumentos. Su prosa es sencilla y árida, sin ninguna de las artes de Platón o Jenofonte. Es bajo de estatura, lo que considera un inconveniente para quienes pretenden ocupar puestos elevados, porque «les falta buena presencia y dignidad». Otras de sus torpezas son el tenis, la lucha y el dominio de los animales. De la ética de su obra dice: «Soy sumamente indolente y sumamente independiente, por naturaleza y por decisión». Habla de su escasa memoria («Me cuesta tres horas aprender tres versos»), lo que significa que nunca recuerda el nombre de los sirvientes. Otros de sus defectos son «una mente ociosa y lenta», con la que solo puede comprender las obras y los juegos más simples, y la visión borrosa cuando lee demasiado. Pese a haber heredado una propiedad, admite que es un desastre en las finanzas, no distingue un cereal de otro y hace solo un mes le descubrieron que no sabía que para hacer pan se necesita levadura.

En general, reconoce Montaigne:

Creo que sería difícil que alguien tuviera más pobre opinión de sí mismo, o una opinión más pobre de mí, que la que yo tengo de mí mismo [...] Me confieso culpable de los defectos más mezquinos y ordinarios. No los niego ni los excuso.

Sin embargo, con la aceptación incondicional de toda la amplitud y variedad de su ignorancia y sus defectos, confía en ser capaz de desvelar algunos aspectos sobre sí mismo que son verdaderos, señalando que «sea lo que fuera que desvele que soy, dado que me muestro tal como soy, cumpliré mi propósito».

Al final, lo único que le queda es su propio juicio, o razón. Puede parecer extraño, tal vez, que Montaigne tenga en tan alta consideración esta facultad suya, pero también admite que es una fuente de vanidad: «Estamos dispuestos a reconocer en los demás mayor coraje, fuerza física, experiencia, agilidad o belleza. Pero a nadie concedemos un juicio superior». Nuestra «vanagloria» tiene dos caras, observa, «la sobreestima de nosotros mismos y la subestima de los demás».

BASTA DE MÁSCARAS

La acción osada se considera «viril», y así sabemos que Montaigne muestra todas sus flaquezas al admitir su indecisión. Recuerda la sincera observación de Petrarca: «Ni el sí ni el no suenan con claridad en mi corazón». Sabe defender sus puntos de vista, pero tiene dificultades para formarse opiniones propias, por lo que podría dejar igualmente sus decisiones al capricho de los dados. «Así pues, solo sirvo para seguir a la multitud, y dejo que me lleve sin reparo alguno. No tengo confianza suficiente en mis propias capacidades para erigirme en capitán o guía; me complace que otros me marquen el camino».

La consecuencia de tal retraimiento es el escepticismo de Montaigne ante quienes proclaman la certeza y la verdad absoluta. No se refiere solo a quienes se emplean en la ciencia, sino también a los filósofos, y así resume el motivo de sus *Ensayos*:

> *Es costumbre cobarde y servil andar disfrazado por el mundo, oculto tras la máscara, sin el coraje de mostrarse uno tal como es… El corazón generoso nunca disfraza sus pensamientos, sino que desvela con toda disposición sus más íntimas profundidades.*

Como señala William James en *Pragmatismo*, la pretensión de los filósofos de ofrecer teorías objetivas no se sostiene, porque una filosofía no suele ser más que el mero carácter de la persona expuesto con presunción. Montaigne pensaba además que la llamada ciencia objetiva y la filosofía a menudo son solo la proyección de la mente humana, y el intento de mantener oculta la propia visión de las cosas significa que esa persona tiene algo que esconder.

En cuanto a la vida política, Montaigne critica la idea de Maquiavelo de que para triunfar hay que ser maestro del engaño y la falsedad; lo que suele ocurrir es que una primera ganancia obtenida con razones falsas vaya seguida de una sucesión de pérdidas. En su lugar, Montaigne cita a Cicerón: «Nada es más popular que la bondad». Prefiere que se le tenga por persona aburrida y falta de tacto que por maquinador, mentiroso y engreído.

EL MISTERIO DEL YO

En el uso de la mente, dice Montaigne, «normalmente necesitamos más plomo que alas». Nuestro estado normal es el de deseo y agitación, por lo que debemos descender a tierra para ver cómo son realmente las cosas. En este sentido, tal vez lo mejor sea la meditación o la contemplación, que él define como «un método de estudio rico y sólido para todo el que sepa analizar su mente y emplearla con vigor».

El «don principal» de los humanos es su adaptabilidad y flexibilidad. Del mismo modo que la propia vida es desigual e irregular, también es una locura atarnos a nuestros rígidos hábitos mentales, que hacen que nos convirtamos en esclavos de nosotros mismos: «Las mejores mentes –señala– son las más diversas y flexibles».

Los *Ensayos* recuerdan constantemente la naturaleza pasajera y no de fiar de lo que llamamos el «yo». En «De los libros» Montaigne rechaza la idea de que la persona adquiere mayor conocimiento y sabiduría a medida que se hace mayor y se convierte «en una sola pieza»:

> *Es posible que un día tenga cierto conocimiento objetivo, o puede ser quizá que lo haya tenido en el pasado cuando di con pasajes que explicaban las cosas. Pero lo he olvidado todo; porque aunque soy hombre de lecturas, no retengo nada.*

Todo lo que puede hacer, señala, es decir que en un determinado momento parece que sabe. En cualquier caso, ni siquiera desea saberlo todo. Para él es más importante vivir de forma placentera y sin excesivo trabajo. Si lee, lo hace por puro entretenimiento; y si el libro es más serio, debe mostrarle un modo más claro de autoconocimiento, o cómo vivir y morir bien.

Montaigne se contradice en varios puntos, aunque no es necesariamente signo de debilidad. Como diría Walt Whitman varios siglos después: «Soy inmenso, contengo multitudes» y todos esos yos ven las cosas de forma distinta en cada momento.

COMENTARIOS FINALES

En ausencia de una visión del mundo bien estructurada, algunos señalan que Montaigne no fue filósofo en modo alguno. Sin embargo, su aversión a los grandes sistemas filosóficos o teológicos en realidad hace de él un filósofo de tipo muy moderno, que puso en entredicho las certezas científicas y religiosas de su tiempo. Sobre el tema del libre albedrío, por ejemplo, abandona el dogma de la Iglesia para asumir la idea de los estoicos de que formamos parte de un universo completo. En su ensayo «Del arrepentimiento», se pregunta qué sentido tiene arrepentirse de algo: «La mente no puede, ni con el deseo ni con el razonamiento, alterar la más mínima parte sin desbaratar todo el orden de las cosas, pasadas y futuras».

Con esta actitud, se entiende que Montaigne no se pudiera tomar en serio a sí mismo, y con ello evitaba las mentiras que la mayoría de las personas se cuentan. Compara dos filósofos: Demócrito y Heráclito. El primero era conocido por su burla y su visión irónica de la vida humana, mientras que el segundo lo era como el filósofo llorón, tanta era la lástima y la compasión que sentía por la condición humana. Montaigne está del lado de Demócrito, porque el hombre merece el escarnio, no como depositario del pecado o la miseria, sino simplemente por loco: «No estamos tan colmados de mal —señala— como de locura».

Pero el escepticismo y el fatalismo no son excusa para una vida disoluta, y Montaigne, evitando las pasiones y los extremismos («Refreno» se leía en la otra cara de su medalla), quedaba libre para la contemplación y la meditación, costumbres que consideraba que revelaban algo de sí mismo, de los demás y del mundo. Uno de los muchos ingeniosos pasajes del libro es: «Es bueno nacer en tiempos depravados, porque, en comparación con otros, adquieres fama de virtuoso a muy bajo precio».

Montaigne señala la observación del satírico romano Persio: «Ningún hombre intenta descender a su propio interior», pero precisamente así creó un modelo más personal de filosofía. Quien vaya a escribir su autobiografía hará bien en leer antes a Montaigne; descubrirá que es menos interesante preguntarse «¿cómo lo hice?» que «¿qué me ha supuesto ser como soy?», es decir, una persona que vive aquí y ahora con estas limitaciones y este potencial.

MICHEL DE MONTAIGNE

Michel de Montaigne nació en 1533, hijo de un terrateniente de Dordoña y su esposa sefardí. Recibió una exquisita educación: a los siete años sabía latín, y siendo adolescente estudió en las universidades de Burdeos y Toulouse. Ejerció de magistrado y fue consejero del Parlamento de Burdeos, donde conoció a su mentor Etienne de la Boetie y trabajó un tiempo en la corte de Carlos IX.

En 1570 regresó a la propiedad familiar de Perigord, que había heredado, y redujo sus obligaciones al mínimo para poderse centrar en el estudio; en los nueve años siguientes se dedicó a leer, escribir y pensar. Tenía la biblioteca en una torre circular que sobresalía de todos los edificios de la propiedad, de modo que podía ver lo que ocurría sin tener que intervenir demasiado. «Miserable es, en mi opinión, el hombre que no tiene en casa un lugar donde pueda estar solo, donde pueda atender sus necesidades en privado, donde se pueda ocultar», expresó.

Después de viajar por Europa de balneario en balneario en busca de curación de sus frecuentes y dolorosos cálculos biliares, tuvo que regresar cuando, en contra de su voluntad, fue elegido alcalde de Burdeos, puesto que en su día ocupó su padre. Estuvo en él cuatro años. Su matrimonio fue arreglado, y en los Ensayos apenas se menciona a su mujer. Más tarde adoptó como hija a Marie de Gournay, una joven que le conoció por sus escritos. Murió de un absceso de las amígdalas en 1592.

1970

LA SOBERANÍA DEL BIEN

Necesitamos una filosofía moral en que el concepto de amor, del que raramente hablan muchos filósofos, pueda ocupar de nuevo un lugar fundamental.

Lo que hay en juego es la liberación de la moral, y de la filosofía como estudio de la naturaleza humana, de la dominación de la ciencia, o, mejor, de la dominación de las ideas inexactas de la ciencia que acosan a filósofos y otros pensadores.

El «autoconocimiento», en el sentido de minuciosa comprensión de nuestra propia maquinaria, me parece, salvo en ámbitos muy simples, normalmente una ilusión [...] Tan difícil es ver el yo como otras cosas, y cuando se alcanza una visión clara, el yo es un objeto consiguientemente más pequeño y menos interesante.

En dos palabras

Los esfuerzos que realizamos para mejorar moralmente son concretos. Intentar determinar alguna medida empírica de ello sería ridículo, y no puede disminuir ni socavar su realidad.

En la misma línea

Immanuel Kant, *Crítica de la razón pura*
Platón, *La república*
Ludwig Wittgenstein, *Investigaciones filosóficas*

CAPÍTULO 35

Iris Murdoch

ás conocida como novelista (la revista *Time* incluyó *Bajo la red* entre los cien libros más importantes del siglo XX), Iris Murdoch también escribió dos importantes obras de filosofía: *La metafísica como guía a la moral* y *La soberanía del bien*. La segunda la escribió cuando el existencialismo estaba en pleno auge y parecía ser el heredero de la filosofía occidental.

Murdoch define el existencialismo como «una doctrina irrealista y extremadamente optimista, proveedora de ciertos falsos valores». También rechaza el conductismo y el utilitarismo en boga porque se centran en los resultados externos, y en su lugar señala que el desarrollo de las cualidades interiores, aunque sea un empeño menos obvio, tiene el mismo valor.

El título del libro hace referencia a la idea de Bien de Platón, una realidad u orden amorfo que subyace en el universo, del que los humanos apenas vislumbran destellos, pero, pese a ello, dedican la vida a perseguirlo de forma normalmente inconsciente. Aunque los filósofos modernos se han deleitado en desacreditar tal idea, Murdoch pensaba que el Bien es el concepto fundamental de la filosofía moral (y desde luego de la propia vida, incluso en un universo que no parece que tenga sentido alguno).

Las ideas que siguen lo hacen más o menos según la organización de *La soberanía del bien,* que comprende tres capítulos compuestos originariamente como artículos o conferencias.

LA IDEA DE PERFECCIÓN

Pese a nuestra flaqueza, el mandamiento «sé perfecto» tiene sentido para nosotros. El concepto de Bien evita caer en la egoísta conciencia empírica.

Murdoch comienza hablando del filósofo G. E. Moore, quien pensaba que Dios posee una realidad más allá de la experiencia personal, y que la bondad es un componente real del mundo. Filósofos posteriores refutaron de forma convincente esta idea, señalando que la bondad no tiene realidad objetiva sino que simplemente depende de la percepción de la persona. Según esta visión, «hay que pensar en Dios no como una parte del mundo, sino como etiqueta movible pegada al mundo».

Murdoch dibuja la imagen del «hombre típico» representado por la filosofía moral moderna: es una persona que posee claridad de intención; es dispuesta, sabedora de lo que hace y de lo que quiere; se centra en los resultados y la actuación pública, y su vida mental carece esencialmente de valor. Por último, dado que su voluntad es soberana, es responsable de sus actos. Murdoch califica esta imagen de «existencialista-conductista-utilitarista»: existencial porque pone el acento en la primacía de la voluntad como único medio de causalidad en un universo por lo demás carente de sentido, y conductista por su atención a los resultados y la acción, en oposición a la persona interior.

Murdoch señala la observación de Wittgenstein de que como los pensamientos interiores no tienen un procedimiento de revisión interno, todo lo que nos «parece» que es, es irrelevante. La analogía de Wittgenstein de la mente en relación con la acción es la de «una rueda que se puede girar sin que se mueva nada más no forma parte del mecanismo». Las creencias, los sentimientos y los pensamientos no tienen prueba de precisión, por lo que todo lo que importa son nuestras acciones, y todas las ideas abstractas de bondad son, por tanto, sospechosas y no poseen ningún valor.

También se refiere Murdoch a la idea del filósofo moral Stuart Hampshire de que «todo lo que haya que considerar como realidad concreta debe estar abierto a varios observadores». Todas estas ideas están equivocadas, asegura Murdoch. Pone el ejemplo de la madre política que batalla por cambiar la opinión que tiene de la nueva esposa de su hijo, cuestionando sus propios prejuicios para ver a su nuera con mirada más correcta y afectuosa. Es este tipo de batalla, tan bien representada en la literatura, la que sin duda es real, se pueda observar objetivamente o no. Es un acto moral interior de libertad, cuyo objetivo es la claridad de percepción. Este intento de tener «la visión más elevada» de otra persona implica avanzar hacia la perfección, y esta propia idea de perfeccionarse uno mismo en sentido moral es sin duda fundamental para el ser humano y esencial para la filosofía moral.

LA MORAL NO ES UNA CIENCIA

Murdoch señala que todo el léxico del empirismo es «crudo y tajante cuando se aplica al individuo humano». El psicoanálisis pretendía ser la «ciencia» objetiva que ponía al descubierto la historia de la persona, pero él duda de que el psicoanalista pueda ser observador científico y juez. (El tiempo, de hecho, ha demostrado que estaba en lo cierto; hoy el psicoanálisis se considera tan subjetivo que se ha quedado fuera del tratamiento terapéutico aceptado.) La idea alternativa de Murdoch la resume esta observación:

> Los conceptos morales no se mueven en el interior de un mundo complejo creado por la ciencia y la lógica. Crean, con diferentes propósitos, un mundo distinto.

Indica que los términos morales se pueden tratar como concretos y universales, aunque el lenguaje moral implique una realidad que es «infinitamente más compleja y diversa que la de la ciencia». Aunque el lenguaje empleado para describir la realidad es «con frecuencia idiosincrásico e inaceptable», es «infinitamente más complejo y variado que el de la ciencia» y se puede seguir tratando como concreto y universal.

Además, es un error colocar la «ciencia» en un cesto y la «cultura» en otro, porque la ciencia es una parte de la cultura: «Somos personas y somos agentes antes de ser científicos —sostiene—, y del lugar de la ciencia en la vida humana se debe hablar con *palabras*». Por esto siempre será más importante conocer a Shakespeare que a un determinado científico. La literatura es la lente a través de la que podemos ver y entender todos los esfuerzos humanos, morales o científicos.

EN LUGAR DE DESEAR, VER

Para Murdoch, tanto el existencialismo como el humanismo son credos vacíos: el primero cree en exceso en el yo y nada más, y el segundo pide a la persona que viva según una «racionalidad cotidiana» exenta de cualquier sustancia moral. El individuo se convierte o en «principio de voluntad aislado» o en «una masa de ser que ha sido entregada a otras disciplinas, como la psicología o la sociología». Tales filosofías de la autoafirmación están envueltas en una especie de «determinismo pseudocientífico» y, aunque promueven ciertos buenos valores —la libertad, la racionalidad, la responsabilidad, la autoconciencia, la sinceridad, el sentido común—, «evidentemente no mencionan el pecado ni mencionan el amor».

En el mundo del *Tractatus* de Wittgenstein, señala Murdoch, los juicios morales no tienen espacio porque nada se puede decir de ellos que tenga valor factual. Otros filósofos entendían los juicios morales simplemente como una «emoción». Para el existencialismo, la persona es una «voluntad» solitaria en un mundo de hechos físicos. Aunque no existe una visión moral de la vida, la parte positiva es la libertad de actuación. Pero Murdoch considera que es una visión irrealista y simplista. La realidad es que la moral de la persona es un proyecto muy real y de profundas consecuencias que abarca toda la vida:

El cambio moral y el logro moral son lentos; no somos libres en el sentido de poder cambiarnos de repente, porque no podemos cambiar de súbito lo que podemos ver y, en consecuencia, lo que deseamos y lo que nos mueve.

La idea opuesta es vernos como seres con infinidad de opciones, deseosos de que se haga realidad un curso de vida. Murdoch lo entiende sin duda alguna como una manera de vivir inferior. Su alternativa es una especie de «necesidad» que los santos y los artistas conocen bien, es decir, «la consideración paciente y afectuosa dirigida a una persona, una cosa o una situación» que no es tanto cuestión de voluntad consciente como de *obediencia*. Esta atención tiene lugar a lo largo de muchos años; de hecho, se prolonga toda la vida, y resta importancia a los actos de decisión individuales. Si, por ejemplo, ponemos la atención en una persona durante mucho tiempo, «ante decisiones importantes la mayor parte de lo que se supone ya está hecho». La voluntad no es una resolución consciente, sino ser fiel a lo que uno *ama o ve*.

En esta visión es posible la grandeza del arte, que el modelo existencialista conductista entiende como un simple subproducto indulgente de la irracionalidad humana. Para Platón, la belleza y el arte son partes de lo mismo; el acto de estar abierto a la contemplación de la belleza es desinteresado, como lo es la moral en sí misma. Para Murdoch, el Bien, lo Real y el Amor están estrechamente relacionados. Donde uno pone la atención, allí está su moral. Al mirar con amor, hallamos lo real, lo verdadero o lo bueno.

LO QUE NOS HACE VER EL ARTE

El arte rasga el velo y da sentido a la idea de una realidad que trasciende de la apariencia; muestra la virtud en su auténtica imagen en el contexto de la muerte y el azar.

Murdoch asume abiertamente que los seres humanos somos egoístas y que nuestra existencia no tiene finalidad ni motivo externos de ningún tipo divino. Al contrario, somos «criaturas mortales de paso, sometidas a la necesidad y el azar». No cree en ningún Dios, pero tampoco deifica la razón, la ciencia ni la historia. En la edad poskantiana, la libertad, la voluntad y el poder del individuo lo son todo, una postura que la filosofía moral de Nietzsche lleva a su extremo. Pero ¿qué hacemos con esta responsabilidad?

La respuesta de Murdoch es que el propósito de la vida debe ser cómo hacernos mejores, y parte de este trabajo es reducir el tamaño de nuestro ego para que podamos ver con claridad a los demás y el mundo. La forma más evidente de disminuir el ego es apreciar la belleza y la verdad, en la naturaleza, el arte y la literatura. Estamos dándole vueltas a alguna afrenta, mirando distraídamente por la ventana, vemos volar un cernícalo y de repente nos olvidamos de nosotros mismos. El buen arte, no el que solo se propone consolar mediante la fantasía, «nos permite disfrutar de la existencia autónoma de lo que es excelente». En un mundo que parece «incierto e incompleto», la belleza, la bondad y el amor son lo único que tiene sentido. Además, contrariamente a lo que se suele pensar, el arte y la literatura no están en el artista ni el escritor; para que sean buenos, ellos mismos deben excluirse de la ecuación.

COMENTARIOS FINALES

«La libertad —dice Murdoch— no consiste en desembarazarse de uno mismo sin más consecuencias, sino en la superación disciplinada del propio ego. La humildad no es un hábito peculiar de autoeliminación... es el respeto desinteresado a la realidad». Su receta es apartar la vista del yo y dirigirla al Bien, como el hombre de la alegoría de la caverna de Platón miraba al sol. Es también un movimiento de alejamiento de la particularidad, la variedad y la aleatoriedad del mundo.

Una de las implicaciones es que la búsqueda del autoconocimiento es en cierto modo una ilusión. Aunque fuéramos a dar con este yo esquivo y lo viéramos correctamente, es posible que nos pareciese un «objeto más pequeño y menos interesante» de lo que habíamos imaginado. Mucho más valor tiene ir más allá de lo personal, empleando la atención y el amor en intentar ver el mundo y a las personas con una luz nueva.

La elevación de la voluntad, o la fuerza de la decisión, de la escuela conductista-existencialista es un error, porque solo «el Bien, no la voluntad, es trascendente», dice Murdoch. La voluntad es «la fuerza natural de la psique» que se puede emplear para fines buenos, pero el Bien revela las cosas tal como son en realidad. No existe comparación posible en lo que a la fuerza se refiere: la voluntad forma parte de la persona, el Bien es universal. Por lo tanto, señala, «lo que hay que buscar es la bondad, no la libertad ni la acción correcta». Dicho esto, «la acción correcta, y la libertad en el sentido de humildad, son los productos naturales de la atención al Bien». En otras palabras, busquemos el bien en primer lugar, y todo lo demás que merezca la pena nos llegará de forma natural. Si solo buscamos una voluntad férrea, será esto lo único que tengamos.

IRIS MURDOCH

Iris Murdoch nació en 1911, y de niña le apasionaban los animales, cantar y leer. Fue alumna destacada de la Froebel Demonstration School, para niños y niñas, de Londres, y de la Badminton Girl's School, solo de niñas, de Bristol. Leyó a Platón y Sófocles como estudio preparatorio para la Universidad de Oxford, y fue aceptada en el Somerville College, donde entabló amistad con Mary Midgley, que después sería una notable filósofa. En Oxford estuvo influida por el marxismo y posteriormente se afilió al Partido Comunista.

Murdoch tuvo diversos amigos y amantes, entre ellos el poeta Frank Thompson, el historiador militar y soldado Michael Foot y el premio Nobel Elías Canetti. Se casó con John Bayley, estudioso de la lengua inglesa de Oxford, en 1956. La pareja vivió en Londres y Oxford y no tuvo hijos, de modo que Iris pudo dedicarse por completo a escribir. Otras de sus obras son Cabeza cercenada *(1961; 1984);* El mar, el mar *(1978; 1985), con la que obtuvo el Premio Broker, y* El príncipe negro *(1973; 2009). Entre sus obras filosóficas están* Sartre: un racionalista romántico *(1953; 2007) y* La metafísica como guía a la moral *(1992).*

En 1996 le fue diagnosticada la enfermedad de Alzheimer, y falleció en Oxford a los setenta y nueve años. Una biografía suya, Iris Murdoch: A life, *de Peter Conradi, inspiró la película* Iris, *de 2001, que protagonizó Judi Dench en el papel de Iris.*

1886

MÁS ALLÁ DEL BIEN Y DEL MAL

Los psicólogos deberían pensárselo dos veces antes de rechazar la autoconservación como el instinto fundamental del ser orgánico. Todo lo vivo busca ante todo liberar su fuerza: la propia vida es Voluntad de Poder; la autoconservación solo es una de sus consecuencias indirectas y más frecuentes.

La falsedad de una opinión no es para nosotros nada que la objete; ahí es, quizá, donde nuestro lenguaje suena de la forma más extraña. La cuestión es hasta qué punto una opinión prolonga la vida, conserva la vida y preserva la especie.

En dos palabras

Los seres humanos sienten una necesidad natural
y sana de ser creativos y poderosos, y la moral
no hace sino sofocarla y distorsionarla.

En la misma línea

Martin Heidegger, *El ser y el tiempo*
Nicolás Maquiavelo, *El príncipe*
Arthur Schopenhauer, *El mundo como voluntad y representación*
Slavoj Zizek, *Viviendo en el final de los tiempos*

CAPÍTULO 36

Friedrich Nietzsche

F riedrich Nietzsche entiende la historia de la filosofía como una manifestación de la «voluntad de Verdad», pero esta obsesión con la verdad es simplemente un prejuicio arbitrario. ¿Por qué los filósofos no se interesan del mismo modo por la no verdad o la no certidumbre?, se pregunta.

Como dice en *Más allá del bien y del mal*: «A pesar de todo el valor que le pueda corresponder a lo verdadero, lo positivo y lo desinteresado, podría ser que en general conviniera atribuir un valor más esencial para la vida a la simulación, a la voluntad de ilusión, al egoísmo y a la codicia». Tal vez el bien y el mal estén más entretejidos de lo que pensamos, aunque, en interés de la pureza, nos guste verlos como separados.

El bien y el mal son una creación de la humanidad: «No existe eso de los fenómenos morales, sino solo una interpretación moral de los fenómenos». Y si esto es así, nos libera para vivir según nuestro deseo natural de ser más, tener más, hacer más y no preocuparnos demasiado por los demás. El egoísmo, incluidas la evasión, la desconfianza y un amor al ocultamiento y la ironía, asegura Nietzsche, es signo de salud: los enfermos son quienes siempre van en pos de algún absoluto puro y objetivo (sea en la religión o en la filosofía).

Aunque la reacción habitual ante la lectura de Nietzsche es de impacto, hay pocos filósofos que puedan ser más entretenidos o que posean el potencial de cambiar la forma de ver las cosas. La lista de personas en quienes ha influido es muy extensa, e incluye a Sigmund Freud, Rainer Maria Rilke, Thomas Mann, Heidegger, W. B. Yeats, Sartre y Foucault. Entre los filósofos actuales, Nassim Nicholas Taleb y Slavoj Zizek, aunque con contenidos muy distintos, toman prestado de él parte de su estilo subjetivo, idiosincrásico y de curso libre. La sorprendente originalidad de Nietzsche y su prosa no técnica y cargada de sentimiento no podrían ser más distintos de las obras académicas áridas y más que especializadas de hoy.

Después de unos inicios precoces y prometedores (a los veinticuatro años ya era catedrático de filosofía), la enfermedad y un espíritu realmente independiente llevaron a Nietzsche a apartarse de la doctrina dominante, y su rechazo de la filosofía como ciencia objetiva le permitió escribir con un brillante estilo personal y en ocasiones alocado. Algunos de los personajes y acontecimientos que se mencionan en *Más allá del bien y del mal* son de la época de su autor y de escasa relevancia en la actualidad; sin embargo, en general las ideas de Nietzsche, incluida la de cómo hay que entender la ciencia y la religión, parecen muy recientes.

¿POR QUÉ LA «VERDAD» ANTE TODO?

Los filósofos asumen que «lo cierto tiene más valor que lo incierto, que la ilusión lo tiene menos que la verdad», pero es posible, dice Nietzsche, que tales evaluaciones solo sean superficiales, necesarias para un sentimiento del yo y parte de nuestra necesidad de crear una sensación de seguridad para nuestra propia supervivencia. Queremos generar ficciones lógicas para comprender la realidad. Defiende también que lo que la mayoría de las personas considera pensamiento consciente de hecho es puro instinto. Pensamos mucho menos de lo que nos gustaría creer.

Los filósofos, además, aunque se tienen por mentes independientes que crean nuevos sistemas de lógica fría y objetiva, la mayor parte de las veces no hacen sino parlotear sobre quiénes son y sobre lo que son; no son máquinas generadoras de verdad, sino, mejor, defensores de prejuicios. Kant, por ejemplo, adopta el disfraz de filósofo científico para mostrar su «imperativo categórico» moralista, pero Nietzsche lo considera uno más de una larga lista de «viejos moralistas y predicadores éticos». Y el deseo de Spinoza de hacer que la filosofía pareciera aún más científica lo llevó a blindarla en un formato matemático de «prestidigitador». En resumen, los filósofos no son amantes de la sabiduría, sino de *su* sabiduría. En el fondo de todas sus visiones del mundo hay una posición moral, y el «conocimiento» es el vestido con que la cubren. Pero Nietzsche admite que no es el primero en señalar tal situación: Epicuro, un simple esclavo de la antigüedad, también se refería a la grandiosidad y la vanidad de los filósofos como Platón, que hablaban de verdades aparentemente «autoevidentes».

LA VOLUNTAD DE PODER Y LA LIBRE VOLUNTAD

Nietzsche cree que los psicólogos se equivocan al asegurar que el instinto más fuerte de los seres vivos es el de autoconservación o supervivencia. Al contrario, su principal objetivo es *liberar su fuerza*. Es la famosa Voluntad de Poder (un concepto derivado en parte de la «Voluntad» de Schopenhauer). Dicho en pocas palabras, queremos seguir vivos no por la vida misma, sino para poder manifestar nuestros poderes.

Ante ello, lo que Nietzsche ha de decir sobre la libre voluntad se resume en esta quizá sorprendente afirmación:

> Nunca me cansaré de insistir en un hecho pequeño y conciso, es decir, en que un pensamiento llega cuando «él» quiere, no cuando «yo» quiero.

La idea del ego autovolente es un supuesto; más exacto es hablar de cosas que «uno» hace, no «yo», porque somos una mezcla de sensación, emoción y pensamiento. Lo «más extraño de la voluntad», prosigue, es que es un mecanismo que a la vez da órdenes y las acepta. Nos identificamos con quien da las órdenes (lo que llamamos «yo»), pero en realidad nuestro cuerpo es «una estructura social compuesta de muchas almas». Pensamos que nuestras decisiones son la base de nuestro éxito, pero es como presumir que el gobernador de un país es el único responsable de lo que allí suceda, olvidando todos los demás factores. No tenemos ni el control absoluto de lo que ocurre ni estamos exentos por completo de responsabilidad. La verdad está en el medio, y la creencia en una voluntad pura y libre, o lo que Nietzsche llama la «moralidad de la intención», se debe colocar en la misma categoría que la astrología o la alquimia.

Pero ¿cómo casan los pensamientos o la libre voluntad de Nietzsche con la Voluntad de Poder y, desde luego, con su concepto de *Übermensch* (Superhombre), el actor soberano que está libre de todas las convenciones morales y creencias habituales? La respuesta es que Nietzsche cree que las personas piensan demasiado, cuando deberían dar rienda suelta a su Voluntad instintiva de crear y dominar. La idea de libre voluntad es una exquisitez cristiana basada en la creencia en la santidad de todas las almas, cuando de hecho el ser humano se entiende mejor como un animal superior que agarra lo que quiere de la vida. La naturaleza del *Übermensch* no es la contemplación ni el razonamiento, sino la decidida actividad y creación.

LA CIENCIA, LA FILOSOFÍA Y EL VERDADERO FILÓSOFO

Nietzsche se complace en señalar la arrogancia e insolencia de la ciencia, que dice ser la única disciplina que importa en la Edad Moderna, sustituta tanto de la filosofía como de la religión. La filosofía es la «tarea maestra», afirma, la suprema de todas las áreas del aprendizaje. Le desespera el abandono que la filosofía moderna hace de su noble función, para especializarse, por ejemplo, como mera «teoría del conocimiento»; y no le sorprende que la persona común vea a la filosofía cariacontecida, mientras la ciencia está feliz y segura de sí misma, pretendiendo ser la medida de todas las cosas. De hecho, apunta, la ciencia explica muy poco; no es más que una forma de disponer el mundo de acuerdo con la percepción humana.

Nietzsche observa que sería peligroso y revolucionario para el filósofo moderno decir que no es escéptico. En su lugar, el filósofo prefiere decir que no sabe nada, o que nada se puede saber. Sin embargo, el escepticismo es una «amapola agradable y relajante» que sosiega a quien lo emplea y hace que se sienta parte de su mundo. Esta actitud, sostiene, es consecuencia de que la persona es una amalgama de diferentes razas y clases, en la que nada es estable, y todo relativo.

Todo se piensa exhaustivamente, y nada se hace por pura Voluntad. La «objetividad» y el «espíritu científico» son simples expresiones de la parálisis de la Voluntad, una enfermedad que se extiende por dondequiera que la civilización perdure. Nietzsche distingue entre «obreros filosóficos» y «hombres científicos», por un lado, y los auténticos filósofos, por otro. Entre los obreros filosóficos incluye a Kant y Hegel, que pretenden identificar los valores y las verdades y colocarlos en cierto orden. Pero el verdadero filósofo de Nietzsche es «comandante y legislador», un creador cuyo lema es «que así *sea*».

La idea convencional del filósofo es que es sabio, prudente y vive al margen de la vida normal. No obstante, Nietzsche dibuja una imagen alternativa: «El *auténtico* filósofo... vive "afilosóficamente" y "asabiamente", sobre todo "imprudentemente", y siente la obligación y la carga de cien pretensiones y tentaciones de la vida; *se* arriesga constantemente, juega *su* mal partido». Los auténticos filósofos deben ser «la mala conciencia» de su tiempo y cultura; su trabajo consiste en aplicar «el cuchillo de la vivisección al pecho de las propias virtudes de su época».

Al plantear la pregunta: «¿Es posible la *grandeza*, hoy?», Nietzsche ha de luchar con la naturaleza de la sociedad moderna, lo cual, asegura, es una «guerra general contra todo lo raro, extraño y privilegiado, contra el hombre superior, el alma superior, el deber superior, la responsabilidad superior, la plenipotencia y el señorío creativos». Ante todo, la persona moderna busca una vida exenta de miedo y dolor. Es un lamentable abandono de nuestro potencial. En su lugar, deberíamos arrojarnos a la vida, cualquiera que sea el riesgo, sin pedir permiso para nada.

LA MORAL DEL ESCLAVO Y LA MORAL DEL AMO

Existe en la humanidad una jerarquía natural, una especie de justicia natural. Al «alma noble», dice, no le gusta buscar nada más arriba; mira hacia delante o hacia abajo, porque «sabe que está en la cumbre». Nietzsche admite que es lo contrario de lo que predican muchas morales y religiones: que nos realizamos cuando nos hacemos *más pequeños* que los demás, una idea que considera un embuste. En la base de la educación y la cultura modernas está el engaño, el intento de exaltar al plebeyo y el mediocre a expensas de una verdadera aristocracia del espíritu.

Nietzsche desprecia la democracia y las ideas de «igualdad de derechos» y «comprensión por todos los que sufren», porque piensa que este intento de igualar el campo de juego priva a las personas de las condiciones que las podrían hacer grandes. La opresión, la pobreza, la violencia, la severidad de todo tipo conllevan la oportunidad de convertir lo mediocre en algo sustancial, porque apelan a sus poderes instintivos, su osadía y su espíritu.

Dice del cristianismo que es una «moral esclava» porque insiste en el «sacrificio de toda libertad, todo orgullo, toda autoconfianza del espíritu», y convierte al creyente en una sombra ridiculizadora de lo que podría ser. En cambio, admira el Antiguo Testamento como una gran obra de la justicia divina.

La moral fue pensada para que los seres humanos parecieran simples e inteligibles; si hay unas reglas comunes, a todos se nos puede juzgar del mismo modo. Pero si miramos más allá de las habituales categorías del «bien» y el «mal», podemos ver a las personas a su verdadera luz: creen en sí mismas y se reverencian de forma natural. Y en su forma de reaccionar, así es como deben comportarse. El poder sobre los demás no es ningún destello de vanidad, sino simplemente signo de un «espíritu noble».

COMENTARIOS FINALES

La negación de Nietzsche del empeño filosófico tradicional –la búsqueda de verdades fundamentales– tuvo una gran influencia en el existencialismo y en los filósofos deconstruccionistas. Lamentablemente, su aversión a la «mezcla de razas», y su negación de la moral tradicional y de los ideales democráticos le convirtieron en fruto maduro para consumo de la ideología nazi (pese a que él no era antisemita). Dados los muchos sucesos terribles del siglo XX, la actitud de Nietzsche ante muchas cuestiones hoy parece ingenua, pero, tal vez porque fue tan poco leído en su tiempo, pensaba que no perdía nada al colocar sus explosivos filosóficos bajo la cama de Europa.

El libro tiene dos apartados de aforismos, donde se pueden encontrar perlas tales como: «La demencia es rara en los individuos, pero en los grupos, los partidos, las naciones y las épocas es la norma» y «La idea del suicidio le da a uno muchas malas noches». Nietzsche tuvo poca fortuna con las mujeres, por lo que las desdeñaba, pero sus aforismos contienen algunas observaciones interesantes sobre las relaciones, entre ellas: «En el amor y la venganza, la mujer es más bárbara que el hombre». Pero cuando el lector llega a la conclusión de que Nietzsche es demasiado extremista y hasta desagradable, se encuentra con esta: «Lo que se hace por amor siempre está por delante del bien y el mal». El amor trasciende de cualquier clasificación moral. No es ni bueno ni malo, sencillamente es: este es su poder. El deseo de Nietzsche de ir más allá de los opuestos es un tanto distinto del concepto de «dualidad» de las religiones occidentales, en las que la luz y la oscuridad, el bien y el mal son construcciones mentales. En última instancia, todo simplemente «es» y no necesita etiqueta alguna.

FRIEDRICH NIETZSCHE

Nietzsche nació en Röcke, Prusia, en 1844. Su padre (que murió cuando él tenía cinco años) y su abuelo fueron ministros luteranos. Estudió en un internado de Pforta, y después filología clásica en la Universidad de Bonn. El joven Nietzsche era considerado tan brillante que a los veinticuatro años ocupó ya una cátedra de filosofía en la Universidad de Basilea. Después de un período como auxiliar médico en la guerra franco-prusiana, escribió El origen de la tragedia.

Acosado por una salud muy precaria, tuvo que dejar la cátedra y vivir de una humilde pensión en una serie de habitaciones alquiladas por toda Europa. En 1889 sufrió una crisis mental (provocada quizá por la sífilis o una depresión), a partir de la cual estuvo al cuidado de su madre y, después, de su hermana, hasta su muerte en 1900.

Algunas de sus obras más importantes son Humano, demasiado humano *(1878; 2011),* La gaya ciencia *(1882; 2000),* Así habló Zaratrustra *(1883-85; 2000),* Genealogía de la moral *(1887; 2007),* El crepúsculo de los ídolos *(1888; 2002),* El anticristo *(1888; 2000) y la autobiográfica* Ecce Homo *(1888; 2002).*

1660

PENSAMIENTOS

Sopesemos lo que podamos ganar o perder si apostamos a que Dios existe. Calculemos las dos posibilidades. Si ganamos, lo ganamos todo; si perdemos, no perdemos nada. Apostemos, pues, sin vacilaciones a que Dios existe.

Lo único que nos consuela de nuestras desgracias es la diversión, que, sin embargo, es la mayor de nuestras desgracias, porque es lo que más nos impide pensar en nosotros mismos [...] la diversión nos distrae e imperceptiblemente nos conduce hacia la muerte.

Porque ¿qué es en última instancia el hombre por naturaleza? Nada comparado con la infinitud, todo comparado con la nada, un punto central entre nada y todo infinitamente lejos de comprender una y otro. Es igualmente capaz de ver la nada de la que fue sacado y el infinito en que está sepultado.

En dos palabras

Si creemos en un poder superior, poco tenemos que perder, y mucho que ganar si es verdad que existe, por lo que es racional que creamos.

En la misma línea

René Descartes, *Meditaciones metafísicas*
Søren Kierkegaard, *Temor y temblor*
Gottfried Leibniz, *Teodicea*
Michel de Montaigne, *Ensayos*

CAPÍTULO 37

Blaise Pascal

laise Pascal poseía una gran mente científica. Después de construir cincuenta prototipos, inventó la calculadora mecánica, la Pascalina, en la que se inspiró Leibniz para elaborar la suya. Desarrolló la probabilidad a través de la correspondencia con Fermat, y brillantes ideas sobre filosofía y matemáticas. Inventó la prensa hidráulica y la jeringuilla, y demostró claramente cómo funcionan los barómetros de mercurio. La ley de Pascal se relaciona con una unidad de presión, y su famosa apuesta se considera una aportación de influencia decisiva en la teoría del juego, la probabilidad y la teoría de la decisión. La programación Pascal de los ordenadores debe a él su nombre.

¿Cómo un acérrimo defensor del método científico como él llegó a defender con tanta convicción la fe espiritual?

Cuando murió, se encontró una nota cosida a su abrigo. Relataba una experiencia mística ocurrida el 23 de noviembre de 1654, después de la cual dejó de trabajar en matemáticas y ciencias y se entregó a cuestiones del espíritu y de filosofía. En una vida corta pero muy ocupada, a los veinte años Pascal ya se había convertido a una forma más intensa de cristianismo (el jansenismo, por influencia de su hermana Jacqueline), pero la mala salud que padeció a partir de los treinta le llevó a preguntarse por el lugar del ser humano en el universo.

En privado, escribió infinidad de notas con las que quería componer una apología del cristianismo, y después de su muerte su familia ordenó estos *Pensamientos*. En una época de creciente escepticismo ante la religión establecida, Pascal consideraba que era su misión ocuparse de la visión del mundo indiferente e irreverente de Montaigne, por un lado, y la postura excesivamente racional de figuras como Descartes, que había fallecido solo diez años antes de que fueran compilados los *Pensamientos*. Deseaba demostrar al lector que tanto el escepticismo como la resignación ante el destino que ofrecía la filosofía estoica llevaban irremisiblemente a la miseria. Su respuesta a ambos era la fe sencilla. Pero la gente de su tiempo buscaba sin cesar una base racional para sus creencias, por lo que Pascal incubó la idea de una apuesta que disipara todas las dudas sobre los beneficios de la religión.

LA APUESTA DE PASCAL

Si ganamos, lo ganamos todo; si perdemos, no perdemos nada. Apostemos, pues, sin vacilaciones a que Dios existe.

Para elaborar esta apuesta, Pascal recurre a su dominio de la probabilidad y las matemáticas. Comienza con la pregunta de si Dios existe. Es algo a lo que la razón nunca podrá dar respuesta, algo, de hecho, que no puede afirmar ni negar. A pesar de ello, nos pide que apostemos a que es verdad. Es evidente, razona, que seríamos estúpidos si no aprovecháramos la oportunidad de un juego en el que se puede ganar tanto («una eternidad de vida y felicidad») y perder tan poco («una creencia que demuestra ser falsa»).

Después de señalar que es previsible que apostar por la existencia de Dios nos haga actuar de acuerdo con tal creencia, es decir, a ser personas mejores convencidas del amor de Dios, pasa a preguntar:

Ahora bien, ¿qué daño podrá hacerte decantarte por este lado? Serás leal, honrado, humilde, agradecido, generoso, amigo fiel y sincero. Desde luego no tendrás esos placeres envenenados, la gloria ni el lujo, pero ¿no tendrás otros? Te aseguro que con ello ganarás en esta vida, y que, en cada paso que des en este camino, te sentirás tan seguro de los beneficios, de que nada arriesgas, que acabarás por reconocer que has apostado por algo seguro e infinito, que no te ha costado nada.

Puede parecer atractivo, pero el no creyente argumentará que sigue sin haber nada *cierto* en ello. Así es, reconoce Pascal, no podemos estar absolutamente seguros, pero tampoco son nunca seguros los resultados de las batallas ni de los viajes por el mar, ni podemos saber si mañana seguiremos vivos. Sin embargo, ¿no es sensato hacer una pequeña apuesta por algo de tan escaso riesgo, que si es verdad nos producirá inmensos beneficios? Dice:

> *Mucho más miedo me produce equivocarme, y descubrir que la religión cristiana es verdadera, que no equivocarme al creer que es verdadera.*

Podemos aplicar la apuesta de Pascal sin creer que Dios existe como tal. En su lugar, podemos apostar a que existe alguna forma de verdad absoluta o universal, y que esta verdad es positiva. Si vemos sus efectos en nuestra vida y nuestra comunidad, es completamente racional convertirla en fundamental para nuestra existencia.

EL INCONVENIENTE DE LA DUDA

Pascal preveía que, en una época laica, la posición por defecto de la mayoría de las personas no fuera: «No tengo razones para creer, por lo que no creo». Entendía la duda, porque había visto suficientes indicios que señalaban que Dios no existe. Pero también llegó a la conclusión de que la vida no se puede explicar de forma satisfactoria con argumentos puramente físicos. En un apartado titulado «La miseria del hombre sin Dios», afirma que solo entregándonos por completo a un poder superior podemos hallar la paz, la verdad y la felicidad. No hacerlo provoca desesperación, oscuridad, confusión y error. Como respuesta a quienes preguntan por qué Dios, si es real, no es más evidente, Pascal replica: «En vez de lamentar que Dios se haya escondido, debes darle las gracias por revelar tanto de sí».

Señala que solo hay tres tipos de personas:

> *Las que, habiéndole encontrado, sirven a Dios; las que, no habiéndole encontrado, están ocupadas en su búsqueda, y las que ni le buscan ni lo han encontrado. Las primeras son razonables y felices; las últimas, estúpidas y desgraciadas; las de en medio son desgraciadas y razonables.*

Para él, la falta de fe es una especie de indolencia, una idea que T. S. Eliot resume en su introducción a los *Pensamientos:*

> *La mayor parte de la humanidad es de mente ociosa, poco curiosa, absorta en vanidades y de sentimiento poco entusiasta, por lo que no puede ni dudar mucho ni tener mucha fe; y cuando el hombre común dice que es escéptico o no creyente, suele ser una simple afectación, que encubre la inapetencia de razonar hasta llegar a una conclusión.*

Para Pascal, trascender de la duda era un gran logro humano. Las personas humildes creen sin más razón que el entusiasmo, a diferencia de otros «que poseen entendimiento suficiente para ver la verdad, sea lo que fuere lo que tengan en su contra». Es el acerado desafío que lanza a los «inteligentes» de su tiempo: pensar en lo que creen, en vez de caer en una duda indolente e irónica de todo.

SUPERAR LA VANIDAD

Pascal se oponía a Montaigne, pero en él influyó mucho la idea de su compatriota de «me rindo» ante la naturaleza humana. Asumimos un aire de seguridad, razonabilidad y conocimiento, pero la condición general del hombre, sostiene Pascal, es «la inconstancia, el aburrimiento, la ansiedad» y, sobre todo, la vanidad. Quien no sepa ver cuán vano es el mundo, continúa, indica que él mismo lo es en muy alto grado.

Escribe: «Tenemos una idea tan noble del alma humana que no soportamos que haya alguna que nos desprecie y no nos quiera». Las personas hacemos locuras por amor, o, mejor, para que nos amen, y esta actuación muchas veces «perturba toda la Tierra, a príncipes, ejércitos, el mundo entero». Es famosa la observación de Pascal sobre la cara de una regente egipcia: «La nariz de Cleopatra: de haber sido más corta, hubiera cambiado toda la faz de la Tierra». Detalles insignificantes (por ejemplo, la belleza de una mujer) pueden ser el punto de inflexión de la historia.

El agudo Pascal señala la locura de quienes emplean sus preciosos días en «ir tras una pelota o una liebre». Lo que importa no es el objeto, sino la propia caza, porque las personas hacen todo lo posible para evitar pensar sobre ellas mismas. Ofrece una receta alternativa de la felicidad:

Invitar al hombre a vivir sosegadamente es invitarle a ser feliz [...] de modo que pueda pensar en el ocio sin por ello encontrar motivo de desazón.

Es una idea que se suele expresar como: «Todos los males de la persona se deben a la incapacidad de sentarse sola en una habitación». Si no nos divertimos somos infelices, pero la diversión, aunque nos entretenga, siempre nos lleva «imperceptiblemente a la muerte». En verdad, los mejores momentos son los que dedicamos a analizar nuestras motivaciones y objetivos, porque ambos corrigen la actuación equivocada y nos abren al orden, la verdad y la intención divinos.

Pero Pascal indica que los humanos somos potencialmente grandes porque sabemos reconocer nuestra propia desdicha, algo que no saben hacer el perro ni el árbol. De la concupiscencia (el deseo natural de personas y cosas) de algún modo hemos conseguido obtener un orden moral:

El hombre no debe pensar que está al mismo nivel de las bestias ni los ángeles, ni debe ignorar esos niveles, sino conocerlos.

Pensar que no somos más que animales inteligentes nos degrada, pero tampoco podemos decir que somos espíritus puros. El objetivo de la vida es aceptar la realidad del cuerpo y nuestras inclinaciones naturales, sin dejar de reconocer nuestros orígenes divinos.

COMENTARIOS FINALES

Los *Pensamientos* incluyen la conocida distinción de Pascal entre la mente matemática y la intuitiva, el *esprit de géométrie* y el *esprit de finesse*. El problema de quien tenga una mente matemática es que, al estar acostumbrado a conocer principios claros e irrefutables, no confía en el conocimiento intuitivo. Solo puede hablar en términos de definiciones y axiomas, pero, como consecuencia de esta mentalidad estrecha y de exactitud exagerada, se pierde otros tipos de conocimiento (para Pascal, Descartes era un buen ejemplo de este tipo de mente).

Los principios intuitivos –las leyes de la vida, si se quiere– «se sienten más que se ven» y es «sumamente difícil conseguir que los sientan quienes no los perciben por sí mismos». Sin embargo, pese a todo, son reales.

Así es, pues, como Pascal salva la brecha entre la idea científica del mundo y la espiritual en lo que a la persona se refiere: debemos alimentar la intuición o sentido metafísico, que nos ahorra mucho tiempo al ir abriéndonos camino en el mundo, nos lleva al corazón de las cosas, pero también está dispuesto a aceptar principios abstractos que la razón aprecie.

Tal vez el aforismo más conocido de los *Pensamientos* es: «Le coeur a ses raisons que la raison ne connâit point», que se suele traducir como: «El corazón tiene razones que la razón desconoce». Aunque el dicho puede ser adecuado para explicar los actos del enamorado, el sentido que le da Pascal es más general. No debemos dudar si podemos emplear la fuerza del razonamiento, y si podemos utilizar el juicio racional humano, debemos hacerlo. Sin embargo, el más alto de los razonamientos admite que hay cuestiones donde la razón se detiene y se somete a un orden distinto de la realidad.

Pascal, científico y matemático, sentía pasión por saber todo lo que hay que saber del mundo, pero era lo bastante sensato para admitir que no se puede conocer todo: parece que Dios nos pide tanto que hagamos el más pleno uso de la razón para actuar y crear en el mundo como que aceptemos que somos «seres espirituales cuya experiencia es humana». Cuando se trata de las grandes preguntas, en última instancia debemos someternos a una inteligencia superior, a la que el «corazón» nos une como un eslabón.

BLAISE PASCAL

Pascal nació en Clermont-Ferrand, Francia, en 1623. Su madre falleció cuando él tenía tres años, y su padre, Étienne, se mudó con toda la familia —Blaise y sus dos hermanas— a París. Pascal fue un niño precoz y asistía con su padre a reuniones en que se hablaba de cuestiones matemáticas y filosóficas. A los diecisiete años, la familia se mudó de nuevo, esta vez a Ruan, donde Étienne fue nombrado comisario real y jefe de la recaudación de impuestos. Para ayudarle en los cálculos, Pascal inventó sus calculadoras mecánicas.

A los veinte años, Pascal, junto con su devota hermana Jacqueline, se convirtieron al jansenismo, un tipo de cristianismo más estricto. Ella ingresó en el convento de Port-Royal, un entorno que Blaise frecuentaba mucho. Dos años después de su experiencia mística publicó las polémicas «Cartas provinciales», de contenido religioso y político, en defensa del jansenismo contra los ataques de los jesuitas. Ese mismo año vio cómo su sobrina Marguerite se curaba milagrosamente de una fístula lacrimal en Port-Royal.

Pascal falleció en 1662, con solo treinta y nueve años. No se sabe a ciencia cierta cuál fue la causa de su muerte, pero lo más probable es que se tratase de tuberculosis o cáncer de estómago.

Siglo IV a. de C.

La República

[La forma de Dios es] el autor universal de todas las cosas hermosas y justas, padre de la luz y del señor de la luz en este mundo visible, y la fuente inmediata de la razón y la verdad en el intelectual [...] este es el poder en el que debe fijar la vista quien actúa racionalmente en la vida pública o en la privada.

Hasta que los reyes sean filósofos, o los filósofos sean reyes, las ciudades no se librarán de la enfermedad: no, ni tampoco el género humano, ni nunca se hará realidad nuestro gobierno ideal.

El Estado cuyos gobernantes son más reticentes a gobernar siempre es el mejor y más pacíficamente gobernado, y el Estado en que más quieren hacerlo, el peor.

En dos palabras

Lo que creemos que es verdad puede ser un mero reflejo pobre y distorsionado de la realidad. La filosofía abre la puerta al conocimiento superior, que se puede emplear para servir al estado y la comunidad.

En la misma línea

Noam Chomsky, *Chomsky esencial*
Cicerón, *Sobre los deberes*
Nicolás Maquiavelo, *El príncipe*
Iris Murdoch, *La soberanía del bien*
Jean-Jacques Rousseau, *El contrato social*

CAPÍTULO 38

Platón

latón pertenecía a una familia aristocrática que desde hacía tiempo participaba en el estado ateniense. Aunque no se sabe mucho de la primera etapa de su vida, se dice que tuvo un primer amor por la poesía antes de que su maestro Sócrates lo orientara hacia la filosofía. El principal acontecimiento de esos años de su vida fue la muerte de Sócrates (en el 399 a. de C.), cuyas incómodas preguntas se habían convertido en una amenaza para la clase dirigente de Atenas. Platón fue testigo directo de la muerte de su maestro, y posteriormente escribiría relatos de su juicio, sus últimos días en la celda de la prisión y su muerte, en *Apología de Sócrates, Critón* y *Felón*.

Después de la muerte de Sócrates, Platón viajó por Grecia, Italia y Egipto, dedicando tiempo a conversar con el filósofo Euclides y los pensadores pitagóricos. Pasados los cuarenta, regresó a Atenas y fundó su famosa academia, que se convirtió en el centro intelectual de la ciudad, derribando las fronteras que separaban la filosofía, las matemáticas y la ciencia.

Antes de la muerte de Sócrates, Platón había hecho un par de intentos de entrar en política, primero tras la derrota de Atenas en la guerra del Peloponeso, y un año después cuando se restauró la democracia. Pero la experiencia le desengañó de la vida política, y llegó a la

311

conclusión de que el cambio solo podía llegar a través de un sistema de gobierno completamente nuevo. *La república* es su formulación de un estado ideal, pero también incluye su idea de justicia, su explicación de las «tres partes del alma» y su famosa alegoría de la caverna.

Pese a ser una de las grandes obras de la filosofía occidental, es de fácil lectura, no requiere ningún conocimiento especial y es una de las mejores expresiones del método socrático, es decir, el de preguntas y respuestas pensadas para llevar al lector a conclusiones ineludibles. En diez libros, Platón expone cómo Sócrates respondía con sólida lógica a las preguntas y los contraargumentos de una serie de personajes, entre ellos Glaucón y Adimanto, hermanos mayores de Platón; Polemarco, en cuya casa del Pireo (el puerto de Atenas) tiene lugar el diálogo; su padre, Céfalo, anciano de la ciudad, y Trasímaco, orador.

LA ALEGORÍA DE LA CAVERNA

Gran parte de *La república* es la expresión de lo que Platón había aprendido de Sócrates, pero su teoría de las formas, o ideas esenciales, le pertenece en exclusiva. Su mejor manifestación es su alegoría de la caverna. Aunque claramente desvinculada de la teoría de la justicia y el gobierno de Platón, la alegoría constituye su núcleo metafísico y encierra un mensaje eterno.

Sócrates hace que sus amigos imaginen a un grupo de personas en una caverna que solo dispone de una pequeña abertura a la luz del mundo exterior. Llevan toda la vida en la cueva, encadenadas, de forma que solo pueden ver las paredes, sin poderse girar para ver la luz. A sus espaldas hay una hoguera permanentemente encendida, y entre el fuego y las paredes pasa una procesión de personas que llevan diversos objetos, entre ellos figuras de animales, cuya sombra se proyecta en la pared que los prisioneros tienen enfrente. Los encadenados solo pueden ver las sombras de esa procesión y las suyas propias, con lo que para ellos la «realidad» es una película en dos dimensiones de sombras, nunca de las formas originales que las proyectan.

Entonces llega alguien y libera a uno de los prisioneros de sus cadenas. Este no se complace al ver que lo que había percibido solo era una proyección, sino que el cambio repentino le supera. Le deslumbra la luz de la hoguera, antes de salir de la cueva y de que le muestren el sol, que se le aparece con un horrible resplandor que le hiere los ojos. Pero con el tiempo el prisionero se da cuenta de que el sol es la auténtica luz del mundo y fuente de toda percepción. Siente pena por sus compañeros de presidio que siguen en la caverna y que aún creen que lo que ven vagamente es la «realidad».

Cuando regresa a la cueva y ya no puede ver bien en la oscuridad, sus compañeros de cautiverio dicen que su viaje a la luz solo fue una pérdida de tiempo que le lastimó los ojos. No pueden comprender que su mundo ha cambiado para siempre, ni que él mismo pueda ya imaginar volver a su antigua vida donde las apariencias se tienen por la verdad.

Platón emplea el sol como metáfora de la Forma del Bien y subraya el hecho de que no se llega fácilmente a la apreciación del Bien. En otro lugar, describe el viaje fuera de la caverna como un movimiento del «llegar a ser» al «ser», de la realidad condicional a la absoluta: de la experiencia mundana de ser humano a la luz pura de la realidad.

LAS RECOMPENSAS DE SER JUSTO

Platón comienza el libro exponiendo el significado de justicia. Céfalo sostiene que la justicia consiste simplemente en decir la verdad y asegurar que uno paga sus deudas. Llegará al fin de sus días relativamente rico, y dice que uno de los beneficios de la riqueza es que uno puede morir en paz, sabiendo que todas las cuentas están saldadas. Pero, pregunta Sócrates, ¿no hay en la verdad y una vida buena nada más que esto?

Glaucón y Adimanto defienden la *injusticia*, exponiendo que podemos vivir según nuestra conveniencia y evitar las críticas, incluso prosperar. Glaucón acepta que la justicia es buena en sí misma, pero emplaza a Sócrates a que demuestre que puede ser buena en el ámbito individual. Menciona la historia de Giges y su anillo mágico, que le daba poder para hacerse invisible a voluntad; Giges, como es natural, utilizaba el anillo para hacer cosas que no podría haber hecho si hubiese sido visible. Las personas solo actúan con justicia cuando tienen miedo al castigo, dice Glaucón, y no tienen interés en ser buenas por el mero hecho de serlo.

Sócrates replica que actuar justamente no es un añadido opcional, sino el eje sobre el que ha de girar la existencia humana; la vida no tiene sentido sin una actuación bienintencionada. Y si la justicia es una necesidad absoluta para el individuo, también es un puntal esencial del buen estado.

LAS TRES PARTES DEL ALMA

Platón divide el alma humana en tres partes: razón, espíritu y deseo. La razón es la supervisora del alma y busca los mejores resultados generales; nos da la capacidad de tomar decisiones y nos proporciona la conciencia. El espíritu genera ambición e iniciativa, pero también da lugar a sentimientos como el enojo, el orgullo y la vergüenza. El deseo está simplemente en las necesidades básicas de alimento, sueño y sexo. El individuo es justo cuando no da rienda suelta al espíritu y el deseo, sino que los somete al dominio de la razón, en la que a su vez influye el conocimiento del Bien, una forma básica universal. Así alcanzamos el equilibrio, y nuestros actos armonizan de forma natural con el mundo de nuestro alrededor.

Platón hace contar a Sócrates de nuevo el mito de Er, un hombre a quien los dioses permitían ver lo que les ocurría a las almas entre las diferentes vidas. Er descubrió que a menudo lo que movía a las almas era la oportunidad de ser ricas o famosas en su siguiente vida, y no decidían teniendo en cuenta si la vida era *justa* o no. Quienes más progresaban a lo largo de muchas vidas escogían de forma natural la justicia. ¿Mensaje? Elegir siempre lo justo es el camino eterno a una vida feliz y plena. Platón entierra definitivamente la idea de que la justicia es un concepto noble pero no práctico. De hecho, es el único camino a la vida buena.

Solo el «filósofo» puede desarrollar el adecuado equilibrio entre las partes del alma, asegura Sócrates. El principal deseo del filósofo es que el mundo sea lo mejor que pueda ser, y para ayudar a conseguirlo está dispuesto a renunciar a los que pudieran ser los deseos naturales. Quienes poseen el conocimiento de las verdades absolutas, y quienes están en perfecto equilibrio psicológico y espiritual, tienen el deber de servir al resto de la sociedad que carece de todo ello. Este es el eslabón entre la teoría de la justicia de Platón y el contenido general de *La república*, expresión de su idea de un estado ideal.

EL ESTADO IDEAL

Platón repasa los defectos de los tipos de gobierno de su tiempo —la timocracia, la oligarquía y la tiranía— pero su verdadero objetivo es la democracia ateniense. Consistía en una asamblea de ciudadanos varones libres que se reunían de forma regular para votar sobre asuntos concretos y delegaban la administración en un Consejo de los Quinientos. Para Platón, el problema de este tipo de democracia directa es que los asuntos complejos referentes a la política exterior o la economía, por ejemplo, quedan sometidos al capricho irracional del cuerpo de votantes de un determinado día. Además, como la pertenencia al Consejo estaba limitada a un año, y ningún ciudadano podía ser miembro de él más de dos veces, la reflexión estratégica y a largo plazo era muy escasa. Para llegar al poder, los dirigentes atenienses decían a los votantes lo que querían oír, cuando su trabajo debiera ser elaborar un plan para la salud del estado. La consecuencia era «una forma de gobierno agradable, sin ley y diverso que repartía la igualdad sin distinciones entre iguales y desiguales».

La alternativa de Platón es un cuerpo gobernante de élite compuesto por filósofos, cuyo único objetivo sea trabajar por el bien del estado. Estos individuos, brillantes, exquisitamente formados, de espíritu avanzado e incorruptibles, probablemente empleen el tiempo en la contemplación, en considerar las formas eternas (del Bien, la Belleza o la Verdad) que subyacen en el mundo de las apariencias. En su lugar, se les pide que renuncien al estado omnisciente de dicha y decidan volver al prosaico mundo a gobernar en beneficio de todos.

Platón señala que no se debe esperar que dirijan la nación o el estado los mercaderes, comerciantes o soldados, sino solo quienes poseen la mejor visión general de lo que es el bien en la sociedad. Una sociedad gobernada por soldados siempre estaría en guerra y limitaría la libertad de sus ciudadanos; un estado gobernado por los trabajadores carecería de la amplitud y la profundidad intelectuales para saber qué es el buen gobierno o para gestionar adecuadamente las relaciones con otros estados. Solo una persona generalista de exquisita educación, formada durante muchos años en asuntos abstractos (Sócrates propone diez años de estudio de las matemáticas antes de pasar a la filosofía), puede gobernar bien. El conocimiento práctico de la administración es el menor de sus requisitos, y la condición básica de superioridad y adecuación para el gobierno es el conocimiento de las formas espirituales esenciales de la Justicia, el Bien, la Belleza y la Templanza, que se manifiestan en las circunstancias reales.

El vínculo que Platón establece entre la calidad del estado y la calidad del individuo, conocido también como su analogía entre la ciudad y el alma, puede parecerle un tanto extraña al lector actual. Hoy, probablemente, es más habitual pensar que la naturaleza o calidad de una nación surge de las cualidades conjuntas de sus ciudadanos, pero la idea de Platón era exactamente la contraria. Pensaba que la ética del estado impulsaba y determinaba la acción individual.

LA INGENIERÍA SOCIAL

Un parte polémica de *La república* es la exposición de Platón sobre el control de la cultura. Pensaba que los grandes poetas e historias de su tiempo no inculcaban los adecuados valores morales. La educación se debe centrar en infundir la idea del Bien. Hay que censurar las historias que se cuentan a los niños para que no se les llene el cerebro de imágenes negativas. La ciudadanía solo debe estar expuesta a la literatura que no ensalce la mentira, la falta de autocontrol ni la violencia, porque todo ello no hará sino debilitar y corromper las mentes, llevando al naufragio a la nave del estado. Peores aún son las historias en que se dice que personajes injustos son felices o que ganan a expensas de los justos, o las que sugieren que ser bueno es una desventaja.

Aunque pueda parecer que Platón defiende en exceso una cultura controlada, en lo que se refiere a la igualdad sexual su postura es de muy largo alcance. Demuestra que la opinión de que las mujeres son débiles suele estar equivocada, y defiende que aquellas que demuestren poseer cualidades para gobernar deben recibir la misma educación y tener oportunidades similares a las de los hombres. En cambio, era contundente en lo que se refiere a la vida familiar, que no entiende como un ámbito privado sino que existe en beneficio del estado. Pone en boca de Sócrates una propuesta de regulación del matrimonio y el sexo para reunir a las personas «adecuadas». Los hijos de esta élite estarán después al cuidado de guarderías del estado, a fin de que sus padres queden libres para dedicarse al gobierno. El propio Platón nunca se casó, circunstancia tal vez reveladora de sus ideas al respecto.

COMENTARIOS FINALES

¿Sigue siendo válido el modelo del individuo justo y equilibrado de Platón? En una cultura que parece ofrecer caminos fáciles a todo tipo de placer, y que fomenta la libre manifestación de los sentimientos, su énfasis en dejar que la razón sea la que nos gobierne puede parecer severo. Pero los frutos de la autodisciplina y la razón para la persona actual son los mismos que fueron para el individuo de la Grecia antigua. La fuerza de *La república* radica no en que proporcione un modelo de gobierno (no es probable que alguna vez veamos estados gobernados por «reyes» filósofos), sino en que demuestra que las cualidades de sabiduría, coraje, autodisciplina y justicia se traducen en individuos bien equilibrados. La armonía de estas partes del alma es beneficiosa para nosotros personalmente, para nuestra comunidad y para el estado al que pertenecemos.

La alegoría de la caverna de Platón es un exquisito recordatorio de que la mayoría vamos por la vida persiguiendo sombras y creyendo en las apariencias, cuando detrás del mundo superficial de los sentidos aguarda un reino de la verdad más permanente. Platón defiende por boca de Sócrates que los filósofos son los únicos que pueden determinar esta verdad mediante el estudio de las Formas, pero en realidad todas las personas pueden percibir lo que es perfecto e inmutable. Todos vivimos en una caverna de percepciones e ilusiones erradas, de la que, con el debido esfuerzo, podemos salir.

1934

LA LÓGICA DE LA INVESTIGACIÓN CIENTÍFICA

Según mi proposición, lo que caracteriza al método empírico es su modo de exponer el sistema, de todas las maneras concebibles, a la falsificación para someterlo a prueba. Su objetivo no es salvarles la vida a sistemas indefendibles sino, al contrario, seleccionar aquel que en comparación sea el mejor adaptado, exponiendo para ello a todos a la más feroz lucha por la supervivencia.

El viejo ideal científico de la episteme —del conocimiento absolutamente cierto y demostrable— ha demostrado ser un ídolo. La exigencia de objetividad científica hace inevitable que toda afirmación científica deba ser provisional para siempre.

En dos palabras

Avanzamos en la comprensión no con la demostración de las teorías, sino con el intento de falsificarlas.

En la misma línea

David Hume, *Investigación sobre el conocimiento humano*
Thomas Kuhn, *La estructura de las revoluciones científicas*
Nassim Nicholas Taleb, *El cisne negro*

CAPÍTULO 39

Karl Popper

uando se publicó *Logik der Forschung* en Viena en 1934, Karl Popper tenía solo treinta y dos años y era profesor de enseñanza media, algo un tanto sorprendente considerando la enorme influencia de esta obra en el pensamiento del siglo xx. *La lógica de la investigación científica* (así se tradujo el título) sentaba sobre base firme la filosofía de la ciencia; tras esta obra aparecieron figuras como Imre Lakatos, Paul Feyerabend y Thomas Kuhn.

La Viena del veinteañero Popper era un lugar de fermentación intelectual y política. El marxismo y el socialismo eran causas populares entre los universitarios de mentalidad revolucionaria, incluido el propio Popper, y los positivistas lógicos del Círculo de Viena intentaban derribar las murallas de la filosofía con su distinción entre los enunciados demostrables y la especulación metafísica. Esta riqueza intelectual acabaría con el auge del nazismo, y en 1937 Popper, que recibió una educación luterana pero cuyos abuelos eran judíos, huyó a Nueva Zelanda, donde aceptó un puesto de profesor de filosofía. Allí escribió *La sociedad abierta y sus enemigos*, su famoso ataque a los totalitarismos, antes de mudarse a Gran Bretaña, donde durante veinticinco años reinó como profesor en la London School of Economics.

La lógica de la investigación científica fue una reacción contra la filosofía como análisis del lenguaje generada por el Círculo de Viena y representada por Wittgenstein, quien no ocultaba no haber leído a Aristóteles porque pensaba que todos los problemas de la filosofía se podían resolver con la sola observación del lenguaje. Popper, por el contrario, opinaba que el propósito de la filosofía era aportar luz a los problemas del mundo real: debe explicarnos el lugar que ocupamos en el universo. Sin embargo, a diferencia de la ingeniería o alguna rama de la ciencia física, donde se sabe cuál es el problema y uno se dispone a resolverlo, Popper afirma que la filosofía no tiene una «situación de problema»: no existe un trabajo preliminar de hechos aceptados sobre los que se pueda plantear una nueva pregunta. Por tanto, dice, «siempre que proponemos una solución de un problema, deberíamos hacer todo lo posible por refutar nuestra solución, en vez de defenderla».

En otras palabras, la filosofía (y la ciencia) no podía seguir ocupándose de hallar pruebas que demostraran una teoría; no era una actitud lo suficientemente rigurosa. El verdadero filósofo o científico se propondrá demostrarse *a sí mismo* que está equivocado, e intentará hallar los agujeros de cualquier teoría existente. Solo entonces el conocimiento podrá ser digno de tal nombre.

EL PROBLEMA DE LA INDUCCIÓN Y SU ALTERNATIVA

Popper percibía un inmenso agujero en la filosofía y la ciencia: el pensamiento inductivo.

Los enunciados inductivos toman algo particular y, a partir de ello, afirman algo universal. Por ejemplo, de la observación de que todos los cisnes que hemos visto son blancos, establecemos la probabilidad de que los cisnes sean blancos. Pero basta un solo caso en que no sea verdad (por ejemplo, cuando se descubrieron cisnes negros en Australia) para darse cuenta de que el razonamiento inductivo es defectuoso.

Popper distingue entre la psicología del conocimiento, que se ocupa de reunir, delimitar y relacionar hechos, y la lógica del conocimiento, que consiste en verificar el propio conocimiento. Si se afirma que algo es verdad, ¿cómo lo verificamos? En realidad, ¿*se puede* verificar?

Para que una teoría se pueda considerar auténticamente científica, se ha de poder demostrar que puede ser errónea: que alguien la ha falsificado, con resultados que se puedan reproducir. Es un completo error pensar que una teoría está «demostrada», «verificada» o «confirmada» si lo único que se puede hacer es reunir suficientes casos que parezcan demostrar que es verdadera:

> *En vez de hablar de la «probabilidad» de una hipótesis, deberíamos intentar determinar qué pruebas, qué juicios, ha superado; es decir, deberíamos intentar determinar hasta qué punto ha sido capaz de demostrar vigor suficiente para sobrevivir a todas las pruebas. En resumen, deberíamos intentar determinar hasta qué punto ha sido «corroborada».*

Una teoría no es verdadera si no hay manera de comprobarla para ver si es falsa. Además, Popper no cree en la inducción y, por consiguiente, dice que las teorías *nunca* son verificables de forma definitiva y concluyente; solo son «conjeturas provisionales» que pueden encontrar una corroboración aparente.

POPPER Y LA METAFÍSICA

Con estos argumentos se empieza a comprender que Popper pusiera el listón tan alto a la ciencia, separando las ideas buenas de las teorías fiables. Pero si lo consiguió fue solo porque creía en el empeño científico. Describe las teorías como «redes echadas para capturar lo que llamamos "el mundo": para racionalizarlo, explicarlo y dominarlo. Intentamos hacer la red cada vez más tupida».

No obstante, su exigencia de rigor no lo llevó a denunciar a la metafísica. Los positivistas mantenían que habían acabado con la metafísica porque habían demostrado que carecía de significado: las ideas no se pueden verificar con los sentidos ni se las puede convertir en un enunciado lógico inapelable. Sin embargo, como señala Popper, muchas de las leyes de la ciencia natural no se pueden reducir a enunciados elementales basados solo en la información de los sentidos, y no se hubiera permitido postularlos si los sentidos fueran nuestro único criterio. «De hecho —dice—, me inclino a pensar que la investigación científica es imposible si no se tiene fe en ideas de tipo puramente especulativo, y a veces incluso completamente vago; una fe que no tiene base alguna desde el punto de vista de la ciencia y que, en este sentido, es metafísica».

Por último, no niega que una persona pueda estar firmemente convencida de algo, ni que pueda aprehender alguna verdad, solo que tal convicción, dado que su validez no la puede verificar quien desee hacerlo, no es ciencia. La «intuición creativa» de la que hablaba Bergson, o el «amor intelectual», como lo expresaba Einstein, tienen entidad suficiente en opinión de Popper, pero por su naturaleza no se pueden analizar de forma lógica.

COMENTARIOS FINALES

Hacia el final del libro, Popper compara el trabajo científico con una ciudad construida sobre el agua:

> *La ciencia no descansa sobre roca firme. La osada estructura de sus teorías se levanta, por así decirlo, sobre la marisma. Es como un edificio erigido sobre pilotes [...] y si dejamos de enterrar los pilotes a mayor profundidad no es porque hayamos llegado al suelo firme. Simplemente paramos cuando pensamos que están lo bastante seguros para aguantar la estructura, al menos de momento.*

La ciencia, aunque solo sea una estructura «construida sobre pilotes», y aun en el caso de que nunca nos proporcione la certeza que ansiamos, sigue teniendo valor. El hecho de que Venecia no esté construida sobre roca firme no le resta encanto como lugar en el que merece la pena estar. Lo mismo ocurre con la filosofía.

KARL POPPER

Popper nació en Viena en 1902. Su padre era abogado, pero también sentía un gran interés por los clásicos, la filosofía y las cuestiones sociales y políticas. Su madre le infundió la pasión por la música, una profesión a la que estuvo a punto de dedicarse.

En la Universidad de Viena participó activamente en la política de izquierda y el marxismo, pero después de unas revueltas estudiantiles los abandonó por completo. Obtuvo el título de profesor de primaria en 1925, se doctoró en filosofía en 1928, y al año siguiente obtuvo la acreditación para la docencia de matemáticas y física en enseñanza media.

El auge del nazismo lo empujó a dejar Austria, y en 1937 aceptó un puesto en la Universidad de Canterbury de Nueva Zelanda, y allí vivió durante toda la Segunda Guerra Mundial. En 1946 se mudó a Inglaterra, donde fue profesor de lógica y método científico en la London School of Economics. Fue nombrado caballero en 1965 y se jubiló en 1969, aunque siguió escribiendo, dando conferencias y participando en programas de radio y televisión hasta su muerte en 1994.

1971

Una teoría de la justicia

Por elegante y concisa que pueda ser una teoría, si no es verdadera hay que rechazarla; del mismo modo, las leyes y las instituciones, por eficientes y bien formuladas que sean o estén, se deben reformar o abolir si son injustas.

Los hombres deben decidir de antemano cómo van a reglamentar las demandas que se hagan mutuamente y cuál ha de ser la carta fundacional de su sociedad. Igual que cada persona debe decidir por reflexión lo que para ella es bueno, es decir, el sistema de objetivos cuya persecución le parece racional, también un grupo de personas debe decidir de una vez por todas lo que vaya a considerar justo e injusto.

El concepto general de justicia no impone restricción alguna a las desigualdades que se puedan permitir; solo exige que se mejore la situación de todos.

En dos palabras

Las mejores sociedades son las que no se limitan a dar libertad personal, sino que restan incidencia a la lotería de la vida mediante la igualdad de oportunidades.

En la misma línea

Jeremy Bentham, *Los principios de la moral y la legislación*
John Locke, *Ensayo sobre el entendimiento humano*
John Stuart Mill, *Sobre la libertad*
Platón, *La república*
Jean-Jacques Rousseau, *El contrato social*
Peter Singer, *Salvar una vida*

CAPÍTULO 40

John Rawls

ohn Rawls es considerado el filósofo político más importante del siglo XX, y *Una teoría de la justicia* es un texto fundamental de la filosofía moral y política, por el exquisito tratamiento que hace del tema de la «equidad».

Pero, con su primordial insistencia en la libertad individual al estilo de John Stuart Mill, la obra de Rawls no aboga por una distribución de la riqueza y el poder en ningún sentido socialista. Al contrario, su objetivo está en primer lugar en la igualdad de oportunidades. El libro contiene una famosa pregunta: ¿qué ocurriría si de repente a los ciudadanos se les robara temporalmente la conciencia de su lugar en la sociedad (su riqueza, su estatus, etc.) y a continuación se les dijera que organizaran las cosas de la manera más justa posible? ¿En qué se diferenciaría esa sociedad de la que hoy existe?

El ingenioso escenario es el núcleo de *Una teoría de la justicia*. Antes, sin embargo, consideramos el concepto fundamental de Rawls de una sociedad justa a través de sus dos principios rectores de libertad y equidad.

LA POSICIÓN ORIGINAL Y DOS PRINCIPIOS RECTORES

Como filósofo político, en Rawls influyen profundamente las teorías tradicionales del «contrato social» de Locke y Rousseau, según las cuales los ciudadanos renuncian voluntariamente a su libertad a cambio del orden y la protección del estado. En estas teorías, el «estado de naturaleza» es la posición original previa a cualquier sistema de leyes o de justicia. Rousseau, por ejemplo, compara los costes y beneficios de tal estado con la vida en una sociedad basada en la ley, y concluye que lo que se pierde queda más que compensado por lo que se gana.

Rawls tiene su propia «posición original», en la que un grupo de personas libres se unen para imaginar posibles principios por los que se pudiera ordenar con justicia una sociedad. Entre ellos están principios utilitaristas (la mayor felicidad para el mayor número), principios intuicionistas (los que los ciudadanos consideran apropiados o aceptables) y principios egoístas (la sociedad se ordena, si es que lo hace, por el exclusivo beneficio del individuo).

Imaginemos que estamos en este grupo. Entre esos conjuntos alternativos de principios, debemos tomar una decisión basada en la incertidumbre. Si no conocemos el futuro, ¿cómo podemos disponer la sociedad según el principio del menor daño posible y el que pueda ser el mayor beneficio para todos? Otra forma de plantearlo es: ¿en qué resultaría cada serie de principios si lo asumieran nuestros peores enemigos? Si, por ejemplo, decidimos basar la sociedad en principios egoístas, podemos imaginar que sería estupendo para algunas personas (que tienen acceso a muchos recursos y ventajas) pero terrible para otras (que carecen de ellos). Rawls propone sus propios principios por los que se podría guiar una sociedad justa:

- ▸ Debe haber unas libertades fundamentales (por ejemplo, de expresión, de asociación, de religión).
- ▸ Las desigualdades que son consecuencia inevitable de la libertad se deben gestionar de modo que se procuren los mayores beneficios para quienes estén en peores condiciones, entre ellos una total igualdad de oportunidades.

La primera norma prioritaria en que se basan estos principios es que la libertad solo se puede limitar si con ello se propician otras libertades. En palabras de Rawls, «una libertad menos extensiva debe fortalecer el completo sistema de libertad del que todos participan».

La segunda norma prioritaria es que la justicia siempre es más importante que la eficiencia o la utilidad de los resultados. Concretamente, la igualdad de *oportunidades* es más importante que conseguir un determinado resultado para toda la sociedad, o lo que el gobierno pueda pensar que es bueno para las personas. El individuo es más importante que la masa, porque cualquier beneficio general para la sociedad que se pudiera obtener (en sentido utilitarista), se debería producir después de que *todos* tuvieran la oportunidad de mejorar, o debería ser consecuencia de esa oportunidad.

EL VELO DE IGNORANCIA COMO CAMINO A LA JUSTICIA

Para Rawls, el gran problema de las teorías actuales para alcanzar una sociedad justa está en los sesgos y prejuicios de quienes deben aplicarlas. Para resolverlos, propone su famoso «velo de ignorancia».

Todos los miembros de la sociedad acuerdan una amnesia voluntaria y temporal. Cuando el velo de la ignorancia desciende sobre ellos, se olvidan de quiénes son y del lugar que ocupan en la sociedad, de modo que su principal interés es la justicia para todos. Al fin y al cabo, señala Rawls, si alguien supiera que es rico, es posible que quisiera oponerse a los impuestos o a las políticas de bienestar, no solo porque podrían mermar su fortuna, sino porque podrían haberle condicionado a ver en el bienestar un principio injusto. El velo de ignorancia elimina este tipo de prejuicios, porque todas las personas dejan de ver su puesto en la vida.

Bajo el velo de la ignorancia, sabemos que nuestras posibilidades de acabar en una buena posición, aunque atractivas, no son muchas. Para protegernos de terminar siendo, por ejemplo, siervos oprimidos, escogeríamos una sociedad donde haya oportunidades de una vida buena, cualquiera que sea nuestra situación, y con mucho espacio para progresar. Es una decisión racional no solo para nosotros, sino para nuestra familia y las generaciones futuras, todos los cuales se verán afectados por ella.

LA JUSTICIA COMO IGUALDAD

Rawls define su postura como de «justicia como igualdad». La considera heredera de la teoría del contrato social, pero distinta de las formas utilitaristas de la justicia. Las instituciones sociales deben existir no solo para imponer el orden o proteger la propiedad, sino para conseguir los resultados más justos. Sin embargo, Rawls rechaza el modelo utilitarista con su «suma algebraica de ventajas», porque no presta suficiente atención a los derechos e intereses individuales. Para él, el mayor bien nunca se debe imponer a la pérdida de libertad de algunos.

Da por supuesto que toda sociedad padece escasez de recursos y, por consiguiente, quién recibe qué y cuánto se convierte en un asunto fundamental. Aunque algunos lo puedan entender negativamente en términos de «redistribución», Rawls lo plantea como «justicia social», la cual implica derechos pero también responsabilidades, o «la adecuada distribución de los beneficios y las cargas de la cooperación social».

Las personas no nos ponemos de acuerdo sobre qué es la justicia y la igualdad; en cambio, sí convenimos en que la sociedad ha de estar regulada por una idea de justicia. Para la mayoría de nosotros, señala Rawls, «las instituciones son justas cuando no se hacen distinciones arbitrarias entre las personas al asignar los derechos y deberes fundamentales, y al determinar el debido equilibrio entre las demandas en competencia en beneficio de la vida social».

El problema de las instituciones actuales es que tienden a beneficiar a unas personas en detrimento de otras, no por ningún mérito particular, sino simplemente por la circunstancia fortuita de dónde hayan nacido o de su afortunado punto de partida en la vida. Por lo tanto, la principal tarea de la justicia es eliminar la discriminación de las personas basada en factores o características que estas no puedan controlar. Dada su insistencia en la libertad, Rawls en ningún momento sugiere que esta sociedad ideal vaya a ser de perfecta igualdad, sino solo que la desigualdad de estatus o riqueza, donde exista, únicamente se produzca *después* de que haya habido en primer lugar un campo de juego exactamente igual para todos. Es posible que para dirigir las organizaciones hagan falta jerarquías, pero solo después de que exista un pleno y libre acceso al empleo y los puestos de trabajo. Aunque la sociedad basada en la promoción por méritos pueda ser ideal, solo consigue su perfecta expresión si existe igualdad de oportunidades para conseguir los méritos.

CREAR LA SOCIEDAD JUSTA

En la segunda parte de *Una teoría de la justicia*, Rawls imagina que sus ciudadanos, después de decidir los principios rectores de una sociedad justa, se ponen a trabajar, elaboran una constitución y desarrollan unas leyes. Solo después de este proceso se levanta el velo de la ignorancia, y todos los implicados pueden ver su puesto en la sociedad.

El énfasis acordado en la libertad hace de la sociedad un eco de la Constitución estadounidense; de hecho, acaba por parecerse a una democracia liberal, con cuerpos de legisladores, tribunales independientes, etc. Algunas de sus otras características serían la enseñanza pública, unos salarios sociales mínimos, una economía abierta y competitiva y la prevención de los monopolios. Por un principio de «ahorros justos», la generación actual debe reservar fondos para las venideras.

En la tercera parte, Rawls muestra que una sociedad basada en la justicia como equidad también será una sociedad buena y estable, porque todos sus miembros comprenderán que les ayuda a prosperar personalmente, con lo que también se beneficiarán sus familias. En ello interviene asimismo la psicología humana: si vemos que la equidad beneficia a todos, el incumplimiento de la ley plantea problemas no solo legales, sino sociales, unos problemas que las personas intentarán evitar. Participar de un sistema justo es sentirse justo uno mismo, de modo que la sociedad basada en la justicia tiene beneficios personales tanto como públicos. Recordando a Rousseau, Rawls señala:

> *El deseo de expresar nuestra naturaleza como un ser racional libre e igual solo se puede cumplir actuando sobre los principios de derecho y justicia para darles absoluta prioridad.*

Al acceder a formar parte de una sociedad justa y bien ordenada, paradójicamente vivimos la libertad. No tenemos que luchar por la supervivencia ni por los derechos, y nos podemos proponer los fines que deseemos.

Pero, por encima de todo, una sociedad basada en la justicia como equidad se ajusta perfectamente a nuestra naturaleza moral. Si tenemos el corazón correctamente dispuesto en relación con los demás, todos los otros bienes seguirán de forma natural. El problema de la idea utilitarista es que nos considera máquinas de satisfacer nuestros deseos. No es viable como modelo a largo plazo de una sociedad buena. La idea de Rawls, por el contrario, tiene en cuenta *todos* los aspectos de nuestra naturaleza, los nobles y los innobles.

COMENTARIOS FINALES

El equilibrio al que Rawls intenta llegar con sus dos principios es conservar las libertades al tiempo que se mejoran las oportunidades. Donde existe desigualdad, habrá que emplearse en conceder los mayores beneficios posibles a los más necesitados de la sociedad. Pero, como muchos han señalado, una sociedad dispuesta para reducir la desigualdad significa inevitablemente una mano más dura del estado y, en consecuencia, un recorte de las libertades.

Anarquía, estado y utopía, el manifiesto libertario de Robert Nozick, señala la paradoja inherente de los principios de Rawls. Dice Nozick:

> *Los individuos poseen derechos, y hay cosas que ninguna persona ni grupo pueden hacerles (sin violar sus derechos). Tan fuertes y perennes son estos derechos que plantean la pregunta de qué pueden hacer el estado y sus funcionarios, si es que pueden hacer algo. ¿Qué espacio dejan al estado los derechos individuales?*

Solo queda espacio para un estado mínimo que proteja contra la violencia, el robo y el fraude, y exija el cumplimiento de los contratos. Todo lo demás obligará a las personas a hacer cosas por algún bien superior con el que pueden no estar de acuerdo. Aunque la idea de Rawls insista con espíritu noble en la libertad, señalan los críticos, en realidad sienta el principio de un gran estado de bienestar que lleva la igualdad de oportunidades a sus extremos. Por otro lado, la filosofía de Rawls es un perfecto antídoto contra los ideales individuales y políticos al estilo de Ayn Rand, que, en opinión de muchos comentaristas, han corrompido por igual a la sociedad y al ciudadano.

En cualquier caso, hay que admitir las buenas intenciones y la humanidad de *Una teoría de la justicia*. Su alcance e imaginación la convierten en contrapunto actual de *La república*, de Platón: ambas ofrecen la visión de una sociedad justa, una basada en la igualdad para todos, la otra en el conocimiento superior de una clase de élite. Pese a las diferencias de contenido, el «velo de ignorancia» figura junto a la alegoría de la caverna de Platón como una de las grandes imágenes de la filosofía.

JOHN RAWLS

Rawls nació en 1921. Su acomodada infancia y juventud en Baltimore (su padre era un prominente abogado) estuvo lastrada por la enfermedad y muerte de sus dos hermanos.

Antes de pasar a la Universidad de Princeton estudió en la Kent School privada de Connecticut. Fue un alumno aventajado, y pensó en entrar en el seminario episcopaliano. Después de graduarse con matrícula de honor en 1943, ingresó en el ejército y fue destinado al Pacífico. En Japón fue testigo de las consecuencias del bombardeo de Hiroshima por parte de Estados Unidos.

Después de doctorarse en filosofía moral en Princeton, Rawls impartió docencia en esa universidad un par de años, antes de obtener una beca Fulbright para estudiar en Oxford, donde estuvo influido por el ensayista y filósofo político Isaiah Berlin. Enseñó durante un tiempo en la Cornell y el MIT, para después obtener una cátedra en Harvard, donde permaneció el resto de su carrera e influyó en muchos filósofos emergentes, entre ellos Martha Nussbaum y Thomas Nagel.

Otras obras fundamentales suyas son El liberalismo político *(1993; 2004);* El derecho de gentes *(1999; 2001), donde aplica sus ideas de justicia a los asuntos internacionales, y* La justicia como equidad: una reformulación *(2001; 2004), además de muchos importantes artículos.*

En 1999, Bill Clinton le entregó la Medalla Nacional de Humanidades, señalando que sus ideas habían «ayudado a toda una generación de eruditos americanos a revivir su fe en la democracia». Ese mismo año Rawls obtuvo el Premio Schock de Lógica y Filosofía. Falleció en 2002. Un asteroide, «16561 Rawls», lleva su nombre.

1762

EL CONTRATO SOCIAL

Renunciar a la libertad es renunciar a ser hombre, a los derechos y a los deberes de la humanidad.

El pacto social, lejos de destruir la igualdad natural, sustituye, por el contrario, cualquier desigualdad física que la naturaleza pueda haber impuesto a la humanidad por una igualdad moral y legal; de este modo, los hombres, por desiguales que sean en fuerza e inteligencia, se hacen iguales por acuerdo y por derecho.

Habiendo nacido todo hombre libre y dueño de sí mismo, nadie con ningún pretexto puede someterle sin su consentimiento. Afirmar que el hijo de esclavo nace esclavo es afirmar que no ha nacido hombre.

En dos palabras

Una sociedad libre eleva y ennoblece a sus ciudadanos, pero también implica renunciar a cierta libertad personal por las necesidades del conjunto.

En la misma línea

Noam Chomsky, *Chomsky esencial*
Nicolás Maquiavelo, *El príncipe*
John Stuart Mill, *Sobre la libertad*
Platón, *La república*
John Rawls, *Una teoría de la justicia*

CAPÍTULO 41

Jean-Jacques Rousseau

ean-Jacques Rousseau, una de las figuras más importantes de la
Ilustración francesa junto con Denis Diderot y Voltaire, fue hombre
de muchos intereses, pero son sus escritos sobre filosofía política
los que han tenido mayor impacto.

Rousseau sigue a sus predecesores Locke y Thomas Hobbes en
el rechazo de la idea del «derecho divino» o «derecho natural» de los
monarcas a gobernar. Como ellos, piensa que la soberanía está en las
personas. Sin embargo, si Hobbes y Locke aceptan que al gobernante
se le dé cierto consentimiento para mandar, Rousseau toma el asunto
de forma más literal; si el poder está realmente en las personas, deben
ser ellas mismas las que han de gobernar.

Con la mirada puesta en el panorama político de su tiempo,
Rousseau, que nació en Ginebra, abre la primera página de *El contrato
social* con estas conocidas palabras:

> *El hombre nació libre y en todas partes se le encuentra encadenado. Hay quien
> se cree el amo de los demás, cuando en verdad es más esclavo que ellos.*

Es fácil entender por qué este tipo de observaciones le supusie-
ron la expulsión de Francia y de Suiza. No podían ser mayor afrenta al

ancien régime de Europa, que había discurrido sobre el supuesto medieval de que todos tienen en la sociedad el lugar que les corresponde. Su pensamiento tuvo un gran influjo en la Revolución francesa (se le concedió póstumamente la más alta condecoración gala y fue enterrado en el Panteón), pero su mensaje va más allá de las situaciones históricas concretas. En el fervor por la libertad y la participación política desde la Revolución de Terciopelo checoslovaca hasta la Primavera Árabe, el fantasma de Rousseau recorre también nuestra época.

EL ORDEN SOCIAL Y SUS BENEFICIOS

El contrato o pacto social de Rousseau se asienta en la base de que «los hombres, por desiguales que sean en fuerza e inteligencia, se hacen iguales por acuerdo y por derecho». Es decir, las personas solo pueden prosperar si viven en un marco de leyes. Aunque viviendo en un estado de naturaleza puedan ser felices (en sentido animal), nunca serán capaces de alcanzar su pleno potencial, porque solo la sociedad crea un entorno que pueda desarrollar las virtudes humanas, y son las virtudes las que elevan al hombre. La igualdad y libertad políticas no son derechos naturales, sino derechos necesarios para que pueda existir el tipo más alto de ser o comunidad humanos.

Rousseau piensa que la libertad no es posible si no existen leyes. En sus *Cartas escritas desde la montaña*, dice:

> *La libertad consiste menos en hacer la propia voluntad que en no estar sometido a la de otro; consiste además en no someter la voluntad de los demás a la propia.*

El hombre de la caverna contemplará la ciudad desde ella y solo verá limitaciones, incapaz de apreciar el gran desarrollo que la civilización propicia. Aquello a lo que el hombre renuncia al abandonar el estado de naturaleza (la libertad de hacer lo que le plazca, de saquear y robar sin temor a la ley) está más que compensado por lo que gana. Al ceder sus libertades al estado, una existencia precaria y arbitraria queda sustituida por la justicia y el derecho inalienable a la propiedad.

En la sociedad, al hombre se le exige que cambie los instintos e impulsos por el deber, la razón y la consideración hacia los demás. En la naturaleza, el hombre es un «animal estúpido y falto de imaginación», que al unirse a una comunidad basada en la ley y la igualdad de derechos se convierte en «un ser inteligente y en hombre». Las personas solo existen propiamente en el marco de un estado, y la buena sociedad ennoblece a sus ciudadanos, «porque estar gobernado solo por el apetito es esclavitud, mientras que la obediencia a la ley que uno mismo se impone es libertad».

¿CUÁNDO SON LEGÍTIMOS EL PODER Y LA FUERZA?

En los tiempos de Rousseau se aceptaba la idea de que «el poder hace el derecho», y él se propone desvelar su falsedad en *El contrato social*:

> *La fuerza es un poder físico; no entiendo cómo sus efectos puedan producir moralidad. Ceder ante la fuerza es un acto de necesidad, no de voluntad; es, en el mejor de los casos, un acto de prudencia. ¿En qué sentido puede ser un deber moral?*

En cuanto al principio de «obedecer a quienes tienen el poder», señala que, en cuanto ese poder se debilita, ya no existe razón para la obediencia. El único sentido en que la obediencia puede ser un deber es si quienes ostentan el poder poseen una autoridad moral reconocida por todos. Por consiguiente, razona: «Dado que nadie tiene autoridad moral sobre sus semejantes, y puesto que la fuerza no confiere derecho, toda autoridad legítima entre los hombres se debe basar en las convenciones». ¿Y la idea, que aún tenía cierto prestigio en el siglo XVIII, de que la autoridad de los gobernantes procedía de Dios? La inteligente respuesta de Rousseau es:

> *Todo poder viene de Dios, estoy de acuerdo; pero también procede de Dios toda enfermedad, y nadie nos prohíbe que llamemos al médico.*

Plantea la idea de acuerdo entre las personas y los déspotas, con el que parece que aquéllas obtienen a cambio «la seguridad de la tranquilidad civil». Sin embargo, observa que los déspotas no suelen gobernar bien, y son tan proclives a gastar ingentes sumas de dinero en guerras como a utilizar a las personas como carne de cañón. Y aun en el caso del individuo que haga tal pacto con un estado despótico, prosigue Rousseau, no lo puede hacer en nombre de sus hijos, porque estos nacen en libertad y «nadie salvo ellos mismos tiene derecho a disponer de ella».

LA VOLUNTAD PRIVADA Y LA VOLUNTAD GENERAL

El problema de la fidelidad personal a los reyes, piensa Rousseau, es que no existe transparencia ni certeza en el gobierno. Los contratos sociales siempre corren el riesgo de ser minados por el capricho del soberano, mientras que en una auténtica democracia en que todos cedan voluntariamente sus derechos a las personas o el estado en su conjunto, cada sujeto posee sus derechos contractuales claros e inalienables. Este es el gran beneficio del imperio de la ley en comparación con el del dictado del monarca.

Pero al ceder los derechos personales al estado, el individuo se puede encontrar con que su voluntad privada es distinta de la voluntad general de la asamblea. El pacto social entre él y el estado exige que «quienquiera se niegue a obedecer la voluntad general sea obligado a hacerlo por todo el cuerpo». Rousseau lo expresa de forma aún más clara: a esa persona «se la obligará a ser libre».

Aquí es donde empieza a parecer autoritario el decidido demócrata Rousseau. Sin embargo, sus intenciones eran buenas, ya que, de acuerdo con su modelo, solo la soberanía de la asamblea o voluntad popular puede asegurar el adecuado funcionamiento de una sociedad democrática. Distingue entre la voluntad de todos (o lo que quieren los individuos) y la voluntad general: la voluntad de todos es simplemente la suma de los intereses y deseos privados de cada uno, mientras que la voluntad general es el interés común, o lo que realmente es mejor para todos. Todos los deseos individuales se equilibran mutuamente, y de esta mezcla surge el interés público más amplio. Rousseau advierte de que siempre hay que estar en guardia para impedir que algún sector o interés de grupo cobre tanto poder que distorsione la voluntad general. (Visto el poder de los grupos de presión y las asociaciones empresariales que hoy en día condicionan a los gobiernos, Rousseau fue todo un profeta.) El estado, si cuenta con el apoyo de todos, debe existir para todos, y no para ningún grupo ni persona en detrimento de los demás.

Su advertencia de que la sociedad marcada por la polaridad de opiniones y el encrespamiento, en la que nadie está dispuesto a subsumir su opinión particular en nombre del bien general, es una sociedad enferma parece dirigida a muchas de las democracias maduras actuales, más dadas a los partidismos que al espíritu de cooperación. El objetivo de Rousseau es que las asambleas de las personas tengan participación real en el gobierno, siguiendo el modelo suizo en el que se había criado, y no preveía las pesadas democracias por elección actuales, con sus bloques de partidos representativos y la falta de participación personal directa. Pero siempre que se oye hablar de avanzar hacia una mayor participación del pueblo en el gobierno, resuena el eco de Rousseau.

COMENTARIOS FINALES

Hobbes pensaba que las personas tenían que decidir entre ser gobernadas y ser libres; en cambio, Rousseau opina que es posible tener ambas cosas; uno puede seguir siendo libre si él mismo es su «gobernante» (mediante una asamblea de ciudadanos constituida para dictar leyes). Los críticos dicen del sistema que tal vez pudo funcionar en los cantones suizos que Rousseau conoció en su juventud, pero ese mismo optimismo estaba menos justificado en el mundo real. No obstante, su visión general conserva toda su fuerza.

De hecho, Rousseau no intenta determinar la forma ideal de gobierno, ya que esta será distinta en función de las personas y el país. Sin embargo, en un apartado titulado «Signos del buen gobierno», sí da una indicación de cómo sería un buen estado democrático: una población grande y floreciente que se siente segura y libre dentro de sus fronteras. Si este es el caso, cuál sea la naturaleza exacta de la estructura de gobierno queda relegada a una cuestión teórica.

Mientras haya personas que vivan en regímenes despóticos, *El contrato social* seguirá siendo relevante. Los monarcas han pensado a menudo que si consiguen establecer la paz, gobiernan bien, pero Rousseau señala que «lo que hace realmente que la especie prospere no es la paz, sino la libertad». Si las personas «siguen encorvadas bajo el yugo» (es decir, en una monarquía absoluta o una dictadura), viven en un estado de decaimiento en que los gobernantes las pueden destruir en cualquier momento. Las grandes guerras, las hambrunas y otros acontecimientos vienen y van, pero lo que más importa es si una población es o no fundamentalmente libre, una libertad expresada en una constitución razonable y duradera.

El contrato social también es un recordatorio eterno a las democracias modernas, tantas de las cuales han dejado de ser representativas y se han convertido en manifiestamente partidistas, para que enderecen su actuación. Como advierte Rousseau:

> *Cuanta mayor armonía reine en las asambleas públicas, más [...] dominante es la voluntad general, mientras que los largos debates, las disensiones y las perturbaciones denotan la ascendencia de los intereses particulares y el declive del estado.*

Como arma intelectual contra los déspotas y como tónico para las democracias enfermas, la lectura de Rousseau sigue siendo atemporal.

JEAN-JACQUES ROUSSEAU

Rousseau nació en 1712 y su madre murió al cabo de pocos días. Su padre, Isaac, relojero, era hombre instruido y le infundió el amor por la lectura, en particular la de la literatura clásica.

A los dieciséis años, Rousseau empezó a trabajar de aprendiz de grabador, pero odiaba a su jefe. Se mudó a la católica Saboya, donde entabló amistad con una noble, madame de Warens, en cuya casa tenía acceso a una gran biblioteca. Recibió clases de música y se hizo maestro en esta materia; también fue amante de Madame de Warens. A partir de los veinte años se dedicó a la música y creó un nuevo sistema de notación musical. A los treinta y uno adquirió experiencia en política, trabajando para el embajador francés en la República de Venecia, pero su función no era realmente diplomática, y Rousseau se sentía como un sirviente. De vuelta a París, convivió con su modista. Tuvieron cinco hijos, pero los entregaron todos al hospicio.

En 1749, participó en un concurso de ensayos, animado por su amigo Denis Diderot (el de la famosa Enciclopedia), y ganó, con lo que se le abrieron las puertas de la fama. También fue compositor de ballets y óperas de razonable éxito, y una de sus obras se representó en 1752 ante el rey Luis XV de Francia.

Rousseau sentía un gran interés por la educación, y su famoso Emilio (1762) intentaba demostrar que era posible educar a los niños para que no quisieran dominar, sino sentirse iguales a los demás. Fue duramente atacado por la Iglesia, cuyas prácticas y dogma criticaba. Fue obligado a huir de París y los ataques le provocaron una paranoia. Por invitación de su amigo David Hume, buscó refugio en Gran Bretaña, pero una vez allí se enemistó con él. En sus últimos años en París escribió las Confesiones, un clásico de la autobiografía. Se publicaron pocos años después de su muerte, acaecida en 1778.

1930

LA CONQUISTA DE LA FELICIDAD

La felicidad, salvo en muy contados casos, no es algo que nos caiga en la boca, como un fruto maduro, la simple consecuencia de circunstancias afortunadas.

Querer a muchas personas de forma espontánea y sin esfuerzo tal vez sea la mayor de todas las fuentes de felicidad personal.

En dos palabras

La felicidad nace del arrojarnos a la vida, lo cual generalmente disminuye la preocupación por el yo, una causa importante de infelicidad.

En la misma línea

Aristóteles, *Ética a Nicómaco*
Ludwig Wittgenstein, *Investigaciones filosóficas*

CAPÍTULO 42

Bertrand Russell

Bertrand Russell fue uno de los filósofos y matemáticos más elogiados de la Edad Moderna. Escribió los monumentales *Principia Mathematica* (junto con Alfred North Whitehead), muchos artículos eruditos e importantes sobre lógica y éxitos de ventas como *Historia de la filosofía occidental*. En Cambridge fue mentor de Wittgenstein, y fue un intelectual público que apoyó con determinación causas como el comunismo (antes de conocer a Lenin y Trotsky) y el desarme nuclear.

Obtuvo el título de conde pasados los sesenta, se casó cuatro veces y fue ateo confeso. Vivió hasta los noventa y ocho años, con mucho tiempo, pues, para verificar la validez de sus ideas filosóficas y políticas y aplicarlas a su propia vida.

Esta es la importancia de *La conquista de la felicidad*. En los últimos años ha habido una avalancha de obras sobre la felicidad, muchas de ellas basadas en estudios empíricos. Russell no dispuso de ninguno de estos datos, pero su filosofía lleva el sello de la verdad. Vivió una vida extremadamente plena, productiva y en su mayor parte feliz, un hecho que tal vez sea la mejor propaganda del libro.

CÓMO CRECER MÁS FELIZ

Al principio de *La conquista de la felicidad*, Russell admite que no fue un niño feliz. El himno religioso que más le gustaba era «Cansado en la tierra y cargado con mis pecados». En la adolescencia, escribe: «Odiaba la vida y estaba siempre al borde del suicidio, del que, sin embargo, me apartaba el deseo de saber más matemáticas».

Pero, año tras año, fue alcanzando mayor felicidad, tanto por llevar a cabo más actividades de las que disfrutaba, como por eliminar deseos que eran inalcanzables. No obstante, la principal causa de su felicidad, asegura, fue «la cada vez menor preocupación por mí mismo»:

> *El interés por uno mismo [...] no lleva a ninguna actividad de tipo progresista. Puede conducir a escribir un diario, a psicoanalizarse o quizá a hacerse monje. Pero el monje no será feliz hasta que la rutina del monasterio le haya hecho olvidarse de su propia alma.*

La introspección, que se basa en la idea de que somos independientes de los demás, dificulta la felicidad. Esta la conseguimos identificándonos con causas, pasiones e intereses, y dando más importancia al bienestar de los demás que al nuestro. Russell lo descubrió no a través de la filosofía, sino por propia experiencia.

Su vida fue en parte una reacción contra la moral victoriana y la idea de pecado. Al igual que Freud, pensaba que la represión del sexo y el amor es mucho más perniciosa para la persona que el propio acto. La represión de los sentimientos naturales crea un desajuste entre la mente inconsciente y la consciente, un desequilibrio que se manifiesta de múltiples formas insanas. El sentimiento de pecado hace que nos consideremos inferiores y solos, y con ello nos priva de la felicidad; acosados y obstaculizados por los conflictos interiores, no podemos alcanzar ninguna meta exterior. La infelicidad también aparece, evidentemente, cuando la persona no puede regular su conducta porque no existe una ética racional en que basarla. La solución, pensaba Russell, está en adoptar una «actitud moderna» donde no caben las supersticiones y con la que solo actuamos cuando sabemos que nuestras acciones no van a hacer daño a los demás.

EL ERROR DE LA INFELICIDAD

La infelicidad es una condición que no se basa solo en aquello que nos ocurre. Es, al contrario, el resultado de errores de pensamiento y de actitud. Dice Russell:

Las ideas erróneas del mundo, la ética equivocada, los hábitos errados, llevan a la destrucción de ese gusto y ese apetito de cosas naturales de las que en última instancia depende la felicidad, sea la de los hombres o la de los animales.

Las causas psicológicas de la infelicidad son muchas y diversas, pero una razón común parece ser la privación de alguna satisfacción natural durante la infancia y juventud. Dado que esa satisfacción se valora por encima de todo, el énfasis se dirige a conseguirla, y se dejan de lado otras actividades.

Algunas personas piensan que el estado del mundo no les da razón para ser felices. Sin embargo, señala Russell: «La verdad es que son infelices por alguna razón de la que no son conscientes, y esta infelicidad las lleva a obcecarse en las características menos agradables del mundo en que viven».

LA VIDA EQUILIBRADA

La mayoría de las personas no libran una batalla por la vida; es más una batalla por el éxito. El hombre de negocios lo llamará batalla por la vida para dar dignidad a algo esencialmente trivial. Dice Russell:

Lo que las personas temen cuando se entregan a la batalla no es que no puedan desayunar al día siguiente, sino que no puedan eclipsar a sus vecinos.

El sentido de la perspectiva y una vida equilibrada son decisivos para alcanzar la felicidad. La sola ansia de dinero no solo no trae la felicidad, sino que se traduce en aburrimiento. Si queremos crecer y desarrollar todo nuestro potencial, debemos tener intereses intelectuales.

El esfuerzo, apunta Russell, más incluso que el verdadero éxito, es un ingrediente esencial de la felicidad; la persona que consigue satisfacer todos los caprichos sin esfuerzo acaba por darse cuenta de que esa satisfacción no la hace feliz. «Estar sin algunas de las cosas que queremos –concluye–, es una parte indispensable de la felicidad».

SOBRE EL ABURRIMIENTO

El deseo de apasionamiento y aventura es innato en los seres humanos, señala, en particular en el varón. Es un deseo que en la fase de caza de la civilización se satisfacía de forma natural, pero con la agricultura llegó también el aburrimiento. La edad de las máquinas ha reducido en cierto grado esa lasitud, pero no el miedo a aburrirse: «El tedio, por consiguiente, es un problema vital para el moralista, y la causa de la mitad al menos de los pecados es el miedo a aburrirse». La contundente tesis de Russell es que la mayoría de las guerras, pogromos y persecuciones son consecuencia del deseo de huir del tedio. «Por lo tanto, para una vida feliz es necesaria cierta capacidad de soportar el aburrimiento», dice. Entre los placeres de la infancia debe haber actividades que requieran esfuerzo e inventiva, por lo que hay que reducir pasatiempos como el de ir al teatro o el cine. Conviene cultivar en el niño una «monotonía útil», en lugar de exponerle continuamente a nuevos estímulos.

En los adultos, placeres como el juego que apartan de la naturaleza no producen una alegría duradera, mientras que aquellos que ponen a la persona en contacto con la tierra proporcionan una profunda satisfacción. Las poblaciones urbanas generan hastío simplemente porque están alejadas de la naturaleza.

OTRAS REFLEXIONES

- ▸ Nos cuesta aceptar que los demás no compartan la alta consideración en que nos tenemos, sostiene Russell. Sabemos que los demás tienen defectos, pero esperamos que piensen que nosotros no tenemos ninguno. Sobrestimar nuestros méritos, el amor al poder y la vanidad conducen a la infelicidad.

- ▸ El sentimiento de amor es lo que nos da felicidad, más que el objeto de ese sentimiento. El amor es «en sí mismo una fuente de deleite» y, más aún, «mejora los mejores de los placeres», como la música, la salida del sol en las montañas y el mar en noche de luna llena.

- Nuestra felicidad deriva principalmente de nuestros más allegados: «Muy pocas personas pueden ser felices si en general su modo de vida y su actitud ante el mundo no cuentan con la aprobación de las personas con las que tienen relaciones sociales, y, más en particular, de aquellas con las que viven»
- El fracaso sorprende desagradablemente al engreído; en cambio, al modesto le sorprende agradablemente el éxito. Por lo tanto, lo mejor es tener bajas expectativas.
- El desencanto es una enfermedad y, aun cuando esté causado por circunstancias particulares, lo sensato es superarlo lo antes posible. Cuantas más cosas despierten el interés de la persona, más probabilidades tiene de ser feliz.
- Quienes renuncian a la paternidad se privan de una inmensa felicidad, y lo más probable es que se sientan insatisfechos sin saber por qué. Nuestra descendencia nos da continuidad y unidad, las cuales nos hacen «sentir parte de la corriente de vida que fluye desde la fuente original» y sigue hasta un futuro desconocido (Russell tuvo varios hijos).
- Otro de los elementos esenciales para la felicidad, la constancia en el propósito, nace del trabajo: «Sin el respeto por uno mismo pocas son las posibilidades de una auténtica felicidad. Y al hombre que se avergüenza de su trabajo le es muy difícil respetarse».
- Todos los aspectos de la vida de la persona, sean el trabajo, el matrimonio o la educación de los hijos, exigen un esfuerzo decidido, y es el propio esfuerzo el que da la felicidad.

COMENTARIOS FINALES

La receta que Russell da para la felicidad contiene una serie de ingredientes, y uno importante es lo que él llama el «justo medio» entre el esfuerzo y la resignación. Buscar la perfección en todo conduce inevitablemente a la infelicidad, mientras que (para poner su evocador ejemplo) la persona sabia se olvidará del polvo que la sirvienta no ha quitado, o de que el cocinero no haya preparado la cena como debiera, hasta el momento en que sea capaz de abordarlo sin que la condicionen los sentimientos. Si nos resignamos a muchas cosas, nos podemos concentrar en lo que importa y en aquello que realmente pueda marcar una diferencia. De hecho, la persona que sabe afrontar las muy diversas causas de infelicidad será la que seguirá siendo feliz.

La conclusión de Russell (bastante obvia, por lo demás) es que la felicidad depende «en parte de circunstancias externas y en parte de uno mismo». Deriva de la alimentación, de la casa, del amor, del trabajo, de la familia y de otras muchas cosas. Estamos rodeados de fuentes de felicidad, por lo que, señala, solo la persona psicológicamente desequilibrada no conseguirá ser feliz.

Profundizando un poco más, observa que la infelicidad es consecuencia de la falta de integración de la mente consciente y la inconsciente, o del yo y la sociedad: «El hombre feliz es el que no padece de ninguna de estas carencias de unidad, aquel cuya personalidad no está dividida contra sí misma ni enfrentada al mundo».

La felicidad, sobre todo, se puede alcanzar dirigiendo nuestros intereses *hacia el exterior*, centrándonos menos en nosotros mismos y evitando la envidia, la autoconmiseración, el miedo, la autoadmiración y el sentimiento de pecado. Observar conscientemente estas pasiones, analizar por qué existen y, a continuación, afrontarlas ayudará a superarlas.

Aunque desde el punto de vista de la filosofía académica *La conquista de la felicidad* no es una de sus obras más importantes, sí es un puente entre el Russell filósofo y el Russell persona, y en ello reside la fascinación que despierta. Russell aprobaba el «monismo neutro», la idea metafísica de que todo lo que hay en el universo está hecho de la misma «cosa», sea materia o conciencia. De modo que somos menos independientes de los demás de lo que pensamos, y la idea de que somos entes de verdad independientes es un error que provoca infelicidad, porque todos los pensamientos inquietantes nacen del sentimiento de separación no deseada y de la obsesión por el yo como algo real. Cuando esta ilusión de separación se ve como lo que es, resulta difícil no ser feliz.

BERTRAND RUSSELL

*Russell nació en 1872 en Trellech (Gales), en el seno de una influ-
yente familia aristocrática liberal. Sus padres fueron el vizconde Amberley y Katherine, hija del segundo barón Stanley de Alderley. A los
tres años quedó huérfano y fue educado por gobernantas y tutores.
En 1890 ingresó en el Trinity College, de la Universidad de Cambridge, donde enseguida destacó por su brillante inteligencia. Con
menos de veinte años, publicó un libro sobre la socialdemocracia alemana, y en sus años en el Trinity descubrió la «paradoja de Russell»,
que puso en entredicho los cimientos de la teoría matemática de conjuntos.
En 1903 publicó su primer libro importante sobre lógica matemática,* Principia Mathematica, *y en 1905 escribió el ensayo* On
denoting (Sobre la denotación). *El primero de los tres volúmenes de* Principia Mathematica, *redactado en colaboración con Alfred North Whitehead, se publicó en 1910. La obra hizo famoso a
Russell en los campos de la lógica y la matemática.
Russell destacó por sus protestas pacifistas y antinucleares, que le
llevaron durante un tiempo a la cárcel y a la expulsión del Trinity
College y del City College de Nueva York. En 1950 recibió el Premio
Nobel de Literatura.
Donó gran parte de la fortuna de su herencia, pero en 1931 aceptó
su ducado, aunque decía que su única ventaja era conseguir mesa en
los restaurantes. Murió en 1970.*

2009

JUSTICIA

A veces pensamos en el razonamiento moral como una forma de persuadir a otras personas. Pero también es una manera de ordenar nuestras convicciones morales, de averiguar qué creemos y por qué.

La justicia es inevitablemente moralizante [...] las cuestiones de justicia están unidas a las ideas opuestas del honor y la virtud, el orgullo y el reconocimiento. La justicia no se refiere solo a la forma correcta de distribuir las cosas. También trata de la forma correcta de valorar las cosas.

En dos palabras

La finalidad de la política no es simplemente proteger la libertad económica o personal, sino que nos debe hacer mejores personas y consagrar los valores morales. Hay cosas que no se pueden comprar con dinero.

En la misma línea

Aristóteles, *Ética a Nicómaco*
Jeremy Bentham, *Los principios de la moral y la legislación*
Immanuel Kant, *Crítica de la razón pura*
John Rawls, *Una teoría de la justicia*
Peter Singer, *Salvar una vida*

CAPÍTULO 43

Michael Sandel

Las famosas conferencias de Michael Sandel sobre filosofía política impartidas en Harvard, en las que emplea ejemplos actuales para subrayar las cuestiones eternas y más espinosas de la justicia, han inculcado a toda una generación la pasión por el razonamiento moral. El grueso de *Justicia: ¿hacemos lo que debemos?* es la exposición de las tesis de Aristóteles, Bentham, Mill, Rousseau y Rawls, unos capítulos brillantes por sí mismos. Sin embargo, lo que hace con ellos es preparar el terreno para la declaración de su propia filosofía.

Fiel al uso de ejemplos fascinantes que le caracteriza, el libro comienza con la explicación de la escalada de los precios como consecuencia del huracán Charley que en 2004 azotó toda la península de Florida. Tras la tormenta, las gasolineras empezaron a cobrar 10 dólares por cada bolsa de hielo, que normalmente costaba 2, los contratistas pedían 23.000 dólares por quitar un par de árboles del tejado y los hoteleros multiplicaron por cuatro los precios. Algunos comentaristas dijeron que era lo que cabía esperar en una sociedad capitalista: cuando la demanda se dispara, los precios suben hasta compensarla y después se estabilizan de nuevo. Pero la reacción más común fue la de rabia, porque los especuladores, en vez de castigados, eran *recompensados*. La rabia, explica Sandel, era contra la propia injusticia.

El ejemplo ilustra a la perfección el tema de este libro: no somos simples actores autointeresados de la economía, sino ciudadanos de la sociedad. Los habitantes de Florida se enfurecieron porque la mayoría pensamos: «Una sociedad en que las personas puedan explotar a sus vecinos para obtener beneficios económicos no es una buena sociedad». Una sociedad buena, o justa, es aquella en que ocurre todo lo contrario: las personas se unen en tiempos difíciles, al precio que sea. Tal vez sea solo en las situaciones extremas cuando nos damos cuenta de que nuestras comunidades no existen sencillamente para «promover el bienestar» como podría argüir el utilitarista, «respetar la libertad» como piensa el libertario, ni siquiera para alcanzar la equidad en el sentido que le da Rawls. Las sociedades también existen para *promover la virtud*: para hacernos mejores personas. En este sentido, Sandel se inspira en Aristóteles.

LA FINALIDAD DE LA *POLIS*

Sandel expone que a Aristóteles le interesaba el *telos* de las cosas: su fin o propósito último. Su concepción de la justicia también se basaba en la idea de finalidad. Uno de los ejemplos de Aristóteles es una ciudad que solo tenga una determinada cantidad de flautas. ¿Quién las ha de utilizar? No deben ir ni a los miembros más ricos de la ciudad, ni a los más agraciados físicamente, ni a los más influyentes, sino a quienes sepan tocarlas mejor, porque las flautas están hechas para que se toquen bien. La finalidad de una comunidad o una ciudad como tal es mejorar el carácter de los ciudadanos y crear una *polis* respetable: propiciar la existencia del «bien».

Sandel subraya la gran diferencia entre la idea que Aristóteles tiene de la política, la moral y la justicia, y la visión actual: hoy pensamos que la política ha de ocuparse de que sean solo los individuos quienes decidan lo que es mejor para ellos. En cambio, Aristóteles sostenía que se nos da el poder del habla por una razón muy concreta: para determinar lo que es bueno y justo, y darle voz. La *polis* nos humaniza, y de otro modo estaríamos aislados y abandonados a vivir como los animales. Nos da la oportunidad de ejercer la virtud y el juicio morales que no podríamos conseguir en ninguna otra parte. Sandel se refiere al filósofo político Robert Nozick, para quien el Estado actual debería ser «escrupulosamente neutral» en lo relativo a los valores y las creencias. Immanuel Kant y después de él John Rawls ven la necesidad de definir primero los derechos y las libertades de las personas, y solo después pensar en la ley o los valores morales. La idea de Aristóteles de que el propósito de la *polis* es inculcar la virtud se considera hoy sospechosa, porque parece que pone en peligro la libertad individual. ¿Por qué el Estado ha de intervenir de un modo u otro en las decisiones privadas? Y, en cualquier caso, ¿quién debe decir qué es la virtud?

En una cultura política plural, la idea de cultivar la virtud es casi tabú, porque evoca regímenes en que las personas deben someterse a cierta norma moral fundamentalista. Pero Sandel sostiene que esas sociedades que esconden las cuestiones morales debajo de la alfombra también están enfermas a su modo.

EL MITO DE LA COMPLETA LIBERTAD PERSONAL

En la década de 1980, Sandel encabezó la crítica de la idea de Rawls y del liberalismo actual del «yo encumbrado», libre de responsabilidades, en oposición a una actitud de pleno reconocimiento del peso de la comunidad en nuestra vida. Para él, el énfasis moderno en la libertad personal supone una contradicción con las obligaciones morales y políticas que también encomiamos. La solidaridad, la lealtad y la historia nos reclaman. El error del individualista es presumir, como Alasdair MacIntyre señalaba en *Tras la virtud* (1981), que «el yo se puede separar de sus roles y estatus sociales e históricos». Sandel cita de este libro:

> *Soy hijo de alguien, primo o tío de alguien; soy ciudadano de esta o esa ciudad, miembro de este o ese gremio o profesión; pertenezco a este clan, esa tribu, esa nación. De ahí que lo que es bueno para mí, tiene que ser bueno para alguien que cumpla estos roles... [Mi herencia familiar, social y cultural] es lo que se da por supuesto en mi vida, mi punto de partida moral.*

En otras palabras, al llegar al mundo no caímos en el vacío, sino que formamos parte de la continuación de algo: de una historia. Negar o no aceptar el papel en esta historia produce un efecto negativo en nuestras relaciones actuales. No somos tan libres como quisiéramos pensar; lo que nos hace lo que somos son nuestras raíces y filiaciones, más que el estar libres de responsabilidades.

Después de afianzar su posición (que se conoce como la visión comunitaria), Sandel se propone explicar que no apoya ningún tipo de sociedad donde las normas sociales diezmen la libertad personal. Niega que la visión de «valores y virtudes» de la política se traduzca en un conservadurismo religioso que intenta imponer sus ideas a los demás. Dice, por el contrario, que es ingenuo pensar que los valores morales personales no pueden o no deben desempeñar ningún papel en la vida política actual, ya que abarcan el espectro de las cuestiones políticas y sociales, desde el matrimonio entre personas del mismo sexo hasta el aborto y el sistema de salud. Señala:

> *Pedir a los ciudadanos democráticos que al entrar en el ámbito público dejen atrás sus convicciones morales y religiosas puede parecer una forma de garantizar la tolerancia y el respeto mutuo. Sin embargo, en la práctica puede ocurrir todo lo contrario. Decidir asuntos públicos importantes simulando una neutralidad imposible de conseguir es la receta del resentimiento y la reacción violenta. Una política vacía de compromisos morales sustantivos equivale a una vida cívica empobrecida [...] Los fundamentalistas irrumpen en donde no se atreven a entrar los liberales.*

Es en gran medida la advertencia que Slavoj Zizek hace en *Viviendo en el final de los tiempos*: el exceso de corrección política y liberalismo ante las ideas distintas de las propias es peligroso: la sociedad debe tener cierta idea de la dirección moral en que se mueve. El «respeto espurio», como lo llama Sandel, alimenta el resentimiento y provoca reacciones violentas. Para una vida política más robusta, hemos de ser capaces de cuestionar las convicciones de los demás, del mismo modo que estamos dispuestos a cambiar las nuestras.

UNA JUSTICIA DE PERSONAS, NO DE OBJETOS

En la campaña para la presidencia de Estados Unidos de 2008, Barack Obama nunca intentó dar por supuesto que los valores cristianos no desempeñarían ningún papel si salía elegido. Al contrario, señaló que los grandes problemas sociales se solucionan con «cambios en el corazón y las mentes», en los que a menudo intervienen los valores morales y religiosos. La mayoría de los grandes reformadores estadounidenses –Abraham Lincoln, Frederick Douglass, Martin Luther King– habían tenido motivaciones espirituales, observaba, por lo que «los laicistas se equivocan cuando piden a los creyentes que dejen la religión a la puerta antes de entrar en la plaza pública». La actitud de Obama lo distinguía del liberalismo laico de los tiempos actuales porque reconocía que la vida no consiste únicamente en perseguir fines económicos ni profesionales, sino que cobra sentido por la dimensión moral o espiritual. La mayor parte de lo que da valor a la vida está más allá del dinero.

Para Sandel, la «política del bien común» reconoce el valor de la ciudadanía, el sacrificio y el servicio, y conoce los límites morales de los mercados. En su opinión, muchas de las cosas que han ido mal en la vida actual están relacionadas con el influjo del pensamiento mercantil en áreas a las que no pertenece: la subcontratación del ejército, riñones a la venta pública, pagos en efectivo a estudiantes para que rindan bien, cárceles gestionadas con ánimo de lucro... Pero la justicia no consiste «solo en la forma correcta de distribuir las cosas –dice–. También se refiere a la forma correcta de valorar las cosas».

Habla del caso de «Baby M», el de una mujer estadounidense que convino en prestar su vientre en alquiler a una pareja que no tenía hijos, utilizando el esperma del padre. Después del parto, la mujer decidió que quería quedarse con el bebé, lo que derivó en una batalla judicial por la custodia. La visión libertaria sería que la mujer firmó voluntariamente un contrato por el que renunciaba al niño y, dado que un fin importante de la ley es hacer que se cumplan los contratos, el Estado debía obligarla a que lo entregara. El primer juez, de hecho, tomó esta decisión, pero cuando el caso pasó a un tribunal superior, un segundo juez dictaminó que el contrato se había formalizado sin el debido conocimiento y equivalía a la venta del bebé. (Al final, la custodia se concedió al padre biológico, pero con derecho de visita de la madre de alquiler.)

La respuesta utilitarista a la transacción original entre la madre y los padres podría ser esta: si se trata de una transacción de la que ambas partes se van a beneficiar, ¿dónde está el problema? En opinión de Sandel, el caso es un ejemplo perfecto de la idea de Kant de que a las personas no se las puede tratar como medios para conseguir un fin (la madre), ni como una mercancía (el niño). El niño es un fin en sí mismo, y entre las cosas que el dinero no puede comprar están los bebés y la capacidad de reproducción de las mujeres. El caso es un recordatorio de los fallos del pensamiento utilitarista: hay cosas que no se pueden definir por su uso. Tienen valor en sí y por sí mismas, no como medio para la felicidad de otra persona. No solo no debemos tratar como objetos a los demás: tampoco a nosotros mismos. Cuando el Estado dicta leyes contra la maternidad de alquiler, la venta de riñones, la prostitución o el aborto, sostiene Sandel, lo hace sobre una sólida base moral. En el caso del aborto, la sociedad puede determinar que el derecho a decidir de la mujer es más importante, pero con todo habrá que proteger este derecho sobre el telón de fondo del razonamiento moral kantiano.

El utilitarismo deriva en una política de «cálculo, no de principios», dice, donde la forma de decidir los asuntos es mediante el análisis de costes y beneficios. Un ejemplo clásico fueron los esfuerzos de la Ford Motor Company por reducir los efectos secundarios y los costes del Pinto, un modelo defectuoso que se solía incendiar cuando recibía un impacto en la parte trasera, debido a la ubicación del depósito de gasolina. En esas explosiones murieron quinientas personas, y otras muchas sufrieron secuelas físicas provocadas por las llamas. Resultó que los ingenieros de Ford conocían los peligros del depósito defectuoso pero no actuaron, porque el beneficio de salvar vidas no superaba los 11 dólares que habría costado arreglar cada coche (o 137 millones para un total de 12 millones y medio de vehículos). Ford llegó a esta conclusión por un cálculo en el que cada vida se valoró en 200.000 dólares y cada herida en 67.000, al que se sumó una mortandad estimada de 180 si no se hacía ningún cambio en el coche.

Para Sandel, la moral debe implicar «algo relativo a la forma correcta de tratarse mutuamente los seres humanos», cualesquiera que sean las últimas consecuencias. Los derechos humanos fundamentales están más allá de cualquier cálculo. Se puede admitir que Stuart Mill humanizó el utilitarismo, cuando afirma que «debe ser la utilidad en el sentido más amplio, basada en los intereses permanentes del hombre como ser que progresa». Sandel admite que Mill «salva al utilitarismo de la acusación de reducirlo todo al cálculo frío del placer y el dolor», pero únicamente «invocando un ideal moral de la dignidad y la personalidad humanas independiente de la propia utilidad». Al final, parece que incluso la visión utilitarista debe apelar a cierta lógica moral superior para justificar sus conclusiones.

COMENTARIOS FINALES

La confusión entre los diferentes impulsos o convicciones en lo que se refiere a qué es lo que se debe hacer, indica Sandel, «es el impulso de la filosofía». Seguro que estaría de acuerdo con la conclusión de Iris Murdoch de que razonar la toma de decisiones, y posiblemente, de paso, cambiarlas, no es un proceso fácil ni lento. Sin embargo, si lo hacemos podemos estar más seguros de que nuestras ideas no sean un simple «devaneo o prejuicio», tal como lo expresa Sandel, ni siquiera un acto de autocoherencia. En el sentido aristotélico, el propio acto de pensar y razonar significa que estamos cumpliendo nuestro propósito. *Justicia* puede hacer que reconsideremos todo lo que damos por supuesto y nos cuestionemos los prejuicios, y tal vez nos ayude a comprender que ser consumidor y ser ciudadano no es lo mismo.

1943

EL SER Y LA NADA

El hombre está condenado a ser libre; porque, una vez arrojado
al mundo, es responsable de todo lo que hace.

Soy responsable de todo [...] excepto de mi propia responsabilidad,
porque no soy el fundamento de mi ser. Por lo tanto, todo ocurre como si
yo fuera obligado a ser responsable. Estoy abandonado en el mundo [...]
en el sentido de que de súbito me encuentro solo y desvalido, entregado
a un mundo del que tengo toda la responsabilidad sin que, haga lo que
haga, pueda despojarme de esta responsabilidad ni un instante.

La realidad humana no existe primero para actuar
después; para la realidad humana, ser es actuar

En dos palabras

En el fondo de nuestro ser no existe ninguna
naturaleza esencial. Somos libres para inventar un
yo y crear una vida como se nos antoje.

En la misma línea

Simone de Beauvoir, *El segundo sexo*
Martin Heidegger, *El ser y el tiempo*
Immanuel Kant, *Crítica de la razón pura*

CAPÍTULO 44

Jean-Paul Sartre

E s frecuente que se caricaturice el existencialismo como el exponente de quien piensa que «la vida no tiene sentido», pero el hecho es que su máximo representante, Jean-Paul Sartre, en realidad fue uno de los grandes filósofos de la libertad humana. Pero no es fácil llegar a percatarse de ello, simplemente por la dificultad y el peso argumental de su obra más importante, *El ser y la nada*.

En la introducción, por ejemplo, Sartre define la conciencia como «un ser tal que, en su ser, su ser está en entredicho en la medida en que este ser implica un ser distinto de sí mismo». Un discurso impenetrable en el que es evidente la influencia de Heidegger; ¿qué puede significar realmente?

Para entenderlo, debemos empezar por la fundamental división en dos partes que Sartre hace del mundo: las cosas que tienen conciencia del yo (seres «por sí mismos») y las cosas que no la tienen (cosas «en sí mismas», los objetos que nos rodean y que componen el mundo). La conciencia existe por sí misma porque se puede comprender a sí misma. La mayor parte del libro está dedicada a este tipo de conciencia y lo que significa para quienes realmente la poseen: los seres humanos.

En la base del pensamiento de Sartre está la idea de que las personas no poseen una «esencia» esencial. De hecho, cuando los humanos analizan su propio ser, lo que encuentran en su núcleo es nada. Pero esta nada es algo grande, porque significa que somos completamente libres para crear el yo o la vida que queramos. Somos libres en sentido negativo, porque no hay nada que nos *detenga* de ser libres. Sartre subraya: «Estando el hombre condenado a ser libre, lleva sobre sus hombros todo el peso del mundo; es responsable del mundo y de sí mismo como una forma de ser».

El ser y la nada captó el estado de ánimo de la Francia de posguerra, cuando todas las certezas se habían venido abajo. Si todo el sistema de valores del país había caído en tal confusión con la guerra, ¿había algo que mereciera la pena? Sartre representaba una nueva manera de ver y ser. Las personas podían *escoger* su futuro, y esta filosofía aparentemente nueva fue la que ilusionó a toda una generación.

LA LIBERTAD Y LA RESPONSABILIDAD

No solo somos responsables de lo que hacemos, subraya: somos responsables de nuestro mundo. Con nuestra vida, todos vivimos un determinado «proyecto», de modo que todo lo que nos pueda ocurrir debemos aceptarlo como parte de ese proyecto. Sartre llega a decir que «en la vida no hay *accidentes*».

Pone el ejemplo del reclutamiento para la guerra. Es un error pensar que la guerra es algo externo que nos llega de fuera y de repente se nos apodera de la vida. En realidad, la guerra se ha de convertir en *mi* guerra. Siempre podría salirme de ella con el suicidio o la deserción pero, por una razón u otra (cobardía, inercia o no querer abandonar la familia o el país), sigo en la guerra y «por no abandonarla, la he *escogido*». La existencia de la guerra depende de los soldados, y he decidido que «exista». No tiene sentido entenderla como un bloque de tiempo separado de mi vida, que me aleja de lo que realmente quiero hacer (tener una profesión, una familia y demás); al estar en la guerra debo asumir toda la responsabilidad de ella y del tiempo que esté en ella. En palabras de Sartre: «Me elijo día tras día». La forma de ser de la humanidad es una constante elección del yo propio. Las personas pueden desear vivir en otro tiempo y no tener que estar en la guerra, pero el hecho es que forman parte de la época que llevó a la guerra, y hallarse en otro tiempo estaría en contradicción con tal realidad. «Así pues, yo *soy* esta guerra»: mi vida es la expresión de la época en que vivo, por lo que desear otra vida carece de sentido, es una fantasía ilógica.

Estamos «abandonados» en el universo, apunta Sartre. La angustia nace de la conciencia de que no somos «el fundamento de nuestro propio ser» (es decir, no nos inventamos ni elegimos nacer) y tampoco podemos ser el fundamento del ser de otras personas. Todo lo que podemos hacer es elegir el significado de nuestro ser, viendo todo lo que hay en el mundo como una *oportunidad* (aprovechada, no aprovechada o inexistente, sin más). Quienes se dan cuenta de que escogen el sentido de su propio ser, aunque sea una idea aterradora, son absolutamente libres. Pueden vivir sin excusas, lamentaciones y remordimiento, y asumir la plena responsabilidad de sus actos.

El objetivo de los humanos es darnos cuenta de nuestro propio ser y nuestra libertad, y apreciarlos. Otras metas que nos fijamos para reemplazarlo indican un «espíritu de seriedad», que sugiere erróneamente que lo que *hago* es de suma importancia. Como dice Sartre: «El éxito no es importante para la libertad». Para ser libres no tenemos necesidad de conseguir lo que deseamos, simplemente tenemos que ser libres para tomar una decisión.

Vivir como si nuestros actos fueran de suma importancia, o dedicar la vida a intentar vivir de acuerdo con algún tipo de sistema de valores morales universales, es una especie de mala fe. Solo al decidir realmente por nosotros mismos lo que vayamos a ser en cada minuto, creando nuestra propia vida como si fuera una obra de arte nacida de esta libertad absoluta, nos percatamos de todo nuestro potencial como ser humano.

La afirmación de Sartre de que «el hombre es lo que no es y no es lo que es» significa que no podemos escapar de la «facticidad», los hechos concretos de nuestra existencia, como el sexo, la nacionalidad, la clase o la raza. Todo ello nos da un «coeficiente de adversidad» que convierte en dura batalla todo tipo de logro en la vida. Sin embargo, tampoco somos sin más la suma de nuestra facticidad. El problema es que nos reprimimos de hacer cosas completamente nuevas, cosas ajenas al carácter, porque valoramos nuestra propia coherencia. La coherencia, o el carácter, es a la vez una forma de seguridad y la lente con la que miramos e interpretamos el mundo, pero es en gran medida una ilusión. Pese a todos los factores que nos limitan la existencia, somos más libres de lo que pensamos, dice Sartre.

LA MALA FE

El famoso concepto sartriano de «mala fe» (*mauvaise foi*) se basa en la distinción entre dos tipos de mentira: la mentira regular, que implica «que quien miente en realidad está en plena posesión de la verdad que oculta», una mentira relacionada con algo del mundo de los objetos y que expresa la idea de que yo y los demás somos independientes, y la mentira a uno mismo, una mentira de la conciencia que no implica separación alguna entre el que engaña y el engañado. Esta segunda mentira es menos clara y más grave, porque conlleva huir de nuestra libertad. En palabras de Sartre:

> *Pero entonces la mala fe tiene en apariencia la estructura del mentir. Solo que lo que todo lo cambia es el hecho de que a quien oculto la verdad es a mí mismo.*

La mala fe exige que la persona se tome las cosas al pie de la letra, y se basa en la oposición a la idea de desvelar completamente las cosas para hallar la verdad. Si no es una mentira directa, es convencerse uno mismo de no fijarse mucho, por si hay algo oculto que pueda no gustarle.

Sartre dedica varias páginas a refutar a Freud. Este pensaba que las decisiones y acciones de las personas están obstruidas constantemente por la mente inconsciente, pero cuando Sartre se puso a leer él mismo los ejemplos de Freud, descubrió que aquellos que se tumbaban en el diván del médico vienés eran simples casos de mala fe psicológica. Otro psiquiatra vienés, Stekel, convenía con Sartre, y decía: «Cada vez que he podido realizar mis investigaciones con suficiente profundidad, he visto que el punto decisivo de la psicosis era consciente». De hecho, Sartre hubiera celebrado con gusto la revolución de la terapia cognitiva de los últimos cuarenta años, que rechaza la idea de que estamos saboteados por impulsos y angustias subterráneas que nos pueden condicionar el pensamiento.

No obstante, la libertad es una carga, y esta es la razón de que tantas personas se refugien en la mala fe. Sartre señala que la mala fe puede ser una forma de vida normal, con solo algunos destellos de buena fe ocasionales y breves. Quienes tienen mala fe pueden ver claramente lo que hacen, pero deciden engañarse en lo que se refiere al sentido que pueda tener. Pone el ejemplo de la mujer que ha aceptado acudir a la primera cita con un hombre. Aunque no intenta evitar los actos de seducción de este ni sus declaraciones de amor o cariño por ella, tampoco desea tomar ningún tipo de decisión sobre la relación. ¿Qué hace, entonces? Para seguir disfrutando del encanto de la noche, reduce las afirmaciones del hombre a su exclusivo significado literal. Cuando él le dice: «Me pareces muy atractiva», ella se guarda muy bien de aceptar cualquier otro sentido (por ejemplo, el de quiero acostarme contigo, o quiero dar formalidad a esta relación). Cuando le toma la mano, ella no la quiere retirar para no estropear la noche, de modo que finge que no se ha dado cuenta de que tiene la mano en la del hombre. La mujer, al ver su cuerpo como un mero objeto, piensa que conserva su libertad. No ha adquirido compromiso alguno; o, al menos, esto es lo que decide pensar. Sin embargo, al separar el cuerpo, o los «hechos» de la situación, de su yo trascendente (su verdadero «yo», si se quiere), crea una mentira con un objetivo determinado: conservar el sentimiento de libertad y de no compromiso.

Todo el mundo actúa entre la mala fe y la buena fe continuamente, pero Sartre asegura que mediante la «autorrecuperación» es posible alcanzar la autenticidad, lo que significa que la persona «es simplemente lo que es». Para ella, el candor «deja de ser su ideal y, en su lugar, se convierte en su ser». Es algo que no se produce de forma natural: la persona se hace sincera, o lo que sea, solo como un acto consciente.

LA LIBERTAD Y LAS RELACIONES

Puede parecer una pregunta retórica, pero ¿por qué los seres humanos estamos obsesionados con las relaciones? La respuesta de Sartre es que, aunque cada uno somos un ser individualmente consciente, también necesitamos que los demás nos vean y nos «hagan reales». El problema de las relaciones es que intentamos convertir unas conciencias libres (las personas) en objetos, lo cual nunca es posible.

Las ideas de Sartre implican que nuestra mejor posibilidad de ser felices en las relaciones es reconocer la libertad de los demás y permitir que la ejerzan, a pesar de nuestro deseo de «poseerlos». Necesitamos ver a la persona como un ser libre, no la mera suma de su facticidad. Podemos intentar conseguir que los demás dependan de nosotros, emocional o materialmente, pero nunca podremos poseer su conciencia. «Si Tristán e Isolda se enamoraron locamente por una pócima de amor —dice Sartre—, pierden mucho interés», porque la pócima les eliminó la conciencia.

No solo queremos poseer a la persona, como objeto, sino que su conciencia libre *nos quiera*. No hay promesa ni juramento que se le pueda equiparar; en realidad, una y otro no son nada en comparación con la plena entrega en espíritu de una persona a otra. Así lo expresa Sartre: «El amante quiere ser "todo el mundo" para el amado». Para la otra persona, «he de ser aquel cuyo cometido es hacer que existan los árboles y el agua». Debemos representar para ella el límite extremo de su libertad, donde voluntariamente decide no mirar más allá. En cuanto a nosotros, queremos que el otro nos vea no como un objeto, sino como algo que no tiene límites:

> *No se me debe entender ya en el mundo como un «esto» entre otros «estos», sino que el mundo se debe revelar en términos de yo.*

La enorme fuerza de las relaciones románticas, continúa Sartre, se debe a que unen el estado de Nada de una persona con el Ser de otra. Dicho en términos más sencillos, cuando nos enamoramos de alguien parece que ese alguien llene un vacío. Confiamos en que el otro nos haga existir (de lo contrario, somos el estado de Nada). Pero en el amor estamos constantemente inseguros porque en cualquier momento nos podemos convertir, en vez de en el centro del mundo de quien nos ama, en una simple cosa entre muchas. De modo que para Sartre este tira y afloja entre la objetividad y la subjetividad está en el núcleo de todos los conflictos y cuestiones no resueltos del amor. Las relaciones son un baile continuo entre el deseo de los amantes de percibir sus respectivas libertades y el de verse mutuamente como un objeto. Si el otro no es libre, no es atractivo, pero si de algún modo no es un objeto, no le podemos poseer. Solo con el reconocimiento de la total libertad del otro se puede decir que le poseemos. Es posible que reducirnos a un objeto para uso del otro, aunque lo hagamos de forma voluntaria, sea una extraña manera de alcanzar lo más alto del ser humano, pues es un modo de dar que va en contra de la propia naturaleza humana de ser libres, un don único y sin parangón.

EL SEXO Y EL DESEO

Para Sartre, el deseo sexual tiene menos que ver con los órganos sexuales que con los estados del ser. Somos seres sexuales desde que nacemos hasta que morimos, pero los órganos sexuales no explican nuestros sentimientos de deseo.

No deseamos a alguien por puro placer, ni simplemente porque sea en quien depositemos el acto placentero de la eyaculación; como veíamos antes, deseamos una *conciencia*. Existe una gran brecha entre el deseo normal y el deseo sexual, subraya Sartre. Podemos desear tomar un vaso de agua, y una vez que nos lo hemos bebido nos sentimos saciados. Así de simple. Pero el deseo sexual *nos compromete*, señala. La conciencia «se atasca» por el deseo; dicho de otro modo, nos invade. Podemos dejar que lo haga o impedirlo, pero en ambos casos el apetito sexual no es igual que los demás, porque implica la mente, no solo el cuerpo. Decimos que el deseo «nos posee» o «nos abruma», unas expresiones que no solemos utilizar cuando hablamos de hambre o sed, por ejemplo.

Sartre equipara el deseo sexual con la necesidad imperiosa de dormir, de ahí que parezca que poco podamos hacer contra él. La conciencia cede el paso a simplemente ser cuerpo, o, en sus palabras: «El ser que desea *se hace a sí mismo cuerpo*». Al mismo tiempo, durante el sexo deseamos hacer de la otra persona exclusivamente carne (revelándonos así también nosotros mismos como solo carne). No solo queremos que la otra persona se despoje de todo vestido y adorno, sino que ese cuerpo sea un *objeto*, que deje de moverse:

> *Nadie está menos «en carne y hueso» que el bailarín aunque esté desnudo. El deseo es un intento de despojar al cuerpo de sus movimientos como si del vestido*

se tratara y hacer que exista como pura carne; es un intento de encarnar el cuerpo del Otro.

La caricia, indica Sartre, «hace que nazca la carne del Otro», despierta en él el deseo y al mismo tiempo hace que nos percatemos de nosotros mismos como cuerpo, un cuerpo que pertenece al mundo. Así describe el juego entre la mente y el cuerpo: «La conciencia se sepulta en un cuerpo que está sepultado en el mundo».

COMENTARIOS FINALES

Para una persona que decía que apreciar la libertad de uno y su estado de ser era más importante que los logros «burgueses» (rechazó el Premio Nobel, por ejemplo), lo que consiguió Sartre fue mucho. Pese a su observación de que «el éxito no es importante para la libertad», ¿podríamos decir que nos legó la receta del éxito?

Claramente, sí. Al margen del principio más amplio de la libertad individual, la receta es «integrar mi actuación en la red del determinismo». Con ello se refería a que debemos aceptar el medio en que hayamos nacido, pero con voluntad de trascenderlo. Tenemos que aceptar la naturaleza de nuestro universo particular, pero ser creativos en la búsqueda de una vida significativa. Todo *El ser y la nada* es una advertencia de no permitir que los hechos evidentes de nuestra existencia dicten el estilo ni la naturaleza de esta. Lo que somos siempre es un proyecto de elaboración propia. El propio Sartre practicó esta filosofía. La muerte de su padre siendo él muy pequeño significó que no se esforzase por hacer de él su modelo, y se sintió libre para inventarse como la persona que quiso.

Coherente con su rechazo de todos los valores burgueses o de clase media, él y su compañera, la filósofa Simone de Beauvoir, nunca se casaron ni tuvieron hijos, pero la unión de sus mentes los convirtió en una de las grandes parejas del siglo XX. Los dos vivieron la mayor parte de su vida a un tiro de piedra el uno del otro, y pasaban juntos varias horas al día; admitían que era difícil determinar en sus obras qué ideas nacían del uno o del otro. Sus reflexiones sobre el ser, el amor y las relaciones siguen siendo algunas de las más profundas que jamás se han escrito.

JEAN-PAUL SARTRE

Sartre nació en París en 1905. Su padre era oficial de la marina y murió cuando su hijo tenía solo un año. Sartre fue criado por su madre, prima del filósofo y misionero Albert Schweitzer, y su abuelo, un médico del que aprendió mucho sobre los clásicos.
Asistió a la prestigiosa École Normale Supérieure, donde la lectura de Tiempo y libre albedrío, *de Henri Bergson, despertó su amor por la filosofía. Influyeron en él profundamente Hegel, Kant, Kierkegaard y Heidegger, y en la École era muy conocido por sus bromas. En 1929 conoció a Simone de Beauvoir, que estaba en la Sorbona. En su relación hubo aventuras amorosas por ambas partes y amantes comunes de ambos sexos.*
Durante la Segunda Guerra Mundial, Sartre fue reclutado y sirvió como meteorólogo. Fue prisionero de guerra y después quedó exento del servicio militar por enfermedad. El ser y la nada *fue producto de esa fértil época, al igual que* Las moscas *(1943),* A puerta cerrada *(1944) y* Reflexiones sobre la cuestión judía *(1946). Colaboró brevemente con el existencialista Albert Camus antes de dedicarse a* Los caminos de la libertad *(1945), una trilogía de novelas sobre la visión filosófica y política de la guerra. Otra de sus obras fundamentales es la* Crítica de la razón dialéctica *(1960). Sartre viajó mucho, y visitó Cuba para conocer a Fidel Castro y a Ernesto «Che» Guevara. En 1964 rechazó el Premio Nobel de Literatura, pero de todos modos se le concedió. Su salud se fue deteriorando por el abuso del tabaco y de las anfetaminas; falleció en 1980, y está enterrado en el cementerio parisino de Montparnasse.*

1818

EL MUNDO COMO VOLUNTAD Y REPRESENTACIÓN

El mundo es mi representación: es esta una verdad válida en lo que se refiere a todo ser vivo y que conoce, aunque solo el hombre la puede convertir en conciencia reflexiva y abstracta. Si así lo hace, habrá descendido sobre él el discernimiento filosófico. Entonces se le manifiesta con claridad y evidencia que no conoce un sol y una tierra, sino solo un ojo que ve el sol, una mano que siente la tierra; que el mundo de su alrededor está ahí solo como representación. Si alguna verdad se puede expresar a priori, es esta.

El mundo objetivo, el mundo como representación, no es la única cara del mundo, sino simplemente su cara exterior, por así decirlo, y [...] el mundo tiene una cara completamente distinta que es su ser más interior, su núcleo, la cosa en sí.

En dos palabras

La persona avanzada intenta vivir menos de acuerdo con los apremios ciegos de su voluntad (o ego) y más en sintonía con todo lo que sea eterno y trascienda del yo.

En la misma línea

Henri Bergson, *La evolución creadora*
Martin Heidegger, *El ser y el tiempo*
Immanuel Kant, *Crítica de la razón pura*
Platón, *La república*
Ludwig Wittgenstein, *Investigaciones filosóficas*

CAPÍTULO 45

Arthur Schopenhauer

A l principio del segundo volumen de *El mundo como voluntad y representación,* Arthur Schopenhauer incluye una cita de Séneca: «Paucis natus est, qui populum suum aetatis cogitat» (Quien limite el pensamiento a sus contemporáneos solo influirá en unos pocos). Schopenhauer influiría después mucho en Richard Wagner, Nietzsche, Freud, Einstein y Wittgenstein, pero durante la mayor parte de su vida fue un estudioso independiente poco reconocido. El gran filósofo de fama de sus días era Hegel, a quien el cascarrabias de Schopenhauer desprecia, a él y sus ideas. El mensaje de la cita anterior es: «No te guíes por filosofías como la de Hegel, que hoy puede parecer verdadera pero que con el tiempo quedará desacreditada. En su lugar, te doy una visión del mundo que es a la vez verdadera y eterna».

Es de destacar que Schopenhauer escribió *El mundo como voluntad y representación* con menos de treinta años. En 1844 publicó una versión ampliada, dos veces más extensa que la original, y siguió retocando el libro durante toda su vida, aunque las ideas básicas siguieron siendo las mismas. Decía sin tapujos a sus lectores que leyeran dos veces el libro, señalando: «Lo que ha de enseñar es un único pensamiento. Pero, pese a todos mis esfuerzos, no he sido capaz de encontrar una forma más breve de impartir ese pensamiento que la totalidad de este libro».

Aunque muy influido por Platón y Kant, lo que distinguía a Schopenhauer de los filósofos occidentales era su profundo conocimiento de los antiguos textos hindúes y budistas, y su pensamiento tiende un valioso puente temprano entre Oriente y Occidente. Fue un escritor brillante que hacía sus ideas inteligibles para el lector no académico, y su libro, casi doscientos años después de su publicación, sigue siendo accesible y de una riqueza gratificante, con una mezcla de rigor académico e ideas personales sobre el mundo.

LA REPRESENTACIÓN Y LA REALIDAD

Para entender a Schopenhauer hay que volver antes a Kant, quien pensaba que existe el mundo de los fenómenos, que podemos percibir con los sentidos, y después están las «cosas en sí mismas», que tienen una realidad eterna con existencia independiente de nuestra percepción. Dado que estamos limitados a nuestros sentidos, nunca podemos conocer realmente este «mundo en sí mismo». Schopenhauer lo aceptaba, pero pensaba que mediante la razón podemos desentrañar la verdadera realidad (el noúmeno).

A diferencia de nuestro variopinto mundo de muchas cosas y muchas percepciones, el noúmeno debe poseer unidad y estar más allá del espacio y el tiempo. Lo que consideramos real, dice Schopenhauer, de hecho no es más que una mera representación o proyección de la mente. En una completa inversión del sentido común, el mundo que apenas sugerimos tiene una realidad permanente y, lógicamente, el mundo fenomenal, condicional o figurativo (el mundo «real») carece de cualquier realidad permanente o sustancia, porque todo lo que hay en él o muere o cambia de forma.

Sin embargo, Schopenhauer mantiene que el mundo fenomenal no es el caos, sino que funciona de acuerdo con la «razón suficiente», o las leyes de causa y efecto. Si admitimos que vivimos en un mundo de causalidad, tiene perfecto sentido, aunque sea un mundo que haya proyectado nuestra mente. De hecho, el principio de razón suficiente es el que impide que un mundo de representación sea una ilusión irremediable. Incluso las leyes del tiempo y el espacio forman parte del mundo condicional, señala, y no tienen en sí mismas una verdad eterna: no son cosas en sí mismas, sino simplemente una buena forma de explicar los fenómenos del tiempo y el espacio. El tiempo realmente no existe, sino que nos lo parece a los observadores, que tenemos que construir un mundo de representación en las dimensiones de espacio y tiempo. Para Schopenhauer, la idea kantiana de «cosas en sí mismas» es muy parecida a las «Formas» de Platón, expresadas en la alegoría de la caverna.

Todo lo del tiempo y el espacio es relativo. Es decir, un momento en el tiempo solo tiene realidad en relación con el momento que lo precede o sucede. En el espacio, un objeto solo tiene realidad en relación con otro. De la tradición occidental, Schopenhauer invoca la observación de Heráclito de que las cosas fluyen eternamente y no tienen una realidad fija, y de la oriental toma el concepto hindú de *Maya*, el de que el mundo es simplemente una proyección o un sueño, completamente susceptible de la falsa interpretación del observador. No solo el espacio, o el mundo de los objetos, es una representación de quien lo ve; también lo es el tiempo. En una crítica indirecta a su enemigo acérrimo Hegel, Schopenhauer sostiene que la historia no es la exposición objetiva de lo que ocurrió, ni un proceso que conduzca a una determinada meta, sino sencillamente un relato contado desde la perspectiva de quien la percibe: «El pasado y el futuro son tan irreales y vacuos como cualquier sueño».

LA VOLUNTAD DE SCHOPENHAUER

Para Schopenhauer, la «voluntad» es el ser más recóndito del mundo fenomenal, y se manifiesta como una especie de lucha ciega y sin propósito: una voluntad de vida. En lugar del sentido tradicional del término de disposición consciente, la voluntad se entiende mejor como una especie de fuerza que constantemente busca materializarse. Explica no solo los esfuerzos de los humanos, sino la fuerza vital de los animales, las plantas e incluso del mundo inanimado. En *Parerga y Paralipómena,* analiza la cuestión del libre albedrío, y dice:

Subjetivamente [...] toda persona cree que solo hace lo que quiere. Pero esto solo significa que sus actos son la pura manifestación de su exclusiva esencia.

Lo que queremos no es más que la expresión de lo que somos, nuestro carácter, y no podemos realizar ningún acto que no sea coherente con ese carácter. No escogemos libremente nuestros motivos, y por lo tanto no se puede decir que tengamos libre albedrío. A la persona común «la conciencia la mantiene siempre trabajando incondicional y activamente de acuerdo con el propósito de su voluntad... esta es la vida de casi todos los hombres».

Es fácil ver la influencia de Schopenhauer en Freud, para quien los seres humanos son criaturas empujadas por necesidades subconscientes. La idea del «ego» de Freud se parece claramente a la voluntad de Schopenhauer.

¿SE PUEDE TRASCENDER DE LA VOLUNTAD?

La mayoría de los filósofos entienden esta fuerza vital o voluntad en términos neutros o positivos; en cambio, Schopenhauer la ve como una fuerza negativa que hay que superar si se quiere llegar a algún sitio. Observa que la «gran intensidad de la voluntad» provoca un sufrimiento inevitable, porque toda voluntad nace de la necesidad. La persona buena y sabia se identifica con lo amorfo y lo verdadero, y se considera una simple expresión corpórea de la sustancia espiritual atemporal; en cambio la persona inculta o mala se identifica por completo con su cuerpo y su voluntad. Esta persona cree plenamente en su soberanía como individuo, y todo y todos los demás tienen menor importancia. Pero la conciencia individual es menos importante que la voluntad general que lo mueve todo y a todos, de modo que la excesiva creencia en uno mismo implica una vida de ilusión, sin percibir nunca que el mundo fenomenal no es más que una gran construcción, detrás de la cual hay algo real:

De esta forma, esa persona ve no la naturaleza interior de las cosas, que es una, sino sus fenómenos como separados, despegados, innumerables, muy distintos y desde luego opuestos.

Esa persona tiende a ver las cosas como opuestos, hace juicios categóricos continuamente y busca el placer para evitar el dolor, sin darse cuenta de que tal pretensión de hecho provoca dolor. Al final, puede llegar a entender que el *principium individuationis* por el que se rige es la fuente de su terror.

Quienes perciben el mundo de forma menos despegada pueden hallar el camino a la libertad. Comprendemos que lo que hacemos a los demás nos lo hacemos a nosotros mismos. Solo en el momento en que entendemos que no existe un «yo», y así lo reflejan nuestros actos, nos liberamos de verdad del ciclo de nacimiento, vejez, enfermedad y muerte, y del aprisionamiento entre los límites del tiempo, el espacio y la causalidad. La persona sabia ve lo bueno y lo malo, el placer y el dolor como meros fenómenos, diversas manifestaciones de la Unicidad. Sabe que la negación de su propia voluntad (o ego) y el percatarse de que no está separada de los demás conducen a la paz.

LOS MEDIOS DE TRASCENDER

Para Schopenhauer, trascender del «yo» es la clave para trascender de la voluntad, y la manera evidente de hacerlo es mediante la vida ascética o monástica, con la que la persona puede alejarse de las fuerzas brutas de la voluntad, el deseo y el cuerpo. Pero, afortunadamente, hay otro camino que discurre por la experiencia de la naturaleza del arte.

El estado humano natural de la mente es el razonamiento, análisis o evaluación constantes, pero es posible emplear toda la mente en el momento presente. Al contemplar un paisaje, por ejemplo, nos podemos perder en el objeto, de forma que «olvidamos nuestra individualidad, o voluntad, y pasamos a existir como sujeto puro, como un espejo claro del objeto... y así ya no podemos separar al que percibe de la percepción, sino que ambos se han convertido en uno».

Lo que queda, dice Schopenhauer, no es simplemente un objeto que existe en relación con otros objetos, sino la propia «idea» de la cosa, su forma eterna. El que ve, perdido como está en verla, deja de ser un individuo y se unifica con la idea. De repente, el mundo parece más claro y significativo, porque hemos traspasado las apariencias evidentes y hemos penetrado en la esencia. El arte puede aislar una idea o una cosa fundamentales y, al mostrarla de una determinada forma, ilumina el Todo, que está más allá de la razón o la causalidad. Por otro lado, la ciencia, al ocuparse solo del mundo fenomenal, es una búsqueda interminable que nunca nos puede satisfacer plenamente.

Schopenhauer define el genio como «la capacidad de permanecer en un estado de percepción pura», olvidando el yo individual y existiendo por un momento solo en estado de imaginación, contemplando las ideas atemporales del universo. Cuando, inevitablemente, regresamos a la experiencia de ser un yo individual, sentimos comprensión por todo lo vivo. Este sentimiento hacia los demás es un medio para permanecer más allá del alcance de la voluntad o el ego, porque en una vida de compasión apenas tenemos tiempo de preocuparnos por nosotros mismos.

COMENTARIOS FINALES

En un momento en que los misioneros europeos se dispersaban por toda Asia para convertir a sus pueblos al cristianismo, *El mundo como voluntad y representación* mostraba la conocida profecía de Schopenhauer de que tales esfuerzos serían tan efectivos como «disparar contra un acantilado». Lo que ocurriría, decía, sería todo lo contrario: la sabiduría oriental rebotaría hacia Europa para producir «un cambio fundamental en nuestro conocimiento y pensamiento». Tenía razón. Aunque el cristianismo haya arraigado en el subcontinente más de lo que él preveía, la religión y el misticismo orientales han tenido un impacto grande y cada vez mayor en Occidente, en particular las ideas del Todo en comparación con la visión en categorías y atomizada de la mente occidental.

La idea que se suele tener de Schopenhauer es que fue el «supremo pesimista». Dado que la voluntad no tiene ninguna meta positiva, es evidente que la experiencia humana ha de ser, en el mejor de los casos, la de un desafío constante, o, en el peor, la de un dolor sin sentido. Schopenhauer no intentó simular que el mundo y las motivaciones de las personas fueran algo que no fuesen, lo cual impresionó a escritores pesimistas como Joseph Conrad e Iván Turguenev, y a los existencialistas. Sin embargo, la conclusión de Schopenhauer no es en absoluto negra ni pesimista, sino más bien esperanzadora: nuestra dependencia del mundo de los fenómenos (el «mundo real») como fuente de la verdad es lo único que siempre demuestra ser un doloroso callejón sin salida. Aunque somos seres que existen en el tiempo y el espacio, paradójicamente solo nos liberamos al mudarnos más allá de estos constructos.

ARTHUR SCHOPENHAUER

Schopenhauer nació en 1788 en la que hoy es la ciudad polaca de Gdansk. Cuando tenía solo cinco años, su familia se mudó a Hamburgo, cuando Prusia estaba a punto de apoderarse de Gdansk. Se esperaba que siguiese la profesión de comerciante de su padre, haciéndose cargo de la empresa familiar. Entre 1797 y 1799 vivió una larga temporada en Francia con su padre, y también en Inglaterra, los Países Bajos, Suiza y Austria. Pero en 1805 su padre se suicidó, lo que abrió las puertas para que su hijo siguiera sus propios deseos y fuera a la universidad.

En Gotinga se matriculó en medicina, pero también asistía a clases de filosofía, y estudió a Platón y Kant. Pasó dos años en Berlín, donde asistió a las clases de Fichte, y en la Universidad de Jena presentó la tesis «La cuádruple raíz de la razón suficiente». Después de escribir El mundo como voluntad y representación, *regresó a Berlín, donde se dedicó a dar clases por cuenta propia. Hegel estaba también en la universidad y Schopenhauer programó sus cursos para que coincidieran exactamente con los de Hegel, con la esperanza de llevarse él a los estudiantes, pero lo que ocurrió fue que estos lo abandonaron, con lo que su carrera académica quedó truncada. Solo pudo sobrevivir gracias a una herencia de su padre*

Su madre, Johanna, era novelista y socialista, y durante la mayor parte de la vida de Schopenhauer fue más famosa que él. Tenía con ella una relación inestable, pero gracias a su círculo pudo conocer a Goethe (con quien mantuvo correspondencia) y a otros escritores y pensadores.

En 1831, huyendo de la epidemia de cólera que ese mismo año se cobró la vida de Hegel, dejó Berlín y se estableció en Fráncfort. Por fin, la premiada Parerga y Paralipómena *le granjeó la fama que ansiaba. Murió en 1860.*

2009

SALVAR UNA VIDA

La mayoría de nosotros estamos completamente seguros de que no dudaríamos en salvar a un niño que se estuviera ahogando, y que lo haríamos pese al enorme coste que nos pudiera suponer. Sin embargo, cada día mueren miles de niños, y nos gastamos el dinero en cosas cuya necesidad damos por supuesta y que apenas echaríamos de menos si no dispusiéramos de ellas. ¿Hacemos mal? Si es que sí, ¿hasta dónde llega nuestra obligación con los pobres?

Dar a los extraños, en especial a los ajenos a nuestra comunidad, puede ser bueno, pero no lo consideramos algo que debamos hacer. Pero si la tesis básica antes expuesta es cierta, entonces lo que la mayoría tenemos por una conducta aceptable se debe considerar a una luz nueva y más ominosa. Cuando gastamos lo que nos sobra en conciertos o zapatos de moda, en una cena exquisita y vinos excelentes o en vacaciones en lugares lejanos, hacemos algo que no está bien.

En dos palabras

Dar a los necesitados de forma sistemática es
una parte importante de una vida buena.

En la misma línea

Aristóteles, *Ética a Nicómaco*
John Rawls, *Una teoría de la justicia*
Michael Sandel, *Justicia*

CAPÍTULO 46

Peter Singer

Todos los días, de camino al trabajo, pasamos por un estanque del parque en el que a los niños les gusta jugar los días de calor. Una mañana vemos que uno de ellos agita los brazos en el agua, al parecer porque se está ahogando. Si nos metemos en el agua para llegar hasta el niño, nos vamos a estropear los zapatos nuevos que nos acabamos de comprar, nos llenaremos de barro el traje y llegaremos tarde al trabajo.

En las clases de ética práctica de Peter Singer, los estudiantes dicen unánimemente que debemos meternos en el agua para salvar al niño; todo lo demás sencillamente no importa. Pero si nuestra reacción normal ante este tipo de situaciones es, *evidentemente*, la de actuar para salvar la vida al niño, ¿por qué gastamos tanto en cosas superfluas (más zapatos, salidas a cenar, redecorar la casa) cuando ese dinero podría salvar fácilmente la vida de otros niños? O, como señala con contundencia Singer: «Es posible que cuando decidimos emplear el dinero en ese tipo de cosas en vez de ayudar a alguna organización benéfica, dejemos que muera un niño, un niño al que podríamos haber salvado».

Ese tipo de enigmas son la materia de la filosofía práctica de Singer. Australiano de nacimiento, el profesor de Princeton alcanzó notoriedad con *Liberación animal* (1973). Su enfoque exquisitamente racional le ha llevado a actitudes controvertidas, como la de rechazar el carácter sacrosanto de la vida humana y elevar los derechos de los primates, de modo que cuando empezó a analizar la cuestión de la pobreza en el mundo los resultados iban a ser siempre interesantes. *Salvar una vida* es un libro muy accesible que además encierra las posturas filosóficas más generales de Singer, por lo que constituye una buena introducción a su pensamiento.

FIJARSE EN LOS HECHOS

A Singer no se le escapa el gran incremento de la prosperidad en los últimos cincuenta años, que ha sacado de la pobreza a millones de personas. En 1981, cuatro de cada diez personas del mundo vivían en estado de extrema necesidad; en 2008, era una de cada cuatro. No obstante, más de 1.400 millones de personas siguen viviendo con menos de 1,25 dólares al día, el umbral de pobreza fijado por el Banco Mundial, y pese al rápido aumento del nivel de vida en el este asiático, la cantidad de personas extremadamente pobres del África subsahariana (el 50% de la población) no ha variado en treinta años.

Además, subraya Singer, el significado de «pobre» en los países desarrollados es distinto del de «pobre» en el resto del mundo. La mayoría de las personas que entran en esta categoría en los países ricos disponen de agua corriente, electricidad y acceso a una atención sanitaria básica, y sus hijos pueden recibir una educación gratuita; la mayoría posee televisor y coche; aunque no tengan una dieta saludable, casi nadie pasa hambre de verdad. Para los pobres de los países en desarrollo, la pobreza significa no tener suficiente comida para al menos parte del año, dificultades para disponer de agua potable y escasa o nula asistencia sanitaria. Aunque dispongan de suficientes alimentos, su dieta puede carecer de nutrientes fundamentales, cuya consecuencia puede ser unos niños con lesiones cerebrales permanentes.

En los países pobres, uno de cada cinco niños muere antes de cumplir cinco años; en los ricos, ocurre con uno de cada cien. Miles mueren de sarampión, una enfermedad fácilmente tratable, por el simple hecho de que sus padres no tienen medios para llevarlos al hospital. ¿Qué sentirán los padres, se pregunta Singer, que ven cómo su hijo se va debilitando poco a poco y muere, sabiendo que se podría haber evitado?

Mediante diversos ejemplos, explica que, aunque «la mayoría pensamos que debemos aliviar el grave sufrimiento de personas inocentes, aunque nos suponga algún coste (incluso un coste elevado)», parece que solo lo hacemos en situaciones en que nos vemos implicados directamente. Pero si hemos de ser consecuentes con tal convicción, hay que cambiar la intuición por la lógica:

> ▸ Si las personas mueren por falta de alimento, agua o asistencia sanitaria y podemos evitarlo sin tener que sacrificar nada sustancial, lo debemos hacer.
> ▸ Al dar dinero a las organizaciones de ayuda, podemos contribuir directamente a salvar vidas, sin que nos suponga ningún gran coste.
> ▸ Por lo tanto, es un error *no* dar dinero a las organizaciones de ayuda.

NUESTRA OBLIGACIÓN ES ACTUAR

Para argumentar su tesis, Singer recurre a una fuente sorprendente: la religión. Señala que en la Biblia hay tres mil referencias al alivio de la pobreza. Santo Tomás de Aquino afirmaba que toda provisión que tengamos después de satisfacer nuestras necesidades y las de nuestra familia «es, por derecho natural, para sustento de los pobres». En hebreo, la palabra que se traduce como «caridad», *tzedakah,* significa «justicia», un término con el que se da por supuesto que dar es una parte esencial de una vida buena. Además, el Talmud dice que la caridad equivale al conjunto de todos los demás mandamientos, y que el judío debe dar al menos el 10% de sus ingresos a la *tzedakah.* Los conceptos islámicos de *zakat* y *sadaqa* también encierran la idea de dar de forma sistemática; en la tradición china hay mensajes similares. Apunta Singer: «Nada tiene de nuevo la idea de que tenemos la ineludible obligación moral de ayudar a los necesitados». Dar, asegura, no es una cuestión de caridad, sino de «nuestra obligación y sus derechos».

En respuesta a quienes alegan que «dar dinero o alimentos fomenta la dependencia», Singer lo acepta, y señala que debemos dar dinero o alimentos solo en situaciones de emergencia, como sequías o inundaciones. Es mucho mejor ayudar a las comunidades a construir fuentes de riqueza sostenibles o a cultivar sus propios alimentos. Y como respuesta a la idea de que antes de pensar en el mundo en general debemos ocuparnos de los nuestros («la caridad bien entendida empieza por uno mismo»), acepta que podría ser más natural que queramos dar a la familia, los amigos y la comunidad local, pero esto no lo hace más justificable éticamente.

También se ocupa de la idea de que las personas deben tomar decisiones sobre lo que han de darse a sí mismas, una cuestión en que no existe nada absolutamente correcto ni incorrecto. Singer lo rechaza como un pobre relativismo moral. Es evidente que la posibilidad de salvarle la vida a un niño es una cuestión de obligación: si un adulto ve que se ahoga un niño y no hace nada aduciendo la «libertad de decisión», pensaremos que es perverso o está loco.

¿POR QUÉ NO DAMOS MÁS?

Singer señala los diversos factores psicológicos que explican la actitud de no dar. Observa el hecho de que las personas damos más cuando se nos muestra la imagen de un niño que se muere de hambre que ante cifras estadísticas sobre la pobreza. Recuerda las palabras de la Madre Teresa: «Si me fijo en la masa, nunca voy a actuar. Si miro a la persona, actuaré». Los desastres naturales que se producen en países lejanos nos perturban menos porque no tenemos con ellos ninguna relación emocional. Por ejemplo, los estadounidenses dieron 1.500 millones de dólares para las víctimas del tsunami asiático, pero al año siguiente donaron 6.500 millones para ayudar a los afectados por el huracán Katrina de Nueva Orleans. El deseo de ayudar a la familia o grupo tribal forma parte de nuestra evolución, y así se comprende ese impulso a ayudar en situaciones que nos son más cercanas. Sin embargo, en estos tiempos de comunicación instantánea ya no se puede justificar este parroquialismo. Todas las noches vemos la devastación en los noticiarios, y en muy pocos días el dinero que demos puede producir un efecto inmediato en la vida de las personas del otro lado del mundo.

Singer también considera el hecho de nuestra menor propensión a actuar si lo que damos parece que cae en «saco roto». Este «factor de futilidad» significa que estamos mucho más dispuestos a dar si nuestra aportación significa que se van a salvar cincuenta personas de un grupo de cien, que si se van a salvar doscientas de mil. Lo que nos afecta no es la cantidad total de vidas que se salven, sino el poder que pensamos que pueda tener lo que donemos. Sin embargo, es evidente que podemos transformar la vida de las personas a las que ayudemos.

Los estudios psicológicos demuestran que los humanos preferimos cuidar de nosotros mismos a hacerlo de personas extrañas, pero Singer alega que esto nunca debiera ser una justificación de no dar a quienes no conocemos o nunca vamos a conocer. La pregunta clave ha de ser qué *deberíamos* hacer; nuestro dar no se debe basar en reacciones emocionales. Aunque en algunas tradiciones se subraya el anonimato como la forma suprema de dar, Singer sugiere «hacerlo a plena luz», es decir, crear una nueva cultura del dar que lo haga cada vez más aceptable y exigible de la sociedad.

¿TU HIJO O EL MÍO?

Dadas las vidas que podemos salvar con nuestro dinero, Singer se pregunta si se puede justificar que mandemos a nuestro hijo a una escuela privada cara o una universidad del más alto nivel. Lo podemos hacer, pero solo si es con la intención de que, como consecuencia de esa educación, vaya a beneficiar a muchas personas y no solo a sí mismo (sea mediante el trabajo directo para los más necesitados o dando dinero del que gane). La cuestión se engloba en el tema más general de cómo medimos el valor de la vida de nuestro propio hijo en relación con la de otros niños. Si, por ejemplo, gastamos cuatrocientas o cuatro mil veces más en nuestro hijo que en otro niño extremadamente pobre de otro lugar, ¿significa que el valor de la vida del nuestro es cuatrocientas o cuatro mil veces superior? La conclusión de Singer es que nunca podremos huir de la naturaleza humana y pensar que amamos y cuidamos de otros niños tanto como a los nuestros, pero tampoco podemos justificar dar a nuestros hijos lujos si la consecuencia es que no podemos contribuir a satisfacer las necesidades elementales de otros niños.

Singer no es comunista ni socialista extremo. Por ejemplo, no defiende los impuestos elevados y se descubre ante los empresarios que hacen más rico al mundo. También admite que a veces es preferible dar menos ahora si se está montando un negocio que después pueda generar mayor riqueza. Por otro lado, al dar ahora podemos reducir la pobreza, lo cual mitigará los efectos posteriores de esa pobreza.

CUÁNTO HAY QUE DAR

¿Cuánto deberíamos dar? Singer recuerda que hay unos 855 millones de personas ricas en el mundo, es decir, con unos ingresos superiores a los ingresos medios de una persona adulta de Portugal. Si cada una diera solo 200 dólares al año, la pobreza global se reduciría a la *mitad* (no con ayudas a corto plazo para resolver problemas puntuales, sino con intervenciones para hacer realmente sostenibles las comunidades más pobres). Y 200 dólares no puede ser mucho dinero: privarse de un par de buenas comidas, o menos de 20 dólares al mes.

Singer se ocupa de forma especial del estúpido derroche de todos los multimillonarios del mundo. Aparte de las decenas de millones desperdiciados en enormes yates y aviones privados, menciona al empresario de las telecomunicaciones Anousheh Ansari, de quien se dice que pagó 20 millones simplemente por pasar once días en el espacio. El yate de Paul Allen, cofundador de Microsoft, costó 200 millones de dólares, cuenta con una tripulación permanente de sesenta personas y, además, emite enormes cantidades de CO_2. «Ha llegado el momento de dejar de pensar que esa forma de derrochar el dinero es demostración de vanidad estúpida pero inocua —dice Singer— y de que empecemos a considerarla la prueba de una flagrante falta de preocupación por los demás».

Cuenta la historia de Chris Ellinger y su esposa, Anne, fundadores de una organización llamada «La liga del 50%», cuyos miembros se comprometen a dar al menos la mitad de su riqueza. La web no va dirigida solo a millonarios, y en ella se habla de una pareja que se ha comprometido a vivir con menos de 46.000 dólares, los ingresos medios del estadounidense, y donar todo lo que ganen que supere esta cantidad. El donante subraya: «Podría haber vivido fácilmente una vida aburrida e intrascendente. Hoy doy gracias por vivir una vida de servicio y significativa».

COMENTARIOS FINALES

Singer termina el libro recordando a su amigo Henry Spira, activista de los derechos animales y la justicia social, que en su lecho de muerte dijo:

> *Creo que lo que uno más desea es sentir que su vida ha sido algo más que consumir productos y generar basura. Pienso que a uno le gusta mirar atrás y decir que ha hecho todo lo posible para hacer de este mundo un lugar mejor para los demás. Dicho de otro modo: ¿qué otra mejor motivación puede haber que hacer todo lo que se pueda para reducir el dolor y el sufrimiento?*

En una encuesta a treinta mil estadounidenses se vio que las personas que hacían del dar parte de su vida aseguraban que eran «muy felices» con una frecuencia media superior en un 43% a la de las personas que no daban. La cifra era parecida a la de quienes realizaban trabajo de voluntariado para organizaciones benéficas. Parece que se confirman así las palabras de Buda: «Pon el corazón en hacer el bien. Hazlo una y otra vez, y te colmará la alegría». Pero parte de la tesis de *Salvar una vida* es que debemos pensar en algo más que los beneficios emocionales del dar, y considerar su ética irrefutable.

Singer recuerda que la vida buena no está en la buena salud, las propiedades, el coche nuevo ni las vacaciones, sino en el reconocimiento de qué podemos hacer para que el mundo sea un lugar más justo. Su deseo de ir más allá de los muros de la filosofía académica lo ha colocado en la lista de los principales intelectuales públicos del mundo. *Salvar una vida* es el recordatorio de que la filosofía sólida puede estar en el mundo real.

1667

ÉTICA

Las cosas particulares no son más que afecciones de los atributos
de Dios, o modos mediante los cuales se expresan los atributos
de Dios de una manera cierta y determinada.

En cuanto a los términos "bueno" y "malo", no indican ninguna cualidad
positiva de las cosas consideradas en sí mismas, sino que son meramente modos
de pensar, o nociones que nos formamos con la comparación de las cosas entre
sí. Así pues, una y la misma cosa puede ser al mismo tiempo buena, mala
e indiferente. Por ejemplo, la música es buena para el melancólico y mala
para quien está lleno de pena; pero para el sordo, no es buena ni mala.

A la enfermedad humana de moderar y controlar las emociones la
llamo servidumbre; porque cuando el hombre es presa de sus emociones,
no es su propio dueño, sino que está a merced de la fortuna.

En dos palabras

El libre albedrío es una ilusión, pero el dominio de
nuestras emociones y el aprecio de la perfección de las
leyes universales pueden conducir a una vida buena.

En la misma línea

Sam Harris, *Free Will*
Gottfried Leibniz, *Teodicea*

CAPÍTULO 47

Baruch Spinoza

La *Ética* de Baruch Spinoza abrió nuevos caminos en la filosofía occidental porque, en un momento en que la teología lo era todo, ofrecía una visión naturalista o científica del universo. Además, se convirtió en guía para el análisis de la vida de forma racional, no religiosa. Coherente con el deseo de Spinoza de ser la voz de la razón, el libro emplea un estilo casi matemático, copiando la forma de los tratados de geometría, con perfectas definiciones de cada término y «pruebas» de todo lo que se afirma. Muchos han sido los que han repetido esta forma de hacer filosofía, entre ellos Wittgenstein.

Para Spinoza el mundo se rige por unas estrictas leyes físicas que no permiten milagro alguno ni pensar en ningún objetivo ni meta, una idea que más tarde avalaría la evolución de Darwin con la selección natural. Con estas ideas, se entiende por qué Spinoza suele considerarse el primer filósofo moderno, que intenta apartar por completo el dogma y la superstición para abrazar una cosmología naturalista. También da algunas respuestas a la cuestión de cómo, en medio del funcionamiento impersonal del universo que parece que no deje espacio para el libre albedrío, la persona puede vivir y situarse en más altas posiciones.

Cuando Spinoza terminó de escribir la *Ética*, empezaron a correr los rumores; teólogos por un lado y seguidores de Descartes por otro estaban «preparados para lanzarse» sobre el libro si se publicaba. En ese ambiente, Spinoza, cuya expulsión de su sinagoga en los Países Bajos pasados los veinte años por sus ideas «ateas» era bien conocida, y cuyas otras obras habían sido recibidas con hostilidad, decidió no imprimirlo.

Hoy, es difícil entender la razón de tanto revuelo, pues lo que se proponía era simplemente dar un tratamiento más sólido a la religión, las pasiones humanas y la naturaleza. En este proceso, de hecho, se extiende en la defensa de la existencia de una deidad y acaba con una llamada al «amor intelectual de Dios». Pero el problema estaba en la naturaleza del Dios de Spinoza, que no era el salvador personal del Nuevo Testamento, sino una «sustancia» que gobierna el universo siguiendo unas leyes estrictas e inmutables que no hacen concesión alguna al carácter especial de los humanos; no somos más que una expresión impermanente de la fuerza de la vida que discurre por el universo. Esta visión «panteísta» (Dios manifestado a través de la naturaleza) iba en contra del dogma cristiano de una clara división entre el creador y la creación.

Aquí consideramos qué dijo realmente Spinoza y la gran influencia que ha tenido en la filosofía.

EL UNIVERSO FUNCIONA POR CAUSAS, Y LOS SERES HUMANOS NO SOMOS UN CASO ESPECIAL

Spinoza postula que todo lo que existe tiene una causa, y todo lo que no existe tiene también una razón de su no existencia. En cualquier momento, o es necesario o es imposible que algo exista («si, en la naturaleza, existe un determinado número de individuos, ha de haber una causa de por qué existen estos individuos, y por qué no más ni menos»). Sin embargo, los humanos normalmente no pueden discernir esta causa.

Sostiene que «un hombre es la causa de otro hombre [en el ámbito puramente biológico], pero no de su esencia, porque esta es una verdad eterna». Por lo tanto, Dios es la causa de que lleguemos a ser, pero también nos da el deseo de seguir siendo: nuestra fuerza vital, por así decirlo. No hay que confundirlo con el libre albedrío. Los seres humanos somos simplemente «modos mediante los cuales se expresan los atributos de Dios de una manera cierta y determinada», y la persona no puede hacer nada por cambiar esta determinación. Naturalmente, cuando un ente crea algo piensa en una intención para ese algo. Esta intención es la esencia de la cosa. En consecuencia, Spinoza observa:

> En la naturaleza no hay nada contingente, sino que, en virtud de la necesidad de la naturaleza divina, todo está determinado a existir y obrar en cierta manera.

Las personas creemos que somos libres porque parece que tengamos volición, apetitos y deseos, pero pasamos por la vida ignorando en gran medida las verdaderas causas de las cosas; de hecho, nunca las conoceremos. Para Spinoza, la voluntad es exactamente igual que el intelecto, pues ambos son simplemente un «cierto modo de pensar». Nuestra voluntad no puede existir por sí misma: «Dios no produce ningún efecto con el libre albedrío».

La relación de nuestra voluntad con Dios es la misma que la de las leyes físicas, es decir, la voluntad se pone en marcha en primer lugar y hace que se produzcan otras cosas. «Dios no podría haber producido las cosas de otra forma —señala— ni en ningún otro orden que aquel en que se han producido». Si la naturaleza fuera distinta de la que es, hubiera exigido que la naturaleza de Dios fuera distinta de la que es. Esto significaría la existencia de dos o más dioses, lo cual sería absurdo.

Los humanos podemos percibir que las cosas pueden sucederse de un modo u otro «solo por un defecto de nuestro conocimiento», dice Spinoza. El «orden de las cosas se nos oculta», por lo que no podemos percibir que algo de hecho sea o necesario o imposible. Y así creemos, erróneamente, que es contingente.

Sin embargo, nada de todo esto significa afirmar que Dios organice todas las cosas «para Bien», como defendía Leibniz. Este es un prejuicio de los humanos, apunta Spinoza, a quienes les gusta creer que Dios ha organizado el universo para ellos. La superstición y la religión se desarrollaron para que las personas pudieran pensar que eran capaces de leer en el pensamiento de Dios las causas últimas de las cosas y para que pudiesen seguir contando con el favor de Dios. Pero se pierde el tiempo con tal pretensión; es mejor buscar las verdades que realmente podemos comprender. Con las matemáticas, por ejemplo, la humanidad dispone de «otro criterio de verdad» para interpretar el mundo.

LA NATURALEZA DE DIOS

Spinoza no se contenta simplemente con aceptar o negar la existencia de Dios. Aplica a esta cuestión toda la fuerza de su análisis, y la conclusión es la que sigue.

Equipara a Dios con «sustancia», definida como aquello que es la causa de sí mismo, sin necesidad de que nada distinto le dé existencia. Por consiguiente, solo Dios es completamente libre, porque no es causado; todo lo demás no es libre, porque está causado o determinado. Dios es «absolutamente infinito», expresado en una infinidad de «atributos» o formas, la mayoría de las cuales podemos percibir los humanos. No somos capaces de ver la sustancia de algo, solo sus atributos, que son el medio con el que debemos percibirla. Los atributos de Dios son interminables e infinitos, mientras que los de la persona son mucho más limitados.

Si Dios no existe, dice Spinoza, debería haber alguna muy buena razón de que no exista; también tendría que haber otra sustancia que pudiera darle o quitarle existencia a Dios. Pero esa otra sustancia no tendría nada en común con Él (y por lo tanto ningún poder sobre Él) y por ello no le podría dar ni quitar existencia. El único poder que puede darle o quitarle existencia a Dios está en el propio Dios; y aunque Él decidiera anular su existencia, este mismo acto demostraría que existe. Además, tal contradicción no sería posible en «un Ser absolutamente infinito y supremamente perfecto». Por lo tanto, Dios debe de existir.

Las cosas que existen tienen poder, y las que no existen carecen de poder. Si las únicas cosas que existen son seres finitos, tendrán mayor poder que una cosa infinita, lo cual, asegura Spinoza, sería un absurdo. Por lo que, razona, «o no existe nada o también existe un Ser absolutamente infinito». De ahí concluye:

Ser capaz de existir es poder, luego cuanta más sea la realidad de una cosa, más poderes tiene esta, en sí misma, para existir. Por consiguiente, un Ser absolutamente infinito, o Dios, tiene, por sí mismo, poder de existir.

La perfección afirma la identidad de algo, mientras que la imperfección la elimina. Por esta razón, la perfección de Dios deja supremamente claro que Dios existe. (En cambio, la imperfección generalizada de las cosas cotidianas debería indicar que no poseen una existencia real.) Cuanto más causa un ente que otras cosas existan, mayor es su realidad. Así pues, Dios, al ser creador de todo, es lo más real del universo.

EL UNIVERSO NO TIENE FINALIDAD ALGUNA, NI EXISTE PARA NOSOTROS

Una de las ideas radicales de la *Ética* es que «la naturaleza no tiene ante sí ningún fin». Con ello se refiere a que el universo, aunque existe de acuerdo con unas leyes específicas («todas las cosas proceden por una determinada necesidad eterna de la naturaleza, y con la mayor perfección»), al mismo tiempo no tiene ninguna meta hacia la que avance.

¿Cómo concilia Spinoza su creencia en la perfección de Dios con la idea de que este no tiene en mente ningún fin para el universo? Es evidente que si Dios posee el poder absoluto, querrá que este alcance alguna meta. En este punto, Spinoza aduce un argumento ingenioso, y señala que «si Dios actúa por algún fin, necesariamente quiere algo de lo que carece», lo cual es imposible, pues Dios es perfecto y perfectamente autosuficiente.

También intenta acabar con la idea de que el universo fue construido para la humanidad. Este prejuicio significa que debemos etiquetarlo todo en términos de bueno o malo, orden o caos, frío o calor, hermoso o feo. De hecho, si todo ha sido generado por una sustancia divina, todo ha de ser intrínsecamente bueno. No definimos el mundo por nuestras reacciones ni juicios: son estos los que nos definen. Incluso la percepción del orden es una afectación, porque no hay duda de que todo lo que existe *está* en orden.

Una vez más, Spinoza establece un marco para la visión científica moderna del mundo, al señalar que hay que estudiar el universo de la forma más objetiva posible, desechando cualquier antropomorfismo.

EL CIENTÍFICO DE LA NATURALEZA HUMANA

En la tercera parte del libro, «Del origen de la naturaleza y las emociones», Spinoza se constituye en científico de la naturaleza humana, y define con detalle todos los sentimientos. Señala que si las leyes y normas de la naturaleza son uniformes, se deben aplicar a todo. Con su característica precisión, escribe:

> *Por lo tanto, los sentimientos de odio, ira, envidia, etc., considerados en sí mismos, derivan de la misma necesidad y fuerza de la naturaleza que las demás cosas singulares [...] Considero las acciones y los apetitos humanos exactamente como si fueran una cuestión de líneas, planos y cuerpos.*

Todos los estados emocionales nacen de tres sentimientos primarios: el deseo, el placer y el dolor, señala. Pero entre los miles de estados emocionales que «exceden cualquier cálculo», considera que todos cumplen un propósito único y claro: confirmar la existencia del propio cuerpo, y así confirmar que «yo» existo; el cuerpo y la mente no están separados como decía Descartes. En este sentido, Spinoza anuncia la psicología y su idea de que los estados emocionales son el sólido producto del cerebro, el sistema nervioso y el sentimiento del cuerpo, más que del «alma».

Lamenta que en la vida cotidiana a la mayoría nos aturdan sucesos externos y nuestra forma de reaccionar ante ellos. Sin embargo, en la última parte del libro observa que, si todo ocurre según unas causas anteriores, nada debe provocarnos un exceso de emoción, porque todo discurre como debe hacerlo. Al contrario, debemos crear una estructura para tratar las emociones, basada en el conocimiento de que una emoción solo se puede superar con otra de fuerza similar. Así, el odio se ha de vencer «con amor o una mente superior, y no... respondiendo con más odio».

Un sentimiento solo es malo o nocivo en la medida en que impide que la mente pueda pensar. Lo más importante es que podamos decidir nuestras reacciones. En la cuarta parte del libro, Spinoza define como «servidumbre» el estado en que nos dominan los sentimientos, incapaces de disciplinarnos en un estado de razón.

LLEGAR A SER LIBRES

Spinoza no habla de «moralidad», solo de cosas que se hacen de acuerdo con la razón. Lo bueno y lo malo, subraya, no son más que sentimientos de placer o dolor. Algo es bueno si preserva o mejora nuestro ser, y malo si lo merma. El «pecado» no existe de forma natural, sino solo en una comunidad o sociedad; lo que sea bueno o malo está «determinado por el común consentimiento». En otras palabras, el pecado es simplemente la desobediencia de las leyes que hemos acordado. La idea que Spinoza tiene de «virtud» también es definitivamente moderna. La virtud no es más que actuar de acuerdo con nuestra propia naturaleza, o «sobre la base de la búsqueda de lo que nos sea útil».

En este sentido, la idea de «conatus» de Spinoza es importante. El conatus es el deseo de algo de persistir en ser; no una lucha por la existencia ni la «voluntad de poder», sino un simple impulso de retener el momento de la existencia. «Por todo ello, pues —señala—, es evidente que no ansiamos ni nos proponemos ni queremos ni deseamos nada porque juzgamos que es bueno; al contrario, juzgamos que algo es bueno porque lo ansiamos, nos lo proponemos, lo queremos y lo deseamos»

La felicidad tampoco nace del deseo ni el placer, sino de la razón. La razón incluye el conocimiento de nosotros mismos y del mundo que nos rodea en la medida en que nos lo permite la inteligencia. Todo lo que dificulte el crecimiento de nuestra inteligencia no es bueno. En lo que al carácter se refiere, las personas solo nos debemos preocupar de «la virtud o poder humano y de la forma en que se puede perfeccionar». No debemos vivir de acuerdo con lo que tememos o queramos evitar, sino de acuerdo con la alegría de intentar vivir guiados por la razón.

Spinoza distingue entre ideas «adecuadas», aquellas verdades de la vida que nosotros mismo hemos generado con la reflexión y la razón y que conducen a la acción genuina, e ideas «inadecuadas», aquellas que nos obligan a actuar. La vida que se rige por ideas inadecuadas lleva a un estado pasivo en el que la persona está siempre a merced de los sentimientos y los acontecimientos. No es una existencia libre. Pone algunos ejemplos: el niño cree que quiere leche libremente; el niño airado quiere vengarse; el borracho parece que habla con libertad, pero después se lamenta de lo que ha dicho. Locos, borrachos, charlatanes y niños hacen todos lo mismo; no pueden frenar sus impulsos. En la mayoría de los casos, lo que las personas creen que es decisión suya de hecho es la manifestación de sus apetitos, y estos, por supuesto, «varían cuando varía la disposición del cuerpo». Sin embargo, mediante la autodisciplina y la razón podemos poner en contexto nuestros sentimientos y tenerlos por lo que son: algo pasajero que no posee ninguna verdad elemental. Con el «amor intelectual de Dios» (o manteniendo la mente centrada en el reino de la perfección que está más allá del yo mortal), podemos distinguir el hecho de la ficción, la verdad de la realidad.

Nuestra finalidad en la vida es hacer la transición de las ideas inadecuadas a las ideas adecuadas, para ver el universo como Dios lo ve, en vez de estar sometidos a las emociones y los apegos. Anticipándose a la psicología cognitiva, y con ecos budistas, Spinoza señala que cuando sometemos a análisis un sentimiento fuerte, su efecto desaparece.

La persona sabia va más allá de las pasiones y los apegos, hacia lo que Séneca llamaba la *vita beata*, la vida feliz. Spinoza contrapone la persona sabia –consciente de sí misma, con sus emociones controladas y fiel a las leyes naturales de Dios– a la persona ignorante, distraída y dominada por la lujuria, sin nunca alcanzar el conocimiento de sí misma y que «en cuanto deja de sufrir, deja también de ser». En suma, las personas que viven de acuerdo con la razón son mucho más útiles a los demás que las que solo viven de acuerdo con sus pasiones.

El camino de la persona sabia no es fácil y está mucho menos trillado, pero «todas las cosas excelentes», subraya Spinoza en las conocidas últimas palabras de la *Ética*, «son tan difíciles como escasas».

COMENTARIOS FINALES

En cierta ocasión le preguntaron a Einstein si creía en Dios, y contestó: «Creo en el Dios de Spinoza». Se refería a un universo regido no por algún espíritu personal o entrometido, sino por leyes naturales impersonales.

¿Qué significa ser humano en un mundo como este? Una implicación evidente, tal como Spinoza lo entendía, era la necesidad de un gobierno liberal, abierto y democrático, en el que cupiera una gran diversidad de intereses y creencias, y su *Tratado teológico-político,* publicado en 1670, ofrece la base racional de la libertad religiosa. La

Holanda de su tiempo era uno de los lugares más liberales del mundo, pero incluso allí su libre pensamiento le planteó problemas.

Hegel, entre muchos otros, pensaba que la obra de Spinoza marcó el inicio de la filosofía en su forma moderna, y se puede decir con toda razón que fue el Isaac Newton de su disciplina. Tal era su inclinación naturalista que, si volviera a nacer hoy, podemos estar completamente seguros de que ni siquiera emplearía la palabra «Dios» en sus escritos, sino que se ocuparía de la perfección inequívoca de las leyes por las que se rige el universo.

BARUCH SPINOZA

Los antepasados judíos de Spinoza habían huido de la Inquisición portuguesa y se establecieron en la próspera Holanda. Él nació en Ámsterdam en 1622 y su padre, Michael, fue un comerciante de éxito. Spinoza recibió una buena educación en la escuela judía local, donde se estudiaba hebreo y gramática y se memorizaba la Biblia. Estaba previsto que fuera rabino, pero cuando la fortuna de su familia se torció, y en un espacio de tiempo relativamente corto fallecieron su hermana mayor, su madrastra y su padre, recayó en él la responsabilidad de seguir con el negocio familiar. Cumplió con sus obligaciones, pero también siguió un programa de autoformación, aprendió latín y estudió a Descartes. Comenzó a manifestar dudas sobre su educación bíblica y la creencia en las almas y la inmortalidad, y cuando sus ideas se hicieron públicas sufrió un atentado contra su vida. A los veinticuatro años fue excomulgado, y no se permitía que ni siquiera su familia hablara con él. Pese a toda la presión social y emocional, no se retractó.

Aunque un tanto solitario, se decía que Spinoza era persona abierta y servicial, y se hizo popular en los círculos intelectuales de Holanda. Vivía en una habitación alquilada en el piso de arriba de un pintor y su familia en uno de los canales de Ámsterdam, y se ganaba la vida puliendo lentes. Murió en 1677, con solo cuarenta y cuatro años y pocos meses después de su famoso encuentro con Leibniz. Poco después se publicó la Ética.

2007

EL CISNE NEGRO

Las relaciones lineales son realmente la excepción; sólo nos centramos en ellas en las aulas y los libros de texto porque son más fáciles de entender. Ayer por la tarde intenté observarme detenidamente para catalogar todo aquello que fuera lineal a lo largo del día. No pude encontrar nada, no más que alguien que fuera a la caza de cuadrados o triángulos pudiera encontrarlos en la selva tropical.

Nosotros, los miembros de la variedad humana de los primates, estamos ávidos de reglas porque necesitamos reducir la dimensión de las cosas para que nos puedan caber en la cabeza. O, mejor y lamentablemente, para que las podamos meter a empujones en nuestra cabeza. Cuanto más aleatoria es la información, mayor es la dimensionalidad y, por consiguiente, más difícil de resumir. Cuanto más se resume, más orden se pone y menor es lo aleatorio. De aquí que la misma condición que nos hace simplificar nos empuja a pensar que el mundo es menos aleatorio de lo que realmente es.

En dos palabras

Queremos que el mundo parezca un lugar ordenado, pero la frecuencia de los sucesos realmente inesperados debería enseñarnos que en realidad no conocemos las causas de las cosas.

En la misma línea

David Hume, *Investigación sobre el conocimiento humano*
Daniel Kahneman, *Pensar rápido, pensar despacio*
Karl Popper, *La lógica de la investigación científica*
Baruch Spinoza, *Ética*
Slavoj Zizek, *Viviendo en el final de los tiempos*

Capítulo 48

Nassim Nicholas Taleb

H asta que los primeros exploradores de Australia vieron un cisne negro en la parte occidental de ese país, se daba por supuesto que los cisnes eran blancos; la definición de cisne incluía el hecho de ser blanco. Sin embargo, como señala Nassim Nicholas Taleb en su obra de inusual brillantez, basta una variación para demostrar la falsedad de nuestros supuestos.

De esta simple observación, derivada de Hume, Taleb elabora una completa teoría de los sucesos y la causalidad. Un suceso «cisne negro» es para él aquel que ocurre en contra de todas las expectativas y produce un enorme impacto. Lo más sorprendente es que la naturaleza humana, después de que ocurra el hecho, intenta explicarlo, como si hubiese sido previsible

Nuestra historia se ha convertido en la historia de grandes acontecimientos que nadie esperaba. Por ejemplo, nadie previó la gravedad de la Primera Guerra Mundial, el ascenso de Hitler, la caída repentina del bloque soviético, la expansión de Internet ni los atentados terroristas del 11 de septiembre. Nadie prevé que determinadas ideas, modas o estilos de arte vayan a estar en boga. Sin embargo, señala Taleb:

Una pequeña cantidad de Cisnes Negros explica casi todo lo de nuestro mundo, desde el éxito de las ideas y las religiones hasta la dinámica de los acontecimientos históricos y los elementos de nuestra propia vida personal.

Además, el efecto de los cisnes negros aumenta porque el mundo se está haciendo más complejo. La combinación de una escasa previsibilidad y un gran impacto supone un problema para la mente humana, porque nuestro cerebro está construido para ocuparse de lo conocido y lo visible.

Taleb imagina dos lugares para expresar nuestra forma de ver el mundo. «Mediocristán» es un estado en que existe una relación de igualdad entre el esfuerzo y el resultado, donde se puede prever el futuro y la mayoría de las cosas se encuentran en una banda ancha de promedios. «Extremistán» es un lugar inherentemente inestable, imprevisible e inapelable. Donde vivimos es realmente en el segundo, y aceptarlo es el primer paso para prosperar en él.

Los héroes de Taleb, como «empírico escéptico» que es, son David Hume, Sexto Empírico y Karl Popper. Es muy crítico con la filosofía que se centra en el lenguaje que satisface a la academia. Aunque pueda tener su interés, no tiene nada que ver con el mundo real, dice, un mundo en que las personas han de vivir en la incertidumbre.

LO QUE NO SABEMOS...

El efecto cisne negro deja en ridículo a los intentos de doblegar la incertidumbre, sean los elaborados algoritmos económicos que pretenden eliminar el riesgo o las predicciones de los científicos sociales. Pensemos en nuestra propia vida: ¿cuántas cosas, desde cómo conocimos a nuestro cónyuge hasta la profesión que tenemos, sucedieron según un plan o programa establecidos? ¿Quién podía esperar que nos dispararan, nos exiliáramos, nos enriqueciéramos o empobreciéramos? Taleb observa que «la lógica del Cisne Negro hace que *lo que no sabemos* sea más importante que lo que sabemos», porque lo que determina nuestra vida es lo inesperado. Y si así es, ¿por qué seguimos creyendo que las cosas van a suceder como sucedieron en el pasado? Nuestra mente, indica, padece un «terceto de opacidad»:

▸ Una falsa comprensión: creemos que sabemos de lo que ocurre en el mundo más de lo que realmente sabemos.

▸ Una distorsión retrospectiva: asignamos significado a los sucesos después de que se han producido, creando así un relato. Es lo que llamamos «historia».

▸ Una sobrevaloración de los hechos, las estadísticas y las categorías: no debemos engañarnos y pensar que pueden predecir el futuro, ni darnos una imagen exacta de la realidad.

Vivimos de acuerdo con unas reglas sobre lo que consideramos normal, pero la normalidad raramente es prueba de validez. Cuando algo importante ocurre de súbito, nos gusta descartar que haya sido inesperado y raro. Queremos poder explicarlo. Pero nunca conocemos realmente a una persona hasta que vemos cómo actúa en una situación extrema, y tampoco podemos evaluar el daño que haya producido un criminal basándonos en lo que haga en un día normal. Lo que define una situación es lo raro o inusual, no lo «normal».

No solo la persona común no ve lo que ocurre: tampoco lo ven los llamados expertos ni aquellos que estén a cargo de la situación en cuestión. El abuelo de Taleb fue ministro del gobierno libanés durante la guerra civil de su país, pero relata Taleb que sabía de lo que sucedía lo mismo que pudiera saber su chófer. No se reprime de señalar la «arrogancia epistémica del género humano», incluidos los consejeros delegados que creen que el éxito de su empresa se debe a ellos y no a millones de otros factores, entre ellos la caprichosa suerte. Son fantasías que las facultades de estudios empresariales se encargan de fomentar, expresa.

Dice Taleb que nadie esperaba el auge de las religiones del mundo. A los estudiosos cristianos les desconcierta que en las crónicas romanas no se mencione su religión en sus primeros tiempos; asimismo, ¿quién pudo prever la rápida difusión del islam? El historiador Paul Veyne mantenía que las religiones se difundieron «como los éxitos de ventas». No obstante, en nuestra mente pronto pasaron a formar parte del paisaje; las normalizamos. Por la misma razón nos sorprenderá el auge repentino de la próxima religión nueva.

Para ilustrar su teoría de los sucesos extremos, Taleb pide que pensemos en el pavo de granja. El pavo tendrá en muy buena consideración al granjero, porque este, además de cobijo, le da todos los días una buena cantidad de comida. Pero hasta aquí la experiencia del pavo es completamente engañosa, porque llegará el día, completamente inesperado, en que será sacrificado. La moraleja es que, pese a lo que se nos haya dicho, en general el pasado no nos señala nada del futuro; la aparente «normalidad» de hoy es «brutalmente engañosa». E. J. Smith, capitán de barco, se jactaba en 1907: «Nunca he visto un naufragio, nunca he naufragado y nunca me he encontrado en una situación que pudiera terminar en una catástrofe». Cinco años después, el barco que comandaba era el *Titanic*.

El cerebro humano está cableado para sacar conclusiones generales de la experiencia. El problema es que en la vida real, después de toda una existencia en que solo se han visto cisnes blancos, puede aparecer un cisne negro. Es mejor confiar en el hecho de que sabemos muy poco, y además ser conscientes de los fallos de nuestro modo de razonar; la cuestión no es poder prever los sucesos de cisne negro, sino estar un poco más preparados mentalmente. Ante sucesos importantes e imprevistos, es propio de la naturaleza humana reaccionar con pequeñas adaptaciones, bien para evitar que se produzca de nuevo lo ocurrido (si fue negativo) o para que se vuelva a producir (si fue positivo). Pero lo que deberíamos hacer es mirar en lo que no sabemos y analizar por qué no lo sabemos. Los humanos pensamos menos de lo que creemos, dice Taleb; la mayoría de nuestros actos son instintivos. Esto nos resta probabilidades de comprender los sucesos de cisne negro, porque siempre nos perdemos en los detalles y solo sabemos reaccionar. Todo es consecuencia de factores desconocidos, «y pese a ello empleamos el tiempo en dedicarnos a hablar de menudencias, centrándonos en lo conocido y en lo repetido».

... Y CÓMO SOSLAYARLO

Nos gusta la certidumbre, pero la persona sabia comprende que la certeza es esquiva, que «el objetivo humano mayor y de más urgencia es comprender cómo actuar en condiciones de información incompleta».

Taleb señala que «las sucesiones de anécdotas seleccionadas para que se ajusten a una historia no constituyen una prueba». En vez de intentar confirmar nuestras ideas existentes, deberíamos, como enseñaba Popper, tratar de falsificarlas. Solo así podríamos alcanzar un sentido medianamente exacto de la verdad. Al hacer una apuesta económica, los mejores inversores, como George Soros, procuran encontrar ejemplos en que sus supuestos estén equivocados. Taleb lo considera «la capacidad de observar el mundo sin necesidad de encontrar signos que halaguen el propio ego». Es la auténtica autoconfianza. Y admite:

Se necesita un esfuerzo considerable para ver los hechos (y recordarlos) al tiempo que se suspende el juicio y se huye de las explicaciones. Y este trastorno teorizador raramente está bajo nuestro control: es en gran medida anatómico, parte de nuestra biología, de manera que luchar contra él supone luchar contra uno mismo.

Se comprende que seamos así. Tenemos que fijar normas y simplificar para imponer en nuestra cabeza un cierto orden a una información interminable: los mitos y las historias nos permiten comprender el mundo. La ciencia pretende ser diferente, pero lo que realmente hacemos es utilizarla para organizar las cosas en nuestro propio beneficio. Visto en este contexto, el conocimiento es *terapia,* y hace poco más que hacernos sentir mejor. De ello son culpables los científicos y académicos de todos los tipos, y evidentemente a diario vemos ejemplos de ello en los medios de comunicación. Si un candidato pierde las elecciones, se «analizan» las causas. Poco importa que sean correctas o no; lo que importa es que se ponga en marcha enseguida un relato de por qué ocurrió un suceso. Al lector del periódico le sorprendería leer: «Smith perdió las elecciones, pero no tenemos idea de por qué».

No solo no entendemos las cosas, sino que sobrestimamos por completo el alcance de nuestro conocimiento y lo eficientes que somos. Parece que este exceso de confianza lo llevamos integrado. Taleb habla de experimentos con estudiantes que debían calcular el tiempo necesario para terminar una tarea. Divididos en dos grupos, los optimistas pensaban que podían entregar el trabajo en veintiséis días; los pesimistas prometieron que lo entregarían en cuarenta y siete. ¿Cuál fue el tiempo medio real que emplearon unos y otros? Cincuenta y seis días. (El propio Taleb entregó el original de su obra al editor un mes más tarde de lo acordado.)

Somos así porque «tunelamos» mentalmente, sin tener en cuenta lo «inesperado» que nos desvía del camino, cuando es evidente que, para conseguir cualquier cosa, deberíamos incorporar lo inesperado a los cálculos.

COMENTARIOS FINALES

Se puede rebatir fácilmente la afirmación de Taleb de que «casi ningún descubrimiento, ninguna tecnología destacable, surgió del diseño y la planificación: no fueron más que Cisnes Negros». Por ejemplo, DuPont dedicó varios años a desarrollar el nailon, y sabía el valor que podría tener ese material; y los medicamentos de mayor éxito, aunque a menudo son producto de descubrimientos fortuitos, requirieron años de desarrollo y planificación antes de salir al mercado. Pero Taleb tiene razón cuando asevera que las organizaciones y los individuos deben centrarse más en apañar que en planificar, con la probabilidad de que, mediante el proceso constante de ensayo y error, aumenten las posibilidades de crear un cisne negro *positivo*: una idea que borre todo lo anterior, un producto que se convierta en líder del mercado. Su otro consejo es tener paciencia:

> Los terremotos duran minutos, el 11-S duró horas, pero los cambios históricos y las aplicaciones tecnológicas son Cisnes Negros que pueden requerir décadas. En general, los Cisnes Negros positivos exigen tiempo para mostrar su efecto, mientras que los negativos ocurren muy deprisa.

Construir una gran empresa exigirá muchos años y, aunque nunca podamos saber qué nos va a deparar el futuro, la visión a largo plazo nos permite superar los obstáculos y los reveses que nos encontremos en el camino.

El propio *El cisne negro* es un microcosmos de la tesis de Taleb sobre la complejidad: contiene casi demasiada información, demasiados retos desconcertantes a nuestro pensamiento, para que se pueda resumir de forma clara. Lo mejor es leerlo uno mismo, aunque solo sea por las muchas entretenidas digresiones y ejemplos de los que aquí es imposible ocuparse. El resumen elimina la posibilidad del descubrimiento aleatorio, y son estos descubrimientos los que marcan toda la diferencia en nuestra vida y profesión.

A Taleb se le reconoce haber previsto, en la primera edición del libro, la crisis económica de 2008, cuando habló de la fragilidad de los grandes bancos, apuntando que si uno de ellos se desplomaba podrían seguirle todos los demás, tan entrelazados estaban los unos con los otros. En la segunda edición (2010) se detiene en esta idea de fragilidad, y observa que se han aprendido pocas lecciones. La crítica que hace de las grandes corporaciones e instituciones es que se pueden zafar con mucha más facilidad que las más pequeñas, por lo que se suelen ocultar sus riesgos. Esto las hace más vulnerables a los sucesos de cisne negro, no menos.

NASSIM NICHOLAS TALEB

Taleb nació en Amioun (Líbano), en 1960. Sus padres tenían la nacionalidad gala, y él asistió a una escuela francesa. Durante la guerra civil del Líbano, que comenzó en 1975, estudió durante varios años en el sótano de su casa.

Antiguo corredor de derivados convertido al análisis matemático, especialista en problemas de probabilidad e incertidumbre, trabajó para bancos importantes, como el Credit Suisse First Boston, UBS y BNP-Paribas. Actualmente, Taleb es catedrático emérito de ingeniería de riesgos del Instituto Politécnico de la Universidad de Nueva York, y consultor de Universa, empresa de fondos de cobertura, y el FMI. Algunos de sus títulos son un MBA de la Wharton School, de la Universidad de Pensilvania, y un doctorado de la Universidad de París.

Otros de sus libros son ¿Existe la suerte?: engañados por el azar (2004; 2006), Antifrágil: las cosas que se benefician del desorden *(2012) y* The Bed of Procrustes *(2010).*

1953

INVESTIGACIONES FILOSÓFICAS

Porque nombrar y describir no están en el mismo nivel: nombrar es la prelación del describir. Nombrar no es aun un movimiento del juego del lenguaje, como colocar una pieza en su sitio no es un movimiento del ajedrez.

¿Es que uno dice: «En realidad en este momento no me refería a mi dolor; no tenía la mente lo bastante puesta en ello»? ¿Es que me pregunto, por ejemplo: «¿A qué me refería con esta palabra ahora mismo? Mi atención estaba dividida entre mi dolor y el ruido»?

La filosofía es la lucha contra el embrujo de nuestro entendimiento por medio del lenguaje.

En dos palabras

El lenguaje trata del significado, no de las palabras. Pero el lenguaje no puede expresar todo tipo de significado.

En la misma línea

A. J. Ayer, *Lenguaje, verdad y lógica*
Saul Kripke, *El nombrar y la necesidad*
Bertrand Russell, *La conquista de la felicidad*

CAPÍTULO 49

Ludwig Wittgenstein

Cuando en 1912 la hermana de Ludwig Wittgenstein, Hermine, lo visitó en la Universidad de Cambridge, Bertrand Russell le dijo: «Esperamos que el próximo gran paso en la filosofía lo dé su hermano», que solo tenía veintitrés años.

Diez años después, se publicaba a la vez en una edición inglesa y alemana el *Tractatus Logico-Philosophicus* de Wittgenstein, con una introducción de Russell. Escrito con su autor recluido en una cabaña de madera en Noruega, su frase clave es: «Los límites de mi lenguaje son los límites de mi mundo». El lenguaje debería reducirse simplemente a intentar expresar imágenes de los hechos; todo lo demás, incluido el hablar de conceptos abstractos, valores, filosofía y demás, carece de sentido. El *Tractatus* describía la fase doctrinaria de Wittgenstein, y se resume en la conocida frase: «De lo que no se puede hablar, mejor es callarse».

Al concluir el *Tractatus*, Wittgenstein pensaba que había dado fin a la filosofía, y abandonó el mundo académico. Entregó todo su dinero a sus hermanos (era al octavo hijo de una acaudalada familia vienesa), trabajó de maestro en la escuela de un pueblo de montaña, cultivó el huerto en un monasterio y diseñó una casa para su hermana (con mediciones de una precisión increíble). Pero en 1929 regresó a la Universidad de Cambridge como investigador, y más tarde pasó a ser profesor de filosofía.

Las *Investigaciones filosóficas* se publicaron póstumamente. Como él mismo señala en el prefacio, el libro lo componen observaciones, afirmaciones y pensamientos que a menudo parece que saltan de un tema a otro. Quiso tejerlo todo en un texto fluido, pero decidió que darle una dirección a la obra la hubiera dotado de artificialidad. Con su contenido mayoritariamente de experimentos mentales y juegos de palabras, es de más fácil lectura que el *Tractatus*, y no pretende tener la exactitud del libro anterior. Pero en ambos, más importante casi que el propio texto es lo que Wittgenstein no dice (de forma deliberada).

¿QUÉ ES EL LENGUAJE?

El lenguaje llano no se refiere a la explicación, observa Wittgenstein; simplemente apunta a las cosas. Así, cuando el bebé empieza a hablar, de lo que se trata es de enseñarle el nombre de los objetos. No es necesaria ninguna explicación del propio lenguaje: «Decir una palabra es como dar una nota en el teclado de la imaginación», proclama, de modo que cada «nota» o palabra evoca una imagen.

Dado que el significado de las palabras en relación con las cosas difiere según sean el contexto, el momento y el lugar en que se dicen, Wittgenstein no describe el lenguaje en términos de un conjunto de normas abstractas. Al contrario, es un «juego». De niños, pasamos de unas palabras que casi son literalmente «cosas» (por ejemplo, la palabra «silla» pasa a significar silla en nuestra mente) a la comprensión de que las palabras significan cosas, con el uso de vocablos más abstractos como «esto» y «allí». Después, empezamos a pensar en términos de categorías. De esta forma, dice Wittgenstein, crece el lenguaje:

> *Podemos entender nuestro lenguaje como una ciudad antigua; un laberinto de calles y plazas pequeñas, de casas viejas y nuevas, y de casas con añadidos de diversas épocas; y todo ello rodeado por una multitud de barrios nuevos con calles rectas y casas uniformes.*

Wittgenstein intenta mostrar la clara diversidad de juegos del lenguaje. Entre ellos están los de dar y recibir órdenes, describir el aspecto de un objeto o dar sus medidas, informar o especular sobre un suceso, elaborar y verificar una hipótesis, presentar en tablas los resultados de un experimento, componer una historia y leerla, representar una obra, cantar cánones, resolver acertijos, idear y contar chistes, solucionar un problema aritmético, traducir de una lengua a otra y «pedir, agradecer, maldecir, saludar y rogar». Observa:

> *Es interesante comparar la multitud de herramientas del lenguaje y las formas en que se usan, la multitud de tipos de palabras y frases, con lo que los lógicos han dicho sobre la estructura del lenguaje, (incluido el autor del* Tractatus Logico-Philosophicus*).*

Con estas palabras, Wittgenstein admite que se equivocó al entender el lenguaje como un medio para describir el mundo; es mucho más. Las palabras no solo nombran las cosas, sino que suelen transmitir un significado muy detallado, y muchos significados distintos de la misma palabra. Habla de expresiones como «¡Agua!», «¡Ay!», «¡Socorro!» y «¡No!», y pregunta: ¿podemos decir realmente que estas palabras no son más que «nombres de objetos»?

El lenguaje, pues, no es una lógica formal que marque los límites de nuestro mundo, como él había asegurado; es un medio creativo y de curso libre para *hacer* nuestro mundo. La profundidad y la variedad del hacer del lenguaje son lo que nos distingue de otros animales. «Ordenar, preguntar, relatar, charlar forman tanta parte de nuestra historia natural como andar, comer, beber y jugar».

Las palabras dichas muchas veces significan menos que *la forma* en que se dicen y el conjunto de la cadena de habla. Cuando pedimos a alguien que nos traiga una escoba, no lo formulamos como: «Por favor, tráigame un palo con un cepillo añadido en su extremo». La lengua no divide las cosas en piezas lógicas, sino, en el mejor de los casos, procura que la representación de los objetos reales pierda importancia al lado del uso que se les da. Pedir que nos traigan una escoba puede ser otra forma de decir que nos vamos a poner a barrer, y así lo puede entender enseguida la otra persona. Una palabra no tiene existencia propia, sino que forma parte de una «familia de significados». Wittgenstein se extiende, por ejemplo, en identificar lo que queremos decir con la palabra «juego». Repasa y agota todos los tipos posibles de juego (los juegos de mesa, los deportes, los juegos infantiles, etc.) y es incapaz de distinguir qué es y qué no es un juego. Sin embargo, todos *sabemos* qué es un juego. Una vez más, esto debería enseñarnos que las definiciones no importan cuando existe un significado; dicho de otro modo, el lenguaje *no* dicta los límites de nuestro mundo. No tiene normas puras y duras, ni lógica objetiva, como han pretendido identificar los filósofos. El lenguaje es una construcción social, un juego en que el orden es variable y evoluciona a medida que procedemos.

Nombrar las cosas, señala Wittgenstein, es un «proceso oculto» que los filósofos llevan a la exageración. Establecen relaciones entre los nombres y los objetos por el puro deseo de que existan esas relaciones. Los problemas surgen cuando los filósofos entienden el nombre de una idea o concepto como un «bautismo», un momento importante, cuando de hecho lo que importa es el significado contextual, no los nombres. La auténtica filosofía, dice Wittgenstein, es una batalla constante contra el «embrujo» de nuestro entendimiento por medio del lenguaje.

EL LENGUAJE PRIVADO

Wittgenstein plantea la cuestión del «lenguaje privado», o las palabras o significados que nos damos a nosotros mismos para describir ciertos estados interiores o sensaciones. Estos significados privados no son realmente lenguaje, porque el lenguaje exige algún enclave exterior y social en el que se pueda confirmar su significado. Wittgenstein imagina a diversas personas, cada una de ellas con una caja dentro de la cual tiene algo que todas van a llamar «escarabajo». ¿Qué ocurre si lo que hay en las cajas es completamente distinto en cada caso? Esto demuestra que los nombres de las cosas, si se hacen privados, realmente no son nombres en modo alguno, porque los nombres exigen un común acuerdo en lo que se refiere a su significado. Por deducción, los pensamientos solo tienen validez si se pueden expresar y comprender. «Un "proceso interior" —subraya— necesita unos criterios exteriores».

Otra frase famosa del libro es: «Si el león pudiera hablar, no lo entenderíamos». El lenguaje depende de un acuerdo común sobre su significado, y los animales tienen por naturaleza un orden de significado completamente distinto. El león, por ejemplo, ve a alguien que vaya andando por la sabana no como una «persona», sino como una posible fuente de alimento. Sin un acuerdo sobre lo que significan las cosas, ¿cómo podríamos mantener una conversación con el león, aun suponiendo que supiese hablar? Wittgenstein aplica la idea a la entrada en un país extranjero. Además de las barreras lingüísticas, es posible que no sintamos ninguna afinidad con las personas por el simple hecho de que su forma de ver el mundo es totalmente diferente de la nuestra. Nos parece que no «hablan nuestra lengua», es decir, nuestra lengua de significado, no las palabras en sí.

LA EVIDENCIA IMPONDERABLE

El problema de la psicología como disciplina, dice Wittgenstein, es que pretende estudiar a los seres humanos en términos de evidencia, pero gran parte de lo que sabemos sobre qué mueve a las personas se basa en una información «imponderable». Somos capaces de percibir las sutilezas de los estados interiores de los demás, pero no podemos decir exactamente cómo hemos llegado a este conocimiento:

La evidencia imponderable incluye sutilezas de la mirada, el gesto, el tono.
Puedo reconocer una auténtica mirada de amor, distinguirla de otra falsa (y aquí puede haber, evidentemente, una confirmación «ponderable» de mi juicio). Pero puedo ser completamente incapaz de describir la diferencia. Y la razón no es que las lenguas que conozco no dispongan de palabras para hacerlo.
Pregúntese el lector: ¿cómo aprende la persona a tener «olfato» para algo? ¿Y cómo se puede emplear tal olfato?

Saber lo que mueve a otra persona no es cuestión de someterla a una máquina y comprobar sus estados fisiológicos o cerebrales; implica un *juicio*, y este conocimiento, indica Wittgenstein, solo se puede adquirir mediante la experiencia vital, no «siguiendo un curso sobre él». Si la psicología tiene reglas, no forman parte de un sistema que se pueda estudiar, porque es imposible poner en palabras tal indefinición.

COMENTARIOS FINALES

Wittgenstein no pretendía negar que poseemos una vida interior, solo que se pueda hablar de ella con buen juicio. Aunque el «juego del lenguaje» es de extraordinaria profundidad y complejidad, existen ámbitos de la experiencia que nunca se pueden expresar adecuadamente en el lenguaje, y es un error intentar hacerlo.

Estaba muy influido por *Las variedades de la experiencia religiosa* de William James, el cristianismo filosófico de Kierkegaard y las obras de san Agustín; pese a su antiguo linaje judío, recibió una educación católica y durante la guerra no podía separarse de la Biblia. Le encantaba visitar iglesias y catedrales, y a su amigo de Cambridge M. O'C. Drury le decía que «todas las religiones son maravillosas». Pero ¿era creyente de verdad, o simplemente le gustaban las tretas de la espiritualidad? Si se sigue el propio pensamiento de Wittgenstein, no importa que sea lo uno o lo otro, o cuando menos no tiene sentido hablar de ello, ya que no se pueden precisar los estados interiores de la persona. Lo que sí importa es cómo se expresa uno mismo. Drury recordaba que le decía: «Si tú y yo vamos a vivir una vida religiosa, no ha de consistir simplemente en hablar mucho de religión, sino en que de algún modo nuestras vidas sean distintas».

Su hermana Hermine admitía sin reservas que Wittgenstein era sumamente irritable, socialmente torpe y sensible, pero también hablaba de su «gran corazón». Su profesora de ruso, Fania Pascal, le describía en términos parecidos, pero también señalaba la inusual «plenitud» y certeza sobre sus ideas, como persona a quien convenía tener cerca en momentos difíciles, pero no ajena a las preocupaciones y las flaquezas humanas de la vida cotidiana.

Todos estos recuerdos dibujan la imagen de un hombre con muy escaso interés por sí mismo, o el yo, y apuntan, en su lugar, a una atención a ser *de utilidad*, en un mundo que puede «funcionar bien». Cuando Drury tenía dudas sobre su formación como médico, Wittgenstein le aconsejaba que no pensara en él mismo, sino en el bien que podía hacer. ¡Qué privilegio, señalaba, ser el último en dar buenas noches a los enfermos al final del día! Aunque para él fuera importante, Wittgenstein consideraba que su trabajo era un simple «juego» más; frente a la propia vida, el lenguaje y el filosofar no eran nada.

LUDWIG WITTGENSTEIN

Nacido en 1889 en el seno de una familia ilustre y culta (su herma-
na Margaret fue retratada por el pintor Gustav Klimt), Wittgenstein
fue educado en casa y solo asistió a la escuela los tres últimos años.
En la adolescencia fue a Berlín a estudiar ingeniería mecánica, y des-
pués a Manchester, donde realizó estudios de aeronáutica. Durante
su estancia en Inglaterra leyó Los principios de la matemática
de Bertrand Russell, un libro que dirigió si interés hacia la lógica y
la filosofía.
En 1911 se mudó a Cambridge, y cuando estalló la guerra se alistó
en el ejército austriaco; fue voluntariamente al frente, y fue condeco-
rado con muchas medallas por su valor, pero cayó prisionero de guerra
en Italia. En el campo de prisioneros escribió el Tractatus, *pero no*
se publicó en Inglaterra hasta 1922.
Entre 1920 y 1926, no mantuvo relación con ninguna universi-
dad. Trabajó de maestro en una escuela de Trattenbach, un pequeño
pueblo de montaña austriaco. La casa que diseñó para su hermana
en Kundmangasse (Viena), es hoy un museo.
En 1929 regresó a Cambridge como profesor investigador, y poste-
riormente se le concedió una cátedra en el Trinity College pese a no
tener ningún título superior. Falleció en Cambridge en 1951.

2010

VIVIENDO EN EL FINAL DE LOS TIEMPOS

Comparemos la reacción ante el colapso financiero de septiembre de 2008 con la Conferencia de Copenhague de 2009: salvar el planeta del calentamiento global (o, para el caso, salvar a los enfermos de sida, salvar a quienes mueren por falta de dinero para costearse tratamientos y operaciones caras, salvar a los niños que mueren de hambre, etc.): todo esto puede esperar un poco, pero la llamada a «Salvar los bancos» es un imperativo incondicional que exige y recibe una actuación inmediata. El pánico fue ahí absoluto, se creó enseguida una unidad transnacional y transpartidista, se olvidaron momentáneamente todos los rencores entre los líderes mundiales para evitar la catástrofe: nos podemos preocupar todo lo que queramos por las realidades globales, pero lo Real en nuestras vidas es el Capital.

Ya no podemos seguir confiando en el limitado alcance de nuestros actos: ya no se sostiene que, hagamos lo que hagamos, la historia seguirá su curso.

En dos palabras

El capitalismo se ha convertido en una ideología que no permite ninguna alternativa, pero no cuenta con recursos para afrontar los importantes problemas medioambientales, científicos y sociales.

En la misma línea

Jean Baudrillard, *Simulacres et simulation*
Noam Chomsky, *Chomsky esencial*
G. W. F. Hegel, *Fenomenología del espíritu*
Martin Heidegger, *El ser y el tiempo*
Friedrich Nietzsche, *Más allá del bien y del mal*

CAPÍTULO 50

Slavoj Žižek

Una «especie de comunista» a quien le encantan las obras del archicapitalista Ayn Rand, el filósofo esloveno Slavoj Žižek está lleno de contradicciones. Profundamente influido por Lacan, Hegel, Freud y Heidegger, sus escritos no presentan una teoría global, sino que intentan poner en entredicho los supuestos sobre la época actual. Una «mala conciencia» del mundo al estilo de Nietzsche, su cuestionamiento de vacas sagradas como la tolerancia y la democracia le merecieron que *National Review* lo definiera como «el filósofo más peligroso de Occidente».

Todo un éxito de ventas de quinientas páginas, *Viviendo en el final de los tiempos* plantea la contundente idea de que el capitalismo liberal global está alcanzando un punto crítico, y Žižek identifica a los «cuatro jinetes del Apocalipsis» que anuncian su fin: la crisis medioambiental (a la que, en el mejor de los casos, se presta muy escasa atención); las consecuencias de la revolución biogenética (mercados y gobiernos no la podrán controlar ni regular, y provocará nuevas divisiones en la sociedad, entre quienes se puedan permitir la manipulación genética y de otro tipo para mejorar mental y físicamente, y quienes no puedan hacerlo); la batalla por las materias primas, los alimentos y el agua, y «el crecimiento explosivo de las divisiones y exclusiones sociales».

Empieza por hablar de la idea de Freud de *Unbehagen in der Kultur*, el descontento o la desazón de la cultura. Veinte años después de la caída del Muro de Berlín, observa que el capitalismo liberal no ha traído la Utopía que la gente esperaba y, de hecho, en muchos antiguos países comunistas, a los candidatos comunistas les ha ido bien en las elecciones. El socialismo tal como estaba expresado fue un fracaso evidente, pero, como le ocurre al hombre que sueña con huir con su querida y, cuando tiene la oportunidad de hacerlo, le sorprende que no le haga feliz, la transición al capitalismo, dice Žižek, solo ha servido para agudizar sus fallos. Hay «un gran desorden bajo el cielo», pero no queremos admitir que así sea.

LA ANGUSTIA DEL FINAL DE LOS TIEMPOS

La estructura de *Viviendo en el final de los tiempos* sigue las famosas «cinco etapas del duelo» de Elizabeth Kubler-Ross: negación, cólera, negociación, depresión y aceptación. Žižek sostiene que existe un descomunal encubrimiento ideológico para negar que algo esté cambiando. La cólera se manifiesta en las protestas en contra del orden capitalista global, por un lado, y en el fundamentalismo religioso, por otro. La negociación adquiere las formas de un nuevo nivel de debate sobre la economía política y el renacimiento del pensamiento marxista. La depresión es la consecuencia de sucesos que parecen fortuitos y sin significado cosmológico.

De todo ello surge la aceptación de la necesidad de nuevas formas de participación y emancipación, que son posibles gracias a las crisis del capitalismo y el fracaso de la democracia en permitir que se escuche la verdadera voz popular. Parte del problema del capitalismo, dice Žižek, es que ha pasado de sus raíces de la «ética protestante» a convertirse simplemente en una cultura de la envidia y el consumismo. Esto significa que se espera que con el intercambio se solucione todo tipo de problemas y contradicciones sociales. Algunos ejemplos son las campañas de ayudar a los niños que pasan hambre en los países en vías de desarrollo, con el mensaje: «Da dinero, y no tienes que pensar en las verdaderas causas de su situación», y las empresas como TOMS Shoes, que da un par de zapatos a personas muy pobres por cada uno que compramos. En ningún caso es necesario emprender ninguna acción social; el dinero y el mercado nos absuelven de todos los cargos.

Para Žižek, el capitalismo es una profunda ideología con millones de creyentes, de modo que cuando se cuestiona sabemos que algo va mal:

> No solo la fe religiosa es parte del capitalismo, sino que el propio capitalismo es una religión, y también se basa en la fe (en la institución del dinero, entre otras cosas). Este punto es fundamental para comprender el cínico funcionamiento de la ideología: en contraste con la época en que el sentimentalismo religioso-ideológico escondía la brutal realidad económica, hoy es el cinismo ideológico el que oscurece el núcleo religioso de las creencias capitalistas.

Žižek señala la observación de Walter Benn Michael de que los liberales americanos se centran en el racismo y el sexismo para no tener que abordar el problema mucho mayor del propio capitalismo. Como ejemplo de la ideología actual, menciona los programas de viajes de Michael Palin en la BBC. Adoptan una visión irónica del mundo «al mismo tiempo que filtran los datos realmente traumáticos» sobre la auténtica situación. Parecen apolíticos, algo imposible en un mundo en que vivimos saturados de creencias capitalistas y completamente determinados por ellas.

Hay que cambiar la caricatura del capitalista codicioso por la conciencia del esfuerzo implacable del Capital como fuerza impersonal que se reproduce a sí misma y a la que nada importa la ecología. Salvar el planeta y salvar a las personas no son nada en comparación con salvar a los bancos y el orden capitalista. Por lo tanto, el capitalismo se puede entender como una ideología que amenaza nuestra supervivencia a largo plazo.

GUARDAR LAS APARIENCIAS

Al hablar de la organización Wikileaks, Žižek sostiene que el verdadero objetivo de sus actividades no son los estados ni los políticos individuales, sino la propia estructura del poder, incluidos aquellos que se «acepta» que son quienes la ponen en entredicho (la prensa, las organizaciones no gubernamentales, etc.). El «éxito» de Wikileaks es una señal de que el orden establecido ya no puede contenerse ni controlarse a sí mismo. No se trata tanto de que hayan salido a la luz unos secretos, sino de que el espectáculo del poder no puede seguir siendo el que es:

> *Lo único sorprendente de verdad sobre las revelaciones es que no encerraban sorpresa alguna: ¿no descubrimos exactamente lo que habíamos esperado descubrir? La que quedó maltrecha fue la capacidad de «guardar las apariencias».*

Menciona el caso de un sacerdote italiano que fue suspendido por el Vaticano por admitir en una entrevista que era homosexual, mientras que cientos de pedófilos quedaban sin castigo. Su observación baudrillardiana de que «lo que importa es la apariencia, no la realidad» podría ser el juicio de Žižek sobre toda la Edad Moderna. Dice:

> *Una de las habilidades culturales más elementales es saber cuándo (y cómo) simular que no se sabe (o no se ve), cómo continuar y actuar como si algo que ha ocurrido de hecho no hubiese ocurrido.*

Esta necesidad de guardar las apariencias a cualquier precio es la marca de la ideología.

Žižek habla del estado fallido del Congo, gobernado por señores de la guerra pagados por empresas extranjeras y que drogan a niños para que extraigan las riquezas de sus minas. Los minerales que se venden se usan para fabricar componentes de ordenadores portátiles y teléfonos móviles. Quieren hacernos creer que el Congo está sumido en la anarquía por el salvajismo de su gente, pero la realidad es que la causa de la mayoría de los problemas son las compañías extranjeras. «En la espesa jungla congolesa hay realmente una gran oscuridad, pero las causas están en otra parte, en los relucientes despachos de los ejecutivos de nuestros bancos y de las compañías de alta tecnología», explica Žižek. Detrás de la guerra étnica, «se ven las maniobras del capitalismo global».

Pese a su idea del capitalismo, Žižek no es antiamericano, y ve una gran hipocresía en «la actitud europea de blandir unos elevados principios morales al mismo tiempo que confía en que Estados Unidos haga el trabajo sucio en bien de su propia estabilidad». Europa se considera la culminación civilizada del progreso humano, libre ya de guerras, pero de hecho solo puede disfrutar de su existencia porque Estados Unidos está dispuesto a seguir siendo aún parte de la «historia» en toda su violenta confusión hobessiana. Muchos europeos ven en Estados Unidos al forajido y granuja que no respeta la ley y solo se guía por la ideología, y los estadounidenses piensan que Europa es demasiado pragmática y no ve los peligros, que son muy reales.

EL FRACASO DE LA TOLERANCIA

Una razón fundamental de que la izquierda socialista tradicional no acepte a Žižek son algunas de sus ideas manifiestamente «incorrectas». Una de ellas se refiere a la tolerancia. No está en contra de ella en principio, sino que: «A lo que me opongo es a la percepción (actual y automática) del racismo como un problema de intolerancia. ¿Por qué muchos problemas se entienden hoy como problemas de intolerancia, y no como problemas de desigualdad, explotación o injusticia? ¿Por qué el remedio que se propone es la tolerancia, y no la emancipación, la batalla política o incluso la lucha armada?».

Tanto nos forzamos para dar la imagen de buenos defensores de lo multicultural que no vemos la posibilidad de que alguien pueda ser intolerante porque ha sido marginado económicamente y piensa que los demás son responsables de sus apuros. Si creyera que es como los demás, tuviera derechos y poseyera dinero, su intolerancia se desvanecería.

Los liberales occidentales no quieren criticar el islam porque sería una «falta de respeto» a la verdad en cuya posesión dice estar la religión. Pero la adhesión a la ideología del multiculturalismo y la tolerancia solo funciona en la medida en que a uno no le afecte personalmente. Cuando *sí* afecta a los individuos (por ejemplo, cuando los homosexuales de Holanda empezaron a sufrir los ataques de los musulmanes de su país, y por ello muchos se afiliaron a partidos de derechas que defendían acabar con la inmigración de personas procedentes de países árabes), se ve la superficialidad de estas ideologías. La tolerancia, ha dicho Žižek en entrevistas, no es más que «una forma descafeinada de ver al Otro» de la sociedad.

Lo que distingue a otros fundamentalistas musulmanes y cristianos son sus desesperados intentos de cambiar el mundo a su forma de pensar, lo que indica una profunda falta de convicción. Y lo exteriorizan atacando a quienes muestren el menor asomo de blasfemia o crítica. Nuestra tolerancia políticamente correcta de la fe fundamentalista no hace sino atizar el rencor del fundamentalista, y el hecho de que la simple tolerancia le encrespe demuestra que no funciona como principio social.

COMENTARIOS FINALES

La democracia en su forma actual (dominada por los intereses corporativos creados) simplemente refleja la ideología hegemónica del momento, piensa Žižek, y no puede generar lo que Alain Badiou llama un «acontecimiento-verdad», algo que realmente cambie el orden existente. Cuanto más ha invertido en el orden existente un individuo o un grupo, más dispuestos están a ratificar las mentiras. Solo los desposeídos pueden decir las cosas exactamente como son, porque no tienen nada que perder.

«Así pues, lo que hoy corresponde hacer —expresa— es inventar un nuevo modo de este distanciamiento hacia el estado, es decir, un nuevo modo de dictadura del proletariado». Intenta dibujar lo que se podría conseguir con una actitud más comunitaria. En primer lugar, sería una protectora de los «comunes», «ese espacio universal de humanidad del que no se debería excluir a nadie». Los comunes incluyen el medio ambiente en que todos vivimos y del que en última instancia nadie se puede apropiar; los comunes biogenéticos, que no deben ser objeto de explotación, y los comunes culturales, que no han de poder estar a las órdenes de ningún grupo ni ideología particulares. Pero, como Žižek admite sin reservas, todos los intentos anteriores de organización comunitaria fueron desbaratados por la propia naturaleza humana (nuestro deseo de poseer y dominar) y resultaron en regímenes aterradores o que adormecían la creatividad y la libertad. Si sus ideas han de hacerse más o menos realidad en algún momento, deberán asentarse en cómo somos realmente los humanos, no en cómo nos gustaría ser.

Las contradicciones y la complejidad de *Viviendo en el final de los tiempos* pueden ser simplemente el reflejo del estilo de Žižek, pero también son el espejo de nuestro tiempo. Žižek cree como Hegel que la filosofía pone en perspectiva las demás áreas del conocimiento: la política, la sociología, la psicología y la economía. Para él, la filosofía es exactamente como la describió Nietzsche: el rey de las disciplinas, con el poder de configurar el mundo.

SLAVOJ ŽIŽEK

Žižek nació en 1949 en Liubliana (Eslovenia), por entonces, parte de la Yugoslavia comunista. Su padre era funcionario economista y su madre, contable en una empresa propiedad del estado. Se doctoró en filosofía en la Universidad de Liubliana, y después fue a París a estudiar psicoanálisis.

De vuelta en Eslovenia, no pudo conseguir un puesto en la universidad, trabajó varios años de funcionario y después se quedó sin trabajo. A finales de los años setenta formó parte de un grupo de intelectuales eslovenos que se centraba en la obra del filósofo psicoanalista Jacques Lacan, y en los ochenta tradujo a Freud, Lacan y Althusser al esloveno. A finales de esa década publicó un libro sobre teoría cinematográfica, escribió para la revista alternativa Mladina *y fue activista de los movimientos reivindicativos de la democracia de Yugoslavia. Cuando Eslovenia se independizó en 1990, fue candidato (sin éxito) a la presidencia. Se casó con la filósofa eslovena Renata Salecl, y su segunda esposa fue Analia Hounie, una modelo argentina.*

El sublime objeto de la ideología (1989; 1992) fue su primera obra escrita en inglés y con la que se dio a conocer en los círculos internacionales de la teoría social. Otras obras suyas son El espinoso sujeto *(1999; 2001);* Cómo leer a Lacan *(2006; 2008);* En defensa de las causas perdidas *(2008; 2011);* Primero como tragedia, luego como farsa *(2009; 2011), y* Less than

Nothing: Hegel and the Shadow of Dialectical Materialism *(2012)*.

La película Žižek: La realidad de lo virtual *(2007) trata de su vida y su obra; también fue presentador de una serie de televisión,* Guía de cine para pervertidos *(2006). Žižek es profesor de filosofía y psicoanálisis de la European Graduate School de Suiza, y también imparte clases en la Universidad de Nueva York.*

Otros 50 clásicos de la filosofía

1. **JANE ADDAMS, *DEMOCRACY AND SOCIAL ETHICS* (1902)**
   La obra de Addams con los más necesitados de Estados Unidos fue un reflejo práctico del pragmatismo de William James y John Dewey. Su filosofía, en particular su «conocimiento solidario» (el que contribuye a superar las barreras sociales), se considera hoy de gran valor por derecho propio.

2. **THEODORE ADORNO, *MÍNIMA MORALIA: REFLEXIONES DESDE LA VIDA DAÑADA* (1951)**
   Crítica profunda del capitalismo moderno y de las posibilidades de la libertad, obra de uno de los referentes más brillantes de la teoría crítica de la Escuela de Fráncfort, inspirada en Hegel, Marx, Kierkegaard, Nietzsche y Freud.

3. **ELIZABETH ANSCOMBE, *INTENTION* (1957)**
   Alumna y traductora de Wittgenstein, demolió notoriamente las pruebas de la existencia de Dios de C. S. Lewis, pero en su obra maestra Anscombe sentó las bases de la «teoría de la acción». ¿Hasta qué punto nuestros actos son consecuencia de nuestros deseos, de nuestras creencias o de ambos?

4. **SANTO TOMÁS DE AQUINO, *SUMA TEOLÓGICA* (1273)**
   Más que una defensa del cristianismo, una visión de cómo y para qué llegó el mundo a la existencia, formulada en una época en

417

que la filosofía y la teología estaban entretejidas. Santo Tomás de Aquino argumenta que si el universo se rige por el principio de causa y efecto, la lógica impone que debe haber una causa primera, algo que creara el potencial de todo lo demás. Pero, pese a sus orígenes divinos, el potencial del mundo solo lo puede hacer real la humanidad.

5. **SAN AGUSTÍN**, *LA CIUDAD DE DIOS* **(426)**
De gran influencia en Occidente durante toda la Edad Media, establece una distinción entre la ciudad celestial ideal, a la que la humanidad debe aspirar, y las inquietudes mundanas, que no pueden sino acabar mal. La obra fue escrita no mucho después del saqueo de Roma por parte de los visigodos.

6. **MARCO AURELIO**, *MEDITACIONES* **(S. II A. DE C.)**
Expresión atemporal de la filosofía estoica, aún hoy lectura y objeto de placer para muchos.

7. **AVERROES**, *LA INCOHERENCIA DE LA INCOHERENCIA* **(S. XII)**
Justificación por parte de su autor árabe del uso del pensamiento aristotélico en la filosofía islámica; el título es una réplica a *La incoherencia de los filósofos*, de Al-Gazali.

8. **FRANCIS BACON**, *ENSAYOS* **(1597)**
Escritos originariamente como entretenimiento después de las principales obras científicas y teológicas de Bacon, los *Ensayos* son hoy su obra más leída. Reflexiones fascinantes del fundador del empirismo y del método científico.

9. **ALAIN BADIOU**, *EL SER Y EL ACONTECIMIENTO* **(1987)**
La «multiplicidad», y no la individualidad, es la que explica la naturaleza de nuestro ser. Importante texto del posestructuralismo francés.

10. **ROLAND BARTHES**, *EL GRADO CERO DE LA ESCRITURA* **(1953)**
La forma del escrito es tan importante como su contenido. Una obra importante de la escuela estructuralista.

11. **GEORGE BERKERLEY**, *TRATADO SOBRE LOS PRINCIPIOS DEL CONOCIMIENTO HUMANO* **(1710)**
Magnífica exposición de la tesis del obispo anglo-irlandés de que el mundo está compuesto de ideas, no de cosas. Nunca podemos estar seguros de cómo es el mundo «real» (la materia es una

abstracción), pero el mundo de las ideas de nuestra mente es sin duda real, y las cosas solo tienen realidad en la medida en que se perciben («ser es ser percibido»). Debemos confiar en que el patrón de nuestra experiencia tiene sentido, ya que es de ordenamiento divino.

12. ISAIAH BERLIN, *EL ERIZO Y LA ZORRA* (1953)

El conocido ensayo del filósofo británico sobre la obra de Tolstoi, que, en su opinión, apunta a dos niveles de realidad: el mundo de los fenómenos que podemos ver a nuestro alrededor y un plano más profundo de la verdad que los seres humanos raramente percibimos.

13. BOECIO, *LA CONSOLACIÓN DE LA FILOSOFÍA* (S. VI)

Después de la Biblia, la obra más influyente de la Edad Media cristiana, escrita por Boecio en el corredor de la muerte. Formula una elegante tesis sobre la bondad de Dios en un mundo turbulento y a menudo perverso.

14. MARTIN BUBER, *YO Y TÚ* (1923)

Buber abandonó su educación judía ortodoxa para estudiar la filosofía occidental. En este famoso ensayo establece la distinción entre dos modos de ser: «yo-ello» (nuestra experiencia y los objetos que experimentamos a través de los sentidos) y «yo-tú» (la experiencia del ser a través de las relaciones). El sentido de la vida está en nuestras relaciones.

15. GILLES DELEUZE Y FELIX GUATTARI, *EL ANTIEDIPO* (1972)

Cómo los deseos privados entran en conflicto con los esquemas sociales, a partir del psicoanálisis y el pensamiento marxista.

16. JACQUES DERRIDA, *DE LA GRAMATOLOGÍA* (1973)

Resumen de la teoría de famosa dificultad de las «huellas» de la lingüística; también la obra más accesible de Derrida.

17. JOHN DEWEY, *CÓMO PENSAMOS* (1910)

El gran pragmático y teórico educativo estadounidense habla del pensamiento efectivo. Después de cien años, muchas ideas conservan su gran valor.

18. JACQUES ELLUL, *PROPAGANDA: LA FORMACIÓN DE LAS ACTITUDES DE LOS HOMBRES* (1973)

Nunca de mayor relevancia, el anarquista cristiano francés Ellul explica cómo la propaganda va más allá de la política para hacer que el individuo se someta y conforme. Una de sus ideas es que las personas más sometidas a la propaganda son las que consumen más medios de comunicación.

19. PAUL FEYERABEND, *CONTRA EL MÉTODO* (1975)
La obra que casi equiparó la influencia de Feyerabend en la filosofía de la ciencia a la de Popper y Khun. Defiende un enfoque «anarquista» de la ciencia, sin reconocerle racionalidad alguna ajena a la cultura o la sociedad. Al contrario, la ciencia es una ideología como cualquier otra.

20. J. G. FICHTE, *FUNDAMENTO DEL DERECHO NATURAL* (1894)
La filosofía de la libertad personal y sus implicaciones para la organización y los derechos políticos.

21. GOTTLOB FREGE, *FUNDAMENTOS DE LA ARITMÉTICA* (1894)
Fascinante incursión en el concepto de «número» en la civilización, una idea que en vida de Frege fue rechazada pero que desde entonces no ha dejado de cobrar importancia. No es un tedioso tratado de matemáticas, sino que muestra cómo el número es un camino a la verdad y el significado filosóficos.

22. ANTONIO GRAMSCI, *CARTAS DESDE LA CÁRCEL* (1929-1935)
Uno de los principales pensadores marxistas del siglo XX, la gran reflexión de Gramsci se ocupa de la «hegemonía», o de cómo los estados se mantienen a sí mismos. Un grupo no toma el estado, sino que se *convierte* en él, decía Gramsci.

23. JURGEN HABERMAS, *LA TRANSFORMACIÓN ESTRUCTURAL DE LA ESFERA PÚBLICA* (1962)
En el siglo XVIII, y de la necesidad de información que tenía la sociedad civil, surgió en Europa una nueva «esfera pública». Según Habermas, esa esfera propició el florecimiento de la razón, pero después fue corrompida por el mercantilismo y el consumismo.

24. THOMAS HOBBES, *LEVIATÁN* (1651)
Considerado el primer libro de filosofía política moderna frente al declive de la cristiandad medieval. Aboga por un estado laico con poder absoluto del soberano. Este sistema ofrece a la persona común la mejor posibilidad de estabilidad y seguridad.

25. EDMUND HUSSERL, *INVESTIGACIONES LÓGICAS* **(1900-1901)**
Importante obra del mentor de Heidegger y fundador de la fenomenología.

26. JULIA KRISTEVA, *DESIRE IN LANGUAGE: A SEMIOTIC APPROACH TO LITERATURE AND ART* **(1980)**
Obra fundamental de la teoría cultural, con sorprendentes análisis de la ficción francesa del siglo XIX.

27. JACQUES LACAN, *ECRITS: A SELECTION* **(2002)**
Excelente introducción a la filosofía psicoanalítica de Lacan, de gran influencia en pensadores actuales como Zizek.

28. DAVID LEWIS, *ON THE PLURALITY OF WORLDS* **(1982)**
Obra de «lógica formal», original y de gran influencia, en que se formula la teoría de la posibilidad de la existencia simultánea de muchos mundos.

29. JEAN-FRANÇOIS LYOTARD, *LA CONDICIÓN POSMODERNA* **(1979)**
Tal vez la principal declaración sobre el posmodernismo, que Lyotard define como «incredulidad ante las metanarrativas» tales como el concepto de «Progreso».

30. MAIMÓNIDES, *GUÍA DE PERPLEJOS* **(1190)**
Magistral intento de unir el judaísmo y la filosofía griega, de gran influencia tanto en Oriente como en Occidente durante toda la Edad Media.

31. NICOLAS MALEBRANCHE, *LA BÚSQUEDA DE LA VERDAD* **(1674-1675)**
Inspirada en Descartes, la primera obra, y la más completa, de un filósofo racionalista fundamental.

32. HERBERT MARCUSE, *EROS Y CIVILIZACIÓN* **(1955)**
Síntesis de Freud y Marx, con la visión de una sociedad libre de represión.

33. KARL MARX, *EL CAPITAL* **(1867)**
La obra de filosofía política que con toda razón se puede considerar la de mayor influencia de la historia.

34. MAURICE MERLEAU-PONTY, *FENOMENOLOGÍA DE LA PERCEPCIÓN* **(1945)**
Experimentamos el mundo no según el *cogito* de Descartes, sino a través del cuerpo

35. MARY MIDGLEY, *MYTHS WE LIVE BY* (2003)

La ciencia física no es simplemente un depósito de hechos sobre cómo funciona el universo, sino que se ha convertido en la ideología de nuestro tiempo. Midgley piensa en Richard Dawkins y Damiel Dennett.

36. MONTESQUIEU, *EL ESPÍRITU DE LAS LEYES* (1748)

Importante obra de filosofía política liberal que influyó en la Revolución francesa y que aboga por el gobierno constitucional, la separación de poderes y el fin de la esclavitud.

37. G. E. MOORE, *PRINCIPIA ETHICA* (1903)

Revolucionó la filosofía de la ética e introdujo el famoso concepto de «falacia naturalista», según la cual es imposible determinar en sentido técnico qué es «El Bien», algo que se siente y conoce de forma intuitiva. Moore defendía también la filosofía del «sentido común» que no niega las creencias de la gente común.

38. ROBERT NOZICK, *ANARQUÍA, ESTADO Y UTOPÍA* (1974)

Una defensa perfectamente razonada de un Estado limitado, «limitado a las acotadas funciones de protección contra la fuerza, el robo y el fraude, de exigir el cumplimiento de los contratos, etc.». Toda persona tiene derecho a perseguir sus propios «proyectos», un derecho que se viola cuando el Estado llega a todos los aspectos de la vida.

39. DEREK PARFIT, *RAZONES Y PERSONAS* (1984)

Convincente incursión del filósofo moral de Oxford en el significado de la identidad personal a lo largo de la vida, y sus implicaciones para la acción, la ética y la justicia. Obra de gran influencia de la «filosofía del yo», que ha cobrado renovado vigor con los recientes descubrimientos de la neurociencia.

40. PARMÉNIDES, *SOBRE LA NATURALEZA* (PRINCIPIOS DEL S. V)

Detrás del cambio aparente, el universo tiene un orden unificado inmutable. Cuando la persona se siente desorientada en el torbellino de la vida, debe respirar y buscar el sosiego en esta fuente esencial.

41. PLOTINO, *ENÉADAS* (S. III)

Compiladas por su discípulo Porfirio, las seis «enéadas» o libros exponen la idea de Plotino de los seres humanos como parte del

Uno indescriptible y divino, que se puede atisbar y comprender parcialmente mediante la contemplación, la intuición y el razonamiento.

42. HILARY PUTNAM, *EL DESPLOME DE LA DICOTOMÍA HECHO-VALOR Y OTROS ENSAYOS* (2002)
La separación entre los hechos empíricos y los valores humanos ha sido la base de gran parte de la filosofía, pero Putnam sostiene que aún no se concibe adecuadamente; hay que contemplar la filosofía partiendo de cero.

43. WILLARD VAN ORMAN QUINE, *PALABRA Y OBJETO* (1960)
Expone la idea del filósofo de Harvard de «indeterminación de la traducción», por la cual la traducción de una lengua puede cumplir determinados requisitos sin reflejar necesaria ni exactamente lo que se quiere decir; a las palabras y las frases no se les puede dar ningún significado exclusivo.

44. RICHARD RORTY, *LA FILOSOFÍA Y EL ESPEJO DE LA NATURALEZA* (1979)
Filósofo estadounidense que, decepcionado por la búsqueda incesante y a menudo sin sentido de la verdad objetiva, se orientó hacia el pragmatismo de William James y John Dewey. Una postura que le supuso considerables ataques de los filósofos académicos.

45. BERTRAND RUSSELL Y ALFRED NORTH WHITEHEAD, *PRINCIPIA MATHEMATICA* (1910-1913)
Importante obra del siglo XX en todos los campos del saber, con sus tres volúmenes se proponía formalizar la lógica matemática.

46. GILBERT RYLE, *EL CONCEPTO DE LO MENTAL* (1949)
Destrucción por parte del filósofo de Oxford de la dicotomía mente/materia de Descartes, que rechaza como «error de categoría» y como «el dogma del fantasma en la máquina».

47. GEORGE SANTAYANA, *LA VIDA DE LA RAZÓN O FASES DEL PROGRESO HUMANO* (1905-1906)
Popular obra en cinco volúmenes de filosofía moral del filósofo estadounidense nacido en España, que contiene la famosa frase: «Quienes no saben recordar el pasado están condenados a repetirlo».

48. SÉNECA, *CARTAS* (S. I)

Fue en el siglo XX cuando Séneca fue «redescubierto», y sus cartas son un tesoro oculto que expresa su filosofía estoica a través de los acontecimientos de una ajetreada vida política.

49. SEXTO EMPÍRICO, *ESBOZOS PIRRÓNICOS* (S. III)

Obra fundacional del empirismo escéptico; la mayor parte de lo que posteriormente postularon existencialistas y fenomenológicos sobre el tema de la duda ya lo había dicho Sexto Empírico

50. JENOFONTE, *RECUERDOS DE SÓCRATES* (S. IV A. DE C.)

Jenofonte fue amigo y seguidor de Sócrates. Esta obra es una de las mejores introducciones a su obra.

Glosario

CONDUCTISMO: teoría psicológica según la cual los organismos son el producto de su condicionamiento o su entorno.

EMPIRISMO: una forma de averiguar lo que es verdadero o correcto basada en datos que cualquiera pueda refutar o reconocer utilizando sus propios sentidos.

EPISTEMOLOGÍA: la teoría y filosofía del conocimiento; lo que podemos saber y lo que podemos reconocer como verdadero.

EPICUREÍSMO: escuela filosófica basada en las enseñanzas de Epicuro, entre ellas la idea de que el mayor bien de la vida es el placer (o estar libre de perturbación y dolor); posteriormente, la palabra pasó a significar una vida de placer sensual y lujo.

ESTOICISMO: escuela de filosofía de la antigua Grecia que destacaba la ecuanimidad ante los altibajos de la vida, la virtud y la conformidad de los propios actos al destino o la voluntad universal.

ESTRUCTURALISMO: idea nacida en Francia de que los seres humanos solo se pueden comprender en el contexto de las estructuras y las instituciones sociales.

EXISTENCIALISMO: actitud o espíritu filosófico que se centra en la cuestión del vivir. Por su insistencia en la libertad y la elección, se lo asocia a menudo con la idea de que la existencia de la persona no tiene razón ni propósito predeterminados, sino que se ha de crear a lo largo de toda la vida.

FENOMENAL (MUNDO): el mundo tal como aparece a través de los cinco sentidos: el mundo «real».

FENOMENOLOGÍA: desarrollada por Edmund Husserl, es el estudio del proceso de hacer manifiestas o aparentes las cosas, normalmente la conciencia.

FILOSOFÍA ANALÍTICA: escuela filosófica basada en la precisión del lenguaje, los enunciados y los conceptos.

FILOSOFÍA CONTINENTAL: la diversidad de tradiciones filosóficas europeas, entre ellas el idealismo alemán, la fenomenología, el existencialismo, el estructuralismo, el posmodernismo y la teoría cultural, frente a la tradición anglosajona de la filosofía analítica y empírica.

IDEALISMO: cualquier filosofía que se ocupe de la verdad abstracta o espiritual, en oposición al conocimiento alcanzado solo a través de los sentidos.

ILUSTRACIÓN: movimiento intelectual de la Europa del siglo XVIII que destacaba la razón y la ciencia en el avance del conocimiento, en vez de la fe, la revelación y la tradición.

MATERIALISMO: la existencia o realidad se puede explicar únicamente en términos materiales. No existe función alguna para el espíritu ni la conciencia.

METAFÍSICA: las filosofías referidas a la propiedad esencial o naturaleza de las cosas, sean físicas o no físicas, materiales o espirituales.

NATURALISMO: la idea de que el universo funciona de acuerdo con unas leyes físicas y que no existe realidad alguna más allá del universo físico.

ONTOLOGÍA: la filosofía del ser, incluidos sus diversos aspectos y niveles.

PARADIGMA: una determinada mentalidad, actitud o modo de razonar, que existe durante un tiempo para resolver un problema de sus usuarios.

POSMODERNISMO: actitud surgida a finales del siglo XX basada en la conciencia de los «metarrelatos», o los supuestos inarticulados que configuran la cultura y la sociedad (por ejemplo, la idea de «progreso»).

POSESTRUCTURALISMO: movimiento del siglo XX que refuta la idea de la autoridad del texto, y en su lugar destaca las interpretaciones múltiples del material cultural. Lo que importa no es el mensaje que se propone el autor, sino cómo se utiliza. El concepto de verdad objetiva se hace irrelevante.

PRAGMATISMO: sistema filosófico que se centra en el valor final de los enunciados o las teorías, es decir, en si «funcionan» en el sentido de producir un auténtico beneficio para los usuarios, los creyentes o los practicantes.

RACIONALISMO: verdad o conocimiento al que se llega mediante la razón o el pensamiento, en oposición a la observación directa de la naturaleza o las cosas.

RAZONAMIENTO DEDUCTIVO: proceso del pensamiento que se inicia con observaciones generales para seguir hacia verdades específicas, por ejemplo una teoría lleva a una hipótesis, que a continuación se verifica u observa, y después se confirma.

RAZONAMIENTO INDUCTIVO: proceso del pensamiento que va de los datos y observaciones a los principios o hipótesis. El contrario del razonamiento deductivo.

TELEOLOGÍA: toda filosofía o teoría que postulen un propósito, un diseño o una «causa final» en el funcionamiento del mundo.

UTILITARISMO: filosofía y plan de acción cuyo fin es alcanzar la mayor felicidad o bienestar del mayor número posible de personas.

Bibliografía

Muchas de las grandes obras de la filosofía han tenido múltiples traducciones y ediciones. La lista que se ofrece a continuación no es definitiva, sino que se trata más bien de una guía de las versiones que se han empleado en la investigación llevada a cabo para este libro. Gran parte de estas obras son de dominio público y se pueden encontrar gratuitamente online.

Arendt, H. (1998), *The Human Condition,* Chicago, IL: University of Chicago Press.

Aristóteles (2002), «Nicomachean Ethics», en S.N. Cahn (ed.), *Classics of Western Philosophy,* 6ª ed., Indianapolis, IN: Hackett.

Ayer, A. J. (1982), *Language, Truth and Logic,* Londres: Pelican.

Baggini, J. (2011), *The Ego Trick: What Does It Mean to Be You?* Londres: Granta.

Baudrillard, J. (1995), *Simulacra and Simulation,* trad. Sheila Faria Glaser, Ann Arbor, MI: University of Michigan Press.

Beauvoir, S. de (1989), *The Second Sex,* trad. H. M. Parshley, Nueva York: Vintage.

Bentham, J. (1879), *An Introduction to the Principles of Morals and Legislation,* Oxford: Oxford University Press.

Bergson, H. (1911), *Creative Evolution,* trad. Arthur Mitchell, Londres: Macmillan.

Bohm, D. (1980), *Wholeness and the Implícate Order,* Londres: Routledge.

Chomsky, N. (2002) *Understanding Power: The Indispensable Chomsky,* ed. Peter Rounds Mitchell & John Schoeffel, Nueva York: New Press.

Cicerón, M. T. (1913), *De Officiis* (edición Loeb), trad. Walter Miller, Cambridge, MA: Harvard University Press, http://www.constitution.org/rom/de_officiis.htm.

Confucius (s. d.), *Analects.* http://classics.mit.edu/Confucius/analects.html.

Descartes, R. (1985), *Discourse on Method and the Meditations,* trad. F. E. Sutcliffe, Londres: Penguin.

Emerson, R. W. (s. d.), «Fate», en *The Online Works of Ralph Waldo Emerson.* http://user.xmission.com/~seldom74/emerson/fate.html.

Epicuro (1993), *Essential Epicurus: Letters, Principie Doctrines, Vatican Sayings and Fragments,* trad. e introd. Eugene O'Connor, Amherst, NY: Prometheus.

Foucault, M. (2005), *The Order of Things: Archaeology of the Human Sciences,* Londres: Routledge.

Frankfurt, H. (2005), *On Bullshit,* Princeton, NJ: Princeton University Press.

Harris, S. (2012), *Free Will,* Nueva York: Free Press.

Hegel, G. W. F. (1977), *Phenomenology of Spirit,* trad. A. V. Miller, Oxford: Oxford University Press.

Heidegger, M. (1962), *Beingand Time,* trad. John Macquarie y Edward Robinson, Londres: SCM Press.

Heráclito (1987), *Fragments,* trad. y comentarios de T. M. Robinson, Toronto: University of Toronto Press.

Hume, D. (1993), *An Enquiry Concerning Human Understanding,* Indianápolis, IN: Hackett.

James, W. (2004), *Pragmatism: A New Name for Some Old Ways of Thinking,* Project Gutenberg, http://www.gutenberg.org/ebooks/5116.

Kahneman, D. (2012), *Thinking, Fast and Slow,* Londres: Penguin.

Kant, I. (1998), *Critique of Pure Reason,* trad. Paul Guyer y Alien W. Wood, Cambridge: Cambridge University Press.

Kierkegaard, S. (2005), *Fear and Trembling,* trad. Alastair Hannay, Londres: Penguin.

Kripke, S. (1980), *Naming and Necessity,* Cambridge, MA: Harvard University Press.

Kuhn, T. (1962), *The Structure of Scientific Revolutions,* Chicago, IL: University of Chicago Press.

Leibniz, G. (2005), *Theodicy: Essays on the Goodness of God, the Freedom of Man and the Origin of Evil,* trad. E. M. Huggard, Project Gutenberg, http://www.gutenberg.org/ebooks/17147.

Locke, J. (2004), *An Essay Concerning Human Understanding*, Project Gutenberg, http://www.gutenberg.org/ebooks/10615.

Maquiavelo, N. (1910), *The Prince*, trad. Ninian Hill Thomson, WikiSource, http://en.wikisource.org/wiki/The_Prince_%28Hill_Thomson%29.

McLuhan, M. y Fiore, Q. (1967), *The Medium Is the Massage*, coordinado por Jerome Agel, Londres: Bantam.

Mill, J. S. (1909), *On Liberty*, University of Adelaide e-books, http://ebooks. adelaide.edu.au/rn/mill/john_stuart/m645o/.

Montaigne, M. (1967), *Essays*, trad. J. M. Cohén, Londres: Penguin.

Murdoch, I. (1970), *The Sovereignty of Good*, Londres: Routledge.

Nietzsche, F. (1997), *Beyond Good and Evil: Prelude to a Philosophy of the Future*, trad. Helen Zimmern, Nueva York: Dover.

Pascal, B. (2005), *Pensées*, ed. y trad. Roger Ariew, Indianápolis, IN: Hackett.

Platón (2008), *The Republic*, trad. Benjamin Jowett, Project Gutenberg, http:// www.gutenberg.org/files/1497/1497-h/1497-h.htm.

Popper, K. (2002), *The Logic of Scientific Discovery*, Londres: Routledge.

Rawls, J. (1973), *A Theory of Justice*, Oxford: Oxford University Press.

Rousseau, J. J. (1979), *The Social Contract*, trad. Maurice Cranston, Londres: Penguin.

Russell, B. (1993), *The Conquest of Happiness*, Londres: Routledge.

Sandel, M. (2009), *Justice: What's the Right Thing to Do?*, Londres: Penguin.

Sartre, J. P. (1957), *Being and Nothingness: An Essay on Phenomenological Ontology*, trad. Hazel E. Barnes, Londres: Methuen.

Schopenhauer, A. (1958), *The World as Will and Representation*, vols. 1 y 2, trad. E. F. J. Payne, Indian Hills, CO: Falcons Wing Press.

Singer, R. (2009), *The Life You Can Save: Acting Now to End World Poverty*, Melbourne: Text.

Spinoza, B. (2012), *The Ethics*, trad. R. H. M. Elwes, University of Adelaide e-books, http://ebooks.adelaide.edu.aU/s/spinoza/benedict/ethics/.

Taleb, N. N. (2007), *The Black Swan: The Impact of the Highly Improbable*, Londres: Penguin.

Wittgenstein, L. (1992), *Philosophical Investigations*, trad. G. E. M. Anscombe, Oxford: Blackwell.

Zizek, S. (2011), *Living in the End Times*, Londres: Verso.

Apéndice

ilósofos cuyos datos biográficos no están incluidos en sus capítulos correspondientes:

JEREMY BENTHAM

Nacido en 1748, hijo y nieto de abogados, Bentham fue a la West-minster School, a los doce años, y después a la Universidad de Oxford. Estudió derecho, pero nunca ejerció. En su lugar, se dedicó a sus propios intereses, y más tarde una herencia le permitió seguir escribiendo e investigando sin tener que preocuparse.

Escribió mucho y aún hoy se están transcribiendo sus papeles. Mantuvo correspondencia con el padre fundador americano James Madison, el revolucionario suramericano Simón Bolívar, el economista político Adam Smith y el revolucionario francés Mirabeau. Defendió hacer de la homosexualidad un asunto privado, no un delito, se opuso a la esclavitud, apoyó el movimiento de las mujeres y el derecho al divorcio, promovió el gobierno abierto y escribió: «Donde no hay publicidad [es decir, total transparencia] no hay justicia». Como parte de sus deseos de reforma penal, dedicó muchos años a desarrollar la influyente idea de cárcel «Panóptico», aunque su Penitenciaría Nacional nunca se llegó a construir.

En 1797, Bentham hizo campaña con Patrick Colquhoun contra los robos en los barcos mercantes y la corrupción en el Támesis, lo que llevó a la creación de una policía fluvial. En 1823, fundó el periódico utilitarista Westminster Review, y tres años después contribuyó a la creación de la Universidad de Londres, que más tarde se convertiría en el University College, cuyo lema era la apertura a todos, cualesquiera que fueran su posición económica o su religión (a diferencia de las universidades de Oxford y Cambridge).

James Mill (el padre de John Stuart) conoció a Bentham en torno a 1808 y pasó varios veranos con él y su círculo en Forde Abbey, la casa de campo de Bentham en Somerset. Bentham murió en 1832 y, fiel a sus principios, no quiso que lo enterraran y legó su cuerpo a la ciencia. Fue embalsamado, vestido y al final expuesto en el University College, donde aún se puede ver hoy.

Algunas de sus otras obras son Tratado de las pruebas judiciales *(1825; 2002),* Un fragmento sobre el gobierno *(1776; 2003),* En defensa de la usura *(1787; 2009),* El Panóptico *(1787; 1979) y* Parliamentary Reform Catechism *(1817).*

EPICURO

Nacido en la isla griega de Samos el año 341 a. de C., Epicuro tuvo como maestro a Pánfilo, filósofo platónico. A los dieciocho años fue a Atenas a cumplir el servicio militar, y después pasó a vivir con sus padres, que se habían trasladado a Colofón, en la costa asiática.

En el 306 a. de C. Epicuro puso en marcha una escuela de filosofía en Atenas, y el movimiento que se generó a su alrededor se conocía como el «Jardín». Sus alumnos eran mujeres y hombres, algo inusual. Epicuro vivía de las aportaciones de los miembros de la escuela, que se proponían vivir siguiendo el principio «vive desapercibido» o vive tranquilamente sin llamar la atención. Las comunas epicúreas de las antiguas Grecia y Roma imitaban el Jardín original.

La filosofía de Epicuro se difundió rápidamente a lo largo de su vida y después de su muerte, en el año 270 a. de C. seguía viva en Roma. Lucrecio contribuyó a que se mantuviera la popularidad de Epicuro, y Cicerón también lo reconoce en sus obras. En los inicios de la Edad Media, el cristianismo había hecho una caricatura de Epicuro como burdo sensualista, pero en el siglo XVI Erasmo y Montaigne, entre otros, lo vieron de distinto modo: como una figura sensata y racional en comparación con las supersticiones y los excesos de la Iglesia católica. Los Ocho libros sobre la vida y costumbres de Epicuro *(1647), de Pierre Gassendi, le dieron aún mayor credibilidad.*
Son muchas las traducciones de Epicuro. Las citas en inglés que aquí aparecen son de la de Eugene O'Connor.

G. W. F. HEGEL

Georg Wilhelm Friedrich Hegel nació en 1770, hijo de un humilde funcionario. Su capacidad intelectual lo llevó a la Universidad de Tubinga. Allí conoció a Friedrich von Schelling, el futuro filósofo idealista, y a Friedrich Hölderlin, después afamado poeta. Al concluir los estudios, Hegel trabajó de profesor privado en Berna y Frankfurt, y después se incorporó como docente a la Universidad de Jena. Al terminar la Fenomenología del espíritu, *las tropas de Napoleón entraron en Jena y la universidad fue clausurada. Hegel, al quedarse sin trabajo, se hizo editor de un periódico de Bamburgo y después, de 1808 a 1815, fue director de un instituto de enseñanza media de Núremberg. En esa época publicó los tres volúmenes de la* Lógica *y escribió la* Enciclopedia de las ciencias filosóficas.
En Núremberg se casó y formó una familia (una hija murió poco después de nacer, pero la pareja tuvo dos hijos varones), y después, en 1816, siguió su carrera académica con una cátedra en la Universidad de Heidelberg. En 1818 se trasladó a la Universidad de Berlín, ciudad donde falleció en 1831. Después de su muerte, sus seguidores se dividieron en dos facciones, los de derecha y los de izquierda, con Karl Marx como exponente de los segundos.

La primera obra de Hegel fue Diferencia entre los sistemas de filosofía de Fichte y Schelling *(1801; 2010).* Lógica *(1812 y 1816) fue la continuación de la* Fenomenología del espíritu *(1807; 2002).* Principios de la filosofía del derecho *(1821; 2005) contiene la filosofía política de Hegel, y* Filosofía de la historia *(1831; 1970) fue publicado póstumamente.*

DANIEL KAHNEMAN

Kahneman nació en Tel Aviv en 1934 mientras su madre visitaba Israel. Sus padres eran de Lituania y él pasó sus primeros años en Francia, donde la familia consiguió evitar la persecución nazi. Se mudaron a la Palestina británica en 1948 y Kahneman estudió en la Universidad Hebrea de Jerusalén, donde se licenció en psicología. Terminados los estudios, trabajó de psicólogo en el ejército israelí, donde elaboró tests de evaluación de oficiales. Aproximadamente a los veinticinco años se fue a Estados Unidos a cursar el doctorado en la Universidad de California en Berkeley, y en 1961 regresó a Israel para ocupar un puesto docente, en el que siguió varios años. También fue investigador y profesor, entre otras, en las universidades de Míchigan, Harvard y Stanford. Actualmente es investigador y profesor emérito del Departamento de Psicología de la Escuela Woodrow Wilson de Asuntos Internacionales de Princeton. Está casado con la profesora de psicología Ann Treisman.

MICHAEL J. SANDEL

Sandel nació en Minneapolis en 1953, y cuando tenía trece años su familia se mudó a Los Ángeles. Fue estudiante aventajado en todas las etapas de su formación, incluida la Universidad Brandeis, antes de conseguir una beca Rhodes para el Balliol College de Oxford.

Es profesor de Harvard desde 1980, de cuya cátedra Ann y Robert M. Bass es titular. En 2002 fue elegido miembro de la Academia Americana de las Artes y las Ciencias, y de 2002 a 2005 trabajó para el Consejo de Presidencia de Bioética. En 2005, se grabaron sus conferencias sobre «Justicia», y con ellas se realizó una serie de televisión de doce episodios. En 2009 fue invitado a dar las conferencias Reith de la BBC; el tema era la ciudadanía y las perspectivas de «una política del bien común».
Otras obras suyas son El liberalismo y los límites de la justicia *(1982; 2000),* Contra la perfección: la ética en la época de la ingeniería genética *(2007),* Lo que el dinero no puede comprar: los límites morales del mercado *(2012; 2013)* y Democracy's Discontent: America in Search of a Public Philosophy *(1996).*

PETER SINGER

Singer nació en 1946. Sus padres emigraron a Australia huyendo de la persecución nazi en su Austria natal. Estudió derecho, historia y filosofía en la Universidad de Melbourne, y después consiguió una beca para proseguir sus estudios en Oxford, donde se centró en la filosofía moral. Después de algunos breves períodos de docencia en Oxford y en la Universidad de Nueva York, regresó a Australia, donde permaneció dos décadas trabajando en las universidades de Melbourne y Monash. En 1999 pasó a ocupar la cátedra de bioética Ira W. de Camp de la Universidad de Princeton, puesto en el que sigue ejerciendo.
Algunas de sus otras obras son Ética práctica *(1979; 2009),* Repensar la vida y la muerte *(1994; 1997),* Una izquierda darwiniana *(2000),* Somos lo que comemos *(2007; 2009, con Jim Mason),* Hegel *(1982) y* Should the Baby Live? The Problem of Handicapped Infants *(1985)*

WILLIAM JAMES

Nacido en Nueva York en 1842, James tuvo una infancia y juventud cómodas y en un entorno culto. Siendo adolescente, la familia, incluido su hermano Henry (que después sería famoso escritor), se mudó a Europa, donde James aprendió varios idiomas. Al regresar a Estados Unidos en 1860, dedicó un año y medio a intentar ser pintor, después se matriculó en Harvard, donde empezó a cursar medicina. En 1865 participó en un viaje científico con el conocido naturalista Louis Agassiz, pero en su transcurso sufrió muchas enfermedades y quiso regresar a casa.

En 1867 fue a Alemania a estudiar fisiología, y allí conoció a los pensadores y las ideas de ese nuevo campo. Dos años después regresó a Harvard, donde por fin, a los veintisiete, se licenció en medicina. A los treinta obtuvo un puesto de profesor de fisiología en Harvard, pero solo después de haberse recuperado de una depresión nerviosa.

En 1875 empezó a impartir cursos de psicología, y también creó el primer laboratorio experimental de psicología de Estados Unidos. El año en que comenzó a trabajar en Los principios de psicología, *1878, se casó con Alice Howe Gibbons, una maestra de Boston. Tuvieron cinco hijos.*

James conoció a Freud y a Carl Jung en las visitas de estos a Estados Unidos, y también a Bertrand Russell, Henri Bergson, Mark Twain y Horatio Alger. Entre sus alumnos tuvo al pedagogo John Dewey y al psicólogo Edgard Thorndike. Otros de sus libros fundamentales son La voluntad de creer *(1897; 2009) y* Las variedades de la experiencia religiosa *(1902; 2006). Murió en 1910.*

Agradecimientos

50 *clásicos de la filosofía* está dedicado a mi madre, Marion Butler-Bowdon, que falleció en noviembre de 2012. Su gran amor y conocimiento de la materia influyeron profundamente en mí y mis hermanos. Esperaba con mucha ilusión ver publicado este libro, y hablamos en varias ocasiones sobre los filósofos de los que me ocupaba en él. El libro está pensado para lectores como ella.

Gracias también a:

Nicholas Bradley, que apreció el libro desde el principio. Me agobiaba la magnitud del proyecto, pero me alegro de que perseveráramos.

Sally Lansdell, por su trabajo de edición e incorporación de mis muchas enmiendas, y a mi agente Sally Holloway por gestionar los plazos de publicación.

La Biblioteca Bodleiana de Oxford. La mayoría de las obras filosóficas están en sus salas, donde tuve la suerte de pasar muchos días.

Los filósofos vivos que incluyo en el libro, por sus magníficas aportaciones.

Todos los que me aconsejaron sobre lo que debía incluir en la lista de los 50, y a los investigadores que me ayudaron en varias biografías y comentarios.

Cherry, Tamara y Beatrice. Vuestro apoyo y cariño me dieron la tranquilidad mental y el tiempo necesarios para escribir el libro: gracias.

Por último, mi más profundo agradecimiento a los muchos y fieles lectores de la serie «50 clásicos». Es posible que este volumen los lleve en direcciones que nunca se propusieron, pero confío en que, pese a todo, lo disfruten.

Índice

Introducción.. 7

    Hannah Arendt 27

    Aristóteles 35

    A. J. Ayer 43

    Julian Baggini 49

    Jean Baudrillard 57

    Simone de Beauvoir 65

    Jeremy Bentham 73

    Henri Bergson 79

    David Bohm 87

    Noam Chomsky 95

    Cicerón 103

    Confucio 111

    René Descartes 119

    Ralph Waldo Emerson... 127

    Epicuro 135

    Michel Foucault 141

    Harry Frankfurt 149

    Sam Harris 155

    G. W. F. Hegel.. 161

    Martin Heidegger... 171

Heráclito 179

David Hume 185

William James 193

Daniel Kahneman 199

Immanuel Kant 209

Søren Kierkegaard 217

Saul Kripke 223

Thomas Kuhn 231

Gottfried Leibniz 239

John Locke 247

Nicolás Maquiavelo 255

Marshall McLuhan 263

John Stuart Mill 271

Michel de Montaigne 279

Iris Murdoch 287

Friedrich Nietzsche 295

Blaise Pascal 303

Platón 311

Karl Popper 319

John Rawls 325

Jean-Jacques Rousseau 333

Bertrand Russell 341

Michael Sandel 349

Jean-Paul Sartre 357

Arthur Schopenhauer 367

Peter Singer 375

Baruch Spinoza 383

Nassim Nicholas Taleb 393

Ludwig Wittgenstein 401

Slavoj Žižek 409

Otros 50 clásicos de la filosofía 417

Glosario 425

Bibliografía 429

Apéndice 433

Agradecimientos 439